SUR LA SCÈNE INTERNATIONALE AVEC HITLER

W0173965

collection tempus

Paul-Otto SCHMIDT

SUR LA SCÈNE INTERNATIONALE AVEC HITLER

Préface et notes de
Jean-Paul BLED

PERRIN

Secrétaire générale de la collection :
Marguerite de Marcillac

Titre original : *Statist auf Diplomatischer Bühne*
© Athenäum Verlag, Bonn, 1949

Traduit de l'allemand par René Jouan
En dépit de ses efforts, l'Editeur n'a pu retrouver les ayants droit du
traducteur. Leurs droits sont réservés.

© Plon, 1952 pour la traduction ; Perrin, un département d'Edi8,
2014
et 2018 pour la présente édition

Editions Perrin
12, avenue d'Italie
75013 Paris
Tél. : 01 44 16 09 00
Fax : 01 44 16 09 01

ISBN : 978-2-262-07508-8
Dépôt légal : mars 2018

Mise en pages : Nord Compo

Imprimé en France par Normandie Roto Impression s.a.s. (1800956)

tempus est une collection des éditions Perrin.

Le Saint-Simon du IIIe Reich

Paul-Otto Schmidt se définit lui-même comme un « figurant sur la scène internationale ». Interprète de la Wilhelmstrasse, le ministère allemand des Affaires étrangères, il n'en fut certes jamais un acteur, tenu au surplus par ses fonctions à une obligation de stricte neutralité qu'il se plaît à souligner. « Une humble place », insiste-t-il ailleurs. Peut-être. Pourtant, ce livre démontre tout le contraire, car dans cette place il lui est régulièrement arrivé d'être le témoin d'événements d'une portée européenne, voire mondiale. Dans de nombreux cas, il en fut même l'unique témoin lorsqu'il s'agissait d'entretiens en tête à tête, à l'exemple de ceux qui mirent Hitler et Neville Chamberlain face à face en septembre 1938 au Berghof, puis à Bad Godesberg.

Paul-Otto Schmidt entre au ministère dans les années 1920. C'est l'époque où il sert d'interprète à Stresemann et à Briand, l'un et l'autre pionniers du rapprochement franco-allemand, et fréquente régulièrement la Société des Nations à Genève. Un premier livre est consacré à ces années. Celui qui nous intéresse ici couvre la période suivante. Il commence en 1933, avec l'arrivée de Hitler au pouvoir, et suit le IIIe Reich jusqu'à sa chute en mai 1945.

Les interventions de Paul-Otto Schmidt sont innombrables. D'autant que, jusqu'à l'arrivée de Ribbentrop à la Wilhelmstrasse, il est régulièrement prêté à d'autres administrations qui en ont exprimé le désir. Trop jaloux de ses prérogatives pour tolérer un tel partage, le nouveau ministre met aussitôt fin à cette pratique. Seuls Hitler et le très zélé chef de sa diplomatie peuvent utiliser les services de Schmidt. Multiples sont aussi les lieux où ce dernier déploie ses talents. Quelques exemples suffiront à en souligner la grande variété. Tant que Hitler n'a pas décidé de retirer l'Allemagne de la SDN, Schmidt continue à fréquenter Genève. A Berlin, la chancellerie et la Wilhelmstrasse sont les deux centres de pouvoir où il intervient. A Munich, il officie au tout nouveau Führerbau (« Bâtiment du Führer »). Il est naturellement présent au Berghof chaque fois que Hitler y reçoit des hôtes. Il va aussi de soi qu'il l'accompagne dans tous ses déplacements à l'étranger. Les rencontres avec Mussolini ne se comptent plus, car aux voyages officiels s'ajoutent les entretiens imposés par les circonstances. Une fois la guerre déclarée, le rythme de ces missions ne faiblit pas. Schmidt est auprès de Hitler à Hendaye et à Montoire. On le retrouve régulièrement à la « Tanière du Loup », le quartier général du Führer en Prusse-Orientale. Schmidt est également abondamment mobilisé par Ribbentrop. Il est à ses côtés durant les journées tragiques qui précèdent l'invasion de la Pologne et les déclarations de guerre à l'Allemagne, lors des entretiens décisifs avec Molotov en novembre 1940 et des très nombreuses rencontres avec Ciano au cours de ces années. Dans l'exercice de ses fonctions, Schmidt est toujours sur le pont. A peine a-t-il le projet de prendre quelques jours de repos que le téléphone sonne pour l'appeler à une nouvelle mission. Aussi ses emplois du temps sont-ils très serrés. Il rentre d'un voyage en avion pour sauter dans un train quand ce n'est pas l'inverse. Le train ne sert pas seulement de moyen de transport. Très prisé par Hitler pour des rencontres politiques, il est notamment utilisé pour ses rencontres avec Mussolini.

Paul-Otto Schmidt appuie naturellement son travail d'interprète sur une connaissance pour ainsi dire parfaite de plusieurs langues étrangères, notamment de l'anglais et du français. Mais, en vrai professionnel, il ne se contente pas du savoir acquis. Les évolutions sur la scène internationale le confrontent régulièrement à des exigences nouvelles auxquelles il se fait un devoir de répondre. Avec le basculement de l'Europe dans la guerre, les questions militaires occupent une place de plus en plus importante dans les entretiens où il est appelé à intervenir. Pour ne pas être pris en défaut, il se familiarise en conséquence avec le vocabulaire technique correspondant à ces dossiers. De même, l'écoute régulière des radios anglaises et françaises, y compris pendant la guerre, l'aide à se montrer toujours performant.

Si ses fonctions lui interdisent d'être un acteur de la scène internationale, Paul-Otto Schmidt s'en révèle en revanche un observateur à la fois fin et lucide. Il ne se borne pas en effet au travail d'interprète pour lequel il est sollicité. Il va plus loin. Il se montre toujours attentif aux regards, gestes, mimiques qui peuvent échapper durant ces entretiens à ceux dont il traduit les propos. Il sait maintenant d'expérience qu'ils disent autant, voire plus, sur la personnalité profonde, les intentions parfois cachées des participants à ces rencontres que les arguments qui y sont développés. Le livre abonde en de telles notations. Dès lors, rien d'étonnant à ce que Paul-Otto Schmidt possède pleinement l'art difficile du portraitiste. Comme à tout grand mémorialiste, il lui suffit de quelques touches pour aller à l'essentiel et saisir la vérité d'un personnage. Il n'est pas un acteur de ces années qui échappe à la vivacité de son trait. Au fil du livre défilent sous nos yeux Goebbels, Ribbentrop, Mussolini, Ciano,

Chamberlain, Franco, Pétain, Laval, Molotov et bien d'autres. Pour finir, notre auteur soutient sans relâche l'intérêt du lecteur par un style toujours alerte et riche en saillies.

A aucun moment Schmidt ne succombe au mirage nazi. Il repousse jusqu'en 1943 son adhésion au NSDAP à laquelle il finit par se résoudre sur le conseil pressant d'amis bien intentionnés. Bien lui en prend, car il aurait autrement risqué d'être inquiété après l'attentat du 20 juillet 1944 à la suite duquel la répression frappe durement plusieurs membres du ministère. Alors qu'il avait sympathisé avec l'action diplomatique de Stresemann, il souffre très tôt des orientations données par Hitler à la politique allemande, au point de se sentir rapidement un étranger dans son propre pays. Ses réserves intérieures ne l'empêchent pas cependant de remplir loyalement son office, une ligne qu'il suit jusqu'à la fin sans jamais se compromettre avec le régime.

La modération montrée par Hitler dans les premières années n'est qu'apparente. Il sait qu'il sera vulnérable aussi longtemps que l'Allemagne n'aura pas suffisamment avancé dans son programme de réarmement. Ses poses en faveur de la paix répondent précisément à cette nécessité tactique. Elles visent à endormir les démocraties occidentales dont la vigilance commence à fléchir. Et pourtant, dès ces années, il avance progressivement ses pions et marque des points. Pour qui sait lire, derrière les proclamations de foi tonitruantes, les premières initiatives de Hitler, mélange d'activisme et d'habileté (retrait de la SDN, pacte germano-polonais, annonce du réarmement unilatéral de l'Allemagne), découvrent clairement ses intentions profondes. D'autre part, ses efforts pour diviser ses ennemis potentiels connaissent d'indéniables succès. Avec le pacte germano-polonais, il réussit un beau coup par lequel il introduit un ferment de doute dans la relation entre Paris et Varsovie. De son côté, l'accord naval de juin 1935 avec l'Angleterre a pour effet immédiat de mécontenter Paris[1]. La négociation aboutissant à ce document a été précédée d'une rencontre à Berlin entre Hitler et les ministres britanniques sir John Simon et Anthony Eden. Paul-Otto Schmidt fait ici une démonstration de ses dons d'observation. S'ils ne se mettent jamais en contradiction l'un avec l'autre, les différences entre les deux interlocuteurs de Hitler ne lui échappent pas. Alors qu'il décèle dans le regard de sir John, à l'amorce de la politique d'apaisement, une sorte de « chaleur amicale » envers Hitler, il devine, à l'inverse, de fortes réserves chez Eden. C'est d'ailleurs une manière de les laisser apparaître que d'inviter le dictateur allemand à entrer dans la voie du dialogue avec l'URSS. Eden s'attire une réponse qui résonne étrangement quand on connaît la suite : toute espèce d'accord est impossible avec la Mecque du judéo-bolchevisme. Cette hostilité radicale à l'Union soviétique sert justement de prétexte à Hitler pour dénoncer les accords de Locarno[2], en contradiction, proclame-t-il, avec le pacte signé en 1935 entre Paris et Moscou.

Le temps de la retenue, toute relative qu'elle ait été, est bientôt révolu. Hitler tire de l'absence de réaction autre que verbale de Paris comme de Londres à la réoccupation de la Rhénanie – son premier coup de force – la conclusion qu'il va pouvoir hausser le ton. Le tournant

---

1. Sans concertation avec la France, l'Angleterre conclut unilatéralement, en juin 1935, un accord naval avec l'Allemagne au terme duquel celle-ci pourra posséder une flotte d'une puissance équivalant à 35 % de celle de la Royal Navy.
2. Conclus entre la France, la Belgique, la Grande-Bretagne, l'Italie, l'Allemagne, la Pologne et la Tchécoslovaquie, les accords de Locarno sont signés le 16 octobre 1925. La pièce centrale en est le pacte rhénan par lequel l'Allemagne reconnaît ses frontières occidentales. Briand ne peut en revanche obtenir de Stresemann qu'elle reconnaisse pareillement ses frontières orientales. Il finira par s'y résigner par souci de ne pas perdre le soutien de Londres.

est pris au début de l'année 1938. C'est le moment choisi par lui pour asseoir son emprise sur la Wehrmacht après le limogeage de généraux coupables d'avoir marqué des réserves devant son plan d'expansion territoriale. Autre changement riche de sens : l'arrivée de Joachim von Ribbentrop à la tête de la Wilhelmstrasse. C'est la certitude qu'il y sera la voix de son maître. Paul-Otto Schmidt note ce changement dans le courant du printemps 1938 à l'occasion de l'entretien accordé par Hitler à lord Halifax où il est principalement question de l'affaire des Sudètes. C'en est fini du Führer attentif à conserver son calme. Il a fait place au dictateur sûr de lui et dominateur qui assomme son interlocuteur par des monologues sans fin.

Cette rencontre ouvre un cycle de négociations tendues sur le sort des Sudètes et, au-delà, sur l'avenir de la Tchécoslovaquie dont la conférence de Munich est le dernier acte. Celle-ci, racontée de main de maître par notre témoin, se solde par une victoire triomphale de Hitler face à des Anglais et à des Français qui ont fini par lui passer ses volontés. Et pourtant, quand il le revoit le lendemain, Paul-Otto Schmidt le trouve de mauvaise humeur. Entre-temps, il a appris que les Munichois avaient acclamé Neville Chamberlain sur le chemin de l'aéroport. A travers cette manifestation de reconnaissance envers le Premier ministre de Sa Majesté s'est exprimé leur soulagement que le spectre de la guerre se soit éloigné. Les Allemands ne sont-ils plus de vaillants guerriers ? le suivront-ils jusqu'au bout ?, peut s'interroger le dictateur.

Hitler ne reste pas longtemps sur cette déception. Le dénouement de la crise l'a conforté dans la conviction que, pour sauver la paix, les puissances occidentales sont prêtes à toutes les concessions. Il avait pourtant martelé à Munich qu'il ne soulèverait plus de question territoriale. Mais, comme le dit le fameux adage, les promesses n'engagent que ceux qui les écoutent. Raison de plus pour Hitler de ne pas se sentir lié par ses engagements. « Nous ne voulons aucun Tchèque », avait-il proclamé haut et fort avant Munich. Il suffisait alors que le nom d'Edvard Beneš, le président de la République tchécoslovaque, fût prononcé pour qu'il perdît le contrôle de soi et éructât de haine. Quelques mois plus tard, il est devenu amnésique. Après qu'il eut imposé le protectorat du Reich à la Bohême-Moravie, les troupes allemandes pénètrent dans Prague. Pour Paul-Otto Schmidt, c'est la faute de trop. Son mépris pour les démocraties occidentales est tel que Hitler ne pouvait imaginer qu'elles réagissent après ce nouveau coup de force. Comme les autres fois, elles laisseraient faire. C'était sans tenir compte de l'importance du principe moral chez les Britanniques. Comprenant qu'il a été dupé, Neville Chamberlain, agneau, devient lion. Désormais, plus rien ne sera passé à Hitler. Dès lors, Paul-Otto Schmidt est convaincu que l'*hubris* du Führer conduit à une inévitable catastrophe. La fin de la Tchécoslovaquie annonce, selon son mot, la *Finis Germaniae*.

Cette crise accélère la marche à la guerre. En réaction, les gouvernements de Londres et de Paris apportent aussitôt leur garantie à la Pologne, programmée comme devant être la prochaine victime. Ce raidissement n'impressionne pas Hitler, qui n'en démord pas : « Je suis persuadé dur comme fer, prophétise-t-il, que ni l'Angleterre ni la France n'entreront dans un conflit général. » Fort de cette certitude, il est décidé à aller jusqu'au bout quand il ouvre la question de Dantzig. *A fortiori* est-il convaincu, toujours « dur comme fer », de s'être prémuni contre le danger d'une guerre à l'Ouest après avoir réussi le coup magistral qu'est la signature d'un pacte de non-agression avec l'Union soviétique. Un pacte tout aussi important par sa face cachée puisqu'une clause secrète prévoit un nouveau partage de la Pologne entre les deux larrons[3]. Même pris par surprise, les gouvernements britannique et français ne renoncent pas à soutenir la Pologne. Les derniers jours d'août 1939 sont marqués par une tension croissante entre Londres et Berlin. Cette détérioration est illustrée par la scène où Ribbentrop et sir Nevile Henderson, l'ambassadeur britannique, sont près, contrairement à tous les usages diplomatiques, d'en venir aux mains. De cette scène, Paul-Otto Schmidt est l'unique témoin. D'où l'importance de son récit. Il décrit les deux rivaux comme des coqs de combat dressés sur leurs ergots et pressés d'en découdre. Dans le partage des torts, Schmidt n'est pas tendre avec son ministre. Il le voit régulièrement en proie à un « état d'excitation presque pathologique ». A cette raison s'en ajoute une autre tout aussi forte. Des années qu'il a passées à Londres comme ambassadeur du Reich, Ribbentrop a conservé un souvenir très amer qui lui a laissé une haine également pathologique des Anglais, accusés de ne pas lui avoir réservé un accueil à la hauteur de son titre.

Lorsqu'il s'agit d'évaluer les responsabilités dans l'éclatement de la guerre, notre auteur n'est pas taraudé par le doute. Celles-ci incombent entièrement à Hitler, qui a tout fait pour ne pas laisser une ultime chance à la paix. On connaît d'autre part la mise en scène imaginée pour simuler une agression polonaise sur le territoire allemand. Pourtant, Schmidt note le peu d'enthousiasme marqué par certains hauts dignitaires nazis lorsque tombe la nouvelle des déclarations de guerre anglaise et française. Goering ne lui fait-il pas cet aveu, révélateur d'un évident sentiment d'inquiétude : « Si nous perdons cette guerre, que le Ciel ait pitié de nous ! » ?

---

3. L'Allemagne s'attribue l'ouest et le centre du pays alors que l'Est reviendra à l'Union soviétique. Le Reich annexera les terres occidentales qui lui appartenaient déjà avant 1918. Le Centre sera érigé en un gouvernement général étroitement contrôlé par l'Allemagne.

A l'intérieur de ce récit douloureusement tragique, Schmidt ne déteste pas croquer des situations frisant le ridicule dont le III⁰ Reich n'a certes pas le monopole, mais dont, derrière sa façade grandiloquente, il n'est pas avare. Il y excelle. Donnant un exemple d'autodérision, il commence par se mettre en scène lui-même. Ribbentrop ayant décidé que les agents du ministère devront porter un uniforme lors des déplacements officiels à l'étranger, on ne trouve rien de mieux que d'inventer des tenues inspirées de celles de l'armée ou de la marine. Paul-Otto Schmidt est ainsi contraint d'arborer un uniforme proche de celui d'un amiral dans lequel, loin d'un diplomate, il estime ressembler à un comédien d'opérette. Une autre fois, embarqué dans le train de son ministre, il doit lui annoncer au réveil la nouvelle que, conformément à l'accord germano-soviétique, l'Armée rouge a pénétré en Pologne. Il le découvre en slip et se rasant. Dans cette tenue, Ribbentrop, toujours aussi arrogant, lui passe un savon pour ne pas lui avoir transmis la nouvelle dès que celle-ci est tombée dans la nuit. Un retard de quelques heures en pleine nuit peut paraître anodin. Mais Ribbentrop a compris que Goebbels, son ennemi juré, risque d'avoir eu l'information avant lui et de l'avoir déjà exploitée. Ce qui n'a effectivement pas manqué d'arriver. Plus loin, Schmidt s'amuse à raconter la visite de Yosuke Matsuoka, le ministre japonais des Affaires étrangères, au Carinhall, l'immense demeure que Goering s'est fait construire à quelques encablures de Berlin. Quoi de plus opposé que l'imposant *Reichsmarschall* et le petit et fluet Japonais ? C'est la rencontre de « Paf et Patachon ».

Ces moments comiques ne sont toutefois que de simples pauses dans une actualité fondamentalement tragique. De par ses fonctions, Paul-Otto Schmidt est le témoin privilégié d'événements majeurs au lendemain de la victoire éclair de la Wehrmacht en France. Présent à Rethondes, il assiste Hitler à Hendaye et à Montoire.

Celui-ci revient bredouille de ses rencontres avec Franco et Pétain qu'il voulait entraîner l'un et l'autre dans la guerre contre l'Angleterre. Le premier place sciemment trop haut la barre de ses exigences pour qu'elles puissent être satisfaites, alors que le second se dérobe aux invitations pressantes du Führer. On remarquera cependant que Schmidt ne semble pas avoir perçu l'effet dévastateur que va avoir dans l'opinion française pour le régime de Vichy l'engagement d'entrer dans une politique de collaboration avec l'Allemagne. Un concept certes flou, dont l'exécution est régulièrement jugée insuffisante par Hitler, mais qui va finalement entraîner le Maréchal dans un engrenage fatal.

Le déplacement de Molotov à Berlin, le mois suivant, se solde par un nouvel échec lourd de conséquences. Cette rencontre devait aider à clarifier les relations entre les deux parties. Leur impossibilité à trouver les termes d'un accord annonce le tournant de la guerre. Sa longue fréquentation du dictateur avait appris à Schmidt que Hitler ne détestait rien tant que d'avoir à entrer dans les détails. Pour l'éviter, il se lançait dans d'interminables tirades restant dans le registre des idées générales. Il pouvait espérer ainsi ne pas devoir s'engager sur des points précis. C'est de nouveau la méthode qu'il s'efforce d'appliquer avec Molotov. Sans succès. Le commissaire soviétique aux Affaires étrangères se révèle autrement coriace que la plupart des interlocuteurs du maître du IIIe Reich. Inlassablement, avec la rigueur d'un « mathématicien », note Schmidt, il ramène sur le tapis les questions sur lesquelles il veut obtenir des réponses précises. Mais, face à lui, pratiquant l'art de l'esquive, Hitler se dérobe. Dans le même temps, l'homme lige de Staline découvre des ambitions soviétiques sur l'Europe centrale et orientale propres à inquiéter ses interlocuteurs allemands. Bref, rien d'irréparable n'a été dit ni commis, mais, au sortir de ces entretiens, le parti de Hitler est pris. Il attaquera l'Union soviétique dont les intérêts sont décidément inconciliables avec ceux de l'Allemagne. Après la conclusion du pacte germano-soviétique, il avait proclamé *urbi et orbi* : « L'Allemagne ne prendra jamais les armes contre la Russie. » Peut-être le croyait-il alors. Mais force est de constater une nouvelle fois que les sincérités de Hitler sont à géométrie variable.

Au début de l'opération *Barbarossa* lancée le 22 juin 1941, Hitler pense écraser l'Union soviétique en quelques semaines. Ce sera la répétition de la Blitzkrieg sur le modèle expérimenté en Pologne, puis en France. La Wehrmacht remporte des succès certes foudroyants, mais sans qu'ils soient décisifs. En fait, contrairement aux prévisions des débuts, la situation militaire ne tarde pas à s'enliser. Ces difficultés n'empêchent pas Hitler et ses lieutenants de continuer à se dire certains de la victoire finale. Au fil du temps, des inflexions apparaissent dans le discours, comme l'observe Schmidt, toujours attentif aux nuances. Mais, sur le fond, rien ne change vraiment. Les propos de Hitler ressemblent de plus en plus à un phonographe qui répète infatigablement le même air. Sauf que le fossé ne cesse de se creuser entre la dure réalité et le monde imaginaire dans lequel le Führer tend à s'enfermer.

Amorcé dès la fin de 1942, le retournement s'amplifie au début de l'année suivante. Après Stalingrad, la Wehrmacht, acculée à la défensive, recule sur tous les fronts. C'est le moment choisi par Roosevelt pour sceller le sort de l'Allemagne. Il ne pourra y avoir pour elle de retour à la paix possible hors d'une capitulation sans conditions. Quelles qu'aient été les motivations du président américain, Schmidt considère à juste titre que cette exigence a eu des conséquences funestes. Elle a eu pour effet de souder les Allemands autour de Hitler, alors que le spectre de la défaite aurait pu ouvrir une crise de nature à ébranler le régime et à favoriser des changements intérieurs. Au lieu de cela, elle a eu pour conséquence une prolongation de la guerre dont l'Europe a pâti pendant des lustres.

Maintenant que le vent a tourné, les visites se font rares. Les alliés ne se pressent plus à la « Tanière du Loup ». Certains, comme le Roumain Antonescu, sont même en passe de tomber[4]. Reste Mussolini que le Grand Conseil fasciste a destitué le 25 juillet 1943, mais qui, après avoir été libéré par un commando SS, a été placé à la tête de la république de Salo[5]. Schmidt est convoqué le 20 juillet à la « Tanière du Loup » pour la dernière visite du Duce. Il y trouve un quartier général en plein émoi. Un attentat vient d'y être perpétré contre le Führer. L'entretien avec Mussolini est écourté. Hitler tient néanmoins à montrer à son hôte la salle où la bombe a explosé. Témoin de cet instant, Schmidt, à l'instar d'un photographe, ne manque pas de croquer une scène à la forte charge symbolique : Hitler assis sur une caisse conversant avec Mussolini, qui, pour siège, n'a trouvé qu'une chaise branlante. Dans cet instantané s'annonce l'inéluctable fin des deux hommes et de leur pouvoir.

De l'attentat du 20 juillet, Hitler tire la conclusion que, protégé par la Providence, il est invulnérable à tous les coups que ses ennemis cherchent à lui porter. Il est convaincu que, tel Frédéric II durant la guerre de Sept Ans[6], il retournera à l'ultime moment la situation à

---

4. Proche allié de Hitler, le *conducător* roumain est destitué le 23 août 1944 par le roi Michel, alors que les troupes soviétiques ont pénétré en mars dans le nord-est du pays et progressent vers Bucarest.

5. Après sa libération, Mussolini a créé une république fasciste dont l'autorité s'étend sur les zones de l'Italie du Centre et du Nord contrôlées par la Wehrmacht. Le siège en est établi à Salo, sur les bords du lac de Garde.

6. Après six années d'une guerre acharnée, Frédéric II est sauvé d'une défaite certaine par la mort de la tsarine Elisabeth, une des têtes de la coalition antiprussienne. Grand admirateur de Frédéric, Pierre III, le nouveau tsar, se retire aussitôt de la guerre. Hitler a espéré jusqu'au bout un pareil retournement. Il croit encore en avril 1945 que la mort

son avantage. Mais la Providence a fait un autre choix. Pour que Hitler revienne de son erreur, il faut attendre les derniers jours d'avril 1945, alors que l'Allemagne sombre dans les flammes de l'Apocalypse. Plutôt que de s'imposer un examen sur lui-même, il voue aux gémonies le peuple allemand, qui n'a pas su être digne de lui. Témoin de cette histoire tragique, Paul-Otto Schmidt en tire un enseignement qui a une portée universelle : « Les fanatiques, à quelque race ou nationalité qu'ils appartiennent, sont les véritables ennemis de l'humanité. » Cette vérité d'hier conserve aujourd'hui toute sa force.

Paul-Otto Schmidt se révèle donc l'un des observateurs les plus lucides d'un régime sur lequel il n'existe finalement que peu de témoignages fiables et aucun d'aussi bien écrit. Il sait garder par rapport à son sujet la distance nécessaire sans laquelle il ne peut être d'œuvre historique. C'est dire l'intérêt exceptionnel de ce texte. C'est pourquoi j'ai tenu à l'accompagner d'un appareil critique pour le rendre accessible au lecteur d'aujourd'hui.

Jean-Paul Bled

---

de Roosevelt est l'annonce de ce « miracle ». Mais il ne s'agit que d'un ultime mirage.

Avant-propos de l'édition française

Alors que je me trouvais à Paris, en vue de préparer la publication des traductions française et anglaise de ce livre de souvenirs sur mon activité d'interprète dans les conférences internationales entre 1923 et 1945, j'ai eu l'occasion d'assister le 20 juin 1950, dans l'historique salon de l'Horloge au Quai d'Orsay, à la séance publique d'ouverture de la conférence des six puissances, réunies pour discuter du plan Schuman. Cette fois je ne remplissais aucun rôle officiel, je n'étais qu'un simple spectateur. J'avais devant moi une nouvelle génération d'hommes politiques et, en dehors d'une journaliste française bien connue, personne n'avait été, dans cette même salle, témoin des réunions historiques auxquelles j'avais participé, entre les deux conflits mondiaux, en ma qualité d'interprète de la Wilhelmstrasse.

Je ne pouvais m'empêcher d'évoquer la signature du pacte Briand-Kellogg[1], qui eut lieu le 27 août 1928 à ce même endroit. Dans mon esprit, je revoyais mon ancien chef, Gustav Stresemann[2], assis auprès d'Aristide Briand,

---

1. Bel exemple de diplomatie lyrique, les 63 Etats signataires du pacte Briand-Kellogg s'engagent à mettre la guerre hors la loi.
2. Gustav Stresemann (1878-1929) occupe en continu le ministère des Affaires étrangères de 1924 à sa mort en 1929. Il y réoriente la politique étrangère de l'Allemagne. Il espère obtenir, par le moyen

et je croyais entendre encore la fameuse « voix de violoncelle » du ministre français des Affaires étrangères prononcer les dernières phrases de son discours : « Dans quelques instants, le télégraphe va annoncer au monde entier l'éveil d'une grande espérance. Il dépend de nous de faire tout le possible et tout le nécessaire pour que cette espérance ne soit pas trompée. »

Ce 20 juin 1950, l'atmosphère était plus sobre qu'elle ne l'avait été le 27 août 1928. La grande éloquence et le grand public en étaient absents. Mais l'esprit était semblable à celui qui régnait vingt-deux ans plus tôt et l'heure conservera une immense importance historique si le plan du ministre français des Affaires étrangères peut être mené à bonne fin. Aristide Briand était remplacé par un autre homme de bonne volonté, Robert Schuman. Ses paroles avaient la même résonance que celles, sortant de bouches françaises, que j'avais eu si souvent à traduire entre les deux guerres : « C'est notre volonté d'associer à une commune et permanente œuvre de paix deux nations qui, durant des siècles, se sont opposées dans des compétitions sanglantes. »

Non seulement je forme le vœu ardent qu'une cruelle déception soit évitée cette fois aux deux peuples, mais j'attends l'avenir avec confiance, car, comme l'a déclaré alors M. Schuman, « jamais système semblable à celui que nous préconisons n'a été expérimenté en fait ». Dans la modestie qui le caractérise, il a recours, en effet, à des méthodes complètement nouvelles dans l'histoire européenne. Ecartant tout sentimentalisme, elles empruntent la voie réaliste de l'économie pour résoudre un problème séculaire.

Aussi, à la lumière de mon ancienne expérience, le 20 juin 1950 m'est-il apparu comme la première page

---

d'une détente avec la France, une annulation progressive du traité de Versailles.

d'un chapitre prometteur de l'histoire des rapports entre les deux peuples voisins, histoire que j'ai vécue de très près depuis 1923 et dont la deuxième partie de mon livre, qui paraît aujourd'hui, contient le récit décevant, mais d'autant plus instructif.

J'ai été sollicité bien souvent, au lendemain de la guerre, tant du côté allemand que du côté étranger, d'écrire mes souvenirs. Je m'y suis décidé devant les discussions qu'ont suscitées les événements auxquels j'ai été si étroitement mêlé et devant les lacunes et bien souvent les erreurs auxquelles conduisent les documents encore existants. Ces souvenirs s'étendent sur près d'un quart de siècle d'histoire européenne. Le présent volume se rapporte à ceux d'après 1933 et je me plais à espérer qu'il sera bientôt suivi d'un autre, relatant la première période de ma carrière, de 1923 à 1933.

Seule l'expérience personnelle permet de se faire une idée vivante des événements, et je me suis efforcé, dans les chapitres qui suivent, de ne pas séparer cet élément humain, indispensable, des faits eux-mêmes, afin de donner au lecteur une impression aussi proche que possible de la réalité sur des événements encore souvent fort discutés ou contestés et dont je suis, dans bien des cas, le seul témoin encore vivant.

Je me suis astreint à ne rapporter que ceux auxquels j'ai participé directement. On ne trouvera pas dans ce livre le récit des développements de la politique intérieure allemande, notamment sous le régime hitlérien, car, agissant sur la scène diplomatique, j'en suis resté à l'écart. Les personnages que je présente n'apparaissent donc que sous l'angle de la politique étrangère.

Pour relater ces faits, désormais passés à l'Histoire, je me suis inspiré de cette impartialité qui est l'apanage naturel d'un interprète dont le devoir est de traduire les paroles de deux interlocuteurs de nationalités et d'idéologies différentes sans en déformer le sens, quel qu'en soit le contenu. Il est pourtant un domaine où je n'observe pas la neutralité : c'est dans la lutte livrée par les fanatiques de n'importe quelle race ou nationalité aux « hommes de bonne volonté » que je n'ai cessé de rencontrer au cours de ma carrière mouvementée. Je crois faire œuvre de bon Allemand en me plaçant à leurs côtés, parce que tous les événements que j'ai vécus, et plus particulièrement ceux de l'histoire du IIIe Reich, m'ont surabondamment prouvé que les véritables ennemis de l'humanité sont justement les fanatiques, quel que soit le camp où ils peuvent se trouver.

Paul-Otto SCHMIDT
Paris, juillet 1950.

SUR LA SCÈNE INTERNATIONALE

I

Des portes se ferment
(1933)

La porte de la salle des conférences se referma lentement sur le petit Japonais. Il était le dernier de la délégation nippone qui, le 25 février 1933, quitta la réunion plénière extraordinaire de la Société des Nations, à Genève, matérialisant ainsi le retrait du Japon de l'organisation internationale.

« *Anarchy in China !* » avait crié Matsuoka[1]. « L'anarchie règne en Chine, et le Japon, son plus proche voisin, doit se préoccuper du maintien de l'ordre. Il n'y a plus de gouvernement central en Chine (avait-il expliqué) ; le pays tombe en ruine, le Tibet est indépendant, le Turkestan n'a plus aucune liaison avec le reste du pays, et la Mongolie-Extérieure fait partie de la Russie depuis des années. » Aussi le Japon avait-il toujours eu le désir de voir la Mandchourie, située à sa porte, soumise à un gouvernement régulier. « Nous avons eu beaucoup de patience (avait crié Matsuoka en enflant la voix), cette patience est désormais épuisée ! »

Après le discours, le rapport de la commission d'enquête sur le conflit de Mandchourie, qui fut appelé

---

1. Yosuke Matsuoka (1880-1946) préside la délégation japonaise à la SDN. Il détiendra le portefeuille des Affaires étrangères de 1940 à 1941 dans le gouvernement du prince Konoe.

rapport Lytton, fut mis aux voix. On pouvait y lire que le
Japon n'avait aucun motif pour entreprendre une action
militaire, et qu'avant l'arrivée des Nippons la population
mandchoue n'avait pas manifesté la moindre trace d'un
mouvement d'indépendance. Quarante-deux nations
approuvèrent le rapport. Seul Matsuoka fit entendre un
« Non » sourd et hargneux.

Après le vote, il vint dire quelques paroles : « Le gouvernement japonais regrette très profondément l'approbation qui vient d'être donnée par l'assemblée au rapport
Lytton. Il se voit contraint de conclure qu'une collaboration avec la Société des Nations en cette occurrence n'est
plus possible désormais. »

Ayant prononcé ces mots il se leva, imité par toute sa
délégation, et les Japonais, en file indienne, quittèrent
la séance au milieu du silence des autres délégués. Ce
fut seulement lorsque la porte se fut refermée sur le dernier d'entre eux que le président Hymans[2] se décida à
lever la séance pour enlever à l'événement son caractère
dramatique. On ignorait encore à ce moment si le Japon
abandonnait réellement et définitivement l'organisation
internationale. On en eut la confirmation un mois plus
tard par une proclamation du gouvernement nippon
datée du 27 mars. En dépit de leur départ de la Société
des Nations, les Japonais demeurèrent à la conférence
du désarmement.

La porte s'était refermée doucement, légèrement, mais
elle ne devait pas être la dernière à se clore cette année-là
dans les salles de conférences internationales. L'événement symbolisait un recul de la collaboration entre les

---

2. Homme politique belge, Paul Hymans (1865-1941) contribue à la
formation de la Société des Nations dont il est le deuxième président. Il
obtient de Briand un assouplissement de l'accord militaire franco-belge
en l'intégrant dans les accords de Locarno. Il vise une réconciliation
européenne, notamment par le moyen de la mise en place d'un marché
commun.

peuples, le retour à l'autarcie politique, à l'isolationnisme qui ne se limitait plus à l'Angleterre et à l'Amérique ; il symbolisait l'abandon de la communauté internationale pour se réfugier dans le nationalisme égoïste, prétendument seul capable d'apporter le salut. Je le considère comme le fait le plus important de l'année 1933, en me reportant aux expériences que j'avais faites à la Société des Nations, à la conférence du désarmement et à la conférence économique internationale.

Bien des années plus tard, en mars 1941, lorsque, devenu ministre des Affaires étrangères de son pays, il vint faire une visite grandement spectaculaire en Allemagne, Matsuoka me déclara : « Je n'ai pas agi avec beaucoup de succès à Genève, à cette époque. Ma mission eût réussi si nous avions pu rester à la Société des Nations. Mais je considère notre départ comme un échec. » Les habitants d'Hiroshima et de Nagasaki qui subirent personnellement, lors de l'explosion des bombes atomiques de 1945, les ultimes conséquences de cette fermeture de la porte de la Société des Nations approuveront certainement cette déclaration vraiment réaliste de leur ministre des Affaires étrangères.

Environ trois semaines avant que ne se déroulât cette scène, lourde de répercussions, à la réunion plénière extraordinaire de la Société des Nations, la conférence du désarmement avait recommencé à fonctionner, le 2 février, sous la forme de sa commission principale. Les grandes puissances ayant entériné la réclamation de « l'égalité de droits » – avec ce correctif : « Dans un système garantissant la sécurité de toutes les nations » – déposée par l'Allemagne le 11 décembre 1932[3], la

---

3. L'année 1932 voit de nouveaux démantèlements du traité de Versailles, avec la fin des réparations décidée le 9 juillet par la conférence de Lausanne, puis, le 11 décembre, la reconnaissance à l'Allemagne de l'égalité des droits, prélude à son réarmement.

délégation allemande, sous la direction de Nadolny[4], participa également aux délibérations. Mais ce n'était plus « la Chambre d'épouvante de l'inertie » comme je le craignais. Ce n'étaient plus les spécialistes qui avaient la parole comme à l'été précédent. Les hommes politiques s'efforçaient, avec une énergie redoublée, de trouver une solution permettant autant que possible de clore la conférence avant celle sur l'économie internationale qui était convoquée à Londres pour le mois de juin.

MacDonald[5] était de nouveau l'âme motrice de l'accélération des travaux. Il monta personnellement à la tribune le 16 mars et, devant une salle et des tribunes combles, prononça un discours plein de feu et de qualités oratoires qui dura plus d'une heure et fit une impression considérable sur les délégués.

Il exposa un plan de désarmement par lequel il voulait tenter « un dernier effort » pour sauver la conférence. « Vous êtes libres, dit-il aux délégués, de repousser mon plan, mais il faut bien vous rendre compte qu'en le repoussant, vous aurez un autre choix à faire... Le désarmement n'est pas un but en soi, mais une contribution à la paix... Un refus fera naître le risque d'une nouvelle guerre. »

Le plan de MacDonald ne fut pas repoussé mais il ne recueillit pas une adhésion générale. « Il ne tient pas assez compte de la sécurité », dirent les Français, non sans raison. Avec l'aversion caractéristique des Anglo-Saxons pour tout engagement ferme au sujet d'une

---

4. Diplomate chevronné, Rudolf Nadolny (1873-1953) est le chef de la délégation allemande à la conférence du désarmement à Genève. Il plaide pour une entente avec l'Union soviétique dans laquelle il voit un gage de paix pour l'Europe. A la suite d'un violent conflit avec Hitler, il est mis à la retraite au bout de seulement huit mois de mission.

5. Ramsay MacDonald (1866-1937) est le premier travailliste à être Premier ministre. Il l'est à deux reprises, d'abord de 1922 à 1924, puis de 1929 à 1935. Il préside de 1931 à 1935 un cabinet d'union nationale avec les conservateurs, ce qui lui vaut d'être exclu du Labour Party.

assistance militaire, MacDonald avait en effet simplement prévu qu'en cas de violation du pacte Kellogg, c'est-à-dire en cas d'agression d'un pays par un autre, une conférence serait convoquée en vue de décider les mesures à prendre « à moins qu'une violation du pacte ne soit manifestement constatée ».

« Où en est notre égalité de droits ? » demandaient les Allemands, car le plan MacDonald envisageait un désarmement par étapes et ne prévoyait rien pour autoriser l'Allemagne, dans l'intervalle, à posséder tout au moins jusqu'à un certain degré les armes qui lui avaient été interdites par le traité de Versailles. « La raison de l'inquiétude générale d'aujourd'hui, déclara Nadolny à la commission principale, réside avant tout dans la situation créée par les rigueurs et les injustices du traité de paix. » Et il conclut : « La meilleure façon de réaliser le désarmement et l'égalité de droits serait certainement d'interdire à tous les Etats les armes proscrites par le traité de paix et de procéder le plus tôt possible à leur destruction. » Dans ses derniers mots, il indiqua comment il concevait la réalisation pratique de l'égalité de droits pour les Allemands. « Si la conférence décidait cependant de tracer la limite entre les armes permises et interdites, autrement qu'elle l'a été dans le traité de paix, la conséquence pratique pour les Etats désarmés devrait être immédiatement de se vouer au principe de l'égalité des droits. »

Aucun progrès ne fut donc accompli dans les deux questions fondamentales dont dépendait le succès de la conférence du désarmement, celle de l'égalité des droits et celle de la sécurité. La situation empira de jour en jour. Ce ne fut pas naturellement la conséquence directe des imperfections de la proposition britannique, mais aussi celle du choc que produisit, à un degré plus ou moins grand, chez presque toutes les délégations de Genève, l'instauration d'un gouvernement national-socialiste en Allemagne.

« Si les nationaux-socialistes arrivent au pouvoir chez vous, une guerre ne tardera certainement pas à se déclencher. » Cette phrase prononcée par Jules Sauerwein[6] du *Matin* trois ans auparavant au Bavaria, et que j'ai déjà citée dans la première partie de mes souvenirs, me revint à l'esprit. Au cours de ces trois années les nationaux-socialistes n'avaient rien fait, par leurs discours et par leurs actes, qui fût de nature à calmer les craintes de l'étranger. Après le 30 janvier 1933, Hitler et ses compagnons du Parti avaient entrepris une « épuration » de l'Allemagne qui fut appelée à l'époque la « mise au pas[7] », et les méthodes qu'ils employaient inquiétaient fort le monde.

A Genève il se produisit alors une coalition, tout d'abord morale, de l'Occident contre l'Allemagne de Hitler. A l'exception négligeable de quelques jeunes officiers, la délégation allemande ne comprenait aucun national-socialiste. Le personnel des Affaires étrangères, tout particulièrement, avait observé avec les plus vives appréhensions la montée de ce parti extrémiste. Aujourd'hui encore je revois nettement l'anxiété des visages lorsque nous écoutions, en 1931 et 1932, devant le haut-parleur de l'hôtel genevois, les résultats des élections en Allemagne et l'inquiétude éprouvée par tous chaque fois qu'un accroissement, catastrophique à notre avis, du parti hitlérien était annoncé. Etant donné la connaissance que nous avions de la situation en dehors des frontières du Reich nous comprenions trop bien les craintes telles que celles exposées par Sauerwein.

---

6. Jules Sauerwein tient jusqu'au début des années 1930 la rubrique de politique étrangère au *Matin*. Il y soutient la politique de rapprochement avec l'Allemagne initiée par Aristide Briand.

7. La *Gleichschaltung* (mise au pas) fut menée en moins de six mois. Elle transforma l'Allemagne en un Etat totalitaire fondé sur le *Führerprinzip* et un régime de parti unique.

Quelques pessimistes étaient exactement de l'avis de ce Français, et ils devaient malheureusement avoir raison contre nous, les jeunes optimistes, qui disions avec plus d'espoir que de foi : « Tout cela ne peut tourner aussi mal. »

Ceux qui réfléchissaient objectivement comprenaient très bien la France quand elle pensait encore plus anxieusement à sa sécurité, vu son sentiment légitime d'infériorité envers un voisin qui ne lui serait plus seulement supérieur par le nombre sous l'effet du choc produit par l'« arrivée au pouvoir » des nationaux-socialistes. Les gens sans parti pris de la conférence de Genève comprenaient aussi parfaitement que le peuple allemand ne pourrait être maintenu à la longue dans une situation de second plan et qu'il faudrait recourir à la force, c'est-à-dire à une nouvelle guerre, pour l'y contraindre. Les pays anglo-saxons, avec leur esprit réaliste, en étaient tout particulièrement persuadés.

Par suite de ces contradictions internes, la situation devint de plus en plus désespérée à la conférence du désarmement. La réunion de la conférence économique internationale approchait. L'Angleterre et l'Amérique, peuples de commerçants et de créanciers, voyaient, avec plus d'acuité que les autres pays, la nécessité urgente de procéder à un assainissement de la situation économique du monde. Mais elles comprenaient également que si aucun résultat concret n'était obtenu dans le désarmement, il y avait peu de chances de voir réussir une conférence économique et monétaire.

Le président Roosevelt intervint alors. Le 16 mai 1933, il adressa un message aux chefs de gouvernement des 54 nations représentées à la conférence du désarmement. « Je fais appel à vous et par vous à vos peuples, disait-il, parce que le peuple américain a le désir de voir la paix affermie par des mesures pratiques de désarmement et de mener à bien notre combat commun contre le chaos économique. » Il affirma ensuite l'interdépendance de la politique et de l'économie, de la conférence du désarmement et de la conférence économique. « Il y a de petits obstacles à surmonter et les aspirations trop étroites doivent être oubliées. Une victoire égoïste finit fatalement par se transformer en défaite. » Comme mesures pratiques de désarmement le président s'en tenait essentiellement au plan MacDonald, mais il ne disait pour ainsi dire rien de la sécurité telle que les Français l'envisageaient depuis 1919.

Quelques jours plus tard seulement, l'ambassadeur particulier de Roosevelt, Norman Davis – premier ambassadeur en mission spéciale que j'ai connu, le second étant Ribbentrop –, s'exprima d'une manière un peu plus détaillée sur la conférence du désarmement elle-même. Tous ceux qui savaient où se trouvait le nœud de la difficulté attendirent anxieusement ce qu'il allait dire sur la question de la sécurité.

Rien n'éclaire mieux la situation de cette époque qu'une simple comparaison entre le dialogue franco-américain de 1933 à la conférence du désarmement et les discussions qui ont eu lieu en 1949 lors de la conclusion du pacte de l'Atlantique. Dans son grand discours sur le message de Roosevelt et sur le désarmement, Davis déclara au sujet de la sécurité : « Nous sommes prêts, en particulier, si la paix est menacée, à entrer en pourparlers avec les autres pays, afin de pouvoir éviter ainsi un conflit. Nous allons même plus loin : si les Etats déclarent, après consultation, qu'un certain pays a violé la paix, et s'ils prennent certaines mesures contre l'agresseur, nous nous abstiendrons, à condition que nous soyons d'accord sur la désignation de l'Etat responsable et coupable, de toute action qui pourrait contrarier les efforts communs des autres nations pour le rétablissement de la paix. »

« Seuls l'assurance d'une assistance mutuelle et le déclenchement absolument sûr de sanctions efficaces contre un agresseur peuvent justifier une diminution sensible des armements dans les pays qui se trouvent le plus exposés à une attaque », répondirent les Français.

« Les pays contractants sont unanimes à considérer qu'une attaque armée contre un ou plusieurs d'entre eux, en Europe ou en Amérique du Nord, serait dirigée contre l'ensemble des contractants et décident que chacun d'eux, en cas d'agression, se portera à l'aide du pays attaqué en prenant toutes mesures, y compris l'emploi des forces armées, pour restaurer la sécurité dans la zone de l'Atlantique Nord et la garantir. » Tel est l'engagement pris par l'Amérique en 1949 dans le pacte de l'Atlantique.

« La France a ainsi obtenu ce qu'elle avait toujours espéré vainement entre les deux guerres mondiales », ai-je entendu dire à la radio par le ministre français des Affaires étrangères Schuman, en mars 1949. Il a donc fallu l'expérience de deux dictatures et d'une nouvelle guerre pour amener les Anglo-Saxons à se départir de leur attitude séculaire. Jamais encore ils n'avaient pris l'engagement de se porter à l'aide d'un pays attaqué « en recourant même à l'emploi des forces armées », laissant toujours à leurs parlements le droit de se prononcer souverainement sur la question de guerre ou de paix. En apparence, les parlements d'Angleterre et d'Amérique ont encore aujourd'hui conservé ce droit, mais ils l'ont abandonné dans la pratique, personne ne peut se faire la moindre illusion à ce propos. S'ils avaient renoncé à leur orgueil insulaire ou à leur isolationnisme en face des « *continentals* » dès ce tournant que constitua la conférence du désarmement en 1933, et s'ils s'étaient ralliés sans réserve aux aspirations vers une sécurité collective des autres peuples, le déroulement de l'histoire politique eût certainement pris un autre cours.

Il ressortait de la déclaration faite par Norman Davis en mai 1933 que les Américains (au cas où d'autres pays, la Grande-Bretagne comprise, prendraient des mesures contre un agresseur) ne persisteraient pas à exiger le maintien du principe de la liberté des mers que les Anglais avaient toujours considéré comme le principal obstacle à leur participation à des sanctions. Les Français avaient espéré que, cet obstacle ayant disparu, les Anglais accepteraient de prendre part aux mesures de sécurité collective. La déclaration faite par sir John Simon[8] devant la Chambre des communes, à cette époque, fit donc l'effet d'une douche froide sur la délégation française à Genève. « Nos amis du continent doivent comprendre – et mieux ils le comprendront, mieux cela vaudra – que la Grande-Bretagne n'a pas l'intention d'accepter quelque engagement que ce soit, allant au-delà de ceux que nous avons déjà pris par le pacte de Locarno (garantie de la frontière franco-allemande) et en tant que membres de la Société des Nations. »

Aujourd'hui, en 1949, l'Angleterre s'est engagée à soutenir un pays attaqué « par des mesures comprenant même l'emploi des forces armées », de sorte que la France a effectivement « obtenu ce qu'elle avait toujours espéré vainement entre les deux guerres mondiales ».

La répugnance manifestée par les Anglo-Saxons à la conférence du désarmement pour prendre des engagements d'assistance mutuelle eut d'autres conséquences intéressantes. Pour mettre en branle le mécanisme de la sécurité, il était tout d'abord nécessaire de définir clairement l'agresseur. En dépit des efforts zélés des juristes spécialisés et des hommes politiques, il fut impossible de résoudre à Genève cette question qui a joué un rôle si important après 1945, lors des grands procès de Nuremberg.

Le profane est habituellement surpris d'entendre dire que la désignation d'un agresseur, en cas de guerre,

---

8. Sir John Simon (1873-1954) occupe au cours de sa carrière plusieurs postes ministériels. Il est notamment le ministre des Affaires étrangères du cabinet d'union nationale où il inaugure la politique d'*appeasement*.

présente de si graves difficultés. « Il est très difficile de préciser qui est l'agresseur dans une guerre », avait dit MacDonald dès 1924 à la session d'automne de la Société des Nations, et il avait ajouté : « C'est une question qui peut, sans doute, être résolue cinquante ans après par les historiens, mais qui ne peut l'être immédiatement par les hommes d'Etat participant au conflit. » Cette déclaration, qui portait un si rude coup à la théorie sur la responsabilité de la guerre, théorie affirmée à Versailles, fut il est vrai attribuée par la suite à une « erreur de traduction » ; il n'en est pas moins certain que les Anglais refusèrent toujours ultérieurement de se rallier à la définition précise de l'agresseur proposée par les Français. Même en mai 1933, il y eut encore des frictions à ce sujet entre la Grande-Bretagne et la France.

« L'agresseur est celui qui déclare le premier la guerre à un autre pays, qui envahit le territoire d'un autre pays avec ses forces armées même sans déclaration de guerre, qui attaque... avec ses forces de terre, de mer ou de l'air, même sans déclaration de guerre, qui exerce un blocus contre un autre pays, et qui finalement apporte son appui à des bandes armées sur son propre territoire pour attaquer celui d'un autre pays. » Telle fut la définition adoptée sous l'influence des Français.

« Dans la pratique il est impossible de prévoir tous les cas pour déterminer avec certitude qui porte la responsabilité d'un conflit armé », avait objecté Anthony Eden[9], qui représentait l'Angleterre à cette époque à la conférence du désarmement.

« Il ne faut pas se dissimuler que l'attitude britannique sur cette question est extrêmement décevante,

---

9. Sir Anthony Eden (1897-1977) est alors sous-secrétaire d'Etat aux Affaires étrangères. Comme son ministre sir John Simon, il défend une politique d'apaisement à l'endroit de l'Allemagne. Il rompra par étapes avec cette politique pour se retrouver en 1938 sur la même ligne que Winston Churchill.

écrivait *Le Temps*, journal officieux de Paris, à la date du 26 mai... Les Anglais ne sont pas encore parvenus à la conviction qu'il leur faut assumer des obligations fermes, exactement comme les autres peuples, pour garantir la sécurité du monde civilisé. Cette attitude part de l'idée, qui avait sa valeur à l'époque du "splendide isolement", selon laquelle la Grande-Bretagne ne doit intervenir que dans les conflits touchant à ses intérêts et doit se réserver, dans les autres cas, la possibilité de jouer le rôle d'arbitre au moment favorable. » L'auteur de l'article poursuivait sur ce ton et résumait l'argumentation que les représentants français à la conférence du désarmement ne cessaient de répéter abondamment.

L'Angleterre et l'Amérique se séparèrent ainsi pratiquement de la conférence du désarmement. Elles aussi, par leur refus d'accepter des engagements précis au sujet de la garantie de la paix, refermèrent une porte sur elles. Cela se fit presque avec la même légèreté qu'avait mis à tirer la porte le dernier petit Japonais au sortir de la salle des séances de la Société des Nations. Les Anglais et les Américains restèrent matériellement dans la salle, mais politiquement, ils se retirèrent de la collaboration internationale sur une base européenne ou mondiale, exactement comme l'avaient fait d'autres pays avant eux et comme d'autres le firent après. Ils refermèrent la porte doucement, subrepticement, avec un visage un peu consterné, mais d'autres, moins délicats, devaient la claquer derrière eux avant la fin de cette année si importante pour le destin du monde.

Cette fermeture de porte était alors en quelque sorte dans l'air. La délégation allemande pratiqua elle-même une espèce de répétition au milieu de l'année. A la commission de l'air, on ne parla plus boutique comme en 1932 sur des questions de surfaces portantes, de puissances de moteurs, de poids à vide. La politique y avait repris la première place. « Supprimez l'aviation militaire, les bombardiers en particulier », réclamait le directeur ministériel Brandenburg, délégué allemand, qui avait été lui-même pilote de bombardier au cours de la guerre précédente.

« Nous employons les bombardiers pour exercer une surveillance dans les pays d'outre-mer », répliquaient les Anglais, sans prendre une position de principe contre la proposition allemande. « Nous sommes prêts, déclara Paul-Boncour, à accepter la suppression des bombardements aériens. » Mais la France s'opposait à l'interdiction totale des armes aériennes, tout en demandant l'internationalisation et le contrôle très étroit de l'aviation civile « afin que celle-ci ne devienne pas une effroyable menace ». (« Peut-on lancer des bombes d'un avion de transport ? » avaient demandé les techniciens l'année précédente.)

« Si l'aviation militaire n'est pas complètement supprimée, l'Allemagne peut aussi s'en offrir une, puisque l'égalité de droits lui a été reconnue le 11 décembre 1932 », déclara Brandenburg. « Pour l'amour de Dieu ne parlons pas d'armer à cette conférence sur le désarmement ! » crièrent les Anglais, les Français, d'autres encore.

« C'est une véritable impudence ! hurla Goering, de Berlin, dans le téléphone. Si l'on refuse encore l'égalité de droits à l'Allemagne au cours de la prochaine séance, la délégation allemande à la commission de l'air devra immédiatement quitter la salle en claquant la porte de façon qu'on l'entende dans toute la conférence. »

Ces instructions arrivèrent un samedi matin et la prochaine séance de la commission de l'air était prévue pour le lundi suivant. Tout le week-end fut employé à téléphoner à Berlin pour savoir s'il fallait refermer la porte doucement ou bruyamment. Nadolny et les diplomates de la délégation n'étaient pas partisans d'abandonner le champ libre aux adversaires en se retirant purement et simplement de la commission. J'entendis l'un d'entre eux dire : « On n'abandonne une conférence que quand on a été battu diplomatiquement. » « Ce ne fut pas un succès », me confirma Matsuoka en 1941 quand je lui reparlai du départ des Japonais de la Société des Nations. Mais Goering resta intraitable. La délégation, y compris le pilote de bombardier Brandenburg, s'efforça donc jusqu'au lundi d'être autorisée à quitter la commission de l'air comme des gens bien élevés, tout au moins sans « faire claquer la porte ». Cette autorisation fut obtenue.

Le lundi matin, avant la séance, Brandenburg donna encore des instructions précises à ses collaborateurs sur la façon dont ils auraient à se comporter « dans le cas X », c'est-à-dire si les Français refusaient de nouveau l'égalité de droits à l'Allemagne. « Messieurs les techniciens se retireront un à un, sans trop attirer l'attention, lorsque je me retournerai vers eux », indiqua notre *capitaine marin*, comme nous appelions le chef de la délégation pour l'aviation, parce qu'il se conduisait toujours avec le calme et l'aisance d'un vieux loup de mer. « Je ferai encore une déclaration avant de me retirer moi-même. Schmidt assumera le rôle de l'arrière-garde quand il aura fini sa traduction en français. »

Ainsi préparés à toutes les éventualités, du moins à ce que nous pensions, nous entrâmes en séance. Le Français se leva promptement pour combattre à nouveau l'égalité de droits pour les Allemands. Le « capitaine » lança aux techniciens le coup d'œil convenu. Sortirent alors successivement de la salle : le « poisson volant » (*Ministerialdirektor* Fisch, brevet de pilote n° 8 d'avant 1914), le *dicke Luft*[10] (un major particulièrement replet) et quelques moindres personnages. Brandenburg parla un langage énergique. Je commençai alors ma traduction « en arrière-garde ». Mais tout à coup, l'Espagnol

---

10. *Dicke Luft*, qui se traduit littéralement par « air épais », signifie : danger, atmosphère menaçante.

Madariaga[11], qui présidait, m'interrompit : « Monsieur Brandenburg, veuillez donc rester dans la salle, dit-il, je vais vous répondre tout de suite. » Je me retournai et vis que le « capitaine » avait déjà le bouton de la porte entre les mains ; cependant, bon gré mal gré, il lui fallut faire demi-tour. Tout notre beau plan de bataille s'en allait à vau-l'eau. Madariaga ne prononça que quelques mots et recourut à ce même expédient qu'avait employé, quoique avec un peu de retard, le président de l'assemblée le jour du départ des Japonais. Il ajourna la séance à l'après-midi, de sorte que Brandenburg et moi-même sortîmes de la salle sans éclats et refermâmes la porte derrière nous en même temps que tous les autres. Du reste, la querelle au sujet de l'égalité de droits fut encore une fois écartée de l'ordre du jour de la commission de l'air, en sorte que nous participâmes aux séances suivantes. Elle ne reprit de l'acuité qu'à l'automne, mais dans le cadre de la conférence générale, cette fois.

Ce fut à cette occasion que je sentis la première intervention directe, à Genève, des nouveaux maîtres nationaux-socialistes. Hitler avait bien prononcé de nombreux discours au Reichstag sur la situation politique et la conférence du désarmement, discours dont la modération fut appréciée, tout particulièrement par les Anglais ; mais il n'avait envoyé aucune directive de principe. Un beau jour étaient arrivés parmi nous le SS *Gruppenführer* Heydrich[12], devenu célèbre depuis, un chef des SA et un autre du Stahlhelm[13]. Tous les trois devaient figurer dans

---

11. Diplomate espagnol, Salvador de Madariaga (1886-1978) préside la commission du désarmement de la Société des Nations à Genève.

12. Futur architecte de la terreur nazie, Reinhard Heydrich (1904-1942) est alors au début de son ascension. Il dirige déjà le SD *(Sicherheitsdienst)*, le service de renseignements de la SS.

13. Les Casques d'acier *(Stahlhelm)* sont une formation militaire proche du parti national allemand. Après l'accession de Hitler à la chancellerie, ils se fondront dans la SA.

la commission pour les armées terrestres, à titre de « spécialistes » des associations nationales. C'était Jacob qui servait d'interprète à cette commission et sa présence, justement, provoqua un premier incident avec Heydrich. Celui-ci se plaignit auprès de Nadolny de ce que ses paroles fussent traduites par un Juif. A mon grand regret, je dus donc prendre la place de Jacob à l'« infanterie », et Heydrich, précisément, devint mon premier « client » national-socialiste. Dès cette époque, il n'attirait guère particulièrement la sympathie avec sa petite tête juchée sur son long corps et le sourire sardonique qui jouait sur ses lèvres presque à tous les mots qu'il prononçait.

« Les SS n'ont aucune valeur militaire, traduisis-je pour Heydrich à la commission. Ils ne possèdent pas d'armes. Leur seule raison d'être est d'assurer l'ordre dans les rassemblements du Parti et de protéger les orateurs contre des attaques des communistes. »

« Les SA n'exercent qu'une activité sportive », déclara le représentant de cette organisation.

« Le Stahlhelm n'a pas d'armes et ne peut donc être considéré comme une organisation militaire », affirma le troisième que Heydrich, en dehors des séances, ne cessait de brocarder et de traiter de délégué des vétérans de 1870.

Heydrich ne réussit pas à convaincre la Société des Nations, car la commission de la conférence du désarmement décida que les associations nationales devaient être comptées au nombre des effectifs militaires. Il ne fut fait d'exception que pour la police auxiliaire nationale-socialiste.

Au cours de ces négociations, je me heurtai pour la première fois à des difficultés de traduction dans mes efforts pour faire comprendre à l'étranger les nouvelles conceptions du régime national-socialiste. Les SA employaient le mot *Wehrsport* pour qualifier leur activité. Je ne pouvais traduire par *military sport*, c'eût été donner aux SA un caractère militaire qui était précisément contesté du côté allemand. Après en avoir discuté avec mes collègues anglais, nous nous ralliâmes finalement à l'expression : *defence sport*. « Quelle est cette stupidité ? » me jeta le général britannique Temperley comme je prononçais ces mots devant lui. « Je représente le pays d'où vient le mot "sport", mais je ne vois pas du tout ce que peut vouloir signifier *defence sport*. » Je ne pouvais pas non plus prétendre que le vocable *Wehrsport* signifiât un sport non militaire, quoique plusieurs spécialistes allemands se fussent efforcés pendant longtemps de me faire comprendre que *Wehr* n'avait absolument rien de commun avec le domaine militaire.

En plus de l'incident avec Jacob, Heydrich en provoqua un autre au sujet du pavillon. A son arrivée à Genève, le drapeau du Reich n'avait pas encore été officiellement changé. Les couleurs noir-rouge-or flottaient donc toujours sur notre hôtel et sur nos automobiles. Heydrich avait apparemment apporté un pavillon à croix gammée dans ses bagages, et, de sa propre autorité, il le hissa un jour sur notre hôtel. Deux heures après, Genève était naturellement en ébullition. Le public, et principalement les travailleurs suisses, avait déjà pris à l'égard de notre délégation une attitude d'hostilité qui allait croissant de jour en jour. Les journaux étaient remplis de nouvelles sur l'oppression à laquelle étaient soumis les non-conformistes en Allemagne, sur les « épurations » et la « mise au pas ». Très souvent des pierres étaient lancées contre nos voitures et de violentes injures proférées à notre passage. L'apparition de la croix gammée sur le Carlton Hotel était capable de déclencher de nouveaux incidents désagréables.

Nadolny réagit énergiquement. Il accomplit l'exploit de faire rentrer le pavillon nouveau au bout de quelques heures en le remplaçant par l'ancien emblème, quoique Hitler eût déjà « pris le pouvoir » depuis longtemps à

Berlin. Il exprima si énergiquement son opinion à Heydrich que celui-ci avait perdu son sourire sardonique quand il sortit du bureau de Nadolny, le visage rouge et la tête « savonnée ». « Dans une délégation qui se trouve à l'étranger, il doit régner exactement la même discipline qu'à bord d'un navire en haute mer, avait dit notre chef. Seul le capitaine ordonne ce qui doit être fait. Ici, à Genève, c'est moi le chef de la délégation. Je vous prie donc de vous abstenir de toute initiative déplacée. » Heydrich sortit la tête basse et ne regimba pas. La croix gammée resta encore absente pendant un certain temps du toit de notre hôtel.

« C'est vraiment incroyable, ai-je entendu dire un jour par Heydrich. Cette délégation de Genève se comporte exactement comme s'il n'y avait pas eu de révolution nationale-socialiste en Allemagne ! Des interprètes juifs, des pavillons noir-rouge-or, des diplomates réactionnaires et des conseillers sclérosés ! Il va falloir que nous y donnions un bon coup de balai. »

Une affaire, dont le Conseil de la Société des Nations eut à s'occuper en mai, montra bien à quelles situations grotesques pouvaient conduire, sur le terrain international, les événements qui se déroulaient dans l'Allemagne nationale-socialiste. Il s'agissait d'un employé israélite de Haute-Silésie qui avait perdu sa place du fait de la clause d'aryanité, et avait adressé une plainte à la Société des Nations. A cette époque il existait des deux côtés de la frontière certaines mesures de protection concernant « les minorités de race, de langue ou de religion », à cause du mélange des populations allemandes et polonaises, et ces mesures s'appliquaient aux Polonais qui vivaient dans la Haute-Silésie allemande. Il était bien évident que les dispositions prises par le Reich contre des « minorités de race ou de religion » ne pouvaient s'appliquer dans cette région. Si l'expression « danser sur des œufs » peut être employée, c'est bien certainement à propos de cette

« affaire Bernheim ». L'ambassadeur von Keller eut la difficile mission de représenter le Reich et reçut ses instructions directement de Berlin. L'affaire relevait du bureau
Orient du ministère des Affaires étrangères. Il était dirigé
par le *Ministerialdirektor* Richard Meyer, un Juif qui, du
reste, alla vivre après son élimination à Stockholm, où
le ministère continua à lui payer la pension à laquelle
il avait droit. C'était un homme extrêmement énergique
dans l'exercice de ses fonctions, un précurseur de ces
« hommes dynamiques » dont nous connûmes quelques
exemplaires sous Ribbentrop. Aussi était-il surnommé au
ministère « Richard la fusée ».

Le représentant allemand, se conformant à ses instructions, commença par contester que Bernheim pût être
considéré comme membre d'une minorité raciale au sens
prévu par la réglementation, tout en essayant simultanément d'attribuer toute l'affaire à la faute d'un subordonné et en offrant de la résoudre sur place. Le Conseil
n'ayant pas admis cette thèse, on nia, du côté allemand,
le droit du sieur Bernheim à déposer une plainte auprès
de la Société des Nations, parce qu'il n'était pas véritablement domicilié en Haute-Silésie. Ce nouveau moyen
ne fut naturellement pas plus admis et le Conseil déclara
illégale la décision allemande. Un journaliste spirituel
rendit fort justement l'essentiel de cette farce par ces
vers moqueurs :

> *Et Keller, furieux, crie dans la boutique :*
> *Ce Bernheim n'est pas du tout juif,*
> *C'est aller trop fort, c'est aller trop fort !*

Les mots « C'est aller trop fort, c'est aller trop fort ! »
passèrent dans le langage courant de la délégation pour
être employés chaque fois que des instructions parfaitement ridicules arrivaient de Berlin. Et ce fut bien fréquemment le cas au cours de l'été.

Heydrich n'eut pas à donner de « coup de balai » dans la délégation du désarmement, car la conférence fut ajournée à l'automne dans une atmosphère d'impuissance, à cause de l'ouverture à Londres, le 12 juin, de la deuxième conférence économique mondiale.

Au début de juin, je revins passer quelques jours à Berlin pour prendre contact avec mes nouveaux « clients » : les membres de la délégation allemande à la conférence économique. Nous traversâmes la Hollande et arrivâmes à Londres au soir d'une pluvieuse journée d'été. Les « vieux Londoniens » d'entre nous eurent quelques surprises lorsque, le long de Park Lane, nous gagnâmes l'hôtel qui nous était affecté : le *Dorchester*. Ce qui nous frappa tout d'abord, ce fut la façade légèrement incurvée vers l'intérieur de cet énorme bâtiment construit dans le style horizontal. Toute sa surface, du sol au neuvième étage, était éclairée uniformément en jaune par de très gros projecteurs. Les Anglais appelaient *flood-lighting* cet éclairage ultra-moderne qu'ils étaient alors les premiers à utiliser en Europe. L'effet produit par le contraste avec la chaussée pluvieuse, les autres maisons du quartier Mayfair restées obscures, et la haute silhouette des arbres de Hyde Park était vraiment saisissant et paraissait sortir d'un film.

D'ailleurs le cinéma américain vint lui-même à notre rencontre dans le hall de l'hôtel sous la gracieuse forme de la vedette américaine Jeanette MacDonald[14]. Elle regarda avec curiosité entrer par la porte tournante ces « Germans » qui participaient à cette conférence économique dont tous les journaux étaient alors remplis. Je me retrouvais comme au *George-V*, à Paris, lors de la

---

14. Cantatrice et comédienne américaine, Jeanette MacDonald (1903-1965) tourna dans de nombreuses comédies musicales qui la rendirent célèbre.

conférence Young[15], en 1929, dans une atmosphère d'acteurs de l'écran, de propriétaires d'écuries de course et d'auteurs de scénarios, avec cette différence qu'il fallait y ajouter, à Londres, les millionnaires américains et les maharadjahs de l'Empire britannique. L'apparition des honorables représentants de la bureaucratie ministérielle allemande, dans cette ambiance luxueuse de l'hôtel cosmopolite pour millionnaires, donna parfois des effets de contraste du plus haut comique. Lorsque, par exemple, le *Geheimrat* Hugenberg[16], ministre hitlérien de l'Economie et de l'Agriculture, homme petit et replet, portant les cheveux en brosse, une moustache et des lunettes d'or, s'envolait dans l'ascenseur aux côtés de la très élégante Jeanette MacDonald, on se serait cru transporté dans quelque studio pendant la réalisation d'un « burlesque ».

La délégation allemande était dirigée par le ministre des Affaires étrangères von Neurath[17]. En plus de Hugenberg, elle comprenait le Dr Schacht[18], président de la Reichsbank, Krogman, bourgmestre de Hambourg, et quelques « purs » nationaux-socialistes tels que Keppler,

---

15. Après le plan Dawes de 1924, le plan Young, du nom de l'industriel, homme d'affaires et diplomate américain Owen D. Young (1874-1962) qui présida cette nouvelle négociation, avait prévu en 1929 un nouvel aménagement du règlement des réparations.

16. Magnat des médias, Alfred Hugenberg (1865-1951) mène en parallèle une carrière politique qui le conduit en 1928 à la tête du Parti national du peuple allemand (DNVP). Il devient ministre de l'Economie dans le premier cabinet de Hitler, poste qu'il est contraint d'abandonner dès le 27 juin 1933.

17. Le baron Konstantin von Neurath (1873-1956) est un diplomate de carrière, successivement ambassadeur à Rome, puis à Londres. Il devient, en 1932, ministre des Affaires étrangères du gouvernement Papen. Hitler le conserve à ce poste jusqu'au début de 1938. En 1939, il le nomme *Reichsprotektor* de Bohême-Moravie.

18. Père du Rentenmark qui aida l'Allemagne à sortir de la crise financière de 1923, président de la Reichsbank, poste dont il démissionne en 1930, Hjalmar Schacht (1877-1970) se rapproche ensuite de Hitler, qui le rétablit en 1933 à la tête de la Reichsbank, puis le nomme l'année suivante ministre de l'Economie. Très critique à l'endroit de la politique d'armement à outrance, il est progressivement marginalisé.

conseiller économique de Hitler et plus tard secrétaire d'Etat. Comme toujours, le véritable travail technique de la conférence, dont il valait la peine de parler, fut fait par les fonctionnaires des ministères compétents. Chaque matin les membres de la délégation se réunissaient pour une conférence que je suivais avec intérêt, moins pour ce qu'on y disait que pour observer l'attitude des divers délégués. Assez paradoxalement c'étaient les nationaux-socialistes les plus calmes. Le fonctionnement des conférences internationales leur était encore trop étranger pour qu'ils pussent prendre position sur des questions de tactique, sur la façon de présenter tel ou tel problème. Hugenberg, au contraire, remuait beaucoup d'air. Il avait sur beaucoup de points des opinions dont ses collègues se contentaient de sourire, mais qu'il s'efforçait de faire adopter avec sa ténacité coutumière.

Il m'advint alors un malheur dont toute la délégation s'amusa longtemps, mais qui aurait pu avoir pour moi des conséquences fort désagréables. Ce fut à propos du grand discours que Neurath devait prononcer à la séance plénière d'ouverture, en tant que chef de la délégation allemande. Sur le navire hollandais qui nous transporta de Flessingue à Harwich, les conseillers techniques, conduisant leurs secrétaires dans les coins à l'abri du vent, avaient commencé à dicter des ébauches partielles de ce discours. Le soir même de notre arrivée, Michaelis, Jacob et moi nous étions attelés à la traduction en anglais et en français. Ce fut encore une nuit fort agitée, mais nous constatâmes, aux très nombreuses modifications de texte qui nous furent apportées, que les membres principaux de la délégation n'étaient pas tout à fait d'accord sur ce qu'il fallait dire et ne pas dire.

Un passage du discours de Neurath était ainsi rédigé : « Le gouvernement national-socialiste a démontré, sur le plan politique, qu'il était prêt à collaborer avec les autres peuples. C'est dans ce sens qu'il se présente encore à la conférence économique internationale de Londres. »

Hugenberg avait manifesté une vive opposition, mais Neurath, Schacht et même les nationaux-socialistes étaient partisans du maintien de ces phrases. Hugenberg avait alors menacé de rentrer en Allemagne. « Je ne suis pas venu ici pour chercher une entente ! » avait-il déclaré à la réunion de la délégation. En tout cas, les phrases furent supprimées et la correction nous fut apportée au milieu de la nuit dans les trois chambres où nous nous tenions en état de dicter, à grand renfort de tasses de café. Ce fut alors que le malheur dut se produire. Neurath prononça son discours le 13 juin et nous distribuâmes les textes anglais et français aux autres délégués. Schacht m'appela soudain.

« Est-ce que le texte anglais coïncide très exactement avec ce que M. von Neurath vient de dire à la tribune ? » me demanda-t-il à voix basse. « J'ai tout relu avec le conseiller d'ambassade », répondis-je. Et Schacht, en riant : « Et pourtant il y a dans le texte anglais le passage au sujet duquel Hugenberg a menacé de rentrer en Allemagne ! »

Le sang m'afflua brusquement au visage. Effectivement les malheureuses phrases étaient restées dans le texte anglais ; elles avaient en revanche été correctement supprimées dans le texte français. Michaelis, qui avait préparé celui-ci, s'était trouvé manifestement moins fatigué que le conseiller d'ambassade et moi-même. J'aperçus nos délégués et nos techniciens qui se touchaient du coude, se montraient du doigt le passage sur la version anglaise tirée à de très nombreux exemplaires et se mettaient à sourire ou même à rire franchement. Pour ma part je n'avais pas envie de rire.

Hugenberg fut naturellement hors de lui quand il apprit ce qui s'était passé. « Allez trouver immédiatement notre nouveau ministre, pour l'amour de Dieu, me demandèrent ces messieurs du ministère de l'Economie. Hugenberg nous soupçonne d'avoir intentionnellement réintroduit dans le texte les phrases qu'il en avait bannies, parce que nous sommes partisans des échanges commerciaux entre les peuples et ennemis de l'autarcie. »

Jamais je n'eus autant de peine à convaincre un ministre du Reich de ma sottise. J'apportai les manuscrits à Hugenberg, je lui expliquai comment l'erreur avait pu se produire dans le texte anglais, je le rassurai en lui disant que nous allions pouvoir la rectifier immédiatement sur le procès-verbal officiel de la séance ; mais il ne cessa de me regarder avec méfiance par-dessus ses lunettes et prononça : « Quelqu'un a dû vous glisser un faux texte entre les mains… » A en juger par ces mots, la confiance mutuelle n'était pas excessive entre les délégués allemands à la conférence de Londres. Mais Hugenberg ne rentra pas en Allemagne, tout au moins pas à cette occasion. S'il le fit cependant prématurément, ce ne fut pas à cause des phrases oubliées par moi, mais bien à cause de sa brouille avec Hitler. Il fut alors remplacé à Londres par le Dr Schmitt, nouveau ministre de l'Economie.

La veille du jour où se produisit ce malheureux incident avec Hugenberg, qui mit en alarme la délégation allemande et me donna tant d'angoisse, le roi George V avait solennellement ouvert la « conférence économique et monétaire mondiale » au Musée géologique de Kensington. « C'est la plus grande assemblée internationale qui ait jamais été réunie », écrivit le *Times*. Il n'y avait pas moins de 66 Etats représentés dont 56 faisaient partie de la Société des Nations. Un seul pays, le Panama, avait renoncé à y participer, parce que les frais d'envoi et d'entretien d'une délégation lui avaient paru trop élevés.

Jamais sans doute une conférence aussi importante ne s'était tenue dans une salle aussi insipide : blanche, sans aucune décoration, avec des piliers extrêmement simples, elle avait plutôt l'air d'un hall d'usine que du lieu de réunion « de la plus grande assemblée internationale de tous les temps ». Les délégués, 168 d'après les statistiques, étaient assis comme sur des bancs d'école devant de très sobres pupitres en bois. Le président MacDonald et ses assistants avaient pris place sur une estrade. A mi-hauteur de celle-ci se trouvait la tribune, flanquée à droite et à gauche d'une table spacieuse portant les microphones destinés aux interprètes d'anglais et de français. L'allemand n'était pas admis comme langue officielle et les discours prononcés dans cette langue ne devenaient « légaux » qu'après avoir été traduits en anglais ou en français. Les haut-parleurs accrochés aux piliers ne contribuaient pas à donner un caractère d'intimité à l'ambiance. Plus d'un orateur dut les maudire intérieurement, car ils donnaient des échos métalliques qui rompaient les plus brillantes périodes et coupaient tous les effets oratoires.

A l'entrée du roi d'Angleterre, les délégués se levèrent de leurs bancs exactement comme des écoliers à l'arrivée de leur maître. MacDonald prit place à sa droite, Avenol, suppléant français du secrétaire général de la Société des Nations, à sa gauche. George V salua d'une inclination l'assemblée debout et silencieuse, inclination qui lui fut rendue par tous les délégués présents avec un singulier ensemble. Ces salutations muettes échangées, le roi, restant debout, commença à lire son discours.

Il parla tout d'abord en anglais, puis en français, et de nouveau en anglais. « Il ne doit pas être au-dessus des forces humaines, dit-il, d'exploiter les immenses richesses du monde, de manière à assurer matériellement le progrès de la civilisation. Ces richesses n'ont pas diminué. Bien au contraire ; les découvertes, les inventions, l'organisation moderne ont tellement multiplié les possibilités qu'elles recèlent, que l'excès de production lui-même a fait surgir de nouveaux problèmes. Parallèlement à ces étonnants progrès matériels s'est répandue une nouvelle notion de l'interdépendance des peuples et de l'importance de leur collaboration. L'occasion se présente de mettre cette nouvelle conscience d'une communauté d'intérêts au service de l'humanité. »

Le roi lut son discours d'une voix claire – même son français était très compréhensible bien qu'il fût, naturellement, affecté d'un fort accent anglais – et pendant tout ce temps, il eut devant lui le fameux microphone d'or utilisé par lui depuis quelques années pour adresser son message de Noël aux peuples de l'Empire britannique. Ses paroles étaient, cette fois, retransmises non seulement dans cet Empire, mais dans la plupart des autres pays du monde.

MacDonald prit la parole dès que le roi eut quitté la salle après la traduction de son discours. Contrairement à l'accord conclu au préalable avec les Américains, il aborda la question des dettes de guerre ; ce fut le point le plus remarquable de ses déclarations. « La conférence n'est pas apte à examiner et à régler la question des dettes, dit-il en un premier membre de phrase (probablement pour donner satisfaction aux Américains) ; mais cette question doit cependant être traitée avant qu'aient pu être aplanis tous les autres obstacles qui s'opposent au retour d'une économie saine. » En entendant parler du sujet interdit, la délégation américaine commença à s'agiter avec inquiétude sur ses bancs. « Il faut aborder sans délai la question des dettes ! » clama finalement MacDonald, jetant par-dessus bord toutes ses promesses antérieures.

Les délégués américains se regardèrent, décontenancés. Si tout s'était passé selon leurs désirs, nous eussions eu de nouveau « une conférence où il ne doit pas être parlé du sujet ». Mais, comme pour la Ruhr à la conférence de 1924, MacDonald avait voulu mettre en discussion une des questions les plus brûlantes.

Pendant les discours et les traductions, j'eus tout le temps d'observer à mon aise cette « plus grande assemblée de tous les temps ». Extérieurement on eût pu la prendre pour une réunion funéraire, tant les délégués prenaient des airs compassés dans leurs jaquettes et pantalons rayés. Il n'y avait pas un seul uniforme pour apporter une note plus vive. Çà et là émergeaient cependant un turban hindou ou le fez blanc d'un délégué arabe ou iraquien. Les Allemands étaient au tout premier rang : l'ambassadeur von Hoesch[19], Neurath, Hugenberg, Schacht, Keppler et Krogman. Derrière eux se trouvaient les Anglais dont les plus notoires étaient Neville Chamberlain, futur Premier ministre, et Runciman, ministre du Commerce. Dans la délégation américaine je ne connaissais que le ministre des Affaires étrangères Cordell Hull[20], tandis qu'il y avait, parmi les Français, le ministre des Finances Bonnet[21] que j'avais déjà vu à la conférence de Stresa. Je rencontrai pour la première fois à Londres le président du Conseil français Daladier pour lequel je devais tant avoir à traduire en 1938, à la conférence de Munich.

A la suite du discours inaugural de MacDonald, il y eut à remplir toute une série de formalités fort longues qui me rappelèrent la première conférence économique mondiale à l'ouverture de laquelle j'avais assisté sept ans

---

19. Ambassadeur à Paris de 1924 à 1932, Leopold von Hoesch (1881-1936) y fut un des principaux collaborateurs de Stresemann. En 1932, il est nommé ambassadeur à Londres, poste qu'il occupe jusqu'à sa mort en 1936. Il y est remplacé par Ribbentrop.
20. Sénateur du Tennessee, Cordell Hull (1871-1955) est appelé en 1933 par Roosevelt pour devenir son secrétaire d'Etat aux Affaires étrangères. Il reste à ce poste jusqu'en novembre 1944.
21. Figure du parti radical-socialiste, Georges Bonnet (1889-1973) est à plusieurs reprises ministre de la IIIe République. Il est surtout connu comme ministre des Affaires étrangères d'avril 1938 à septembre 1939. Associé à la négociation des accords de Munich, il reste ensuite fidèle à cette politique. Il s'emploiera à empêcher l'entrée en guerre de la France en septembre 1939.

auparavant, dans la salle de la Réformation à Genève. « Abaissement des barrières douanières, réduction des entraves au commerce, ententes industrielles internationales », tels avaient été les mots d'ordre en 1927.

Dans le premier élan, ces remèdes à la crise économique déjà ouverte furent repris au congrès de Stockholm de la Chambre de commerce internationale, lors des conversations germano-britanniques de Berlin, et, par la conclusion d'un accord commercial franco-allemand, ils entrèrent partiellement dans la pratique. Mais seulement partiellement et dans le premier élan. Les grands espoirs qu'avait éveillés « l'année de l'Economie » s'étaient progressivement flétris par suite de l'incompréhension et de l'égoïsme des pays participants, de sorte qu'au début de cette conférence de Londres, il fallut se contenter de proposer « une trêve douanière ». Car dans l'intervalle les barrières douanières, au lieu d'être abaissées, avaient encore été développées et le résultat eût déjà été fort beau si, grâce à cette trêve, la vague de protectionnisme avait pu être endiguée, tout au moins momentanément.

Mais, depuis la première conférence économique mondiale, c'était surtout sous son aspect financier que la crise s'était aggravée. Les réparations et les dettes de guerre étaient à l'origine de cette crise qui s'était déclenchée chez les Américains, en octobre 1929, pour gagner ensuite le reste du monde. Sous la pression des événements il avait fallu suspendre les réparations. Cependant, les dettes des pays européens envers l'Amérique étaient restées, tout au moins sur le papier, car les Etats-Unis avaient refusé de les annuler ou de les diminuer tant que l'Europe ne réduirait pas ses dépenses d'armement. Je venais de toucher de près, à Genève, les difficultés que soulevaient les questions de désarmement. J'étais bien informé de celles qui se présentaient dans la question des dettes. Je me rappelais avec précision qu'après l'arrêt des réparations, à Lausanne, les Français avaient répudié leur engagement, en décembre 1932, dans des circonstances dramatiques, et avaient, par un vote de leur Chambre, abandonné leur vieille tradition du « respect sacro-saint de la chose écrite ». Vainement, Herriot[22] avait alors imploré cette Chambre de satisfaire à ses obligations envers l'Amérique. Il avait déployé toute son éloquence, invoqué l'honneur de la France, sa vieille fidélité aux traités. Rien n'avait servi. A une majorité écrasante, la Chambre avait décidé que si la France ne recevait plus de réparations de l'Allemagne, elle ne paierait plus l'intérêt de ses dettes à l'Amérique. Herriot était tombé sur cette question.

L'Angleterre avait continué à payer, mais « sous réserves ». Le 15 juin, soit quelques jours après l'ouverture de notre conférence, une nouvelle échéance se présentait, et tandis qu'on prononçait des discours fleuris au Musée géologique, les Anglais et les Américains discutaient fiévreusement pour savoir si Roosevelt admettrait aussi ce paiement « sous réserves ». Il accepta, au grand soulagement des Anglais.

« Le *gold standard* a été abandonné par un grand nombre de pays avec une ampleur qui ne s'était jamais produite en temps de paix depuis son introduction. » C'est par cette phrase que MacDonald dans son discours inaugural avait présenté le second thème de discussion qui, contrairement à celui des dettes de guerre, n'était pas « interdit ». La conférence qui venait de s'ouvrir portait le titre d'économique et monétaire, et la question de la monnaie était au premier plan. Roosevelt lui-même en avait parlé dans le message du 16 mai dont il a déjà été question. Il avait dit que « la conférence économique internationale devrait ramener l'ordre, dans le chaos existant, par la stabilisation des monnaies ».

---

22. Edouard Herriot (1872-1957), figure emblématique du parti radical-socialiste, est à trois reprises président du Conseil, la première fois de 1924 à 1925 à la tête du gouvernement du Cartel des gauches, puis en 1932.

L'observation de MacDonald sur l'abandon du *gold standard* se référait au fait que l'Amérique avait également détaché le dollar de l'or en avril et en mai, c'est-à-dire à la veille même de la conférence. Roosevelt désirait ainsi lutter contre la crise économique intérieure aux Etats-Unis en relevant le niveau des prix. En juin 1933, seuls la France, la Suisse et quelques petits pays restaient fidèles à l'étalon-or. Ce prétendu bloc de l'or craignait de voir l'Angleterre et l'Amérique continuer à déprécier leur monnaie et lui faire une concurrence de plus en plus dangereuse sur les marchés mondiaux, alors que leurs prix assez bas leur permettaient encore d'escalader des barrières douanières même assez hautes.

La presse mondiale avait longuement discuté l'aspect technique de toutes ces questions avant la réunion de la conférence et le problème monétaire constituait l'un des thèmes habituels des conférences quotidiennes de notre délégation.

L'Allemagne n'appartenait, par sa réglementation des devises, ni à l'un ni à l'autre camp. Le conflit des dettes n'était ouvert qu'entre la France et l'Angleterre d'une part, l'Amérique d'autre part. La question de la stabilisation n'intéressait que l'Angleterre et l'Amérique d'une part, la France et les pays du bloc-or de l'autre. Dans les deux cas les Allemands n'étaient que spectateurs. Aussi nous, les interprètes, nous réjouissions-nous d'assister à des débats où nous ne nous trouvions pas, avec notre délégation, en plein centre de la bataille oratoire.

Vers la fin de la séance inaugurale j'entendis MacDonald déclarer : « Je propose de n'accorder, dans le débat général, que quinze minutes à chaque orateur. » Ces paroles m'arrachèrent à mes réflexions sur la complexité des problèmes en discussion au cours de cette deuxième conférence économique, et me montrèrent que, fidèle à son habitude, le Premier ministre britannique entendait imposer un rythme accéléré au travail de l'assemblée.

Au cours des jours suivants les discours (de quinze minutes) se succédèrent donc. Il n'en reste plus rien de marquant aujourd'hui dans mon souvenir. Je me rappelle seulement que Cordell Hull, qui devait parler un des premiers, s'en abstint. « Les Américains ont très mal pris l'offensive de MacDonald sur la question des dettes de guerre, chuchota-t-on dans les délégations ; il faut plusieurs jours à Cordell Hull pour modifier le texte de son discours. »

Nous attendions tous sa réaction avec beaucoup d'impatience. Les délégués les plus jeunes et les plus bouillants espéraient qu'elle amènerait « un peu de vie dans la boutique », car le débat général, malgré la limitation des discours à quinze minutes, avait été d'une longueur mortelle. Mais quand Hull parla le 14 juin, la seule partie de son discours qui causa un peu d'émotion fut celle où il parut polémiquer contre certaines tendances autarciques de son propre pays. « Les idées chéries des isolationnistes à tous crins, dit-il, d'après lesquelles chaque peuple pourrait, par ses propres improvisations, se tirer des difficultés qu'il connaît actuellement se sont révélées stériles. »

Le ministre des Affaires étrangères américain, digne monsieur âgé, portant un binocle cerclé de noir, avait une façon de parler un peu compassée qui donnait encore plus de relief à des déclarations de ce genre.

« Chaque pays ne peut rétablir l'ordre chez lui par des dispositions économiques, financières et fiscales, que dans une mesure modeste. » Cette remarque pouvait constituer une critique aussi bien pour le New Deal de Roosevelt que pour les aspirations autarciques de Hitler. Les deux systèmes, en s'écartant de la collaboration internationale, présentaient beaucoup de points communs, sans compter qu'il y avait la manière autoritaire avec laquelle tant Roosevelt que Hitler poursuivaient l'exécution de leur programme en dépit de la résistance intérieure. Cela semblait leur conférer une certaine analogie d'esprit. Je fus d'autant plus frappé par la phrase suivante de Cordell Hull qu'il prononça en levant l'index pour la souligner : « Il me paraît très clair qu'un programme international de mesures susceptibles de faire disparaître la crise est également nécessaire. »

Ce vieux monsieur me devint fort sympathique avec son index levé et sa manière professorale de parler. Ses paroles me paraissaient constituer une nette critique à l'adresse de tous les amateurs d'autarcie, d'un côté comme de l'autre de l'Atlantique.

Tous les regards étaient tournés vers les représentants des puissants Etats-Unis qui, à ce que l'on pensait alors à Londres, avaient entre les mains, par la question des dettes et le problème monétaire, les clefs du retour de la prospérité en Europe.

Ce fut cependant en vain qu'on chercha quelque suggestion pratique dans les paroles de ce ministre de la nation la plus réaliste du globe. Hull demeura dans les généralités, exactement comme les orateurs qui l'avaient précédé et comme ceux qui le suivirent. Tous paraissaient beaucoup mieux convenir au cadre du musée où nous nous trouvions qu'à celui d'une assemblée réunie pour résoudre la crise économique mondiale.

L'intérêt manifesté par les délégués aux discussions de la conférence proprement dite diminua visiblement. Les principaux représentants de l'Allemagne rentrèrent à Berlin, de sorte que Krogman, bourgmestre de Hambourg, et l'ambassadeur von Hoesch restèrent seuls pour représenter le Reich au Musée géologique. Cela signifiait pratiquement que, dans les commissions qui n'allaient pas tarder à être désignées, les techniciens tels que le *Staatssekretär* Posse et ses collègues allaient se retrouver, comme à Genève ou à Paris, en face des mêmes interlocuteurs avec lesquels ils discutaient les mêmes problèmes depuis des années et sans beaucoup de résultats. Car la situation était semblable dans les autres délégations. On ne revit plus les personnages principaux. Ils négociaient la stabilisation monétaire au Trésor ou à la Banque d'Angleterre, de même que Schacht parvint à conclure un nouvel accord de règlement des transferts d'argent en dehors de la conférence.

D'autre part, fait qui montre bien l'état des esprits à l'intérieur de la délégation américaine, une proposition formulée par les Etats-Unis sur la suppression des barrières douanières et déjà présentée à la conférence fut retirée sous prétexte qu'il ne s'agissait que d'un rapport d'experts publié par erreur. Elle était pourtant arrivée au secrétariat avec une note du ministre des Affaires étrangères Hull. « Hull a signé la lettre sans la lire », déclarèrent les Américains. Le fait permettait en tout cas de conclure que les instructions arrivées de Washington dans l'intervalle avaient changé.

La conférence avança progressivement vers la crise avant même d'avoir véritablement commencé, car il était impossible d'aborder l'examen des questions purement économiques tant que celle de la stabilisation des monnaies n'était pas réglée. MacDonald déploya tous ses talents dans l'art de conduire une conférence. Il réclama des rapports de toutes les sous-commissions, rapports exposant toutes les questions positives et permettant de se faire une idée générale des résultats obtenus jusque-là. Il se rendit même aux séances des plus petites commissions pour recommander de se hâter et d'aboutir.

Puis, la conférence attendit avec beaucoup de curiosité la venue du professeur Moley, envoyé spécial de Roosevelt, qui appartenait au cercle des intimes du président américain et paraissait jouer un rôle capital dans la politique financière et économique des Etats-Unis, en tant que dirigeant du *brain-trust*. Moley fut, pendant deux ou trois jours, la *sensation* de Londres. « On va enfin arriver à s'entendre sur la stabilisation des monnaies », disaient les délégués partout dans les couloirs en poussant des soupirs de soulagement.

La discussion de cette question atteignit son point critique le 1er juillet. Les pays fidèles à l'étalon-or, qui comprenaient dès lors l'Italie et même la Pologne, en plus de la France, la Hollande, la Belgique et la Suisse, avaient, sous la conduite du ministre des Finances français, Bonnet, posé une sorte d'ultimatum pour qu'on arrivât à une décision. « Les pays qui ont abandonné le *gold standard* accepteront le principe de la stabilisation et se déclareront prêts à y revenir au premier moment favorable », disait en substance cet ultimatum. Les Anglais et même le professeur Moley, très affairé, y avaient donné leur accord. Cependant ce dernier avait fait dépendre sa réponse définitive de la décision du président Roosevelt.

Les délégations avaient attendu, pleines d'impatience, la réponse de Washington, dans la soirée du 30 juin. Elles étaient restées au Foreign Office jusque vers minuit, afin de ne pas perdre une seule minute pour entendre l'assentiment de Roosevelt. On tenait cet assentiment pour d'autant plus assuré que son représentant personnel avait déjà donné son approbation à la formule des pays fidèles à l'étalon-or. L'aube du 1er juillet se leva sans qu'on entendît parler de Roosevelt. La nervosité s'accrut d'heure en heure et ne tomba même pas lorsque MacDonald invita les délégués à prendre le thé sur la terrasse de la Chambre des communes, au bord de la Tamise, en compagnie des parlementaires britanniques les plus éminents. Il faisait une splendide journée d'été et cette réception en plein air, devant le vénérable parlement anglais, eût très bien pu servir de point de départ à un week-end exempt de préoccupations. Pourtant, à toutes les tables, dans tous les langages, on ne se posait qu'une seule question : « Que va faire Roosevelt ? »

« Le Président a répondu au ministre des Affaires étrangères qu'il n'acceptait pas la proposition collective

(des pays du *gold standard*) sous sa forme présente »,
annonça le samedi soir la délégation américaine. Cette
nouvelle fit sensation. Roosevelt faisait claquer la porte
de la conférence.

Les pays du *gold standard* se réunirent le soir même
et déclarèrent que Roosevelt avait fait « sauter » la
conférence. MacDonald quitta précipitamment sa résidence des Chequers, le dimanche matin, pour rentrer
à Londres. La délégation anglaise tint séance au grand
complet dans l'après-midi dominicale. Les bruits les plus
extraordinaires circulèrent dans les milieux de la conférence. « Nous partons après-demain », me dirent mes
collègues anglais et français de Genève. L'Allemagne
était restée complètement à l'écart de tout ce conflit,
aussi fut-ce avec le plus grand calme, avec la tranquillité
d'observateurs neutres pour ainsi dire, que nous suivîmes
l'agitation de nos anciens adversaires des précédentes
conférences.

Le lundi matin, on eut le texte complet de la réponse
de Roosevelt. L'impression des délégations européennes
s'aggrava en constatant que le Président ne s'était pas
borné à formuler un non sec, mais qu'il admonestait la
« plus grande conférence de tous les temps » à la façon
d'un précepteur irrité. « Je considérerais comme une
catastrophe, capable de se transformer en tragédie mondiale, déclarait-il, si la grande assemblée des peuples…
se laissait détourner de ses travaux par la proposition
d'une expérience purement artificielle et passagère, relative à la situation monétaire de quelques pays. » C'était
la proposition des pays du *gold standard* qui avait reçu
l'approbation de l'Angleterre et de Moley. Suivait toute
une série de bons conseils qu'on pourrait ainsi résumer :
« Ne vous occupez pas de cette histoire de stabilisation
et consacrez-vous immédiatement à l'accomplissement
de votre tâche proprement dite. »

L'irritation causée dans les délégations intéressées par cette intervention de Roosevelt à l'allure dictatoriale fut considérable. Le mardi après-midi, je me rendis avec Krogman à la réunion du bureau de la conférence convoqué par MacDonald, et y assistai à une explication extrêmement vive entre celui-ci et Hull. « La conférence est terminée ! » déclara un MacDonald que je ne connaissais pas encore. Il était vraiment furieux et n'essayait même pas de contenir et de dissimuler sa colère. « Nous le devons à l'attitude d'un pays, poursuivit-il en élevant encore la voix, dont la prise de position sur certaines questions monétaires nous interdit toute possibilité de travailler ! » Il poursuivit longtemps sur ce ton. « Il ne nous reste donc rien de mieux à faire qu'à ajourner toute la conférence et à attendre des jours meilleurs… »

Hull prit immédiatement la parole. Le bruit avait couru qu'il existait un profond désaccord entre Moley et lui. D'ailleurs il n'avait absolument pris aucune part dans le refus de Roosevelt. « M. Cordell Hull, écrivit le *Times*, a télégraphié au Président (après la prise de position négative de celui-ci) un projet de déclaration à faire à la conférence. On sait que M. Hull et ses collègues ont constaté, à leur grand étonnement, que le texte envoyé par Roosevelt pour être communiqué à la conférence ne retient rien dans la forme et presque rien dans le fond des idées préconisées par Hull. » Celui-ci n'en lutta pas moins comme un lion (un peu embarrassé toutefois) pour la cause américaine, en cette réunion du bureau, le mardi après-midi. Il désirait éviter à tout prix l'ajournement de la conférence, car il était certain que Roosevelt serait seul à supporter la responsabilité de cet échec et de ses conséquences. En ces jours-là, l'homme le plus détesté à Londres fut Roosevelt et non plus Hitler. Après de longs et pathétiques efforts, Hull réussit effectivement tout au moins à faire reculer de quelques jours la décision sur l'ajournement. Il y fut puissamment aidé par Chamberlain, qui se révéla dès cette époque comme l'homme des compromis et des solutions pacifiques.

Le bureau de la conférence se réunit encore quelques jours plus tard. MacDonald s'y montra un peu plus calme. Des collègues anglais me dirent que lui-même ne voulait plus laisser la conférence se séparer, car un échec aussi éclatant de l'assemblée internationale, convoquée avec un si grand tapage de propagande, eût pu le contraindre à quitter le gouvernement. La conférence poursuivit donc une existence fantomatique pendant trois semaines encore et tint sa dernière séance le 27 juillet.

« La conférence économique mondiale n'a pas sujet de se féliciter du résultat de ses travaux », déclara le délégué hollandais Colijn, et la même note pessimiste se glissa sous une forme plus ou moins ouverte dans les conclusions de tous les « éloges funèbres » qui furent prononcés à cette occasion.

Rarement manifestation montée avec tant d'ampleur échoua aussi lamentablement. La cause de la collaboration internationale dans le domaine économique venait d'essuyer une lourde défaite. Les isolationnistes et les autarcistes l'avaient emporté.

Les nouvelles que nous reçûmes d'Allemagne dans l'intervalle n'étaient pas très encourageantes. La presse britannique mais aussi les journaux allemands étaient remplis d'annonces de poursuites, d'arrestations, de destitutions, de disparitions d'organisations traditionnelles, et d'autres manifestations analogues qui suivent toujours les changements de régime, et que l'Europe a connues avant et également après 1945.

Pour ma part, il me fut particulièrement pénible de voir chaque jour se ruiner le bon renom dont jouissait l'Allemagne en Angleterre. Au cours des années précédentes, je m'y étais trouvé vraiment fier d'être allemand. Partout, j'avais entendu des paroles élogieuses pour mon pays tombant de bouches anglaises. On y exprimait ouvertement l'admiration éprouvée pour la façon dont mes compatriotes avaient su faire face à leur destin. On appréciait hautement le relèvement de l'Allemagne. Nos compagnies de navigation étaient vantées sans réserve, même par leurs concurrentes britanniques. Les Anglais utilisaient très volontiers les appareils de notre Lufthansa. On rendait hommage à nos procédés industriels. On parlait des découvertes allemandes, de nos économistes, de nos artistes. Nos pièces étaient jouées par des théâtres londoniens et l'on entendait même fréquemment des chansons populaires allemandes dans les fêtes. J'eus souvent l'impression, à la fin des années 1920 et au début des années 1930, que l'Allemagne et les Allemands jouissaient en Angleterre d'un préjugé favorable.

Mais tout avait changé. Même chez mes amis anglais qui m'avaient dit précédemment, à l'occasion : « Vraiment nous aurions dû combattre sur le même front que vous au cours de la dernière guerre », je ne trouvais plus qu'une âpre critique. « Vous paraissez être devenus complètement fous à Berlin ! » était devenu l'une des réflexions les plus innocentes. Rien, en revanche, ne s'était modifié dans mes relations personnelles. Toutes les amitiés anciennes subsistaient, mais je ressentais d'autant plus péniblement les critiques formulées par des bouches amies que j'en reconnaissais moi-même le bien-fondé.

A la vérité, j'avais à peine fait personnellement l'expérience de ce qui se passait dans mon pays, car, depuis la prise du pouvoir par le national-socialisme, j'avais très rarement séjourné en Allemagne, mais ce que je lisais et entendais me suffisait largement.

La difficulté provenait, pour moi, de ma situation officielle. Moi aussi j'étais persuadé qu'on était « devenu fou à Berlin », mais nous avions été éduqués aux Affaires étrangères à toujours effacer notre opinion personnelle, quand nous nous trouvions à l'étranger en service ou à titre privé, derrière la politique du gouvernement alors au pouvoir. « Une délégation allemande à l'étranger doit observer la même discipline que l'équipage d'un navire et obéir semblablement à son capitaine », c'était non seulement ce que Nadolny avait dit à Heydrich, mais le principe directeur de tous les membres du personnel des Affaires étrangères à partir du moment où ils y entraient. Il s'appliquait naturellement aux missions permanentes à l'étranger. Un *Staatssekretär* avait déclaré un jour devant de jeunes fonctionnaires du ministère, parmi lesquels je me trouvais : « Vous avez à servir votre pays. Vos sentiments personnels ne comptent pas devant ce devoir. »

A cette époque, évidemment, je m'y conformai à Londres et au cours de tous mes séjours ultérieurs à l'étranger. C'était une de mes désagréables « obligations de service » que d'essayer d'expliquer à mes amis non allemands la situation grotesque qui s'était créée entretemps en Allemagne.

Aussi fus-je très heureux de rentrer avec la délégation à la fin de juillet et de me soustraire ainsi aux pénibles discussions qu'il me fallait soutenir, en anglais ou en français, contre mes sentiments intimes, au sujet de ce qui se passait dans le Reich national-socialiste. Je ne restai que deux ou trois semaines en Allemagne, mais ce fut suffisant pour confirmer pleinement l'impression que je m'étais formée de loin. La mise en place du nouveau régime était en pleine vigueur. Partout on remplaçait, on renvoyait, on arrêtait, on interdisait et on proscrivait. LE PROCÈS SUR L'INCENDIE DU REICHSTAG, LE CONGRÈS DU PARTI A NUREMBERG, LE SCANDALE DE LA RADIO, LA CLAUSE D'ARYANISME, L'ÉPURATION DES FONCTIONNAIRES, tels étaient les sujets qui remplissaient les journaux, les émissions radiophoniques, et aussi les conversations avec mes amis et connaissances de Berlin.

Rien n'avait changé à la Wilhelmstrasse. Les nouveaux temps ne s'y étaient pas encore manifestés. Mais les inquiétudes étaient grandes au sujet des répercussions internationales du bouleversement. Les rapports en provenance de l'Europe et des pays d'outre-mer montraient que dans un délai de quelques mois l'Allemagne allait se trouver de nouveau dans un isolement presque complet. Tout ce que les infatigables efforts de Stresemann et de ses successeurs avaient réussi à gagner, sur le plan moral, était pour ainsi dire perdu. Seuls demeuraient les résultats politiques : l'évacuation de la Rhénanie, l'abolition des réparations. L'égalité de droits reconnue à l'Allemagne au cours de l'année précédente allait-elle entrer également en application dans le domaine militaire ? Telle était la grande question qui dominait toutes les préoccupations à la Wilhelmstrasse, lorsque je partis le 20 septembre 1933 avec notre délégation pour rejoindre la Société des Nations à Genève.

L'aversion de tous les pays étrangers pour l'Allemagne nationale-socialiste y était encore plus vive qu'un mois plus tôt. Au secrétariat, au Bavaria[23], parmi toutes les autres délégations, partout on observait une méfiance presque insurmontable à notre égard. Contrairement à ce qui s'était passé à Londres, cette tension s'étendit également aux relations personnelles. Les sourires par lesquels nos vieilles connaissances nous accueillaient étaient glacés, les conversations conservaient un caractère officiel et étaient brèves ; nous ne recevions plus d'invitations particulières. Seuls mes rapports avec les interprètes anglais et français ne se modifièrent pas. Nous avions essuyé en commun tant de tempêtes au cours des années précédentes que nous pouvions abandonner à nos « clients » la nervosité générale.

L'événement à sensation de l'assemblée internationale fut... la venue du Dr Goebbels, ministre de la

---

23. Café politique de Genève.

Propagande, qui séjourna deux ou trois jours à Genève et participa même à une séance. Il se remua, dans ce milieu genevois qu'il avait si violemment vilipendé, avec une aisance totale, comme s'il lui avait appartenu depuis des années. Par son apparence calme et soignée, l'« homme violent de l'Allemagne », comme on disait au Bavaria, ne fit pas mauvaise impression chaque fois qu'il paraissait dans les couloirs avec Neurath ou un autre délégué allemand, ou que, assis dans le hall de notre hôtel, il avait une conversation très libre avec des étrangers. Lorsque j'eus l'occasion de lui servir d'interprète, c'est-à-dire quand il s'entretenait avec des délégués ne parlant pas l'allemand, je pus constater que Goebbels avait très vite assimilé le jargon genevois. Si l'on n'avait su qui il était, on l'eût très facilement pris pour l'homme le plus pacifique et le plus accommodant du monde.

C'est ainsi qu'il échangea très vite au moins quelques mots avec presque tous les personnages étrangers importants, en dehors des séances de l'assemblée et des réceptions officielles où il était invité en même temps que la délégation allemande. J'eus l'impression qu'ils furent presque tous aussi surpris que moi-même de découvrir non pas un tribun vociférant, mais un de ces délégués tout à fait ordinaires, sachant sourire aimablement de temps en temps, comme il y en avait par douzaines en ces réunions de septembre.

Si beaucoup des étrangers le rencontrèrent pour cette raison avec un intérêt amusé, et pas toujours critique, cet aspect correct et ces bonnes dispositions apparentes en indisposèrent d'autres, surtout dans la presse, parce qu'ils supposèrent, non sans raison, qu'il n'y avait là qu'un masque pris par le dangereux ministre de la Propagande.

La population de Genève dut avoir instinctivement le même sentiment. Je pus le constater personnellement dans un cinéma au moment des actualités. L'écran me montra à côté de Goebbels, assis à son bureau, lors de l'interview Groener sur l'égalité de droits, et le haut-parleur reproduisit ma traduction en français de ses paroles mielleuses sur la paix. L'apparition de Goebbels ne souleva aucune manifestation et le public resta parfaitement calme tant qu'il parla en allemand. Mais quand retentirent les phrases françaises de ma traduction, ce fut aussitôt un concert de sifflets. « Ce soir ils t'ont de nouveau fortement sifflé ! » me dirent des amis allemands et étrangers qui assistèrent à la séance. J'assistai par la suite à plusieurs manifestations de ce genre et je pris l'habitude de m'éclipser rapidement aussitôt après le passage des actualités, dans la crainte d'être reconnu à l'entracte et personnellement conspué.

Un peu avant de repartir, Goebbels reçut la presse mondiale à notre hôtel. Il n'était pas du tout certain que tous les journalistes répondraient à l'invitation, car l'aversion pour l'Allemagne nationale-socialiste était particulièrement grande parmi eux. A ce que j'appris, il y eut même des discussions passionnées parmi les journalistes français, certains soutenant l'opinion qu'il fallait boycotter le ministre allemand de la Propagande. Mais finalement, le goût des reporters pour les choses sensationnelles l'emporta sur leurs sentiments politiques. Le hall de l'*hôtel Carlton* était presque plein à craquer lorsque Goebbels commença à parler dans l'après-midi du 28 septembre.

« C'est avec douleur et étonnement que le peuple allemand a constaté, au cours de ces derniers mois, dit-il, que la formation de l'Etat national-socialiste et ses réalisations positives n'ont trouvé le plus souvent dans le monde que de l'incompréhension, de la méfiance, voire de l'aversion. » Rien que par ce début il était facile de voir que Goebbels n'entendait pas tourner autour du véritable problème, mais au contraire prendre le taureau par les cornes.

Sa définition du nouveau régime, comme étant une « espèce de démocratie perfectionnée, autoritairement régie en vertu d'un mandat du peuple », manqua son effet dans ce milieu international. Elle attira sur le visage de la plupart des auditeurs une expression d'incrédulité sceptique. Je remarquai même bien des sourires ironiques.

Goebbels fut plus heureux sur d'autres points, notamment quand il parla des dangers du bolchevisme. « Si quelqu'un trouve que les méthodes employées par nous pour endiguer l'assaut bolchevique sont trop dures, qu'il pense à ce que ce serait si la situation était inversée... » articula le petit homme d'une voix tranquille. Les représentants de la presse le regardèrent d'un air pensif. Quelques Anglais et Américains firent même des signes d'assentiment.

Goebbels aborda également la question juive. « Je n'hésite pas à avouer, déclara-t-il, qu'au cours de la révolution nationale en Allemagne des excès ont pu être commis occasionnellement par des éléments incontrôlables. »

Ces paroles furent très soigneusement notées, et la phrase parut dès le lendemain en vedette dans beaucoup de journaux étrangers. Mais celle qu'il prononça ensuite fut partout pudiquement oubliée. « Mais il nous paraît incompréhensible que l'étranger refuse d'accepter les Juifs en excédent qui émigrent d'Allemagne. »

Goebbels parla encore pendant un bon moment. Son argumentation demeura dans le cadre pacifique habituel à cette époque et respecté encore par Hitler au début de 1933. Cependant elle ne porta pas sur son audience internationale. Le langage des événements quotidiens en Allemagne était trop différent de ces déclarations débonnaires et académiques.

Mais si ses paroles demeurèrent pour ainsi dire sans effet sur les journalistes, il me parut cependant que sa façon de s'exprimer et de se comporter exerça sur eux une certaine impression positive. De même que les hommes politiques, ils furent également surpris d'apercevoir le démagogue furieux qu'ils s'imaginaient, d'après ses discours, sous la forme d'un monsieur aussi civil et aussi courtois.

Cela se manifesta tout particulièrement lorsque, après la fin de son discours et de ma traduction, il se mit à circuler librement en ma compagnie parmi les représentants de la presse, pour répondre aux questions qu'ils avaient à lui poser. Goebbels se trouvait tout à fait dans son élément. Il traita les questions les plus délicates avec maestria et s'entendit fort bien à émousser les pointes souvent très aiguës que ne manquèrent pas de lui lancer ses interrogateurs. Ce n'était, naturellement, que de la dialectique. Sur le fond même de nombreuses questions, relatives par exemple au traitement des Juifs en Allemagne, il ne put fournir aucun éclaircissement satisfaisant. L'habileté qu'il déploya ne laissa cependant pas d'éveiller chez ces journalistes, très sensibles dans ce domaine, une admiration accordée à contrecœur.

Je remarquai que les femmes se pressaient tout particulièrement autour de Goebbels pour l'accabler de questions. L'un des deux employés de la Sûreté venus de Berlin et qui se tenaient constamment auprès de lui, me confia par la suite : « Ce n'était pas sans appréhension que je voyais des femmes tenant leurs sacs à la main venir se planter sous le nez du ministre. On ne sait jamais ce qui peut sortir de ces sacs. »

Goebbels et son escorte repartirent en avion pour Berlin le lendemain. La délégation poussa un soupir de soulagement en constatant que tout s'était relativement bien passé et qu'il n'y avait pas eu trop de porcelaine politique cassée en plus de celle qui avait déjà été brisée par les événements d'Allemagne.

Les séances de la Société des Nations se poursuivirent sous la paisible forme habituelle jusqu'au 11 octobre.

Notre seule émotion fut la discussion sur la question des réfugiés juifs devant le Conseil de l'assemblée. « La délégation allemande, déclara Bérenger, représentant français, a toujours attaché beaucoup d'importance jusqu'ici à la protection des minorités. L'Allemagne est donc tenue de ce fait et sans nouvelle obligation formelle de traiter avec justice et tolérance ses propres minorités de race, de religion et de langue. »

Il n'y avait rien à répliquer à cet argument. La délégation put empêcher, selon ses instructions, qu'une décision conforme fût prise par le Conseil et la commission politique, mais elle dut, bon gré mal gré, donner son accord à la nomination d'un commissaire de la Société des Nations chargé de s'occuper des réfugiés allemands.

Le malheureux conseiller von Keller, qui détestait dans son for intérieur, tout comme ses collègues de la Wilhelmstrasse, les mauvais traitements auxquels les démocrates et les Juifs étaient exposés en Allemagne, n'eut naturellement pas la tâche facile devant le Conseil pour appliquer les instructions qu'il avait reçues de Berlin.

Le bureau de la conférence du désarmement recommença également à fonctionner au début d'octobre, après sa longue vacance. Comme je m'attendais, pour cette raison, à « languir » encore de longs mois à Genève, j'obtins une brève permission de Nadolny « pour aller chercher à Berlin mes affaires d'hiver ».

Je quittai Genève le samedi 14 octobre, par le train de 11 heures. Le directeur de l'hôtel m'avait demandé quelques jours auparavant si, mon absence ne devant durer que quelques jours, j'avais l'intention de laisser chez lui une partie de mes bagages. Mais par une vieille superstition d'interprète je lui déclarai que je les emporterais tous, une longue expérience m'ayant appris que je pouvais être envoyé inopinément n'importe où. Il m'était souvent arrivé de ne pouvoir récupérer qu'à grand-peine, à Londres ou à La Haye, mes affaires envoyées de Genève ou de Paris.

J'arrivai à Bâle vers 4 heures de l'après-midi. A la gare on vendait des journaux portant de grosses manchettes. Je n'en crus pas mes yeux : « L'Allemagne quitte la conférence du désarmement et se retire de la Société des Nations », pus-je lire en très hauts caractères. Je fus comme frappé par la foudre[24].

J'avais, il est vrai, laissé à Genève une situation fort critique. Simon avait proposé un nouveau plan au bureau de la conférence du désarmement, le 9 octobre. Avec une brusquerie assez peu diplomatique, il avait reculé de quatre ans, pour un « délai de garantie », l'égalité de droits accordée à l'Allemagne le 11 décembre 1932 et encore reconnue, tout au moins théoriquement, par le plan MacDonald au milieu de 1933. Nous avions considéré cette manœuvre de Simon, à la délégation allemande, comme très peu adroite, pour ne pas dire franchement maladroite. Mais, après tout, la diplomatie est justement faite pour arranger pacifiquement de tels incidents. Les diplomates allemands s'étaient très souvent trouvés dans des situations extrêmement difficiles au cours des années passées, et j'avais personnellement assisté aux admirables redressements qu'ils avaient effectués. Les résultats obtenus depuis 1923 faisaient la preuve de leur habileté. J'avais donc supposé tout naturellement que nous interviendrions avec les bonnes vieilles méthodes contre le plan Simon, et j'étais fermement convaincu que nous franchirions sans dommage ce dernier écueil sur la route conduisant à la mise en pratique de l'égalité de droits.

Au lieu de procéder ainsi, Hitler, par un réflexe irraisonné, à ce qu'il me sembla, avait fait claquer les deux portes de la conférence du désarmement et de la Société

---

24. Première rupture avec le principe de la sécurité collective, le retrait de la SDN est ensuite approuvé par voie de plébiscite par l'opinion allemande chauffée à blanc.

des Nations. Et il n'y avait malheureusement pas de Cordell Hull en Allemagne pour essayer de les faire rouvrir tout au moins momentanément.

La brutale décision de Hitler nous parut très regrettable à la Wilhelmstrasse non seulement parce que nous estimions ce départ inutile, mais aussi parce que le Reich se privait ainsi de la possibilité tout à fait unique de s'orienter sur les courants de la politique étrangère qu'offrait l'organisation de Genève. « Le capitaine a jeté par-dessus bord tous les instruments de navigation et ne gouverne plus que sur son intuition ! » me dit un de mes collègues qui rentrait à Berlin avec moi. « En revanche il fait jouer la musique dans l'entrepont pour maintenir le moral des passagers... » ajouta-t-il un peu plus tard, quand nous lûmes dans le journal avec quel tapage Hitler mettait en scène son retrait de la collaboration internationale. Le Reich semblait s'être transformé en un immense champ de foire : proclamations, discours à la radio, dissolution du Reichstag, plébiscite : « Homme allemand, femme allemande, approuves-tu la politique de ton gouvernement ? »

Tandis que notre train poursuivait sa course vers le nord au milieu d'une Allemagne en ébullition, mes pensées retournaient à ce jour de septembre 1926, sept années plus tôt, où j'étais entré pour la première fois derrière Stresemann, par une porte largement ouverte, dans la salle de la Réformation à Genève, sous les bruyants applaudissements des représentants de 50 pays, qui accueillaient le Reich au sein de la Société des Nations. Toutes ces années défilèrent devant mes yeux où l'Allemagne, lentement, au prix de bien des échecs et de bien des déceptions, mais sûrement et irrésistiblement, avait affirmé sa place dans la grande famille des peuples. Je sentis d'instinct qu'en se refermant, la porte de Genève venait de clore un chapitre plein d'espoirs de l'histoire allemande. Je pressentis alors obscurément, dans ce train qui me conduisait à Berlin, que mon pays venait de faire le premier pas sur la voie aboutissant à la catastrophe, pressentiment qui se changea en certitude quelques années plus tard.

« M. Schmidt doit disposer de remarquables relations à Berlin, déclara à des amis le directeur de l'hôtel genevois, car il a été le seul de toute la délégation allemande à savoir assez longtemps à l'avance les décisions qui allaient être prises dans la capitale. Il m'a dit nettement quelques jours avant le coup de théâtre qu'il voulait emporter tous ses bagages. » Ce fut ainsi que j'eus encore, très longtemps après, à Genève, la réputation d'avoir tout connu par avance.

II

A l'écart de la haute politique
(1934)

Mon activité d'interprète dans les grandes conférences internationales cessa alors brusquement. L'Allemagne s'était placée d'elle-même à l'écart de la haute politique. Tandis que l'Angleterre, la France et l'Italie continuaient à causer directement en des rencontres à deux ou à trois, le Reich s'engageait sur la voie des notes, des memoranda et des discours publics. Si je n'avais pas eu le sentiment désagréable que ce renoncement aux conversations internationales, d'homme à homme, ne dût nous être funeste, j'aurais eu toute raison de me réjouir personnellement de ne plus être obligé de participer pendant des mois, voire des années, à ces séances de Genève fatigantes et bien souvent monotones. Pour ma part, je n'avais jamais particulièrement apprécié l'atmosphère genevoise, mais j'avais toujours eu conscience que la participation à la routine de la Société des Nations, avec ses intrigues, ses efforts inutiles, toutes ses phrases et ses fleurs de rhétorique, constituait une impérieuse nécessité pour tout pays désireux de jouer un rôle dans le monde et de rester informé. L'épreuve nerveuse qu'elle imposait à tous ceux qui gravitaient autour d'elle, de l'homme politique à l'interprète, du journaliste au technicien, valait, pour cela, la peine d'être supportée.

Mais cette épreuve, les nationaux-socialistes s'étaient montrés, dès le premier round, incapables de l'endurer. Je m'en étais nettement aperçu à la réaction de mes premiers « clients » nazis : Heydrich et Goebbels. « C'est une atmosphère atroce, avais-je entendu dire par ce dernier ; quel désordre, quelles intrigues, quelle hypocrisie ! »

Les représentants internationaux de Genève n'étaient unanimes que sur un point : leur hostilité à l'Allemagne nationale-socialiste. « Tous me l'ont parfaitement fait sentir, avait encore dit Goebbels, même en se montrant très aimables en apparence. » C'était certainement dans ce sens que le ministre de la Propagande et ses compagnons avaient rendu compte à Berlin de leur visite en Suisse. Ils considéraient Genève comme un nid de frelons dont ils préféraient se tenir à l'écart. La brusque décision de Hitler a certainement été inspirée par les rapports de ses fidèles, si tant est qu'il ne l'eût pas arrêtée depuis longtemps.

A la vérité, je ne retournai plus en Suisse pendant notre mise à l'écart politique ; je n'ai plus revu Genève depuis 1933. Mes voyages ne s'arrêtèrent pourtant pas. Les tractations économiques avec la France et d'autres pays passèrent alors au premier plan. Je fus encore plusieurs fois placé, par la Wilhelmstrasse, comme interprète, à la disposition occasionnelle d'organisations dont les activités internationales, politiques ou économiques présentaient un certain intérêt général.

C'est ainsi que Stresemann m'avait mis à la disposition de l'Association internationale des étudiants, l'*International Student Service*, à l'occasion de ses congrès. J'eus donc à traduire en trois langues, au Lingner Schloss à Dresde, à Krems dans le Wachau, à Chartres et à Oxford, pour les étudiants allemands, anglais, américains, français, indiens et autres. Dans leur ardeur juvénile, ils siégeaient du matin au soir, pendant toute une semaine. Leurs entretiens obéissaient aux règles de discussion anglo-américaines et abordaient des sujets universitaires et économiques. J'avais à parler deux fois plus que tous les participants réunis, et comme des jeunes gens ne s'assemblent jamais sans fêter abondamment leur rencontre, cela nuitamment, c'était pour moi comme une course oratoire des six jours que n'interrompaient que de trop brèves heures de sommeil. Mais l'esprit qui régnait au cours de ces réunions, ou mieux l'enthousiasme pour la collaboration des peuples, le désir de se connaître et de se comprendre mutuellement déteignaient sur moi malgré mon âge et me faisaient oublier toutes mes peines, toute ma fatigue. Par extraordinaire je ne m'enrouai même pas et je m'étonne encore aujourd'hui d'avoir pu si bien résister à ce concentré de travail et de plaisir auquel se livrait en ces occasions la jeunesse internationale.

Je fus également mis plusieurs fois à la disposition de l'économie privée. C'était ainsi que j'avais déjà rencontré sir John Simon, aujourd'hui lord Simon, alors qu'il se présentait comme avocat du trust *Siemens* devant un tribunal d'arbitrage présidé, à Londres, par lord Hailsham, futur ministre de la Guerre. La question en litige était celle du téléphone automatique dans le monde entier. Toute l'affaire se trouvait pratiquement, à ce que j'appris avec étonnement, entre les mains de deux grands trusts : *Siemens* et l'*International Telephone and Telegraph Co.*, filiale de la Tel. et Tel. Co. américaine dont le nom est familier à tout habitant des Etats-Unis.

Au sujet de cette nouvelle découverte technique en relation avec une entente industrielle des plus modernes, possédant de très vastes ramifications mondiales, les discussions au cours desquelles j'eus à traduire les déclarations des témoins allemands eurent lieu, par un singulier contraste avec le sujet traité, dans un vénérable tribunal de Londres, l'Old Hall à Lincoln's Inn. La construction de la salle remontait au xve siècle ; avec sa vieille charpente en chêne et les boiseries sombres de ses murs, elle créait cette atmosphère historique que l'on ne respire nulle part mieux que dans les vieux édifices anglais. Le tribunal siégea, une fois, par un après-midi de novembre particulièrement brumeux. Le brouillard pénétra graduellement dans la salle ; de l'endroit que j'occupais j'apercevais encore la pendule à l'autre extrémité de la pièce, mais ne pouvais plus y lire l'heure ; les personnages avaient également pris un aspect fantomatique sous le léger voile gris qui les baignait.

A la fin des années 1920, je fus encore placé à la disposition de l'industrie chimique dont certains spécialistes accompagnèrent les délégués allemands à Londres à l'occasion d'une conférence internationale.

On se rendra compte des difficultés que se créaient entre elles les autorités administratives quand on saura que le ministère de l'Intérieur déclara qu'il ne possédait aucun fonds susceptible de supporter mes dépenses de voyage et d'entretien, tandis que les Affaires étrangères refusaient de les payer en arguant de la complaisance qu'elles témoignaient en me détachant à un autre service. L'Industrie se déclara prête à assumer ces frais à condition que je fusse également mis à sa disposition pour les négociations privées qui devaient avoir lieu, en marge de la conférence de Londres, pour étendre aux industries chimiques britanniques l'accord existant déjà entre les industries allemandes, françaises, belges, hollandaises et suisses.

C'est à cette circonstance que je dois d'avoir pu jeter un coup d'œil très intéressant et instructif sur la situation de l'industrie européenne entre 1920 et 1930. Ce séjour à Londres fut cependant extrêmement fatigant pour moi. J'eus à faire des traductions en trois langues depuis le matin jusqu'à fort avant dans la nuit, soit pour les industriels, soit pour les hommes politiques, car, au bout de quelques jours, je fus également nommé, sur la demande des délégués anglais, interprète officiel de la conférence pour le français et pour l'anglais, en plus de mes fonctions auprès des délégués allemands.

Ce ne devait pas être la seule réunion. Lorsque le cartel européen de l'industrie eut été fondé à Londres, il y eut, au cours des mois et des années qui suivirent, des conférences régulières à Londres, Paris, Amsterdam ou Berlin, qui duraient deux ou trois jours et où je fus chaque fois convoqué. Ce qui me frappa le plus ce fut le rythme auquel on y travaillait. MacDonald aurait eu le cœur réjoui en voyant comment les ordres du jour les plus chargés étaient expédiés en deux ou trois jours de séance, du matin jusqu'au soir et quelquefois jusque dans la nuit, presque sans repos. Il n'y avait pas d'ajournements comme à Genève, pas de sous-commission avec experts, et pas de rhétorique académique. Dans ces discussions de l'industrie privée, le langage était encore plus dépouillé de fioritures que celui des négociations pour le plan Young ; et les décisions y étaient prises beaucoup plus rapidement.

Bien entendu, elles n'avaient pas la même importance que celles qui furent prises au *George-V* et surtout elles n'avaient absolument rien de commun avec la politique, dépendant uniquement des nécessités pratiques de l'économie. Cependant, il s'agissait souvent pour les firmes participantes de sommes considérables, conditionnant leur existence même. Je fus toujours impressionné de voir comment les industriels, dans des situations très difficiles, se décidaient rapidement pour ou contre une proposition, souvent après une très courte réflexion. Sans avoir à feuilleter des documents, sans se concerter avec des conseillers techniques (qui n'existaient pas), apparemment livrés à leurs seules considérations personnelles, les Allemands, les Français, les Anglais, les Suisses, les Belges et les Hollandais répondaient laconiquement par un oui ou par un non, ajoutant tout au plus quelques mots pour expliquer leur point de vue.

L'entente qui régnait entre les représentants des diverses nationalités était également remarquable. Il y avait souvent plus d'opposition entre deux firmes d'un même pays qu'entre celles de pays différents. Dans ces réunions dénommées conventions, je revois toujours un Ecossais qui me paraissait un modèle de bonne volonté. C'était un gros homme aux joues rouges. Au cours des séances, il s'occupait souvent à écrire des lettres. Quand le président lui posait une question que j'avais à traduire en anglais, il ne répondait jamais qu'à la deuxième invitation à exprimer son avis. Cessant alors d'écrire, il me jetait par-dessus ses lunettes un regard chargé de reproches parce que je m'obstinais à le déranger, faisait connaître son accord en lançant laconiquement deux petits mots, « *we agree* », et se remettait aussitôt à la besogne beaucoup plus importante que constituait sa lettre. Ce compatriote flegmatique de l'impétueux Mac-Donald ne s'émut qu'une seule fois. Un Français affirma qu'on fabriquait en France, depuis cent cinquante ans, un produit bien meilleur que le même fabriqué en Ecosse depuis plus d'un siècle. Sans avoir besoin d'y être invité par moi, l'Ecossais posa sa plume et, à la stupéfaction de l'assistance, lança un retentissant et réprobatif « *what ?* ». Mais cet éclat épuisa son émotion et il se remit aussitôt à écrire. Pourquoi ne confie-t-on pas à de pareilles gens les questions de désarmement ou de sécurité ? pensai-je en moi-même. Combien les discussions politiques seraient plus faciles si l'on pouvait y adopter les méthodes de ces industriels européens.

J'ai participé à ces réunions jusqu'à l'année qui précéda la Seconde Guerre mondiale, dans la limite où j'en eus le loisir. J'eus à parler d'air liquide, de bismuth, d'antimoine, d'aspirine, d'acide acétylsalicylique et je finis par posséder à fond le vocabulaire d'une convention industrielle moderne avec ses contingentements, ses compensations des marchandises, ses sur ou sous-livreurs, ses conditions de prix, ses clauses d'emballage et sa protection contre les outsiders. Ce fut toujours pour moi une véritable cure de repos après 1933 que de passer de l'atmosphère surchauffée de la politique dans la fraîche technicité de ces discussions entre industriels et commerçants, qui n'étaient presque aucunement atteintes par les maladies du moment, le national-socialisme ou les réactions du chauvinisme dans les autres pays. Il me semble que l'esprit qui y régnait serait essentiel pour résoudre les nombreuses difficultés de l'Europe actuelle.

Ainsi donc, malgré l'isolement politique du Reich, j'eus beaucoup à faire à Paris et à Londres ; je pus observer combien l'étranger s'écartait de plus en plus de nous à cette époque. Je fus très heureux de ne pas être à l'étranger au moment de l'affaire Röhm et de ses suites. Comment aurais-je pu expliquer à mes amis et connaissances de l'extérieur cet abominable scandale, indigne d'un pays civilisé ? Comment aurais-je pu trouver, en Europe occidentale, même une apparence de justification pour ces exécutions sans jugement, ces assassinats, ces assouvissements de vengeance personnelle, ces brutalités ? Qu'aurais-je pu dire surtout du discours que fit Hitler à la radio après le scandale, ce discours dans lequel il se déchaîna comme s'il avait été aboyeur dans une boutique de foire ? Ses hurlements ne firent que rendre encore plus suspect tout ce qu'il y avait de sombre et d'obscur dans cette honteuse affaire. Là où il ne se vanta pas lui-même de cet effroyable forfait, il ne parvint qu'à s'accuser par ses paroles lourdes de signification devant tous ses auditeurs tant soit peu intelligents. En ces jours qui suivirent le 30 juin 1934, Hitler et ses nationaux-socialistes soulevèrent un peu leur masque pour la première fois. Alors, on distingua cette brutalité qui constituait, avec bien d'autres analogues, un des éléments du régime hitlérien.

L'assassinat de Dollfuss à Vienne, le 25 juillet, fit écho au 30 juin. « Que sont donc ces messieurs les nazis ? Des assassins et des pédérastes ! » Tel fut ce que Mussolini, collègue en dictature de Hitler, fit écrire par le *Popolo di Roma*, tandis qu'il mobilisait et envoyait des divisions italiennes à la frontière du Brenner.

Pour comble de malheur, Hindenburg mourut le 2 août : Hitler devint le seul maître et seigneur de l'Allemagne. L'épidémie de meurtres se termina en octobre par les assassinats du roi Alexandre de Yougoslavie et du ministre des Affaires étrangères français Barthou[1]. En septembre 1934, l'Union soviétique entra à la Société des Nations. Un an après que Hitler eut fait claquer la porte à Genève, l'anneau semblait se refermer autour de l'Allemagne, lentement, mais inexorablement.

---

1. Le roi Alexandre Ier de Yougoslavie (1888-1934) est assassiné le 9 octobre 1934 à Marseille, première étape d'un voyage officiel en France, par un terroriste oustachi. A ses côtés, Louis Barthou, ministre français des Affaires étrangères, est blessé mortellement. Ces disparitions seront lourdes de conséquences. Le roi Alexandre Ier était un ardent défenseur de l'alliance franco-yougoslave, tandis que Barthou incarnait une politique de résistance à l'Allemagne nazie.

III

Tournants brusques
(1935)

Et cependant, le 25 mars 1935, je me retrouvai autour d'une table où l'on parlait de politique internationale. C'était à la chancellerie de Berlin, dans la pièce où j'avais déjà servi d'interprète, en 1931, entre Brüning et Laval. Cette fois j'étais assis devant une table ronde, à la gauche de... Hitler. Nos interlocuteurs étaient le ministre britannique des Affaires étrangères sir John Simon et le lord garde des Sceaux Anthony Eden ! Le ministre allemand des Affaires étrangères, Neurath, et le délégué aux questions du désarmement, Ribbentrop, fermaient le cercle de cette « conférence de la table ronde ». Comment cette conversation sensationnelle, si surprenante à bien des égards, avait-elle été décidée ?

Les circonstances qui avaient conduit à cette rencontre germano-britannique étaient aussi imprévues que leur résultat. Non seulement la France mais aussi l'Angleterre avaient suivi avec une inquiétude sans cesse croissante le cours pris par les événements en Allemagne. Le gouvernement britannique était extrêmement préoccupé par les armements allemands, en particulier par le développement de la Luftwaffe.

Baldwin[1] avait déclaré à la Chambre des communes, en juillet 1934 : « La frontière de l'Angleterre est sur le Rhin ! » et, en novembre, il avait publiquement accusé les armements allemands d'être la cause du trouble général. Mais tandis que la France restait fidèle à sa vieille ligne de conduite, consistant à se protéger par un vaste système de pactes de sécurité, le gouvernement britannique avait laissé entrevoir qu'il désirait obtenir, par des négociations, des éclaircissements sur les intentions de l'Allemagne. Ce désir avait été exprimé par un communiqué anglo-français en date du 3 février 1935 : « L'Angleterre et la France sont d'accord pour déclarer que rien ne contribuerait plus à rétablir la confiance et à affermir les espoirs de paix qu'un règlement général conclu librement entre l'Allemagne et les autres puissances. »

« Le gouvernement allemand salue l'esprit dans lequel sont demandées des discussions confiantes et isolées entre gouvernements et qu'exprime le communiqué du gouvernement royal britannique et du gouvernement français », avais-je eu à traduire en anglais et en français, non sans éprouver une grande surprise de ce ton si pacifique pris par Hitler, lorsque la réponse allemande à l'invitation franco-anglaise avait été préparée sous forme de note au milieu de février. « Il serait donc heureux... si le gouvernement royal britannique... était prêt à entrer également en contact avec le gouvernement allemand pour un échange de vues direct ! »

Avec une rapidité et un empressement étonnants, le gouvernement britannique avait alors offert d'envoyer sir

---

1. Stanley Baldwin (1867-1947) est à trois reprises Premier ministre conservateur, de mai 1923 à janvier 1924, de novembre 1924 à juin 1929 et enfin de 1935 à 1937 où il doit notamment gérer la crise dynastique ouverte par le choix d'Edouard VIII d'épouser une divorcée, une décision incompatible avec sa position de chef de l'Eglise anglicane.

John Simon, ministre des Affaires étrangères, à Berlin au début de mars. Il n'y aura rien de changé à mon activité personnelle, avais-je pensé, car les nouveaux messieurs ne s'adressaient pas très volontiers à la Wilhelmstrasse. Chaque fois que Hitler avait eu jusque-là des conversations avec les étrangers, Ribbentrop, Baldur von Schirach[2] ou d'autres nationaux-socialistes lui avaient servi d'interprètes.

Mais il y eut de nouveau un tournant brusque. Un peu avant la visite en projet de Simon, le gouvernement britannique fit paraître un Livre blanc pour justifier ses armements devant le Parlement. Le service des traductions travailla sur le texte officiel anglais. « Non seulement l'Allemagne pousse ses armements ouvertement et sur une grande échelle, contrairement aux stipulations du traité de Versailles, mais elle s'est aussi retirée de la Société des Nations et de la conférence du désarmement... » – « Le gouvernement de Sa Majesté n'a pas, bien entendu, donné son accord à cette violation du traité... » – « Le réarmement (allemand), s'il se poursuit sans contrôle possible au rythme actuel, est de nature à accroître les inquiétudes des voisins de l'Allemagne et peut donc mettre la paix en danger... » – « De même, l'esprit dans lequel la population et plus particulièrement la jeunesse sont organisées justifie le sentiment d'insécurité qui s'est déjà incontestablement manifesté. »

La presse nationale-socialiste s'emporta. La visite fut ajournée. Hitler avait pris froid. « Il est certainement *pincé*[3], dit-on à la Wilhelmstrasse, il ne s'agit pas d'un mensonge diplomatique. »

Puis les événements se précipitèrent. Le 6 mars, le gouvernement français décréta le service de deux ans ;

---

2. Baldur von Schirach (1907-1974) occupe depuis 1931 le poste de chef des Jeunesses hitlériennes. En 1940, Hitler le nommera gauleiter de Vienne.
3. Jeu de mots : en allemand *verschnupft* signifie à la fois enrhumé et vexé. *(N.d.T.)*

le 7, l'accord militaire franco-belge de 1921 fut prorogé. Le 16, Hitler riposta par le rétablissement du service militaire obligatoire. L'égalité de droits, reconnue en décembre 1932 à l'Allemagne, « dans un système de sécurité pour toutes les nations » et par la voie diplomatique, devint une réalité pratique mais par une décision unilatérale du Reich et en dehors de tout « système de sécurité ». « Ce résultat eût pu être obtenu plus rapidement et à moindres frais par la voie des négociations, comme l'évacuation de la Rhénanie et l'abolition des réparations », commentèrent mes amis des Affaires étrangères. Après les expériences faites avec Stresemann et Brüning, je croyais aussi que ce but aurait été plus rapidement atteint par leurs méthodes, si les événements survenus en Allemagne, avant et après 1933, n'y avaient fait obstacle. Qu'il eût également été atteint à moindres frais, l'Allemagne et le monde entier ne le savent aujourd'hui malheureusement que trop.

Deux jours plus tard, dès le 18 mars, le gouvernement britannique protestait solennellement : « Le gouvernement de Sa Majesté se voit contraint d'élever une protestation auprès du gouvernement allemand, à cause du rétablissement du service militaire obligatoire et de l'élévation à 36 divisions de l'effectif de l'armée du temps de paix. Venant après la création d'une aviation militaire, la déclaration du 16 mars constitue un nouvel exemple de ces décisions unilatérales… qui, toute question de principe mise à part, accroissent sérieusement l'inquiétude de l'Europe. »

Telle fut la note que nous traduisîmes à l'intention de Hitler. Mais, à notre surprise sans bornes, nous trouvâmes *in fine* la phrase suivante : « Le gouvernement britannique voudrait avoir l'assurance que le gouvernement du Reich a toujours le désir de voir s'effectuer la visite (de Simon) dans les conditions et aux fins antérieurement fixées. » Cette phrase causa parmi nous une sensation considérable, car nous nous attendions à tout sauf à entendre les Anglais demander très poliment, et de la même encre que la protestation, s'ils pouvaient cependant venir à Berlin.

« J'ai suggéré quant à moi, dès le 17 mars, écrit l'ambassadeur François-Poncet[4] dans ses *Mémoires*, que les puissances rappellent immédiatement leurs ambassadeurs et, qu'en hâtant la conclusion du pacte oriental et danubien, elles forment sans délai une association de défense contre l'Allemagne. Naturellement, l'Angleterre devrait signifier que, toute négociation étant désormais superflue, sir John Simon abandonne définitivement le projet d'une visite à Berlin. » C'était à peu près ainsi que mes collègues de la Wilhelmstrasse et moi nous étions imaginé la réaction des grandes puissances devant la répudiation du traité de Versailles par Hitler. « Ma suggestion, jugée, probablement, trop radicale, n'a pas été retenue », ajoute l'ambassadeur français avec regret.

Lui-même remit, le 21 mars, une note de protestation que je traduisis pour Hitler. « Ces décisions (rétablissement du service militaire, armée de 36 divisions, création d'une aviation militaire) sont en contradiction formelle avec les stipulations des traités signés par l'Allemagne. Elles sont également en contradiction avec la déclaration du 11 décembre 1932 (égalité de droits dans un système de sécurité)… » – « Le gouvernement du Reich s'est écarté de propos délibéré des principes essentiels du droit international… Le gouvernement de la République française considère qu'il est de son devoir d'élever la

---

4. Elu député centre droit de la Seine en 1924, réélu en 1928, André François-Poncet (1887-1978) entre la même année au gouvernement en qualité de sous-secrétaire d'Etat. Il est nommé en 1931 ambassadeur à Berlin, poste au service duquel il peut notamment mettre sa parfaite connaissance de l'allemand. Il l'occupe jusqu'aux lendemains des accords de Munich. On lui doit de précieux souvenirs sous le titre de *Souvenirs d'une ambassade à Berlin*.

protestation la plus énergique et de faire toutes réserves pour l'avenir. »

Nos futurs alliés se manifestèrent à leur tour une demi-heure plus tard. Dans sa note, qu'il nous fallut traduire avec une rapidité toute particulière, l'ambassadeur italien ne parla que de « réserves illimitées ». Dans sa dernière phrase il déclara que le gouvernement italien ne pouvait accepter aucun fait accompli en raison « d'une décision unilatérale et de la répudiation d'engagements internationaux ».

La simple comparaison de ces trois notes me montra que l'isolement de l'Allemagne commençait à se desserrer. Des fissures apparaissaient dans l'unité de front. Et ce fut sur cette constatation que, deux jours après avoir traduit ces notes de protestation et après les dramatiques fluctuations des semaines précédentes, je me retrouvai le 25 mars au matin à la chancellerie, entre Hitler et Simon, pour servir d'interprète.

Pour moi personnellement la surprise était très grande. C'était la première fois que je travaillais pour Hitler. Lorsqu'il s'était avéré que celui-ci, à cause de son aversion pour la Wilhelmstrasse, n'inviterait même pas le secrétaire d'Etat von Bülow[5] à participer aux conversations avec Simon, les Affaires étrangères essayèrent, en me proposant comme interprète, d'introduire un de leurs fonctionnaires, en plus du ministre, dans ces négociations de haute politique, afin de rester informées des questions traitées et des décisions prises.

« Où le Dr Schmidt a-t-il opéré jusqu'à maintenant ? » avait demandé Hitler quand quelqu'un avait mentionné mon nom devant lui. « Il a longtemps rendu d'excellents services à Genève comme interprète », lui avait-il été

---

5. Ancien secrétaire d'Etat aux Affaires étrangères du cabinet Brüning, Bernhard Wilhelm von Bülow (1885-1936) est partisan d'une confrontation avec la France.

répondu. « S'il a servi à Genève il ne fera sûrement pas l'affaire ; nous pouvons cependant essayer avec lui. » Je n'appris que beaucoup plus tard les doutes exprimés par le chancelier au sujet de mes capacités, grâce à une Anglaise, Unity Mitford[6], admiratrice de sir Oswald Mosley, le chef fasciste britannique, qui fut souvent reçue par Hitler en Allemagne et qui entendit par hasard cette conversation.

Il n'en manifesta cependant rien lorsqu'il m'accueillit avec Neurath, le 25 mars au matin, dans son cabinet de travail, installé dans la nouvelle aile de la chancellerie achevée sous Brüning[7]. Je fus surpris de constater qu'il n'était que d'une taille moyenne. Sur les photographies et dans les actualités cinématographiques je l'avais toujours pris pour un « homme grand » et je n'avais jamais assisté aux réunions du Parti, de sorte que c'était la première fois que je le voyais en chair et en os. Les hommes d'Etat et les vedettes du cinéma sont toujours photographiés par en dessous pour les faire paraître plus grands qu'ils ne sont en réalité. J'avais eu la même surprise avec Mussolini, à Locarno, et avec Jeanette MacDonald, à Londres. En 1939, à Moscou, mes camarades me dirent l'avoir également éprouvée devant Staline.

Sir John Simon et Anthony Eden furent introduits quelques minutes plus tard. Il y eut des sourires aimables

---

6. Grande admiratrice de Hitler, Unity Mitford (1914-1948) est la belle-sœur d'Oswald Mosley, le leader fasciste britannique. Elu député travailliste en 1926, celui-ci siège dans le gouvernement de Ramsay MacDonald où il est en charge du chômage. Il en démissionne en mai 1930. Il donne en 1932 un virage à sa carrière politique en fondant la British Union of Fascists. Cette version britannique du fascisme ne rencontre qu'un faible écho dans l'opinion.

7. Un des responsables du Zentrum, le parti catholique, Heinrich Brüning (1885-1970), est appelé en mai 1930 par Hindenburg à former le nouveau gouvernement. Il préside un cabinet minoritaire, toléré par les sociaux-démocrates. Abandonné par Hindenburg, il quitte le pouvoir en mai 1932. Son départ annonce le basculement de l'Allemagne vers un régime autoritaire.

et des poignées de main de part et d'autre, en dépit des « protestations » formulées à peine quelques jours auparavant et des admonestations adressées à cause de « ces décisions unilatérales qui accroissent sérieusement l'inquiétude de l'Europe ». Hitler sourit avec une cordialité toute particulière. Il avait toutes les raisons pour le faire, car la présence des ministres anglais constituait un triomphe pour lui.

« J'ai rétabli le Reich, récemment, dans la plénitude de ses droits militaires, commença Hitler (nous, qui n'appartenions pas au Parti, l'appelions toujours à cette époque "monsieur le chancelier"), parce qu'il est gravement menacé de tous les côtés. C'est surtout à l'Est que se trouve le danger. »

Suivirent alors, pendant environ une demi-heure, des déclarations qui n'étaient qu'une suite d'accusations contre le bolchevisme. Cependant il ne s'échauffa pas devant les Anglais, contrairement à ce qu'il faisait ordinairement en parlant en public sur ce sujet, surtout à la radio, poussant souvent des éclats de voix si intolérables, même pour le malheureux microphone, que ses paroles sortaient déformées des haut-parleurs. Il mit pourtant de la passion de temps en temps : « Je crois que le national-socialisme a mis l'Allemagne à l'abri, et peut-être ainsi toute l'Europe, de la plus effroyable catastrophe de tous les temps... » – « Nous avons fait l'expérience du bolchevisme chez nous... » – « Nous ne serons assurés contre les bolchevistes que lorsque nous posséderons des forces armées qui leur inspireront du respect. » Mais son ton ne dépassa jamais ce que j'avais déjà entendu au cours d'autres conversations internationales. Sa façon de s'exprimer ne s'écarta pas non plus de l'ordinaire. Il parlait clairement et avec aisance, paraissait manifestement sûr de ses arguments, était très facile à comprendre et également facile à traduire en anglais. Il avait très exactement en tête, c'était évident, tout ce qu'il voulait dire. Sur la table, devant lui, il y avait un bloc de papier vierge qui resta inutilisé pendant tout l'entretien. Il n'avait sur lui aucune note.

Je pus l'observer à mon aise quand il marquait un temps pour chercher de nouvelles phrases et quand je n'avais pas besoin d'être particulièrement attentif pour prendre mes notes personnelles. Il avait des yeux bleus et clairs qu'il dirigeait avec fixité, d'une manière pénétrante, sur la personne à qui il s'adressait. Plus l'entretien se prolongeait et plus il se tournait directement vers moi, phénomène que j'avais déjà plusieurs fois constaté au cours de ma carrière d'interprète. Celui qui parle s'adresse d'instinct à celui qu'il sait comprendre ses paroles. J'eus cependant l'impression que tout en dirigeant ses regards vers moi, Hitler ne me voyait pas. Il paraissait uniquement occupé de ses pensées et de leur expression. Le monde extérieur avait disparu pour lui.

Son visage s'animait considérablement quand il venait à parler sur un point plus important. Les ailes de son nez tremblaient légèrement d'excitation lorsqu'il dépeignait le danger que le bolchevisme représentait pour l'Europe. Il soulignait ses mots par des gestes brusques et énergiques de la main droite. Occasionnellement, il serrait les poings.

Je m'étais sans doute attendu à voir un démagogue vociférant, tel qu'il m'était apparu à la radio ou à travers ses décisions brutales, à travers ses partisans aux fortes carrures en chemise brune et culotte de cheval que j'avais vus « en action » dans les rues de Berlin. Je le vis ce matin-là, et pendant tout l'entretien avec les Anglais, sous la forme d'un homme qui s'exprimait avec adresse et intelligence, respectant toutes les formes auxquelles j'étais accoutumé dans des conversations de ce genre, défendant son point de vue comme s'il eût été habitué depuis des années à le faire en semblables circonstances. Le seul point sur lequel il s'écartait de la norme, c'était dans la longueur de ses déclarations. Pendant la séance du matin il fut presque seul à parler. Simon et Eden se bornèrent à lancer une remarque de temps en temps ou à poser une question. Hitler parut s'apercevoir que l'intérêt de ses interlocuteurs faiblissait parce qu'ils ne le comprenaient pas. Il me donna dès lors la parole à des intervalles de quinze à vingt minutes, pour le traduire.

Pendant que Hitler parlait, Simon le contemplait de ses gros yeux bruns, avec un regard qui n'était pas dénué de sympathie. Le visage du ministre britannique exprimait, par nature, une sorte de bienveillance paternelle. Je l'avais déjà remarqué à Genève alors qu'il exposait le point de vue de son pays d'une voix flexible, à la manière claire et précise des juristes anglais, en appuyant peut-être un peu trop sur ses formules. En le regardant écouter Hitler avec autant d'attention, j'eus comme l'impression que l'expression paternelle de son visage s'accusait encore. Peut-être était-il lui aussi agréablement surpris de ne pas trouver le « nazi farouche » que dépeignait la propagande anglaise, mais un homme certainement impétueux et énergique, toutefois de commerce aimable et pas si mauvais dans le fond. Lorsque, au cours des années suivantes, j'entendais des visiteurs étrangers me décrire, avec des mots presque enthousiastes, l'impression que Hitler leur avait faite, j'ai souvent pensé qu'il y avait là une sorte de réaction causée par les fréquentes outrances de la propagande antihitlérienne.

En revanche, je crus voir passer de temps en temps une expression sceptique sur le visage d'Eden, qui comprenait suffisamment l'allemand pour suivre à peu près entièrement les discours du chancelier. A ses remarques et à ses questions, on pouvait également supposer qu'il nourrissait des doutes assez vivaces au sujet de Hitler et de ses paroles.

« Il n'existe vraiment aucun indice, observa-t-il à un certain moment, d'après lequel les Russes méditent des projets d'agression contre l'Allemagne. » Puis, sur un ton légèrement sarcastique, il demanda : « Sur quoi donc se fondent exactement vos craintes ? »

« J'ai à cet égard une expérience beaucoup plus longue que celle que l'on possède communément en Angleterre », dit Hitler en une habile parade. « J'ai commencé ma carrière politique alors que les bolchevistes commençaient à porter leurs premiers coups à l'Allemagne ! » ajouta-t-il d'un ton animé, avec un mouvement énergique du menton ; puis il se lança dans un monologue sur le bolchevisme en général et en particulier qui, avec la traduction, dura jusqu'à l'heure du déjeuner. La conversation, au cours de cette première séance, dura de 10 h 15 à 14 heures. Elle s'était déroulée dans une atmosphère très agréable. Ce fut du moins l'impression qu'en retira Hitler. « Nous avons pris un excellent contact », dit-il à l'un de ses fidèles en quittant son bureau. Puis, se tournant vers moi : « Vous vous êtes remarquablement acquitté de votre tâche. Je ne soupçonnais pas qu'il pût exister un tel art de la traduction », dit-il aimablement en me tendant la main. « Jusqu'ici, j'avais dû m'arrêter à chaque phrase pour qu'on pût traduire. »

« Vous étiez en excellente forme aujourd'hui », me dit Eden dans le vestibule. Il m'avait vu à l'œuvre au cours de bien des séances difficiles à Genève. Je fus donc moi-même fort satisfait de ce premier « round » des conversations germano-anglaises.

Les Anglais avaient été invités à déjeuner par Neurath. La conversation reprit ensuite devant la même audience. Du côté allemand Neurath et Ribbentrop restèrent totalement silencieux. Dès le début de la séance, en revanche, Simon exprima les réserves faites par l'Angleterre sur la dénonciation unilatérale du traité de Versailles par l'Allemagne, mais sur un ton très modéré et très amical. Eden revint encore sur les craintes allemandes relatives à une agression russe. « Le pacte oriental pourrait rendre ici d'excellents services », dit-il, fournissant ainsi le premier sujet pour la discussion de l'après-midi. Il exposa brièvement en quoi devait essentiellement consister ce pacte. Etaient prévus pour y participer : l'Allemagne, la Pologne, l'Union soviétique, la Tchécoslovaquie, la Finlande, l'Estonie, la Lettonie et la Lituanie. Les Etats signataires s'engageraient à se prêter mutuellement assistance si l'un d'eux était attaqué.

Hitler s'emporta pour la première fois en entendant prononcer le nom de la Lituanie. « Nous ne voulons rien avoir à faire avec la Lituanie ! » s'écria-t-il avec colère, tandis que ses yeux lançaient des éclairs. On l'eût dit devenu un autre homme. Il m'est arrivé bien souvent par la suite d'assister à de pareilles explosions de violence chez lui. Presque sans transition il devint véhément. Sa voix prit des résonances métalliques, faisant rouler les *r*, tandis que ses poings se serraient et que ses yeux étincelaient. « Nous n'accepterons en aucun cas de conclure un pacte avec un pays qui foule aux pieds la minorité allemande à Memel[8]. » La tempête s'apaisa avec la même soudaineté qu'elle avait éclaté. D'une seconde à l'autre, Hitler redevint le négociateur calme et courtois qu'il avait été avant cet incident. Son irritation était d'ailleurs compréhensible, car depuis plusieurs mois, 126 habitants de Memel étaient accusés d'une prétendue trahison devant un tribunal de Kowno, et le procès était sur le point de se terminer.

Sur un ton plus paisible Hitler repoussa le pacte oriental pour une autre et plus importante raison : « Tout rapprochement entre le national-socialisme et le bolchevisme est impossible ! » déclara-t-il avec force. Et avec

---

8. Détaché de la Prusse-Orientale après la Première Guerre mondiale, le territoire de Memel possède une majorité lituanienne, alors que la ville est largement allemande. En 1923, les Lituaniens l'ont annexé, un fait accompli que l'Allemagne n'a jamais reconnu. Hitler l'annexe unilatéralement en mars 1938.

une émotion presque passionnée, il ajouta : « Des centaines de mes partisans ont été assassinés par les bolchevistes. Des civils et des soldats allemands sont tombés en luttant contre des émeutes déclenchées par eux. Toutes ces victimes resteront éternellement entre les bolchevistes et nous ; elles empêcheront toute participation à un pacte commun et toute espèce d'arrangement. »

Mais il y avait encore une troisième objection : la méfiance justifiée qu'on éprouvait du côté allemand pour toutes les conventions collectives. « Elles n'empêchent pas la guerre, mais la provoquent et servent à l'élargir. »

Les accords bipartites étaient préférables. L'Allemagne était prête à conclure des pactes de non-agression avec tous ses voisins, « à l'exception de la Lituanie, naturellement ! » s'écria-t-il de nouveau, mais en ajoutant cependant sur un ton conciliant : « Tant que le cas de Memel n'aura pas été réglé. »

Eden prononça une nouvelle offensive en faveur du pacte oriental, en demandant s'il ne pouvait pas être lié un système des pactes de non-agression bipartites et des accords d'assistance mutuelle. Mais Hitler repoussa également le propos : « On ne peut pas avoir deux groupes différents de participants dans le cadre d'un accord collectif », déclara-t-il.

Il repoussa catégoriquement l'idée de l'assistance mutuelle. D'une manière assez significative, il exposa que les divers pays devraient se borner à n'apporter aucune aide à l'agresseur. « Cela localiserait la guerre au lieu de la généraliser, » dit-il avec un semblant de logique. Mais c'était la logique d'un homme essayant d'abattre successivement ses adversaires et cherchant à éviter de les voir se liguer contre lui. A ce moment, cependant, les arrière-pensées de cette surprenante proposition n'étaient pas perceptibles. Elles ne le devinrent qu'à la lumière des agissements ultérieurs de Hitler.

Simon, par quelques questions habiles, fit dévier la conversation du pacte oriental au pacte danubien qui devait être dirigé contre toute immixtion étrangère dans les affaires des Etats riverains de ce fleuve. La proposition avait son origine dans une idée française visant à interdire la réunion de l'Autriche à l'Allemagne et à tirer le verrou, par un système d'accords, devant une augmentation de l'influence allemande dans les pays balkaniques. J'avais appris, aux Affaires étrangères, combien Hitler y était fortement opposé, pour des raisons évidentes, et je m'attendais à l'entendre jeter un non énergique aux Anglais. A ma grande surprise, il n'en fut rien. « L'Allemagne n'a aucune objection de principe contre un tel pacte », dit-il d'un ton apparemment conciliant. Les mots « objection de principe » me frappèrent cependant. A Genève, quand un délégué acceptait « en principe », on savait d'avance qu'il refusait pratiquement la proposition. Hitler avait-il recours à cette vieille ficelle internationale ? Ma supposition se vérifia dès la phrase suivante, quand il observa, comme négligemment, « qu'il suffisait simplement de bien s'entendre sur ce que signifiait exactement "ne pas s'immiscer" dans les rapports des pays danubiens ». Simon et Eden échangèrent un rapide coup d'œil quand je traduisis ces mots. J'eus soudain l'impression d'être de retour à Genève.

Au cours de cet après-midi, les Anglais jetèrent encore dans la discussion le nom de la Société des Nations. « Une solution définitive des difficultés européennes ne peut être envisagée, déclara Simon d'une voix calme mais ferme, si l'Allemagne ne redevient pas membre de la Société des Nations. Seul le retour du Reich à Genève peut permettre le rétablissement de la confiance nécessaire entre les peuples européens. » Sur ce point également Hitler ne s'exprima pas aussi catégoriquement que je m'y attendais. Bien au contraire, il déclara qu'un retour de l'Allemagne au sein de l'organisation internationale n'était pas à exclure du domaine des possibilités. L'idéal de Genève était tout à fait louable, mais la façon dont cet idéal avait été mis en pratique jusqu'à présent avait fait l'objet de trop d'objections justifiées de la part de l'Allemagne. Le Reich ne pouvait revenir à Genève que comme membre jouissant de la pleine égalité de droits avec tous les autres. Or, c'était impossible tant que les statuts de la Société des Nations resteraient liés au traité de Versailles. « En outre, il faut que nous participions sous une forme ou sous une autre au système des mandats coloniaux, pour que nous puissions nous considérer comme une puissance jouissant de tous ses droits », ajouta-t-il rapidement, mais il écarta aussitôt toute discussion à ce sujet en faisant observer que « pour le moment l'Allemagne n'avait aucune revendication coloniale à présenter ».

Cette conversation se poursuivit jusqu'à 7 heures du soir. Mes traductions occupèrent naturellement la moitié du temps. En outre, Hitler se répéta beaucoup, comme à son habitude, surtout sur les points qui lui tenaient à cœur. Et puis, la discussion se déroula parfois un peu au hasard car personne n'exerçait, en quelque sorte, la présidence et il n'y avait pas d'ordre du jour. Mais, tout compte fait, elle s'était passée beaucoup mieux que je ne l'avais présumé. Je crus cependant déceler chez les Anglais, après la première impression rassurante de la matinée, une légère remontée de température. Il fallait l'attribuer au fait que Hitler, en dépit de son amabilité manifeste et de son habile argumentation (à la manière de Genève), n'en avait pas moins prononcé un non catégorique sur tous les points.

Le ministre des Affaires étrangères von Neurath donna le soir même un grand dîner en l'honneur des Anglais au palais du *Reichspräsident*. Y participèrent environ 80 invités dont Hitler avec tous les ministres, de nombreux secrétaires d'Etat et de hautes personnalités du

Parti, ainsi que l'ambassadeur anglais sir Eric Phipps[9] et les membres les plus importants de l'ambassade.

A table, j'étais assis à côté de Hitler. Il me fallut parler tout le temps et je me levai ayant encore faim, car j'avais dû laisser passer les meilleurs plats sans pouvoir y toucher. Je n'avais pas encore mis au point cette technique qui me permit par la suite de manger, tandis que mes « clients » discouraient, jusqu'au moment où il me fallait commencer ma traduction. Cette façon de faire ne respectait peut-être pas tout à fait les canons diplomatiques, mais tous les chefs du protocole durent reconnaître qu'elle était obligatoire pour les interprètes aux tables de banquets.

La matinée suivante fut consacrée à un examen détaillé des armements allemands. Une légère escarmouche se produisit dès le début entre Simon et Hitler. Le ministre anglais exposa de nouveau la position de principe de la Grande-Bretagne et souligna que le fait de parler des armements allemands ne signifiait nullement qu'elle s'en écartait. Comme précédemment, il réaffirma que les traités n'étaient susceptibles d'être modifiés que par des accords entre les signataires et ne pouvaient être répudiés unilatéralement.

Hitler répliqua par sa thèse bien connue selon laquelle ce n'était pas l'Allemagne mais les autres puissances qui avaient manqué au respect des clauses du traité de Versailles, en ce sens qu'elles « n'avaient pas observé l'engagement pourtant très net de désarmer ». Puis il ajouta en riant : « Est-ce que Wellington a commencé par s'informer auprès des juristes du Foreign Office, quand Blücher est arrivé à son secours, si l'effectif des forces prussiennes était bien conforme à ce que prescrivaient les traités alors en vigueur ? »

---

9. Sir Eric Phipps (1875-1945) représente l'Angleterre à Berlin de 1933 à 1937. Ses régulières mises en garde sur la menace hitlérienne ne rencontrent guère d'écho auprès des responsables britanniques.

Des deux côtés les points de vue furent exposés sans aigreur. Les Anglais étaient manifestement désireux d'éviter tout incident sur cette question de principe. Je le compris à la façon très prudente, pleine de ménagements, avec laquelle Simon exprimait les réserves britanniques. Mais Hitler lui-même fut extraordinairement mesuré dans ses propos, contrairement à la façon dont il parlait habituellement en public de cette question du réarmement ; toutefois il ne cessa pas d'être fort net. « Nous ne laisserons pas toucher au service obligatoire, déclara-t-il, mais nous sommes prêts à discuter sur les effectifs. La seule condition est la parité sur terre et dans l'air avec le pays limitrophe le plus fortement armé. »

Simon lui ayant demandé à combien il chiffrait les besoins de l'Allemagne dans les conditions du moment, il répondit : « Nous pouvons nous contenter de 36 divisions, c'est-à-dire d'une armée de 500 000 hommes. » Mais c'était là un maximum comprenant une division de SS et la police militarisée. Une certaine confusion se produisit sur ce point, Hitler ayant, presque aussitôt après avoir prononcé le nom des SS, dénié toute valeur militaire aux organisations du Parti, comme Heydrich l'avait fait à Genève. Eden, se souvenant sans doute de ces discussions auxquelles il avait participé comme représentant de la Grande-Bretagne, éleva quelque doute au sujet de ces organisations. « Leurs membres doivent au moins être considérés comme des réservistes », dit-il.

Simon désira certainement éviter une longue controverse sur ce point très contesté et fit dévier la conversation sur le sujet qui, à ce moment, intéressait les Anglais au maximum : la Luftwaffe. « A votre avis, monsieur le chancelier, quelle est la force que doit atteindre l'aviation militaire allemande ? »

Hitler évita de donner des chiffres précis. « Nous désirons avoir la parité avec la Grande-Bretagne et avec la France », déclara-t-il, ajoutant aussitôt : « Mais si l'Union soviétique accroissait considérablement ses armements aériens, l'Allemagne serait contrainte de pousser parallèlement les siens. »

Mais Simon voulait en savoir plus. « Puis-je vous demander quelle est pour le moment la force atteinte par l'aviation militaire allemande ? » Hitler hésita. Puis il dit : « Nous avons déjà atteint la parité avec la Grande-Bretagne. » Simon ne répondit rien. Il y eut un moment de silence général. Je crus voir passer sur le visage des Anglais une certaine surprise et un doute au sujet de la véracité de cette déclaration. Cette impression me fut confirmée plusieurs fois au cours des années suivantes où j'eus à servir d'interprète à presque toutes les conversations entre Goering et lord Londonderry, ministre britannique de l'Air. Presque régulièrement la question revint sur la situation de la Luftwaffe en 1935 et il fut demandé si Hitler n'avait pas exagéré sa force dans sa réponse. En liaison avec les armements aériens de l'Allemagne, Simon et Hitler évoquèrent brièvement la conclusion d'un pacte aérien entre les puissances signataires du traité de Locarno. Elles se seraient engagées à se prêter immédiatement le concours mutuel de leurs aviations en cas d'agression. « Je suis prêt à entrer dans un tel pacte », dit Hitler en répétant une de ses affirmations antérieures. « Mais je ne pourrai évidemment le faire que lorsque l'Allemagne disposera elle-même des forces aériennes correspondantes », ajouta-t-il avec une logique à laquelle les Anglais ne trouvèrent rien à répondre.

Hitler en vint de lui-même à parler des armements navals et énonça que la flotte allemande devait être dans le rapport 35 à 100 envers la flotte britannique, chiffre rendu fameux par le traité naval ultérieur. Les Anglais ne dirent pas un mot, en cette conversation, sur la position qu'ils prenaient au sujet de ce chiffre, mais comme ils ne soulevèrent aucune objection, on pouvait supposer qu'ils étaient intérieurement d'accord.

Le déjeuner eut lieu à l'ambassade d'Angleterre et Hitler y assista. C'était la première fois qu'il se montrait dans une ambassade étrangère. Goering et d'autres ministres étaient également présents. Sir Eric Phipps avait amené dans le salon de réception ses enfants qui tendirent leur petit bras pour faire le salut hitlérien et qui, autant qu'il m'en souvienne, poussèrent même un *heil* un peu timide.

Les conversations reprirent aussitôt après le repas à la chancellerie sans que de nouveaux points de vue fussent exprimés sur les questions principales. Le sujet favori de Hitler, l'Union soviétique, occupa beaucoup de temps. Il dénonça avec vivacité les efforts des Soviets pour progresser vers l'ouest et qualifia la Tchécoslovaquie de « bras avancé de la Russie ».

Le deuxième cheval de bataille de Hitler, au cours de cet entretien, fut l'égalité de droits. Le Reich devait naturellement posséder les armes de toute espèce dont disposaient les autres pays ; il était cependant prêt à participer à un accord interdisant celles qui avaient été considérées comme offensives à Genève. Il pouvait également donner son approbation à l'établissement d'un contrôle des armements, bien entendu uniquement sur le plan de l'égalité de droits, c'est-à-dire s'il s'étendait à tous les autres pays.

Simon et Eden écoutèrent patiemment tout cela, y compris les très nombreuses répétitions. Ma pensée fut fréquemment ramenée aux négociations genevoises sur le désarmement. Deux années auparavant seulement, le ciel se fût écroulé à Genève si des délégués allemands eussent osé formuler de pareilles prétentions que Hitler énonçait comme si elles étaient les plus naturelles du monde. Je me demandai involontairement si Hitler n'avait pas beaucoup plus obtenu par ses méthodes que n'aurait pu le faire la Wilhelmstrasse avec les siennes. Je me posai cette interrogation tout particulièrement en voyant avec quel détachement Simon et Eden écoutaient

toutes ces déclarations. Ils avaient, bien entendu, formulé leurs réserves ; ils s'en étaient tenus aux principes
de la fidélité aux traités et aux garanties de sécurité,
comme lorsqu'ils siégeaient à Genève ; ils avaient même
contredit vigoureusement Hitler. Cependant, le seul fait
de leur présence en ce lieu et de leur acceptation de discuter des questions qui étaient restées « tabou » à Genève
pendant des années m'impressionna fortement.

Ces journées mémorables se terminèrent par une
réception que Hitler donna à ses hôtes en petit comité.
Les salons encore assez modestes de la chancellerie de
Brüning constituèrent un cadre magnifique. Rien n'y
était exagéré ou grandiose. Les meubles, les tapis, les
tableaux, voire la décoration florale, se trouvaient har-
monisés avec beaucoup de goût. L'hôte lui-même ne
détonnait pas plus que les couleurs et l'éclairage. Hitler
se montra maintes fois presque timide sans être toutefois
embarrassé. Au cours des conversations de la journée, il
avait porté un uniforme brun avec un brassard portant la
croix gammée ; ce soir-là il était en habit et ce costume
semblait, en quelque sorte, jurer avec sa personnalité. Je
ne l'ai vu qu'assez rarement dans cette tenue « ploutocra-
tique », et chaque fois il me fit l'impression d'un invité
ayant loué son habit pour la circonstance.

Il se montra cependant ce soir-là, en dépit de cette
apparence, un hôte charmant. Il circulait si naturellement, sans la moindre gêne, parmi ses invités qu'on l'eût
dit élevé dans l'atmosphère d'une grande maison. Au
cours du concert – où Schlusnus, Patzak et les Ursuleac
chantèrent, principalement du Wagner à ce que je crois –,
j'eus tout le loisir d'observer les Anglais. Je fus frappé,
plus nettement encore qu'au cours des conversations,
par l'intérêt sympathique avec lequel Simon considérait
Hitler. Il laissa errer ses regards pendant ce concert, les
arrêtant sur son hôte pendant un moment, puis les tournant vers les tableaux, les meubles, les fleurs. Il semblait

se sentir parfaitement à l'aise dans la maison du chancelier allemand.

Eden s'intéressa également à ceux qui l'entouraient et lui aussi avec sympathie. Mais il n'y avait pas dans ses yeux cette chaleur amicale que je croyais voir dans ceux de Simon. Son visage trahissait fortement l'attention aiguë qu'il portait aux personnes et aux choses, son scepticisme était nettement perceptible, en dehors du concert qu'il écouta avec une admiration sans réserve.

Parmi les Allemands présents, seul le baron von Neurath montrait une liberté totale dans son attitude. Tous les autres, en particulier Ribbentrop qui n'était alors que le délégué aux questions de désarmement, avaient l'air incolores et falots, un peu à la manière des personnages secondaires esquissés à l'arrière-plan d'un tableau d'histoire.

Eden se retira vers 11 heures du soir pour continuer son voyage par le train vers Varsovie et Moscou. Au reste, sa visite à Staline fut fort mal prise dans l'entourage de Hitler. « C'est vraiment un manque de tact de la part d'Eden, me dit un vieux national-socialiste à la chancellerie, de se rendre directement chez le chef des bandits soviétiques en sortant de chez notre Führer. »

Simon partit un peu plus tard pour rentrer à l'hôtel Adlon. Le lendemain matin un avion le ramena à Londres.

Je partis moi-même le lendemain matin pour aller assister à Rome à des négociations en vue de la conclusion d'un traité de commerce, de sorte que je n'eus, au sujet de l'impression produite sur Hitler par les Anglais, que les observations faites directement par moi. Au cours des brèves suspensions de séance, Hitler s'était exprimé au sujet de Simon avec une véritable chaleur. « J'ai l'impression que je m'entendrai fort bien avec lui quand nous en viendrons à discuter sérieusement avec les Anglais », dit-il en ma présence à Ribbentrop. En revanche, il jugea

Eden avec une assez grande réserve, surtout à cause des questions que celui-ci avait posées au cours de la conversation. Eden avait essayé de faire préciser par Hitler ses intentions sur certains points particuliers, et le chancelier allemand n'aimait pas les questions précises, particulièrement au cours de pourparlers avec des hommes politiques étrangers. C'est un fait que j'ai pu constater bien des fois en travaillant pour lui. Il préférait les développements généraux, les grandes lignes, les perspectives historiques et les vastes considérations philosophiques. Il évitait le plus souvent les détails concrets, car, en les abordant, il eût pu être conduit à trahir trop nettement ses véritables intentions.

Je me trouvai pendant un certain temps complètement à l'écart des problèmes politiques dans la capitale italienne, déjà chaude à cette époque de l'année. Le thème principal de mes travaux, pendant quelques semaines, fut les statistiques commerciales, les contingentements d'importations, les tarifs douaniers. Rome, avec ses magnifiques environs, renforçait chez nous autres, Allemands, le sentiment d'optimisme sur les développements ultérieurs de la situation politique, sentiment que j'avais emporté de Berlin à la suite des conversations germano-anglaises. J'avais toutefois entendu à mon appareil de radio, comme dans le lointain, la déclaration faite par Simon devant la Chambre des communes : « De profondes divergences d'opinion avec les Allemands se sont manifestées à Berlin. »

J'avais une inclination toute particulière pour la radio. A une époque où la chose était encore fort rare, je possédais un appareil portatif que j'utilisais pour mon information au cours de mes voyages et à l'hôtel. Je l'avais acheté au début pour des raisons professionnelles, car, en écoutant régulièrement les émissions françaises et anglaises, j'étais chaque jour en possession du vocabulaire étranger au sujet de tous les événements politiques ou autres. C'est là un point fort important pour un interprète ; celui-ci ne doit pas traduire mais présenter à l'interlocuteur étranger une idée ou une conception déterminées à la manière selon laquelle il est habitué à l'entendre exposer dans les discussions quotidiennes de son pays. La meilleure façon d'y parvenir est offerte par l'écoute de la radio et la lecture des journaux étrangers. C'était pourquoi ce poste m'accompagnait partout. Il constituait en quelque sorte l'élément stable dans mon existence par ailleurs si variée, car, en quelque endroit que je me trouvasse, j'entendais aux mêmes heures, sur les mêmes longueurs d'onde, les mêmes voix des informateurs français, anglais ou allemands. Chaque matin, en m'habillant, j'avais les éditoriaux des principaux journaux de Londres, de Paris ou de Berlin, et quand je m'asseyais devant mon petit déjeuner j'étais informé sans fatigue et sans retard, pouvant dès lors aborder ma propre tâche avec une sécurité plus grande. Cette question de la sécurité est capitale non seulement pour les Français, mais aussi pour l'interprète !

Au cours de mon séjour à Rome, le speaker parisien me donna ainsi pendant plusieurs jours de suite, pendant que je faisais ma toilette matinale, les commentaires indignés de la presse française au sujet de la visite des Anglais en Allemagne. Je pus suivre Eden dans son voyage par Varsovie à Moscou et à Prague, et le simple énoncé du nom de ces villes suffisait, même sans les commentaires, à me montrer que le ministre anglais s'efforçait apparemment de refermer solidement le cercle autour du Reich, pour ne pas dire de Hitler. Mais les impressions emportées des conversations de Berlin et l'atmosphère romaine me laissaient cependant convaincu qu'on ne pouvait faire trop de fond sur la solidarité des adversaires de l'Allemagne nationale-socialiste.

Il se produisit toutefois en Italie un brusque événement qui me conduisit à penser un peu différemment.

Le 11 avril se réunit à Stresa, sur le lac Majeur, une conférence à grand spectacle à laquelle participèrent le Premier ministre britannique MacDonald, son ministre des Affaires étrangères sir John Simon, le président du Conseil français Laval, son ministre Flandin, ainsi que Mussolini. Dans le communiqué final, l'Angleterre, la France et l'Italie se déclarèrent « unanimes pour s'opposer par tous les moyens appropriés à toute répudiation unilatérale des traités ». C'était la réponse des trois puissances occidentales au rétablissement des pleins droits de souveraineté par l'Allemagne, et elle ne laissait rien à désirer du point de vue clarté. Mais cette déclaration nous eût paru beaucoup moins menaçante si nous avions su alors ce que les *Mémoires* de Churchill nous ont appris depuis, à savoir que le ministre des Affaires étrangères britannique avait souligné, dès le début des pourparlers, qu'il n'était pas en mesure d'envisager des sanctions pour le cas d'une violation des traités. Seuls les plus optimistes soupçonnèrent que l'« unanimité » reposait sur des bases aussi peu solides.

Un deuxième coup fut frappé quelques jours plus tard, le 17 avril. La Société des Nations prononça son jugement sur l'attitude de l'Allemagne : « Par ses initiatives, elle a violé le traité de Versailles et mis en péril la sécurité de l'Europe. »

Un troisième fut apporté par le traité d'alliance que Laval signa le 2 mai avec l'Union soviétique. Quand je revins à Berlin, je trouvai donc un moral assez déprimé à la Wilhelmstrasse. L'isolement du Reich paraissait désormais total. En riposte aux méthodes de politique étrangère de Hitler s'était constituée une coalition antiallemande de toutes les grandes puissances européennes, l'Union soviétique comprise. Mais je pus bientôt me rendre compte en Pologne et à Londres que cette coalition manquait grandement de solidité intérieure.

Je reçus inopinément l'ordre d'accompagner Goering à Varsovie et à Cracovie où il devait assister aux obsèques du maréchal Piłsudski[10], parce qu'il pouvait avoir à cette occasion des conversations politiques avec Laval. Je montai donc, le 16 mai au soir, dans un wagon-salon à la gare de la Friedrichstrasse, avec Goering et une petite délégation. A cette époque, le futur *Reichsmarschall* n'utilisait pas encore de train spécial, il se contentait de faire accrocher son wagon particulier au train régulier. Je venais de m'asseoir dans le compartiment qui m'était assigné, afin de sortir mon inséparable poste et d'écouter les nouvelles du soir, lorsque l'énorme silhouette de Goering s'encadra dans la porte.

« Je tiens à vous présenter mes excuses pour vous avoir logé dans un compartiment aussi étroit, me dit-il à ma très grande surprise. Je suis ordinairement un hôte plus généreux mais mes gens n'ont pas suivi mes instructions. Je m'en vais convenablement laver la tête du responsable. »

Je lui répondis que je n'avais pas la moindre plainte à formuler au sujet de mon installation et que j'allais dormir royalement. Mais il me fit remarquer en souriant que j'avais été logé dans la cuisine de son wagon. Je n'avais pas encore aperçu le fourneau, habilement dissimulé derrière une tenture.

Le lendemain à l'aube, l'ambassadeur allemand von Moltke nous attendait à la gare de Varsovie et nous conduisit prendre un bref petit déjeuner à l'ambassade. Nous en partîmes directement pour la cathédrale où avait lieu la cérémonie.

Le monument était décoré avec extrêmement de goût aux couleurs polonaises. Les fenêtres étaient voilées par

---

10. Célébré comme un héros national, le maréchal Józef Piłsudski (1867-1935) est le père de la renaissance polonaise. Chef de l'Etat depuis 1918, il se démet en 1922. Il revient au pouvoir en 1926 à la faveur d'un coup d'Etat et le conserve jusqu'à sa mort en 1935.

des crêpes noirs de sorte que la grande nef était plongée dans une demi-obscurité. Un puissant projecteur éclairait d'en haut le catafalque du héros national, devant lequel étaient déposés son épée et son légendaire béret de légionnaire.

Malgré l'obscurité on remarquait de brillants uniformes dans l'assistance. A côté de Laval, en habit, assis aux premiers rangs, j'aperçus le maréchal Pétain en grande tenue. Juste derrière se trouvait un groupe d'officiers anglais puis venait la délégation allemande avec Goering en uniforme de général d'aviation. Je pus même reconnaître une députation soviétique dont les tenues étaient des plus simples parmi ces costumes éclatants.

La cérémonie religieuse dura près de deux heures. Mes pensées eurent le temps de faire un retour à Genève où j'avais personnellement rencontré le disparu, lors de l'évocation devant la Société des Nations du conflit polono-lituanien. « Je suis venu ici pour entendre le mot paix », avait-il alors déclaré. « Tout le reste n'est que sottises dont mon ministre des Affaires étrangères peut s'occuper. »

La cérémonie terminée, le cercueil de Piłsudski fut chargé sur un affût et transporté à travers Varsovie jusqu'au champ de manœuvre de Mokotów. Pendant quatre heures les rues de la capitale polonaise virent passer un des plus brillants cortèges qu'elle eût jamais connus.

En ce mois de mai, il faisait déjà très chaud, presque lourd, de sorte que la lente promenade à travers la ville et l'attente qui dura plus d'une heure aux cérémonies qui suivirent imposèrent d'extraordinaires efforts aux délégués qui n'étaient pas habitués à de semblables fatigues. Goering, respirant fortement, avançait devant moi à pas énergiques. Il tint jusqu'au bout, alors que le vieux maréchal Pétain fut obligé de monter dans une voiture. D'immenses foules étaient massées de chaque côté des rues.

Un balcon trop chargé s'écroula en un certain endroit et une panique menaça de se déclencher, personne ne sachant au juste ce qui était arrivé.

Morts de fatigue, nous regagnâmes notre wagon-salon dans la soirée pour nous rendre à Cracovie. Le cercueil fut déposé sur un wagon découvert et, éclairé par deux projecteurs, avança fantomatiquement à travers la campagne polonaise noyée de nuit. Partout on apercevait, à travers les ténèbres, des silhouettes de paysans qui se rassemblaient le long de la voie pour rendre un dernier hommage au maréchal.

Le lendemain à Cracovie, nous suivîmes encore un cortège qui dura trois heures jusqu'à ce que le cercueil eût été inhumé au château de Wawel[11]. Le ministre polonais des Affaires étrangères, Beck[12], offrit un déjeuner aux délégations étrangères à l'Hôtel de France. J'y aidai Goering au cours de quelques brefs propos avec Pétain, les Anglais et Laval. Ce dernier accepta une conversation plus longue dans l'après-midi. Il était manifeste que Goering n'était pas seul à désirer cet entretien et que Laval saisit avec empressement l'occasion de causer avec nous.

Nous nous réunîmes dans l'après-midi dans le même hôtel. Rochat, le chef de cabinet de Laval, y assista, tandis que j'étais seul avec Goering.

La conversation dura plus de deux heures et fut, sous une forme plus serrée, une réplique de celles qui avaient eu lieu quelques semaines auparavant à Berlin entre Simon et Hitler. On y parla exactement des mêmes questions, mais je pus constater combien les interlocuteurs de mai étaient différents de ceux de mars.

---

11. Château royal de Cracovie.
12. Le colonel Józef Beck (1894-1944) occupe le poste de ministre des Affaires étrangères de 1932 à 1934. Il signe en 1934 le pacte de non-agression avec l'Allemagne et s'en fait longtemps le défenseur avant de prendre en 1939 le parti de la résistance aux ambitions allemandes.

Le large et massif Goering n'avait guère la manière hitlérienne de tactique réfléchie. Il parlait « à cœur ouvert » sans circonlocutions ni finesses diplomatiques. « A ce qu'il paraît, vous vous êtes bien entendu avec les bolchevistes à Moscou, monsieur Laval », commença-t-il, attaquant tout de suite le point le plus délicat : le pacte d'assistance franco-russe et les conversations entre Staline et Laval. « En Allemagne nous les connaissons mieux que vous en France, continua-t-il. Nous savons qu'il ne faut à aucun prix frayer avec eux, car il vous en cuit toujours. Vous vous en apercevrez vous aussi. Attendez un peu les difficultés que vont vous créer vos communistes de Paris. » Suivit une diatribe contre les Russes analogue à celle qu'avait prononcée Hitler devant Simon, et presque dans les mêmes termes.

Je fus témoin pour la première fois d'un phénomène que je revis par la suite lors de tous les entretiens des personnages du Parti avec des étrangers : la répétition presque littérale des arguments de Hitler. J'étais naturellement obligé, en ma qualité d'interprète, de faire la plus grande attention au vocabulaire employé et pus donc me rendre parfaitement compte que les déclarations de ses fidèles coïncidaient toujours très précisément avec celles du chef national-socialiste. J'eus maintes fois l'impression qu'il s'agissait d'un disque de phonographe où la voix et l'accent avaient seuls changé.

Je fis cette constatation à Cracovie sur tous les points qu'aborda encore Goering : désarmement ou plutôt réarmement allemand, pactes bipartites au lieu de sécurité collective, réserves au sujet de la Société des Nations, sans que le retour de l'Allemagne parût exclu, pacte aérien et bien d'autres choses. A cause de la brièveté du temps, Goering ne put naturellement entrer dans autant de détails que Hitler à Berlin. Il ne le fit d'ailleurs jamais, même par la suite ; se tenant plus que celui-ci dans les idées générales et les considérations philosophiques, il aimait encore moins que Hitler la précision. Le plus souvent il écartait d'un geste de la main les difficultés techniques. Il ne manquait toutefois pas d'habileté diplomatique. Je l'ai vu, plus tard, dans des situations très délicates. Il savait traiter les questions les plus brûlantes avec une extraordinaire adresse et des nuances que l'on ne s'attendait pas à trouver dans cet homme replet, fort largement considéré dans l'opinion publique allemande comme un assez naïf casseur d'assiettes.

Il manifesta cette adresse pour la première fois à Cracovie en abordant le sujet des rapports franco-allemands qui, dans cette conversation avec Laval, constituèrent, bien entendu, l'un des thèmes principaux. Avec des mots très persuasifs, Goering s'arrangea pour rendre plausible le désir de l'Allemagne d'arriver à un règlement général avec la France. Toutefois, aucun détail concret ne fut donné : ce furent surtout ses paroles et sa personnalité qui firent impression à Laval. Pour des gens non prévenus, Goering, qui venait de parler si franchement des Russes et de la Société des Nations, qui décrivait avec des phrases sans recherche et sans détour, avec des expressions populaires, la situation telle que pouvait la voir l'homme de la rue, pouvait très bien donner l'impression qu'il ne disait que des choses vraies. « Vous pouvez être convaincu, monsieur Laval, que le peuple allemand ne nourrit pas de désir plus ardent que de voir définitivement enterrer sa querelle séculaire avec ses voisins français. Nous estimons vos compatriotes comme de valeureux soldats, nous sommes pleins d'admiration pour les réalisations de l'esprit français, la vieille pomme de discorde d'Alsace-Lorraine n'existe plus. Qu'est-ce qui pourrait donc nous empêcher de devenir vraiment d'excellents voisins ? »

Ces paroles ne manquèrent pas leur but sur l'esprit de Laval. Il affirma de son côté qu'il avait toujours été partisan du rapprochement franco-allemand, et m'appela en témoignage des efforts qu'il avait faits en 1931 pour aboutir à un accord au cours de ses conversations avec Brüning à Berlin. Je pus d'autant mieux le confirmer que j'avais acquis la conviction, au cours des entretiens de Paris à la « conférence des Six », comme à Berlin durant l'automne de la même année, que Laval pensait honnêtement et qu'il recherchait sans arrière-pensée des rapports de bon voisinage entre les deux pays. Bien entendu, Laval n'expliqua pas non plus comment il imaginait un règlement franco-allemand. C'était pourtant ce qui me paraissait le plus essentiel. Ma vieille expérience de Genève et de Paris m'avait enseigné combien il était difficile d'aboutir à des résultats concrets dès qu'on entrait dans les discussions de détail.

Je constatai au reste avec intérêt la façon dont Laval, comme avait fait Eden à Berlin, essayait de nous rassurer sur les intentions des Russes. « Je n'ai pu observer absolument aucun indice à Moscou permettant de laisser penser que la Russie nourrit des intentions de guerre contre l'Allemagne », dit Laval, répétant presque mot pour mot les déclarations de son collègue britannique. Il dépeignit Staline comme un homme très sociable « avec qui l'on peut causer ». C'est dans des termes analogues que Ribbentrop s'exprima devant moi, en 1939, lorsque je l'accompagnai à Moscou, peu de temps avant la guerre, pour la signature du sensationnel pacte russo-allemand. Roosevelt aussi a eu des mots analogues devant son fils et plus tard, devant quelques collaborateurs, après sa première rencontre avec Staline à Yalta. Quand je me rappelle ce que j'ai entendu dire par des étrangers après leurs visites à Hitler, je suis presque tenté de croire que les dictateurs possèdent un charme particulier qui agit sur leurs interlocuteurs. Par ailleurs, Laval présenta l'alliance franco-russe comme une sorte de nécessité politique intérieure pour la France. « Certains événements qui se sont produits en Allemagne, dit-il, beaucoup de ce qu'on y a dit et écrit contre la France ont, conjointement à votre réarmement, éveillé une telle inquiétude chez mes compatriotes que tout ce qui peut contribuer à adoucir ou à dissiper ces sentiments conduit indirectement à une entente franco-allemande. » Cette argumentation éclairait bien la manière personnelle de Laval. L'habile avocat ne disparaissait jamais en lui, ses discours portaient toujours la marque de l'art subtil d'une plaidoirie française. Même à Cracovie, mes impressions antérieures sur lui se renforcèrent. Il me paraissait appartenir à ces « hommes de bonne volonté » qui défendaient la paix avec conviction. A cette époque, je l'aurais certainement placé sur le même plan qu'un Briand ou un Herriot.

Le souvenir principal que je ramenai à Berlin de cette conversation de Cracovie fut qu'il serait toujours possible à l'Allemagne, par une politique tant soit peu habile, de rompre l'isolement où l'avaient conduite les méthodes sans psychologie de Hitler. Le tournant brusque qui s'était présenté dans la situation du Reich par suite de la venue à Berlin des ministres britanniques en mars et cet entretien entre Goering et Laval me paraissaient constituer des indices très nets d'une déviation de cette tendance visant à isoler l'Allemagne qui s'était manifestée en avril par la conclusion de l'accord franco-anglo-italien, et en mai par la signature du traité franco-russe. Dans ces entrevues de Berlin et de Cracovie, je voyais percer le désir de l'Angleterre et de la France de ne pas laisser se consommer la rupture avec l'Allemagne et d'essayer de sortir le Reich de son isolement pour le ramener au sein de la Société des Nations.

Goering m'exprima le même sentiment au cours d'un long entretien que nous eûmes sur la situation générale en revenant vers Berlin. Contrairement à Hitler, il était tout à fait accessible aux suggestions et aux contre-arguments. Il s'informa très exactement de mes impressions antérieures sur Laval. Il voulut savoir quels avaient été les rapports entre Briand et Stresemann, et quand j'eus déclaré que ce dernier avait réussi un exploit extraordinaire en libérant la Rhénanie de l'occupation étrangère sans disposer soi-même d'une armée, il observa d'un ton méditatif : « Vu sous cet angle, vous avez parfaitement raison. » Peu de temps auparavant il avait encore brocardé violemment les Affaires étrangères. « Que peut bien faire de toute sa journée un attaché d'ambassade ? » avait-il dit avec brusquerie. « Le matin il aiguise ses crayons et l'après-midi il va prendre le thé quelque part. » « Les ministres aussi aiguisent souvent des crayons ! » ripostai-je en faisant allusion à Laval, qui, au cours de l'entretien, comme je cassais successivement toutes les pointes des miens, dans le feu de mon travail, me les avait chaque fois retaillées. « Je ne pensais pas à eux, répondit Goering en riant, mais aux véritables diplomates. »

Dès mon retour à Berlin je reçus une nouvelle mission. Quoique l'Allemagne eût été condamnée officiellement, le 17 avril, par le Conseil de la Société des Nations, les Anglais avaient envoyé au « violateur des traités », dans le milieu de mai, une invitation à participer à des conversations navales. Ribbentrop fut chargé par Hitler de conduire ces négociations et reçut le titre d'« ambassadeur en mission spéciale ». Je fus chargé de l'accompagner en qualité d'interprète.

Nous partîmes au début de juin pour la capitale anglaise, dans un avion particulier. Ce fut le premier de ces nombreux voyages que j'eus à faire par la suite vers les capitales européennes à bord de ce trimoteur Junker. L'Elbe, le canal du Centre, le lac de Steinhude, Bourtanger Moor, la côte hollandaise, la mer du Nord, l'embouchure de la Tamise, l'aéroport de Croydon. Ce paysage se déroula pour la première fois au-dessous de moi, et il me devint si familier par la suite que j'aurais pu piloter moi-même, sans carte, un avion de Berlin à Londres.

Les négociations s'ouvrirent au Foreign Office. Dès l'une des premières séances, en présence de Simon, Ribbentrop abattit son jeu. L'Allemagne voulait une flotte égale à 35 % de celle de l'Angleterre. « Si le gouvernement britannique n'accepte pas immédiatement cette demande, déclara-t-il avec une vigueur un peu outrée, il est inutile de poursuivre les présentes conversations. Il faut prendre une décision sur-le-champ. » Si l'accord de principe était obtenu, tous les détails techniques sur les programmes de construction et les types de navires seraient faciles à régler.

J'estimai que cette façon de faire de Ribbentrop n'était pas très adroite. Il était bien évident que les Anglais, après la condamnation du Reich à cause de ses violations des traités, n'étaient pas disposés dès le premier jour à faire un demi-tour de 180 degrés et à donner leur approbation officielle à une nouvelle violation des prescriptions navales du traité de Versailles. Je ne compris pas exactement si Ribbentrop avait agi d'une manière si peu diplomatique qu'elle pouvait amener dès le premier jour la rupture des pourparlers parce qu'il n'avait pas l'habitude des négociations internationales, parce qu'il désirait recourir tout de suite à ces méthodes opiniâtres et agressives employées couramment par les nationaux-socialistes, ou tout simplement parce que, fidèle serviteur, il appliquait sans imagination personnelle les instructions reçues de son maître. Je le connaissais encore trop peu. Je constatai par la suite que la meilleure formule s'appliquant à son attitude était celle de la marque de disques bien connue : « La voix de son maître. » De même que, sur cette marque, le terrier écoute attentivement, et comme fasciné, la voix qui sort du pavillon du phonographe, de même Ribbentrop prenait au pied de la lettre les paroles et les directives de Hitler, et les suivait sans trop y réfléchir et sans y mettre de fantaisie. Beaucoup d'observateurs, en Allemagne et à l'étranger, l'estimèrent sans intelligence à cause de cela. Il possédait une solide mesure d'arrogance et de vanité et se comportait avec une si incomparable méfiance qu'il pouvait en effet donner très souvent une impression de stupidité. A la vérité il ne manqua jamais d'esprit de réplique au cours des innombrables occasions où je lui servis d'interprète. Il pouvait exprimer ses idées avec assez de clarté, et possédait bien dans la tête les faits et les détails du problème en discussion. Mais je n'en suis jamais venu au point de le considérer même un peu comme un homme d'Etat ou comme un ministre des Affaires étrangères. Devant le Tribunal international de Nuremberg, il s'est lui-même qualifié de secrétaire de Hitler pour la politique étrangère et, d'après mes observations, il a serré alors de près la vérité. Vis-à-vis du dictateur il était dans un état de subordination manifeste. Dès que celui-ci montrait du mécontentement, Ribbentrop tombait malade et se mettait au lit comme une femme hystérique. Il n'était vraiment rien de plus que « la voix de son maître » et, en cette qualité, parut à beaucoup comme un sot dangereux.

En cette occasion, je vis confirmer par la réaction de Simon ma pensée que sa façon de pénétrer par effraction dans la question n'était pas singulièrement adroite. Lorsque j'eus traduit ses paroles, Simon rougit de colère. La bienveillance paternelle de Berlin s'effaça devant l'éclat furieux de ses yeux bruns. « Il n'est pas coutume, riposta-t-il avec assez de vivacité, de formuler de telles conditions dès le début de négociations. Je ne peux, bien entendu, faire aucune déclaration à ce sujet ! » termina-t-il en quittant la séance avec un salut glacial. Je me surpris à me demander si nous aurions aussi beau temps qu'à l'aller pour notre vol de retour. Sur la foi de mon expérience antérieure, je pensais que les négociations allaient être ajournées pour longtemps, sinon complètement rompues. Mais je me trompais.

Les Anglais ne soufflèrent mot pendant un ou deux jours, puis une nouvelle séance fut annoncée. Elle eut lieu non plus au Foreign Office mais à l'Amirauté, dans le *Board Room* historique, lieu des réunions du Conseil des amiraux. En cet endroit, comme on nous le déclara, avaient été prises bien des décisions capitales pour la flotte britannique. C'était une grande pièce aux murs boisés. Au milieu se trouvait une longue table avec des fauteuils de cuir rouge de chaque côté où prirent place les délégations. En tant qu'interprète, je reçus un siège particulièrement confortable en bout de table, car c'était là que s'asseyait ordinairement le président. Si l'on dit que l'habit fait le moine, on pourrait souvent affirmer, dans l'art de la traduction, que le siège fait l'interprète. Je « trônai » entre les deux délégations au cours des discussions qui suivirent, et à cause de ma situation « dominante » je ne perdis jamais le fil dans les conversations techniques, compliquées, sur les types de navires, tonnages et autres sujets analogues.

A ma gauche j'avais les Allemands : Ribbentrop, l'amiral Schuster, le capitaine de corvette Kiderlen, le conseiller d'ambassade Woermann, le capitaine de vaisseau Wasner, attaché naval, et le conseiller de légation Erich Kord. A ma droite étaient les Anglais : sir Robert Craigie, sous-secrétaire d'Etat au Foreign Office, l'amiral Little et le capitaine de vaisseau Danckwerts. Derrière la délégation britannique, à mi-hauteur du mur, se trouvait un anémomètre relié à une girouette placée sur le toit.

« A l'époque où la marine britannique ne comptait encore que des navires à voiles, nous expliqua l'amiral Little, la direction du vent avait une importance capitale pour les décisions relatives aux opérations qui étaient prises dans cette pièce par les amiraux. » Puis il indiqua de la main un certain point de la rose des vents. « Quand le vent soufflait de cette direction, la flotte française ne pouvait pas sortir de Brest et, nous autres, Anglais, nous pouvions utiliser librement la Manche », ajouta-t-il en riant. L'époque des navires à voiles était révolue depuis longtemps mais l'aiguille de l'anémomètre oscillait toujours aux souffles d'Eole, dans la vénérable pièce. Pour les membres de la délégation allemande, elle présentait cependant un intérêt très réaliste. Lorsque nous voulûmes rentrer à Berlin un peu avant la Pentecôte, les séances allant être suspendues, nous regardâmes fréquemment la vieille aiguille pendant le dernier entretien en pensant avec quelque souci que dans deux heures nous serions passablement secoués au-dessus de la mer du Nord dans notre brave Junker. Une autre curiosité de la pièce était une petite marque tracée sur le mur. Comme nous l'expliqua l'amiral anglais qui nous servait de mentor, elle indiquait la taille de Nelson. Nous constatâmes avec surprise que le héros anglais devait avoir une bien petite stature.

En opposition avec la froide réserve qui avait accompagné le premier choc entre Ribbentrop et Simon, les Anglais manifestèrent dès le début une très franche cordialité. A mon grand étonnement, Craigie lut, pour commencer, une déclaration par laquelle le gouvernement britannique se disait prêt à accepter la demande de Ribbentrop. Il n'y avait qu'une seule réserve : cette acceptation ne serait définitive que quand l'accord aurait été réalisé sur tous les autres points.

Je n'en crus pas mes oreilles en entendant sortir de la bouche de Craigie ces paroles très inattendues. Je dus m'avouer à contrecœur que les méthodes de Ribbentrop, que j'avais considérées avec tant de critique et de mépris, paraissaient cependant avoir du bon. Les Anglais devaient être possédés d'un désir extraordinaire de s'entendre avec nous pour avoir si complètement changé d'attitude en quelques jours. En tout cas, l'incident me

rendit par la suite extrêmement indécis dans mes jugements sur les méthodes hitlériennes.

J'ai repensé bien souvent à cette scène de l'Amirauté
britannique, lorsque je désapprouvais intérieurement les
paroles de Hitler ou de Ribbentrop que j'avais à traduire,
estimant que leurs procédés constituaient un véritable
camouflet pour les hommes d'Etat allemands d'avant 1933.

Après cet accord de principe, il ne fallut pas très longtemps pour arriver à une entente complète. Ribbentrop,
non sans raison, fut extrêmement fier du résultat de ses
négociations. Surmontant sa raideur habituelle, il trouva
même un ton relativement aimable pour discuter avec
les Anglais, un ton analogue à celui que j'étais accoutumé à entendre dans les tractations internationales. Le
complexe d'infériorité qu'il cherchait précédemment à
étouffer, sous la raideur de son attitude, avait cette fois
complètement disparu. Il n'y revint que tout à fait accidentellement. C'est ainsi que les Anglais lui ayant incidemment demandé, à la fin des pourparlers, combien de
temps durerait le traité, il se redressa sur son fauteuil, prit
sa mine solennelle et ne prononça que ce mot : « Eternel-
lement. » Kord m'adressa un ricanement à travers la table
et se réjouit de mon embarras, car on ne peut prononcer
le mot « éternellement » en anglais qu'à l'église et avec
accompagnement d'orgues. Dans l'atmosphère profane de
la conférence, l'adverbe dont s'était servi Ribbentrop ne
pouvait se traduire sans obtenir un succès d'hilarité. Je
trouvai une échappatoire au dernier moment. « *It is to be
a permanent agreement* », dis-je, soulagé, et l'expression
fut reprise par la suite dans le texte du traité.

A mon retour en Allemagne, on me demanda pourquoi
Ribbentrop, qui parlait fort bien l'anglais, faisait traduire
toutes ses paroles par moi. Je m'étais moi-même très
prudemment interrogé sur ce point au début des conversations, et je lui avais suggéré de préparer par écrit, *in
extenso* ou en abrégé, le texte de ses déclarations en anglais

s'il voulait parler lui-même cette langue. « Je pourrais très bien me débrouiller tout seul, m'avait-il répondu ; mais j'ai besoin de concentrer mon esprit uniquement sur le fond et ne veux pas occuper mon attention sur des constructions de phrase ou la recherche d'un vocabulaire. »

L'un des faits les plus marquants de ces négociations fut, pour moi, l'effroyable méfiance manifestée par Ribbentrop. Quand notre délégation se réunissait au Carlton Hotel, il fallait nous serrer autour de lui au milieu de la pièce. La discussion s'effectuait sur le ton d'un murmure, car les « perfides » Anglais pouvaient avoir disposé des microphones dans les murailles pour surprendre nos secrets. En fait, il était difficile de garder son sérieux lorsque la délégation navale se pressait au milieu du vaste salon autour de l'ambassadeur extraordinaire, comme des poussins autour d'une mère poule, pour parler à voix basse de « cuirassés », de « destroyers » et de « tonnages ».

Après l'échange des signatures entre sir Samuel Hoare, nouveau ministre des Affaires étrangères, et Ribbentrop, qui termina l'accord naval, nous restâmes encore quelques jours à Londres pour des discussions techniques.

Le 23 juin à 4 heures, nous quittâmes définitivement l'Amirauté et trois heures plus tard nous étions en route pour l'Allemagne. Ribbentrop rentrait en « grand homme d'Etat ». Hitler, tout particulièrement, le prit dès lors pour un très habile diplomate. Le reste du monde se frotta les yeux, ne voulant pas croire à ce que « l'ambassadeur extraordinaire et délégué aux questions d'armement » avait obtenu en Angleterre.

Les Français adressèrent aux Anglais une note fort sévère. « Une question qui concerne tous les signataires du traité de Versailles a été plus ou moins traitée comme une affaire privée entre l'Allemagne et la Grande-Bretagne. La France reprend donc sa liberté dans le domaine naval », écrivit Laval furieux au ministre britannique des Affaires étrangères. L'Italie elle-même envoya une note de critique. Eden fut envoyé à Paris pour arranger le différend. Hitler semblait avoir vaincu sur toute la ligne.

En cette année qui vit le rapprochement anglo-allemand, j'eus encore à travailler pour Hitler au mois de juillet, au cours d'une grande manifestation. Le 15, il reçut à la chancellerie une délégation de la British Legion, association britannique des anciens combattants, et causa pendant près de deux heures avec le major Fetherston-Godley et ses cinq compagnons. Il se fit raconter en détail par chacun d'eux en quels endroits du front ils s'étaient trouvés au cours de la guerre mondiale, et échangea des souvenirs de guerre avec eux. Si la différence des langues n'avait pas témoigné qu'il s'agissait de soldats ayant combattu les uns contre les autres, c'eût été une vraie rencontre entre camarades de front. Finalement la politique reprit ses droits, car Hitler adressa aux Anglais une allocution dans laquelle il exprima en mots très chaleureux la joie qu'il avait ressentie de leur visite, et souligna toute la valeur qu'il attachait justement à la collaboration des anciens combattants de la précédente guerre dans l'intérêt du maintien de la paix.

« Les Anglais ne se sont battus qu'une seule fois contre les Allemands et nous, représentants de la British Legion, nous estimons que ce fut une erreur », avait déclaré le major Fetherston-Godley peu de temps avant la réception à la chancellerie, au cours d'un déjeuner offert en l'honneur des hôtes anglais. « Cette faute ne doit pas se répéter ! » Ce fut dans le même sens qu'il parla à Hitler.

Les Britanniques, en quittant la chancellerie, étaient manifestement très impressionnés par la façon dont Hitler les avait accueillis. Mais je fis en cette occasion une remarque que je pus faire encore de nombreuses fois au cours des années suivantes. L'effet produit par Hitler s'estompa assez rapidement avec le temps. J'accompagnai encore la délégation au cours des jours suivants et notai combien leur attitude envers l'Allemagne devenait plus méfiante de jour en jour. Les faits auxquels ils se heurtaient à chaque pas qu'ils accomplissaient sur le sol du Reich national-socialiste parlaient un langage qui leur semblait beaucoup plus confirmer ce qu'ils entendaient dire dans leur propre pays au sujet de l'Allemagne que le sens des belles paroles entendues de la bouche de Hitler et de ses collaborateurs.

Au cours des derniers mois de 1935, le conflit entre l'Italie et la Société des Nations, plus précisément l'Angleterre et la France, passa graduellement au premier plan. Mussolini avait cru qu'en échange de l'appui donné contre l'Allemagne aux puissances occidentales, il recevrait les mains libres en Abyssinie. Il se vit, bien au contraire, placé brusquement devant les difficultés soulevées par la Société des Nations à l'instigation de la Grande-Bretagne. Il s'en trouva automatiquement écarté de l'« unanimité » de Stresa et poussé du côté de Hitler.

L'année 1935 fut donc pour Hitler une époque de succès de politique étrangère qui trouvèrent leur expression tangible dans les conversations anglo-allemandes de mars, dans la rencontre entre Goering et Laval en mai, et dans l'accord naval en juin. Mais pour une grande partie du peuple allemand, ces succès furent éclipsés par la restauration de l'égalité de droits dans le domaine militaire. Simultanément, beaucoup d'observateurs modifièrent leur appréciation sur les méthodes hitlériennes. Il était impossible à cette époque de reconnaître, aussi clairement que par la suite, que ces résultats étaient beaucoup moins dus à son habileté d'homme d'Etat qu'à l'irrésolution et au manque d'unité intérieure de ses adversaires. Ce fut seulement lorsque cette irrésolution des puissances occidentales se manifesta de nouveau, au cours de l'année suivante, que ceux qui étaient le plus au courant des faits eurent la solution de l'énigme posée par ces succès remportés par le dictateur allemand, succès presque inexplicables dans des conditions normales.

IV

Condamnation et approbation
(1936)

Lorsque je m'assis, en mars 1946, sur le siège du témoin devant le Tribunal militaire international de Nuremberg, et que je jetai un coup d'œil sur les rangs des accusés, à ma droite, mes regards s'attachèrent presque involontairement au visage de Ribbentrop devenu méconnaissable. Mes pensées retournèrent vers un autre tribunal devant lequel, le 17 mars 1936, presque exactement dix ans auparavant, il avait représenté l'Allemagne reconnue coupable d'avoir violé les traités. Le tribunal était cette fois constitué par le Conseil de la Société des Nations, réuni à Londres en session extraordinaire, et devant lequel le Reich avait à répondre de la répudiation du traité de Locarno de 1925[1]. Contrairement à la sévérité américaine de la grande salle du palais de justice de Nuremberg, où le bleuâtre éclairage au néon créait comme une atmosphère d'irréalité et donnait aux juges, aux accusés et au public un aspect de cadavres, la lumière de ce jour-là entrait à flots par les hautes fenêtres

---

1. Hitler tire prétexte de la signature du traité franco-soviétique d'assistance mutuelle du 2 mai 1935 pour dénoncer le pacte de Locarno de 1925 et, du même coup, se libérer des contraintes que celui-ci imposait à l'Allemagne, en premier lieu la reconnaissance de ses frontières occidentales.

du palais de Saint-James où le Conseil siégeait dans la salle de la reine Anne. Les murs étaient recouverts de précieuses tapisseries et de vieux portraits impressionnants. Une gigantesque glace se dressait au-dessus d'une vaste cheminée, créant une ambiance agréable renforcée par la couleur brillante des tapis et des portières. Sur la cheminée se trouvait une magnifique et vieille pendule qui me rappelait vivement le salon de l'Horloge du Quai d'Orsay, où Stresemann avait signé le pacte Kellogg en des temps plus chargés d'espoirs.

Le seul symbole de l'ère moderne dans cette salle du palais qui, jusqu'au règne de la reine Victoria, avait été le siège de la royauté britannique était constitué par la grande table en fer à cheval de Genève avec ses microphones. Je saluai mélancoliquement en elle une vieille connaissance, en m'asseyant avec Ribbentrop au bout de l'aile droite. A la vérité, les Anglais m'avaient offert un joli siège, très confortable, tout au bord de la table. Pourtant, je m'y trouvais beaucoup moins commodément que sur la chaise beaucoup moins agréable que j'occupais derrière Stresemann, Curtius[2] ou Neurath, en dessous des représentants des grandes puissances et des membres permanents, quand je servais d'interprète au haut bout de cette table. A cette époque j'avais coutume de regarder avec condescendance le bas bout où s'asseyaient passagèrement les représentants des petites puissances quand on traitait une question intéressant leur pays. Lorsque la discussion était terminée, le président disait toujours : « Nous pouvons maintenant rendre leur liberté à ces messieurs », ce sur quoi les délégués du Liberia, de l'Albanie, etc., quittaient la table avec une respectueuse inclination. C'était à cette même place dédaignée que je me trouvais avec Ribbentrop.

---

2. Du même parti politique que Stresemann, Julius Curtius (1877-1948) lui succède en 1929 à la tête de la Wilhelmstrasse. Il infléchit la politique allemande dans le sens d'un durcissement des relations avec la France.

Tous les yeux se fixaient sur le représentant de l'Allemagne nationale-socialiste. Il constituait la sensation du jour dans ce milieu traditionnel de la diplomatie mondiale. Au siège du président était le délégué australien Bruce, un grand homme sombre, aux traits typiquement anglo-saxons et au calme également typique. A sa droite se trouvaient Flandin[3], promu entre-temps ministre des Affaires étrangères, une ancienne connaissance de Paris et de Genève, et auprès de lui Grandi[4], alors ministre italien des Affaires étrangères. Je découvris encore à cette table familière bien des visages connus pendant mes séjours genevois. A côté de Ribbentrop était assis Titulescu[5] qui se montrait sous son jour le plus aimable et essayait constamment d'entrer en conversation, en allemand, avec notre représentant. Mais celui-ci avait pris une mine glaciale et ne répondait aux avances du ministre roumain que dans la mesure strictement exigée par la politesse internationale. De l'autre côté de Bruce se trouvaient Eden et… Litvinov[6], qui avait un ricane-

---

3. Chef de l'Alliance démocratique, Pierre-Etienne Flandin (1889-1958) est président du Conseil de novembre 1934 à mai 1935. Ministre des Affaires étrangères du cabinet Sarraut, il doit gérer la crise de la réoccupation de la Rhénanie par Hitler en mars 1936, une crise qui se solde par le premier recul de la France. Il succède en décembre 1940 à Pierre Laval comme chef du gouvernement de Vichy. Sous la pression des Allemands, il est contraint de remettre sa démission seulement deux mois plus tard.

4. Dino Grandi (1895-1988), l'un des plus anciens compagnons de Mussolini, fut un des fondateurs du parti fasciste. Il dirigea la politique étrangère italienne de 1929 à 1932, puis fut nommé en 1936 ambassadeur à Londres. De 1939 à 1942, il occupe la fonction de garde des Sceaux. Il s'éloigne ensuite de Mussolini et contribue à sa chute en juillet 1943.

5. Nicolae Titulescu (1882-1941) dirige la politique étrangère roumaine de 1928 à 1936. Personnalité d'envergure européenne, il joue un rôle de premier plan à la SDN. Il s'emploie à améliorer les relations de son pays avec l'Union soviétique. Démis de son poste par Carol II, il est contraint à l'exil.

6. Maxime Litvinov (1876-1951) est commissaire du peuple aux Affaires étrangères de 1930 à 1939. Partisan de la sécurité collective, il

ment railleur sous ses lunettes. L'Union soviétique à la table du Conseil de la Société des Nations ! C'était ce qui constituait pour moi la sensation et le signe manifeste des changements survenus entre-temps – grâce à Hitler – dans l'élite internationale.

Parmi les membres des délégations qui se blottissaient derrière leurs représentants sur des sièges connus pour leur manque de confort, je reconnus un certain nombre d'anciennes connaissances et en saluai quelques-unes, ce qui était bien naturel. Je me réjouis tout particulièrement d'apercevoir, à l'intérieur du fer à cheval, mes collègues de Genève : Mathieu et Lloyd. Lorsque j'allai leur dire bonjour un peu avant la séance, il me parut qu'ils se réjouissaient autant que moi de cette rencontre imprévue. « Vous paraissez encore bien connu et estimé ici », me dit Ribbentrop sur un ton un peu désagréable. Peut-être s'était-il imaginé que le motif de notre comparution à cette table, c'est-à-dire la répudiation du traité de Locarno par Hitler et l'entrée des troupes allemandes dans la Rhénanie démilitarisée par ledit traité, aurait dû déteindre sur mes rapports personnels avec mes collègues et mes anciennes connaissances, et considérait-il avec suspicion le fait qu'il n'en était pas ainsi.

Somme toute, l'Allemagne se retrouvait comme après le rétablissement du service obligatoire, un an auparavant, complètement isolée devant tous les autres pays du monde, grands et petits. Le 7 mars 1936, au lendemain de la ratification du traité d'assistance mutuelle franco-russe, Hitler avait fait entrer inopinément les troupes allemandes en Rhénanie. Il avait justifié cet acte en proclamant que ce traité constituait une infraction si grave à l'accord de Locarno que celui-ci cessait d'exister.

tente de promouvoir une grande alliance avec la France et l'Angleterre. Son limogeage en mai 1939 annonce le rapprochement de l'URSS avec l'Allemagne hitlérienne.

L'Allemagne n'était donc plus tenue de respecter la zone démilitarisée de Rhénanie. A cette époque, le service des traductions avait eu fort à faire avec l'avalanche de protestations et de réponses, avec cette « guerre du papier » qui, à notre avis, devait conduire à une véritable guerre. « L'Allemagne a rompu le traité de Locarno », écrivaient les Français et les Belges. « C'est la France qui l'a d'abord rompu », ripostait le Reich en se référant au pacte avec la Russie soviétique.

« Si la France attache la moindre valeur à sa sécurité, il lui faut à tout prix occuper la Rhénanie », m'avait expliqué un ami du ministère dès le 7 mars, exprimant l'opinion très largement répandue à la Wilhelmstrasse. « Les quarante-huit heures qui ont suivi l'entrée de nos troupes en Rhénanie ont été les plus angoissantes de toute ma vie », a dit plusieurs fois Hitler en ma présence, même pendant la guerre. « Si les Français avaient alors avancé, nous eussions dû nous retirer avec notre courte honte, car les forces militaires dont nous disposions étaient insuffisantes même pour tenter une résistance modeste », ajoutait-il constamment.

Mais, pour des raisons qui nous demeurèrent incompréhensibles à la Wilhelmstrasse, la France se contenta de faire appel à la Société des Nations devant laquelle, en cette matinée du 19 mars, j'avais à traduire les explications de Ribbentrop. « C'est avec une véritable satisfaction que j'ai personnellement accepté cette mission, déclara l'ambassadeur extraordinaire du Reich, étant convaincu que jamais encore cause plus moralement juste n'a été plaidée devant ce Conseil des nations. » Il s'éleva aussitôt avec énergie contre la nouvelle alliance militaire franco-russe : « Cette alliance représente l'union de deux Etats qui englobent environ 275 millions d'hommes. Les deux parties contractantes estiment actuellement être les plus grandes puissances militaires du monde. La Russie soviétique, que de vastes espaces séparent de l'Allemagne, qui ne peut être pratiquement attaquée par celle-ci, s'est liée par un traité militaire analogue à la Tchécoslovaquie, et s'est ainsi avancée indirectement jusqu'à la frontière du Reich. »

En cet endroit Litvinov se mit à prendre fiévreusement des notes. « La France et la Russie, poursuivit Ribbentrop, peuvent désormais (en raison de cette alliance) attaquer l'Allemagne quand cela leur conviendra. » Litvinov secoua vigoureusement la tête, Flandin plissa dédaigneusement les lèvres. « Cette alliance est uniquement dirigée contre l'Allemagne », continuai-je à traduire tandis que toute l'assistance, délégués, secrétaires, juristes et interprètes, suivait mes paroles avec une extrême attention.

Après l'exposé juridique, Ribbentrop parla des offres faites par Hitler dans la question du désarmement. « L'offre visant à un désarmement total : elle a été repoussée. L'offre d'une armée de 200 000 hommes pour tous : elle a été repoussée. L'offre d'une armée de 350 000 hommes : elle a été repoussée. L'offre d'un pacte aérien : elle a été repoussée. L'offre d'une large pacification de l'Europe, faite en mai 1935 : elle fut tout simplement ignorée, sauf la proposition qui servit ultérieurement de base à l'accord naval anglo-allemand. » Ainsi résuma-t-il les efforts de Hitler en vue de la paix, d'une manière qui, autant que je pus le constater, ne laissa pas de faire impression sur quelques délégués et sur beaucoup de représentants de la presse. « Le gouvernement allemand doit donc repousser comme injustifiée et inique l'accusation d'avoir répudié unilatéralement le traité de Locarno », dit Ribbentrop en achevant la première partie de ses déclarations. Sur le fond même de l'affaire qui se débattait devant le tribunal réuni à Londres, c'est-à-dire sur la violation du traité, il avait glissé très rapidement.

« Si le gouvernement allemand n'en est pas convaincu (de l'argumentation française sur la question du pacte franco-soviétique), il aurait dû entamer une procédure d'arbitrage conformément à ce qui est prévu dans le traité de Locarno. Il ne l'a même pas essayé », avait déclaré Flandin à une précédente séance, alors que nous n'étions pas encore arrivés à Londres. « Bien que j'aie moi-même déclaré à la Chambre que nous nous inclinerions devant le jugement de la Cour suprême de La Haye en cette affaire, le gouvernement allemand n'a même pas entamé cette procédure, avait-il dit encore. Il n'a pas plus essayé de provoquer un examen de la question par les puissances de Locarno, mais il a simplement déclaré comme nul et non avenu un traité auquel les parties contractantes avaient expressément renoncé à fixer un délai d'expiration et auquel, sur leur demande, seule la Société des Nations pouvait mettre fin. »

Ribbentrop se comporta exactement comme Hitler, qui, au cours de nombreux entretiens auxquels j'assistai, se dérobait le plus souvent aux questions précises de ses interlocuteurs étrangers et préférait donner des assurances d'ordre très général. « Le peuple allemand... qui se voit enfin après dix-sept ans rétabli dans sa liberté et dans son honneur... n'a plus maintenant qu'un seul désir, bien sincère, celui de vivre en paix et en amitié avec ses voisins et de collaborer à partir de maintenant, dans toute la mesure de ses possibilités, à une solidarité véritable de l'Europe... Il veut mettre fin aux interminables tensions, crises et guerres avec la France, et voudrait enfin amorcer un meilleur avenir d'entente et d'amitié entre les deux grandes puissances. Voilà ce que le peuple allemand désire du plus profond de son cœur... C'est dans cet esprit que le chancelier allemand a fait au monde une offre historique et unique pour la pacification de l'Europe : vingt-cinq années de paix doivent être garanties... », déclara Ribbentrop un peu en dehors de son sujet. Mais cette déclaration, si elle ne produisit pas impression à la table du Conseil, eut un effet manifeste sur les journalistes et fournit simultanément le mot d'ordre de l'activité diplomatique des semaines suivantes où se livra, pourrait-on dire, une véritable course aux plans de paix.

Lorsque mon collègue Mathieu eut traduit en français ma version anglaise du discours de Ribbentrop, la séance fut levée et remise à l'après-midi. L'ambassadeur allemand von Hoesch avait dû sérieusement s'employer auprès de Bruce pour obtenir cet ajournement. A l'origine, le Conseil avait en effet l'intention de prononcer son verdict immédiatement après la plaidoirie de Ribbentrop, sans y ajouter un seul mot. C'était la tactique du silence, si souvent observée à Genève par moi et dont j'avais appris à connaître l'efficacité, en son temps, à la commission préparatoire du désarmement. A cette époque, il avait été répondu, purement et simplement, par ce silence aux plus puissants arguments de notre représentant, le comte Bernstorff, ancien ambassadeur à Washington. Techniquement, il avait été impossible de rien lui opposer. Grâce à l'intervention de Hoesch et aux meilleures dispositions de Bruce et des Anglais, cette brusquerie avait pu être évitée sous sa pire forme : le verdict ne fut prononcé que dans l'après-midi. Mais il resta convenu qu'aucun des membres du Conseil ne prendrait la parole pour répondre aux déclarations de Ribbentrop qui, ainsi que le démontra l'ultérieure réaction de la presse, n'étaient pas restées complètement perdues.

Litvinov voulut pourtant faire cavalier seul. J'avais déjà remarqué, en faisant ma traduction, qu'il prenait de nombreuses notes et, en plusieurs endroits, secouait énergiquement la tête, au point que Eden, assis à côté de lui, lui jetait de temps à autre un regard inquiet. Lorsque j'eus plus de temps pour observer, pendant la traduction française, je vis le long Flandin parler avec animation au petit et replet Litvinov dans un coin du salon. Il n'était pas très difficile de deviner le sujet de cette conversation. Visiblement, Litvinov voulait profiter de l'occasion, comme cela me fut confirmé dans la suite par un Anglais, de vider son cœur en public contre l'Allemagne nationale-socialiste, à peu près à la manière de Wychinski contre les Américains dans les Conseils de sécurité d'après 1945. En les voyant discuter aussi vigoureusement, je me réjouis intérieurement d'assister au duel Litvinov-Ribbentrop qui semblait s'annoncer, car « une dispute se traduit facilement » ; j'aurais aimé voir contrarier le plan de bataille du Conseil et pouvoir participer, comme interprète, à un débat régulier.

Mais il en advint autrement. Quand s'ouvrit la séance de l'après-midi personne ne demanda la parole. Flandin avait vaincu Litvinov. « Le Conseil de la Société des Nations déclare que le gouvernement allemand a commis une infraction à l'article 43 du traité de Versailles, en donnant le 7 mars l'ordre à des forces militaires de pénétrer dans la zone démilitarisée prévue aux articles 42 et suivants du susdit traité et du traité de Locarno. » Telle était la motion franco-belge que le Conseil adopta à l'unanimité et par laquelle l'Allemagne était convaincue d'avoir violé les traités.

Mais il se produisit encore un fait singulier, comparable à celui de l'année précédente où les Anglais avaient demandé si Eden et Simon pouvaient se rendre à Berlin, dans la note même où ils protestaient contre le rétablissement du service militaire. Un peu avant le vote, le président Bruce parla en qualité de représentant de l'Australie : « Par l'acceptation de cette motion, la tâche du Conseil n'est pas terminée. Tout d'abord les principales puissances participantes auront à discuter sur une solution. » Je crus naturellement que cette invitation s'adressait aux pays signataires du traité de Locarno, à l'exception de l'Allemagne « violatrice de traités ». Mais, à mon étonnement sans bornes, Bruce poursuivit : « Les déclarations de la France et de la Belgique ont été d'une modération à laquelle le monde entier rend hommage. D'un autre côté, le chancelier Hitler a réaffirmé sa volonté de collaborer, le représentant allemand l'a confirmé ce matin. »

Ce que j'avais appelé de mes vœux, ou tout au moins attendu après l'immense émotion soulevée par l'entrée des troupes allemandes en Rhénanie, se produisit : « Dans ces conditions, je suis persuadé, déclara Bruce, qu'une solution est possible. » J'étais trop anxieux de la réaction de la France et de la Belgique pour bien me rendre compte de la contradiction ridicule que contenait cette dernière phrase. Personne ne refusa d'entrer en pourparlers avec nous, tout le monde accepta la proposition du président, silencieusement ou expressément. Ribbentrop protesta encore brièvement contre « la décision qui vient d'être prise par le Conseil et qui ne sera pas ratifiée par l'Histoire ». Flandin offrit de nouveau de soumettre l'affaire à la Cour de justice internationale. Ainsi se termina l'une des plus étonnantes sessions du Conseil.

Après la condamnation de pure forme prononcée par le Conseil de la Société des Nations, les négociations reprirent entre Ribbentrop et Eden comme si rien ne s'était passé. Alors que, selon la conception allemande, le pacte de Locarno n'existait plus, les autres puissances signataires de celui-ci proclamèrent que les obligations du traité du lac Majeur restaient valables pour elles. Elles avaient promis de porter secours à la France et à la Belgique si elles étaient attaquées par l'Allemagne. Or, assez bizarrement, les Anglais négocièrent avec Ribbentrop au cours des jours suivants pour incorporer dans cet « ersatz » de Locarno l'offre de vingt-cinq années de paix formulée par Hitler en même temps qu'il faisait occuper la Rhénanie. Cette offre paraissait avoir atteint son but au moins auprès des Anglais, but qui était d'émousser leur réaction devant cette répudiation unilatérale du traité de Locarno. Eden essaya d'obtenir au moins de

Ribbentrop la promesse qu'aucune fortification ne serait entreprise en Rhénanie, du moins pendant un certain temps. De son côté Ribbentrop s'éleva contre les conversations d'état-major projetées entre les Français et les Anglais pour convenir des dispositions à prendre si la France et la Belgique étaient effectivement attaquées. Le mot *staff talks* devint pour Ribbentrop, après la session du Conseil, une sorte de muleta. Il sentit instinctivement qu'une entente militaire concrète entre l'Angleterre et la France constituerait un prix très élevé pour la militarisation de la Rhénanie. Il protesta auprès d'Eden et des autres Anglais, exactement de la même manière que Staline proteste, de nos jours, contre les accords militaires dans le cadre du pacte de l'Atlantique.

Devant ce tour inattendu, pour moi presque sensationnel, pris par les événements où l'on passait immédiatement de la condamnation à des négociations avec le condamné, je commençai à douter de plus en plus de mon jugement en matière internationale. Nous dûmes reconnaître, mes amis des Affaires étrangères et moi, que nous nous étions lourdement trompés en prévoyant les conséquences qu'aurait le geste de Hitler. Une fois de plus celui-ci paraissait avoir eu raison.

Nous savons aujourd'hui que la réaction dans le camp allié nous conduisit à deux doigts de la guerre. C'est ainsi que nous lisons dans les *Mémoires* de François-Poncet, alors ambassadeur français à Berlin : « (Le gouvernement français) a examiné très sérieusement l'hypothèse d'une intervention militaire. Une force composée de quelques corps d'armée aurait pénétré dans la Sarre. Les ministres civils étaient partisans de l'opération. Mais les ministres militaires y étaient opposés tous les trois. Le général Gamelin avait émis l'avis qu'une opération de guerre même limitée comportait des risques imprévisibles et que, par conséquent, elle ne pouvait être entreprise sans qu'il fût procédé à la mobilisation générale. Le gouvernement a reculé devant une pareille éventualité. Le courant pacifiste est encore très puissant. L'idée de la guerre heurte le sentiment dominant. »

Le ministre des Affaires étrangères Flandin nous a dit tous les efforts qu'il avait faits pour obtenir le soutien des Anglais. Churchill a révélé dans ses *Mémoires* que Flandin lui avait parlé de son intention de demander au gouvernement anglais la mobilisation simultanée des forces terrestres, navales et aériennes dans les deux pays, et déclaré que la France avait déjà en poche une promesse d'appui de la part de toutes les nations de la Petite Entente. Dans la biographie de Neville Chamberlain, on trouve les notes de *Journal* suivantes qui jettent un jour très vif sur l'attitude britannique : « 12 mars. – J'ai causé avec Flandin et lui ai fortement souligné que l'opinion publique ne nous soutiendrait en aucun cas dans l'éventualité d'une prise de sanctions quelconque. Il part du point de vue que si nous maintenons un front bien assuré, l'Allemagne reculera sans recourir à la guerre. Nous ne pouvons pas considérer ce point de vue comme une prévision certaine de la réaction d'un dictateur devenu fou. »

« Le monde entier, en particulier les petites nations, regarde aujourd'hui du côté de l'Angleterre, déclara Flandin dans un cercle de hauts personnages anglais, en présence de Churchill. Si l'Angleterre agit, elle peut diriger l'Europe. C'est votre dernière chance. Si vous n'imposez pas halte à l'Allemagne maintenant, tout est perdu ! »

« Si le gouvernement français (d'alors) avait été à la hauteur de sa tâche, il aurait immédiatement ordonné la mobilisation générale et obligé ainsi tous les autres à se rallier à lui », dit Churchill au sujet de l'attitude française. « Après tout il s'agissait pour la France d'être ou de ne pas être. Tout gouvernement français digne de ce nom eût dû prendre de lui-même une décision et se fier

pour le reste à l'exécution des obligations des traités »,
ajoute-t-il.

A l'époque j'ignorais tout cela. Je n'avais à l'oreille
que la voix du président du Conseil français Sarraut qui,
vibrante d'émotion, était sortie de mon petit poste de
radio, au lendemain de l'entrée des troupes en Rhénanie : « Jamais la France ne négociera, tant que Strasbourg
restera sous la portée des canons allemands. » J'avais
entendu prononcer la condamnation par le Conseil de la
Société des Nations, et pourtant j'accompagnais presque
chaque jour Ribbentrop chez Eden. Le maquignonnage
alla en partie si loin au cours de ces conversations qu'un
compromis fut recherché sur la base : « Pas de fortifications, pas de *staff talks* », mais sans succès, tandis que le
« condamné » refusait même de retarder la mise en état
de défense de la Rhénanie.

Au cours de ces mois de mars et avril nous volâmes
très fréquemment entre Berlin et Londres, à bord du
Ju 52 de Ribbentrop, qui nous était maintenant familier et dont l'indicatif *Amyy* fut souvent considéré, par
les Anglais amicalement disposés, comme un indicatif
d'appel symbolique et prometteur pour missions diplomatiques. La réaction des hommes d'Etat anglais et surtout celle de l'opinion publique avait démontré à Hitler
que la tactique de camouflage de son aventure rhénane
par une offre de paix avait eu les plus heureux résultats.
Il recourut donc à la même méthode avec un zèle accru.

Par un après-midi de la fin d'avril, nous repartîmes de
Tempelhof vers l'ouest à bord de l'*Amyy*, avec un plan
de paix grandiose. Il fallait, si possible, qu'il fût remis le
soir même aux Anglais. Je fus donc obligé de faire ma
traduction « en l'air ». A la manière du Mitropa qui, on le
sait, livre les aliments tout préparés aux divers wagons-
restaurants, je m'étais fait rédiger une première traduction par le service spécial. Les dernières pages m'en furent
apportées par un messager particulier, juste avant que

l'avion ne commençât à rouler sur la piste pour prendre son essor. Je me mis alors fiévreusement au travail. Normalement un vol direct de Berlin à Londres durait environ quatre heures. Ce n'était pas trop pour la révision d'un document d'une si haute importance diplomatique. Finalement, je dus recourir à la première secrétaire de Ribbentrop, interprète formée à Heidelberg, pour établir au propre l'exemplaire en langue anglaise qui devait être remis au gouvernement britannique. « Pourvu que nous ayons des vents contraires ! me déclara-t-elle. Nous aurons plus de temps pour travailler. »

« C'est avec une satisfaction très sincère que le gouvernement allemand a appris, par l'ambassadeur Ribbentrop, que le désir du gouvernement et du peuple britanniques est de commencer le plus rapidement possible les travaux pratiques visant à l'établissement d'une véritable paix en Europe. »

Telle était la première phrase du document que je lus en arrivant au-dessus du Wannsee et qui s'adaptait avec une habileté manifeste à l'étonnante situation créée quelques jours auparavant à Londres. Il était clair que Hitler croyait avoir de nouveau le vent en poupe, car son langage était en partie fort catégorique.

« L'Allemagne a conclu l'armistice de 1918 sur la foi des quatorze points de Wilson. La zone démilitarisée n'est née qu'en conséquence d'une violation par les Alliés d'une clause qui les liait également », lisait-on quelques pages plus loin.

« Le gouvernement allemand repousse toutes les propositions qui chargent unilatéralement l'Allemagne et sont, par conséquent, discriminatoires. » Je corrigeai page par page l'avant-projet de traduction et le fis passer page par page à l'avant de l'avion où la machine à écrire, installée comme appareil permanent contre la paroi du poste de pilotage, fonctionnait activement. Nous eûmes plus de vent contraire que nous ne le désirions. Très

souvent les feuilles s'échappaient de mon bureau impro-
visé et c'était une chance que la machine à écrire fût
installée très solidement. Mais, chacun le sait, on n'a
pas le mal de l'air quand on est très occupé, et notre service de traduction en miniature fonctionna sans incident
(stomacal) jusqu'au moment où nous sortîmes du grain
au-dessus de la mer du Nord.

Entre-temps, j'étais arrivé à la deuxième partie de
notre document, celle qui contenait les propositions
de paix proprement dites. Elles comportaient dix-neuf
points. « Egalité de droits, aucun renforcement des
troupes stationnées en Rhénanie, les troupes n'appro-
cheront pas (provisoirement) des frontières françaises
et belges, contrôle par les attachés militaires italiens et
anglais, pacte de non-agression ou de sécurité, valable
pour vingt-cinq ans, entre la France, la Belgique et
l'Allemagne. » Mon crayon parcourait les lignes de plus
en plus précipitamment, et la machine fonctionnait de
plus en plus rapidement, car bientôt les contours de
l'embouchure de la Tamise allaient paraître, et nous
n'aurions plus qu'une demi-heure de vol avant Croydon.
« Conclusion d'un pacte aérien, inclusion de la Hollande,
éducation de la jeunesse en Allemagne et en France, l'Allemagne est prête à retourner à la Société des Nations,
égalité des droits dans le domaine des colonies, séparation des statuts de la Société des Nations du traité de
Versailles, mesures pratiques pour arrêter une nouvelle
course aux armements. »

« Prière d'attacher les ceintures de sécurité »,
s'inscrivit-il à l'avant, en lettres jaunes ; l'atterrissage
était donc imminent. L'allure des moteurs diminua, nous
aperçûmes au-dessous de nous l'océan de lumières de
la métropole de l'Empire. Il fallut nous préparer à descendre sans être complètement prêts. L'appareil se mit
à descendre. Nous distinguâmes nettement les vitrines
de magasins illuminées, tandis que les grandes artères,

puissamment éclairées, convergeaient comme des rubans argentés vers le cercle de lumières du Londres intérieur.

Brusquement des flammes jaillirent sous l'aile droite de l'*Amyy*, puis sous l'aile gauche. Quelques membres de la délégation se jetèrent des regards effrayés. Ribbentrop lui-même s'étonna. Avions-nous le feu à bord ? Ce n'était que des torches de magnésium que notre chef de bord avait prudemment installées pour faciliter l'atterrissage sur la piste obscure de Croydon. L'appareil se posa alors sur un sol éclairé comme en plein jour et s'arrêta bientôt. L'ambassadeur allemand et quelques Anglais nous attendaient ; échange de poignées de main, puis nous roulâmes rapidement vers la ville. Cela dura environ quarante minutes, une éternité quand on a encore à revoir plusieurs pages d'un document diplomatique important qui doit être remis le soir même. Nous n'arrivâmes au Carlton Hotel qu'après 10 heures. Ribbentrop téléphona aussitôt à Eden, au Foreign Office. A mon grand soulagement, il dit en reposant l'écouteur : « Eden estime qu'il est trop tard et que nous ne pouvons avoir notre premier entretien que demain matin. » J'eus ainsi le temps de revoir encore une fois ma traduction et de corriger les dernières pages.

« Interdiction des bombes à gaz asphyxiant et incendiaires, interdiction de bombarder les villes ouvertes, interdiction de tirer sur les villes ouvertes avec des canons à longue portée, suppression des tanks, suppression de l'artillerie lourde. » Telles étaient les propositions de désarmement dans le plan de paix de Hitler.

C'était sans aucun doute un document impressionnant et contenant des propositions fort intéressantes que j'avais traduit entre Berlin et Londres. Le projet me semblait en outre être plus concret, plus précis, que ceux auxquels j'étais habitué de la part de Hitler. Mais il n'y avait pas un mot sur la question posée par les puissances de Locarno – Angleterre, France, Italie et Belgique – au début de leurs propres propositions. Aussitôt après la condamnation prononcée contre nous, Eden en avait parlé à Ribbentrop : « Les quatre puissances demandent au gouvernement allemand : 1° de soumettre à la Cour de justice internationale de La Haye la question de savoir si le pacte d'assistance mutuelle conclu entre la France et la Russie est compatible avec le traité de Locarno ; 2° de s'engager à respecter la décision de ce tribunal. » De même il n'était pas un seul instant question de la demande présentée avec insistance par Eden à Ribbentrop sur l'engagement de ne pas fortifier la Rhénanie.

L'exemplaire à remettre au gouvernement britannique fut prêt à minuit et Ribbentrop put le remettre le lendemain matin, à 10 heures, à Eden. « Nous allons examiner avec beaucoup de soin les propositions allemandes », se contenta de dire celui-ci au cours de cette brève entrevue. D'autres conversations eurent lieu entre les deux hommes lors des jours suivants, mais ne donnèrent aucun résultat. Ribbentrop s'emporta extraordinairement, car il ne parvint pas à empêcher les conversations d'état-major redoutées entre l'Angleterre, la France et la Belgique. « Le contact entre les états-majors de nos deux pays, écrivit Eden dans une note officielle en date du 1er avril, adressée à l'ambassadeur de France, doit être établi et ne plus être interrompu. » Le matin même, Ribbentrop avait remis ses propositions de paix.

Quelques jours plus tard nous rentrâmes bredouilles en Allemagne. L'« offensive de paix » s'était brisée dès le premier assaut contre la méfiance générale que les étonnantes méthodes de Hitler en politique étrangère avaient fait naître. Le 7 avril, les Français déposèrent un contre-projet qui ressassait tous les vieux rossignols de la conférence du désarmement, tels que la sécurité collective, etc., et le 7 mai, sir Eric Phipps, ambassadeur britannique à Berlin, remit le fameux questionnaire qui irrita si fortement Hitler, ennemi de toute précision, qu'il n'y fit aucune réponse. L'initiative diplomatique prise par l'Allemagne se trouva ainsi complètement arrêtée.

« Le gouvernement de Sa Majesté regrette que le gouvernement allemand ne soit pas en mesure d'apporter une contribution positive au rétablissement de la confiance qui est une condition si essentielle pour les vastes négociations que tous deux ont en projet », traduisîmes-nous au service, dès le préambule de ce questionnaire. La première question était : « Le Reich allemand se voit-il maintenant en situation de conclure de "véritables traités" ? » Puis, pour expliquer : « Il est bien évident que toute négociation au sujet d'un traité serait vaine, si l'une des parties se réservait la liberté de répudier ultérieurement les engagements pris par elle, en alléguant qu'elle n'était pas alors en situation de conclure un traité qui la liait. » La deuxième question se formulait comme suit : « L'Allemagne peut-elle déclarer qu'elle reconnaît la constitution territoriale et politique de l'Europe (actuelle) et qu'elle a l'intention de la respecter ? » Cela continuait ainsi sur les rapports avec l'Union soviétique, la non-ingérence dans les affaires privées des autres Etats et la Cour de justice internationale. En lisant ce questionnaire, je compris que la fièvre avec laquelle nous avions travaillé dans l'*Amyy* était bien inutile. Les efforts de Hitler pour détourner l'attention de ses façons très particulières de résoudre les questions de détail brûlantes, en présentant des propositions générales et grandioses, avaient définitivement échoué, tout au moins en ce qui concernait ses adversaires diplomatiques dans les ministères des Affaires étrangères des autres puissances. Cette manœuvre de diversion eut cependant un succès initial sur l'opinion publique mondiale.

Je pus m'en rendre parfaitement compte lors des Jeux olympiques, qui eurent lieu à Berlin en août 1936, et qui m'apportèrent personnellement un travail véritablement

« olympien ». Il me faudrait écrire un gros volume pour rapporter les centaines de conversations où je servis d'interprète à Hitler, Goering, Goebbels et autres personnages importants d'alors, en face des plus hautes personnalités étrangères, rois, princes héritiers, hommes politiques, savants et hommes du peuple de presque tous les pays du monde.

J'eus à exercer des fonctions analogues au début de l'année, dans le cadre plus restreint des Jeux olympiques d'hiver, à Garmisch-Partenkirchen, et y fis des observations analogues. En août, alors que les craintes soulevées dans tous les esprits par l'entrée des troupes en Rhénanie s'étaient de nouveau dissipées, alors que le danger de guerre du mois de mars avait cédé la place à des perspectives plus rassurantes, alors qu'on prononçait, du côté allemand, tant de jolis mots sur la paix, aucun des visiteurs étrangers dont j'eus à traduire les paroles ne cacha la joie que lui causaient ces apaisements, efficaces à ce qu'il leur paraissait, et beaucoup exprimèrent très chaleureusement leur admiration pour Hitler, pour ses efforts en faveur du maintien de la paix, et pour les réalisations de l'Allemagne nationale-socialiste. Ces journées m'apparurent alors comme une sorte d'apothéose pour Hitler et le IIIe Reich. Je pus nettement constater au cours de ces entretiens, ordinairement assez courts, que Hitler était considéré par les étrangers, presque sans exception, avec un intérêt considérable, pour ne pas dire avec la plus grande admiration. Je ne perçus que rarement une note de scepticisme comme, par exemple, lors de l'entrevue entre Hitler et lord Vansittart, voué par la suite à la renommée mondiale. Celui-ci me fit alors une déclaration à laquelle j'ai souvent pensé au cours de la guerre et qui me paraît encore très actuelle aujourd'hui : « La prochaine guerre, me dit-il, ne s'arrêtera pas aux frontières nationales. Les fronts traverseront les divers peuples eux-mêmes, car il ne s'agira pas cette fois d'une guerre entre nations, mais d'une guerre entre des idéologies ! »

On a beaucoup parlé du décor grandiose que l'Allemagne donna à ces Jeux olympiques. Ce fut un spectacle fantastique et une mise en scène de tout premier ordre dont tous ceux qui y ont assisté, qu'ils aient été par la suite dans le camp ami ou ennemi, se souviennent encore aujourd'hui et se sont certainement souvenu pendant les Jeux olympiques de 1948, quelque effort qui ait été fait dans ceux-ci pour éviter une réminiscence de ceux de 1936.

J'eus moi-même à accomplir, comme je l'ai dit, une sorte de marathon de l'interprète. « Goering refuse d'accueillir le Comité olympique au nom du gouvernement du Reich, à l'Alten Museum, si l'interprète en chef des Affaires étrangères n'est pas mis à sa disposition », déclara un des aides de camp de Goering à l'un de ses collègues hitlériens, dès les tout premiers jours. « Le Führer a besoin de Schmidt ; celui-ci ne peut donc travailler pour Goering », lui fut-il répondu. « Je vous fournirai une auto de la police avec laquelle vous pourrez franchir tous les barrages, me dit Meissner qui savait toujours trouver un biais. Vous pourrez donc revenir à temps à la chancellerie. »

A 11 heures je prononçai les dernières phrases devant le microphone, à l'Alten Museum. « Je fais appel à toute la jeunesse du monde… » Tel était le mot d'ordre qui revenait dans tous les discours et que je ne formulais jamais sans un sourire (intérieur) en adressant cet « appel » aux vénérables messieurs à cheveux gris et à calvitie avancée du Comité olympique. A peine avais-je quitté cette cérémonie que je pris un petit trot, fort peu protocolaire, sautai dans l'auto de police et arrivai à la chancellerie, juste au moment où le dernier membre de la délégation reçue par Hitler franchissait le seuil du bureau de celui-ci. Meissner avait eu raison, j'arrivai à temps.

Mon activité se déroula sur ce rythme pendant toute la semaine des Jeux olympiques. Du Stadion à Kiel par avion, pour assister aux régates, à bord du *Grille* ; retour à Berlin, que couvrait à notre arrivée un immense nuage de fumée due à l'incendie du magasin des accessoires de l'Opéra national ; réception offerte par Goering dans les jardins du ministère de l'Air ; grand bal à l'Opéra qui avait été tapissé de soie crème dans l'intervalle. La scène et la salle de spectacles avaient été transformées en une immense salle de banquet et de bal ; laquais en livrée rouge à perruque poudrée, portant des lampes au bout de longs bâtons blancs, uniformes, habits et grandes robes du soir. A la place qui m'était assignée, il se trouvait fréquemment un microphone, car j'eus très souvent à parler, de cette place, en trois langues, aux très nombreux invités. La fête donnée par Ribbentrop dans son élégante villa de Dahlem, où des tentes avaient été dressées dans les jardins, fut une manifestation originale. Elle ne le céda en rien aux autres par son faste et le nombre des personnalités éminentes de tous les pays du globe qui y assistèrent. Mais le maître de maison accueillit ses invités avec un sourire aigre-doux, ayant été nommé ce jour-là ambassadeur à Londres, alors qu'il eût voulu devenir ministre des Affaires étrangères. Il était condamné à voir ce Neurath détesté continuer à diriger les affaires à Berlin, tandis que lui-même irait languir à Londres, loin des yeux de Hitler dans la faveur duquel un autre pouvait lui succéder. Il en fut incommensurablement ulcéré et ce fut la véritable raison pour laquelle il prit son poste si tardivement, contrairement à toutes les règles de politesse internationale, et heurta si violemment les Anglais par ses fréquentes et longues absences de Londres. En temps normal, un ambassadeur qui aurait ainsi négligé ses fonctions, parce que, comme une jeune première capricieuse, il désirait un autre rôle, eût été très rapidement mis en disponibilité. Mais, assez inexplicablement, Hitler toléra toujours cette négligence comme par la suite les nombreuses fautes contre la discipline commises par Ribbentrop.

Au lendemain d'une soirée au château de Charlottenburg où les vieux lustres étincelaient du feu de multiples bougies, je vécus une nuit italienne dans l'île des Paons. Goebbels avait invité à un dîner en plein air environ un millier de personnes dont plus de la moitié étaient des étrangers. On dîna, on dansa et… on traduisit. Grands discours, toasts, conversations particulières. – « *Ach, Herr Schmidt, helfen Sie doch schnell einmal, ich möchte mit lord Londonderry sprechen.* » – « Monsieur Schmidt, deux mots seulement avec le Dr Goebbels. » – « *Do you know where Goering is ?* » Voilà ce que j'entendais de tous les côtés. Je ne m'enrouai pas car il ne manquait pas de « ce qui convient » pour me tenir la gorge humide, mais je dormis pendant deux journées consécutives quand tout ce vacarme olympique eut cessé.

Je gardai l'impression d'avoir assisté à un grand événement, capable de rapprocher les peuples, et c'est toujours un sentiment très agréable pour un interprète. J'avais vu avec quelle maestria les chefs nationaux-socialistes avaient su monter ce grand spectacle international, et constaté combien cet art de la mise en scène avait frappé le public, aussi bien celui des loges que celui des galeries. Ce fut seulement plus tard que, comme les spectateurs enthousiasmés par ces journées, je m'aperçus que l'art de la mise en scène et l'art de diriger les peuples sont des choses bien différentes.

Je constatai le même intérêt positif chez les visiteurs que j'eus à assister, en dehors des grandes manifestations, dans leurs entretiens avec Hitler ou Goering. Ce dernier eut fréquemment pour hôte lord Londonderry[7], l'ancien ministre britannique de l'Air, qu'il invita plusieurs fois à chasser. L'Anglais arrivait le plus souvent avec sa femme et sa fille dans son avion particulier et séjournait pendant quelques jours à Berlin. J'eus à lui servir d'interprète pour la première fois en février 1936, et cela me donna l'occasion de connaître le célèbre Carinhall, la fabuleuse propriété de Goering située dans la Schorfheide, à 70 kilomètres au nord de la capitale.

A cette époque, le Carinhall n'était qu'une longue maison de bois de style scandinave et ne comprenait qu'un petit nombre de pièces. Ce n'était guère qu'un pavillon de chasse construit en troncs presque bruts, très confortable, doté de toutes les commodités modernes pour l'éclairage, le chauffage, l'adduction d'eau ; un nid très agréable, à l'écart du bruit de la grande ville, entouré des arbres gigantesques de la Schorfheide, et au bord d'un lac. L'endroit où Goering et Londonderry s'entretenaient de la situation politique était une énorme salle oblongue, possédant à une extrémité, un peu surélevée, une grosse table de bois autour de laquelle pouvaient prendre place plusieurs personnes, sur des sièges massifs. Ces conversations n'avaient évidemment pas le caractère officiel de celles auxquelles j'étais accoutumé ; c'étaient plutôt d'aimables propos de table, où il s'agissait moins de détails concrets que de choses générales, voire sentimentales.

Pour la plus grande partie, c'étaient des propos de chasseurs auxquels il me fallait, moi qui ne le suis pas, me préparer soigneusement, afin de pouvoir traduire en allemand et en anglais des mots tels que auroch, élan, cerf et chevreuil. Le deuxième grand sujet de conversation était naturellement l'aviation. Là, on parlait uniquement

---

7. Lord Londonderry est une des figures de proue de la politique d'apaisement. De janvier 1936 à septembre 1938, il se rend à six reprises en Allemagne, visites au cours desquelles il est reçu par les plus hautes personnalités du régime nazi, à commencer par Hitler.

« métier ». Je pus cependant m'en tirer assez bien à cause de mon ancienne affectation à la commission aérienne de la conférence du désarmement (la racine carrée de la puissance en chevaux multipliée par la surface portante) et du vocabulaire acquis au cours de mes nombreux voyages en avion comme passager enthousiaste.

Goering se montrait souvent d'une franchise surprenante au sujet des nouvelles conquêtes de la Luftwaffe qu'il exposait avec orgueil à Londonderry. Celui-ci revint fréquemment sur l'entretien qu'avait eu Simon avec Hitler, ne cessant de mettre en doute la possibilité pour l'Allemagne d'avoir atteint à cette époque la parité en aviation avec l'Angleterre. Selon les très soigneuses estimations faites par le ministère de l'Air britannique, ce ne pouvait être vrai. A voir l'insistance avec laquelle il revenait sur ce point, il était aisé de comprendre que la déclaration de Hitler au sujet de la parité avait dû lui créer bien des embarras, car il était ministre de l'Air à cette époque.

Le troisième sujet de conversation était la situation politique et, en particulier, les relations anglo-allemandes. Avec une remarquable habileté, Goering parvint à donner à son interlocuteur l'impression que le plus cher désir de l'Allemagne était d'entretenir de bons rapports avec la Grande-Bretagne. « Si l'Allemagne et l'Angleterre s'entendaient, déclara-t-il à plusieurs reprises, il n'y a pas dans le monde entier une combinaison de forces qui puisse nous être opposée. »

Londonderry parlait un langage moins ambitieux. A ces déclarations grandioses de Goering, il répondait ordinairement et en se dérobant toujours : « Avant tout, il faut consolider la confiance dans le monde. » Mais il était lui-même un partisan de l'amitié anglo-allemande. Il souligna plus d'une fois l'étroite parenté existant entre les deux peuples et leurs nombreux traits de caractère communs, ce qui créait des conditions favorables à une collaboration en politique générale. Quand on entendait le grand et sec Anglais, qui avait une certaine ressemblance avec le roi de Suède, parler à Goering d'une voix sonore et profonde en cherchant un peu ses mots ; quand on voyait les regards sympathiques que lui lançaient ses yeux francs, on comprenait aussitôt que cet homme avait au cœur une sincère inclination pour l'Allemagne nouvelle. Goering devait avoir la même impression, car je l'ai rarement entendu parler plus librement, plus ouvertement qu'avec Londonderry. Il se créa finalement entre les deux hommes une sorte de confiance réciproque que favorisaient naturellement l'atmosphère campagnarde du Carinhall, les repas pris en commun avec les familles, et les longues promenades dans la nature.

Le ministre allemand de l'Air et président du Conseil des ministres de Prusse, coiffé d'un immense chapeau de chasse, une sorte d'épieu germain à la main en guise de canne, en casaque de cuir et en manches de chemise, avançait à travers les bois aux côtés de lord et de lady Londonderry, qu'accompagnait souvent leur fille. Dans les réserves de bisons, il sonnait dans un cor faisant accourir les énormes bêtes comme si elles l'eussent connu personnellement. Mais quand on approchait, les petits yeux vous regardaient méchamment, les cornes attaquaient furieusement les pieux des palissades qui cédaient presque sous le choc. Le seigneur de la Schorfheide riait alors d'un rire puissant et se retournait plein d'orgueil vers ses invités anglais qui suivaient cet étonnant spectacle avec un intérêt souriant. Ils n'avaient certainement rien vu de semblable dans les milieux aristocratiques de leur pays, et ils s'amusaient manifestement de la façon dont leur hôte se comportait et de la manière dont il était accoutré. Mais leurs sourires n'étaient ni condescendants ni méprisants. L'homme en manches de chemise et à l'étrange épieu, qui se conduisait presque comme un enfant et ne craignait pas de montrer tout le plaisir qu'il en éprouvait, ne leur était certainement pas antipathique. Ils le considéraient un peu avec cette tolérance compatissante que l'on éprouve en Angleterre pour les originaux et les excentriques.

Ils n'ignoraient pas qu'il existait un autre Goering que leur hôte enjoué du Carinhall, un Goering qui pouvait agir avec une brutalité et une énergie sans limites. Je m'en aperçus à certaines remarques échappées occasionnellement à table, à la maman et à la fille. « C'est peut-être très beau de vivre dans les hautes sphères de l'Allemagne nationale-socialiste, me dit une fois lady Londonderry, mais malheur aux pauvres gens qui n'en font pas partie. » Elle ne craignait pas de faire des critiques de ce genre en présence de Goering. Jamais il ne s'en fâcha, comme n'eût pas manqué de le faire Hitler, mais il trouvait à peu près toujours une plaisanterie pour lui répondre. Il paraissait, tout au fond, comprendre le bien-fondé de ces critiques.

Emmy Goering[8] remplissait le rôle de maîtresse de maison. Silencieuse et réservée, elle créait une ambiance d'aimable hospitalité au meilleur sens du mot. De temps en temps, elle souriait d'un air conciliant ou indulgent, par-dessus la table, quand son « Hermann » employait un langage un peu trop énergique. Elle parlait elle-même très peu et ne contribuait que par sa discrétion pleine de sollicitude à créer cette atmosphère familiale qui baignait les conversations de la Schorfheide.

Cette visite de février ne fut que la première d'une série de rencontres entre Goering et Londonderry. Mais cette fois-là, celui-ci fut également reçu par Hitler à la chancellerie. Quelle différence avec l'ambiance du Carinhall ! Hitler se montra pourtant aimable et accueillant

---

8. Comédienne connue, Emmy Sonnemann (1893-1973) épouse en avril 1935, en secondes noces, Hermann Goering qui avait perdu, en 1931, Carin, sa première épouse.

en ce 4 février où il s'entretint avec Londonderry, dans l'ancien cabinet de travail de Brüning où avait eu lieu la conversation avec Simon et Eden. Mais il était infiniment moins ouvert et plus réticent que le ministre de Prusse. Ce qu'il dit, au sujet de la situation politique et des rapports entre l'Allemagne et l'Angleterre, correspondait presque mot pour mot à ce que Goering avait dit au Carinhall avec tant de chaleur dans l'expression et d'une manière en apparence beaucoup moins habile, mais qui emportait d'autant plus la conviction. Indubitablement, Goering avait reçu des instructions de Hitler au préalable. Toute la ligne politique était orientée à cette époque vers l'entente avec l'Angleterre. On eût dit que Hitler faisait la cour à la prude Britannia. La conversation avec Londonderry en fut une nouvelle manifestation. « Combien de fois me suis-je dit quand j'étais simple soldat, au cours de la guerre, et quand je me trouvais en face des troupes anglaises, s'échauffa-t-il, que c'était une véritable sottise d'être obligé de combattre ces hommes qui eussent pu aussi bien appartenir à notre propre peuple ! Il ne faut pas que cela se renouvelle, jamais ! »

Londonderry écouta aimablement, avec un intérêt sympathique, puis, toujours cherchant ses mots, en hésitant pour trouver la bonne formule, il essaya d'exposer, de la manière la plus convaincante possible, ses désirs qui tendaient au même but. Les mots parfois assez passionnés employés par Hitler au sujet des rapports anglo-allemands l'impressionnèrent visiblement. Je pus constater une fois de plus combien les visiteurs étrangers subissaient l'influence de Hitler au cours de telles conversations.

Durant cette année j'assistai encore, en qualité d'interprète, toute une série d'étrangers qui vinrent faire visite à Hitler. Il se trouvait des Français parmi eux comme le gouverneur de la Banque de France, Labeyrie, et le ministre du Commerce, Bastid. Ces conversations ne furent jamais très importantes mais elles confirmaient que les étrangers, tout au moins ceux qui venaient en Allemagne, considéraient encore cette année-là Hitler avec un intérêt croissant et nullement péjoratif.

« Hitler s'est imposé à l'Europe comme un personnage extraordinaire. Il ne répand pas seulement la crainte et l'aversion, il excite la curiosité, il éveille même des sympathies. Son prestige grandit. La force d'attraction qui émane de lui agit au-delà des bornes de son pays. Des rois, des princes, des hôtes illustres se pressent dans la capitale du Reich… pour s'approcher de l'homme fatidique qui paraît tenir entre ses mains la destinée du continent, pour voir de près cette Allemagne qu'il a, sous son étreinte irrésistible, transformée et galvanisée. » Ainsi exprime d'une manière frappante et juste ce que je ressentis au cours de ces entrevues l'ambassadeur de France François-Poncet.

L'une des plus remarquables fut, à mon avis, celle qui réunit Lloyd George et Hitler sur l'Obersalzberg, à Berchtesgaden, au début de septembre. « Je me réjouis tout particulièrement, dit Hitler en s'avançant, la main tendue, vers l'ancien Premier ministre britannique, de recevoir chez moi l'homme qu'en Allemagne nous avons toujours considéré comme le véritable vainqueur de la guerre mondiale. »

Lloyd George, souriant, écarta le compliment d'un geste de la main, mais je crus voir passer une expression de contentement sur son visage en l'entendant formulé par l'ancien caporal allemand. « Et je m'estime très heureux, riposta-t-il du tac au tac, de rencontrer celui qui, après la défaite, a su regrouper le peuple allemand derrière lui et lui faire remonter la pente. » Puis, laissant errer ses regards sur le paysage baigné de soleil, il poursuivit : « Quel merveilleux endroit vous vous êtes choisi pour vos heures de loisir, ici, sur l'Obersalzberg ! »

Nous nous assîmes à la table ronde, assez basse, à quelque distance de la grande baie vitrée, Hitler, Lloyd George, Ribbentrop et moi. Ribbentrop ne jouait guère que le rôle d'une ombre. Il ne prononça pas un mot au cours de la conversation.

Lloyd George parcourut la grande pièce d'un regard extrêmement intéressé. C'était la salle de réception du Berghof, tant de fois décrite et photographiée, dont le détail le plus remarquable était sans doute l'immense baie vitrée qui occupait toute une paroi. L'Untersberg, avec ses bois sombres et les taches vertes de ses prairies, y paraissait comme un paysage dans un cadre géant. Les yeux étaient invinciblement attirés vers la magnifique vue alpestre en cet après-midi ensoleillé de septembre, de sorte que les regards s'arrêtaient relativement peu sur les précieux tableaux suspendus aux murs, les meubles de choix aux lignes droites et simples, le grand piano à queue situé de l'autre côté de la fenêtre, la cheminée un peu surélevée et le large escalier aux marches recouvertes de tapis par où l'on gagnait cette grande salle.

Dans ce cadre d'une perfection achevée, deux mondes, sous la forme de deux personnages marquants, se rencontrèrent en cet après-midi. D'un côté, Lloyd George avec ses cheveux blancs bouffants qui formaient un contraste accusé avec le visage mobile, à l'expression encore jeune, et les yeux limpides, clairs et vifs qui semblaient vous percer jusqu'à l'âme. Même dans ses mouvements, Lloyd George montrait une souplesse presque juvénile. Il soulignait avec des gestes animés de sa main petite et bien formée ses propos pétillants d'esprit. Le vainqueur de la Première Guerre mondiale !

En face de lui se trouvait l'homme qui, à ce qu'il paraissait alors, était en bon chemin pour réduire à néant son œuvre de grand Anglais. Hitler était dans l'un de ses meilleurs jours. Revigoré par le séjour à l'Obersalzberg, légèrement bruni par le soleil, manifestement réjoui de l'hommage que constituait pour lui la visite du célèbre homme d'Etat, il commença par parler de l'époque où il était simple soldat à la guerre. « Je me suis trouvé souvent en face des Anglais », dit-il ; et puis toute une série de noms de localités bien connues de l'ancien front occidental volèrent à travers la pièce. Il raconta des anecdotes, eut des mots élogieux pour l'adversaire britannique, pour son équipement et pour la tactique employée par ses chefs. Lloyd George se révéla étonnamment versé dans ces détails militaires. Il savait encore avec précision pourquoi telle offensive avait été lancée en tel point, et pourquoi elle avait été déclenchée à tel jour précis.

« Les Américains n'avaient pas du tout d'artillerie, dit-il à un moment, comme Hitler parlait de puissance de feu et de précision du tir. Ils n'employaient que des canons anglais. » Par des questions accessoires Lloyd George montra combien l'intéressaient les souvenirs rapportés du front par le caporal Hitler, et il donna des explications sur les motifs de certaines décisions militaires de grande importance.

La conversation tomba ensuite sur la politique. « Il y a toujours quelque chose de dangereux dans les alliances, dit Lloyd George, elles ont élargi la dernière guerre comme un feu de prairie. Sans elles, le conflit aurait peut-être pu être localisé. »

Ce disant, il exprimait, sciemment ou non, exactement l'opinion de Hitler sur la question de la sécurité collective. « Pas d'obligations multiples, seulement des pactes de non-agression bipartites entre deux voisins », tel était le thème favori de celui-ci. Comme s'il n'avait attendu que cette parole, le chancelier allemand se lança alors dans une longue dissertation sur le sujet. Il en profita pour exposer dans tous ses détails le plan de paix que j'avais eu à traduire dans l'avion qui me conduisait à Londres, plan qui avait plus ou moins sombré dans l'oubli.

Lloyd George saisit l'occasion pour s'exprimer d'une manière très positive, quoique par des formules très générales, sur les efforts faits pour la paix par les Allemands, efforts « qui, malheureusement, avaient été contrariés par les conversations d'état-major ».

De nouveau, intentionnellement ou non, il était retombé sur un des « dadas » de Hitler. Avec quelle vigueur Ribbentrop s'était élevé à Londres contre les *staff talks* et combien il avait été furieux quand elles étaient devenues réalité !

Lloyd George quitta alors un peu brusquement les questions politiques et amena le propos sur les mesures sociales par lesquelles « l'Allemagne s'était toujours distinguée ». Le national-socialisme, en particulier, avait entrepris dans ce domaine des expériences qui intéressaient fort l'Angleterre.

« Il ne s'agit pas d'expériences, mais d'un plan longuement mûri ! » lança Hitler, qui avait cru entendre une critique dans le mot expérience. Mais Lloyd George était bien loin de cette idée. Avec une éloquence chaleureuse qui touchait presque à l'enthousiasme, il parla des dispositions prises pour faire disparaître le chômage, des assurances contre la maladie, de l'assistance sociale et de l'utilisation des loisirs. Il avait déjà visité bon nombre de réalisations du Front du travail et paraissait très impressionné par ce qu'il avait vu.

Hitler fut vraiment enthousiasmé par son hôte. Et cet enthousiasme s'exprima non pas seulement cet après-midi-là, mais bien longtemps après, chaque fois qu'il revenait sur son entretien avec « le grand homme d'Etat Lloyd George ». Il l'invita avec des mots très cordiaux à assister au congrès du Parti qui devait avoir lieu sous peu à Nuremberg. Mais Lloyd George fit un geste de dénégation énergique. « Je ne suis pas venu en Allemagne pour m'occuper de politique, dit-il sans ambages ; je voudrais étudier uniquement vos réalisations sociales et surtout les solutions que vous avez apportées au problème du chômage si menaçant aussi en Angleterre. » S'il allait à Nuremberg, on lui en voudrait beaucoup dans son pays. Ce fut la première déception de Hitler. Mais elle dut être assez sensible, car il lui fallut un temps bien long pour retrouver sa chaleur première.

Le soleil était près de l'horizon lorsque cette conversation mémorable, qui avait duré près de trois heures, se termina vers 7 heures du soir. Le vieux vainqueur de la Première Guerre mondiale se sépara avec beaucoup de cordialité du jeune dictateur du IIIe Reich. Ils convinrent de se retrouver le lendemain, à l'heure du thé, où Lloyd George projetait d'amener sa fille Megan et son fils William qui l'avaient accompagné. « Il s'est fait suivre de tout son parti libéral », écrivirent malignement des journaux anglais.

Ribbentrop resta à l'Obersalzberg, de sorte que je fus seul à reconduire Lloyd George à Berchtesgaden. Il se montra sous son jour le plus aimable. Il tint à savoir en quel endroit du front je m'étais moi-même trouvé au cours de la guerre mondiale. Je pus lui parler du grand changement qui s'était produit lorsque Foch avait commencé sa contre-offensive, en juillet 1918, et auquel j'avais assisté à Reims, en tant que pointeur de mitrailleuse. Il s'informa très en détail des positions sur lesquelles nous nous étions retirés, de l'effet moral produit sur nous par l'assaut allié ; bref il m'interrogea presque aussi complètement que l'officier instructeur américain, après 1945, qui voulut savoir ce que j'avais vécu aux Affaires étrangères.

Cela me donna le courage de lui poser moi aussi des questions. Briand avait raconté un jour à Stresemann, en ma présence, que Lloyd George l'avait félicité pour la conduite particulièrement vaillante d'un régiment breton de sa province natale. « Oui, apprenez-le, monsieur Lloyd George, aurait répondu Briand ; nous autres, Bretons, nous ne nous faisons pas très facilement aux choses nouvelles. On avait dit à ces soldats qu'ils allaient se battre contre les Anglais, et c'est pourquoi ils se sont si bravement battus. » Lloyd George partit d'un éclat de rire. « Mais oui, je me rappelle très bien cette histoire ! Ce vieux Briand était un incorrigible farceur… »

J'avais une seconde question à poser. « Allez-y sans crainte si c'est aussi amusant ! » m'encouragea le Premier ministre anglais. J'avais lu dans les *Mémoires* de Clemenceau que celui-ci et Lloyd George avaient dîné ensemble le soir de l'armistice de 1918. Il y avait été parlé de l'avenir de l'Allemagne et Lloyd George était d'un avis différent de celui de son interlocuteur français. « Qu'avez-vous donc ? avait demandé celui-ci d'un ton un peu hargneux. Vous êtes complètement changé. » Et Lloyd George : « Oui, ignorez-vous donc que je suis devenu proallemand aujourd'hui même ! » Il me confirma également cette histoire juste au moment où notre voiture s'arrêtait devant l'hôtel de Berchtesgaden. Sa fille vint à la porte ; elle le salua plaisamment en levant le bras droit et dit en riant : « *Heil Hitler !* » Le vieux Lloyd George devint tout à fait sérieux et répondit calmement et fermement : « Parfaitement, *Heil Hitler !* Je le dis moi aussi, car c'est vraiment un grand homme ! »

« Nul ne fut plus complètement abusé (par Hitler) que Lloyd George ; les comptes rendus enthousiastes de leurs conversations sont aujourd'hui d'une bien curieuse lecture. Il est hors de doute que Hitler avait le pouvoir de fasciner les gens et que ses visiteurs subissaient, d'une façon un peu excessive, l'impression de force et d'autorité qu'il donnait », dit Churchill dans le premier volume de ses *Mémoires*.

V

L'époque des surprises est close
(1937)

« L'époque des surprises est close, la paix est notre bien le plus précieux », telle fut la phrase du discours prononcé par Hitler le 30 janvier 1937 que le service des traductions eut à mettre en langue étrangère. J'espérais, plus que je ne croyais, qu'il parlait sincèrement. J'avais trop souvent vérifié au cours de ses conversations avec les hommes d'Etat et les autres visiteurs étrangers qu'il exposait les choses différemment de la réalité. « La véritable démocratie règne en Allemagne, je suis le représentant choisi par le peuple », avait-il souvent dit et je savais très bien, par l'expérience quotidienne, comment les choses se passaient en pratique. Il n'y avait pas de « choix » proprement dit, car il n'y avait qu'un candidat et qu'une opinion pour lesquels le particulier pouvait ou non se décider. Aucune opposition n'était tolérée. Ceux qui pensaient différemment étaient réduits au silence d'une manière ou d'une autre. On continuait à licencier, à renvoyer, à épurer, à interner et à nazifier. « Comment vit-on en Allemagne sous la dictature ? » me demandaient mes amis anglais à l'occasion. « Il est assez extraordinaire, répondais-je, de se sentir étranger dans son propre pays. » Car j'avais de plus en plus cette impression. L'ancienne Allemagne d'avant 1933, qui, selon mes observations personnelles, avait fait des progrès incessants dans la sympathie et surtout dans la considération du monde européen, avait été « démontée » pièce à pièce avec une volonté implacable ; il n'en restait plus qu'une structure totalitaire, sous une apparence uniforme, dans le cadre de laquelle tout un peuple semblait marcher du même pas derrière un dictateur.

Quelques années plus tard seulement je m'aperçus que, à la vérité, je n'étais pas un étranger dans mon pays, et que l'ancienne Allemagne, celle que j'avais connue et aimée, vivait toujours sous la surface nazie. Je compris de plus en plus clairement que le « vernis léger comme un souffle », ainsi que s'exprimait Goebbels en particulier, pour qualifier l'opposition au national-socialisme, comprenait en réalité de vastes classes de la population. Pendant la guerre, ce fut plutôt au national-socialisme que l'expression put s'appliquer.

Je pris nettement conscience de ces contradictions, tout au moins de leur début, quand Hitler parlait à ses visiteurs de l'« unité » du peuple allemand, de l'« unanimité » de ses décisions, de l'« unisson » avec lequel il rejetait les conceptions des démocraties occidentales. Et pour cette raison aussi je doutais que l'ère des surprises fût réellement close.

Je constatai en outre, au cours des très nombreux entretiens que Hitler eut encore en 1937, qu'il raidissait très sensiblement son attitude vis-à-vis de l'étranger. Ce pouvait être la conséquence des hommages que celui-ci lui rendait si fréquemment. Il est cependant hors de doute que cette raideur croissante vint aussi de ce que la coalition antinazie s'effrita graduellement. A Stresa, l'Italie avait encore fait front avec la France et l'Angleterre ; l'affaire d'Abyssinie avait détaché Mussolini de celles-ci et l'avait rejeté du côté allemand.

Je suivis de loin, mais avec le plus vif intérêt, le développement de la bataille genevoise au sujet de l'Abyssinie. Sur la foi de mes expériences passées, j'estimais impossible de voir la Société des Nations constituer un front unique contre l'Italie et essayer, par des sanctions économiques, de lui interdire la réalisation de ses desseins. Je souhaitais de tout mon cœur la victoire de l'organisation internationale, car je pensais que l'échec des plans d'agression de Mussolini aurait l'effet le plus sain sur la mentalité de Hitler. Mussolini me confirma lui-même, le soir de la conférence de Munich, que la vieille Société des Nations avait été bien proche de remporter un grand succès dans sa répression des agressions par des mesures de sécurité collective : « Si la Société des Nations avait suivi le conseil d'Eden lors du conflit d'Abyssinie, déclara-t-il à Hitler, et avait étendu les sanctions au refus de la livraison du pétrole, j'aurais été obligé de me retirer d'Abyssinie au bout de huit jours. C'eût été, pour moi, une catastrophe inimaginable. »

Il était intéressant de noter que la sanction du pétrole n'avait pu être prise à cause de l'opposition du gouvernement français, pourtant le plus farouche partisan de la sécurité collective, parce que Laval ne voulut pas aller jusqu'à la rupture ouverte avec l'Italie. Comme le ministre français se plaignait une nouvelle fois et très énergiquement, au cours de la Seconde Guerre mondiale, des difficultés que lui créait l'Italie, je pus lui répondre avec une certaine assurance : « C'est très ingrat de la part de Mussolini, monsieur le président, car vous lui avez sauvé la vie lors du conflit d'Abyssinie. Il l'a avoué à Munich en ma présence. » Laval, ordinairement fort prompt à la riposte, ne sut rien répondre. Combien le cours de l'Histoire eût été différent si le dictateur italien avait été alors vaincu par la Société des Nations !

Comme Hitler l'avait annoncé dans son discours de janvier 1937, il n'y eut pas de surprise, tout au moins cette année-là. Aujourd'hui, on pourrait presque dire que celle-ci fut le calme qui précéda la tempête, quoiqu'elle ne fût pas tellement paisible, à certains égards. En revanche, ce fut pour moi une année extrêmement chargée d'événements, mais qui ne furent pas des complications diplomatiques. Les cérémonies du couronnement à Londres, l'Exposition internationale de Paris, le congrès du Parti à Nuremberg et la visite officielle de Mussolini en Allemagne en constituèrent les sommets. Une rencontre, en mars, entre Hitler et le vieux député Lansbury, ancien chef du Labour Party, des conversations, en avril, à Rome, entre Goering et Mussolini, la visite à l'Obersalzberg du duc de Windsor, ex-roi d'Angleterre, les pourparlers entre Hitler et lord Halifax à Berchtesgaden, puis entre Goering et Halifax à Berlin, complétèrent mon programme d'activité avec les visites de l'Aga Khan, du chef fasciste anglais sir Oswald Mosley, d'un descendant de Confucius, le ministre des Finances Kung, beau-frère et envoyé de Tchang Kaï-chek.

Le 19 avril, veille de l'anniversaire de Hitler, je me retrouvai dans le cabinet de travail de la chancellerie de Brüning, qui m'était désormais familier, entre Lansbury, le socialiste aux cheveux blancs, et le dictateur de la nouvelle Allemagne. Le célèbre pacifiste, le « patriarche de l'opinion honnête » comme l'appela un journal allemand, se trouvait assis, dans un costume de voyage très simple et quelque peu chiffonné, devant la table ronde, et entretenait Hitler d'un plan de paix en vue d'une conférence qu'il aurait voulu voir convoquer par le président Roosevelt. Il s'agissait d'une initiative purement privée de Lansbury et des milieux pacifistes britanniques ; le plan ne fut exposé qu'en termes très généraux, très superficiels.

A l'entendre parler si passionnément, on comprenait tout de suite que le vieux Lansbury se donnait de tout cœur à sa tâche. Mais je fus seul à remarquer que Hitler, occupé de ses propres pensées, ne l'écoutait que fort distraitement. Je fis la connaissance, pour la première fois, d'un autre Hitler, un homme pâle, fatigué par les insomnies, au teint presque grisâtre, aux traits flous et dont les yeux rêveurs montraient que son esprit vagabondait bien loin du sujet traité. De temps en temps seulement il ramenait son attention à ce que Lansbury lui disait par ma bouche. Il ne fit que de vagues allusions, sans consistance, à la participation de l'Allemagne à une conférence sur la paix et à la politique pacifique qu'il entendait suivre lui-même. J'eus presque pitié du vieux gentleman. Il ne cessait d'appuyer sur ses plans pacifistes, avec un profond enthousiasme intime, avec une insistance très vive comme s'il s'était agi de la dernière et décisive discussion avant une catastrophe menaçante. Et il ne paraissait pas s'apercevoir du manque total d'intérêt manifesté par Hitler. Il fut visiblement satisfait des déclarations de celui-ci, en dépit de leur imprécision. Il prenait évidemment l'homme qu'il voyait perdu dans ses rêves pour un de ces idéalistes pacifistes comme il en rencontrait tant au cours des réunions internationales. Plus l'entretien durait et plus Hitler se faisait laconique, plus Lansbury s'échauffait. Hitler ne lui avait pas fait une seule objection. Il avait dit « d'accord » au sujet d'une participation de l'Allemagne à la conférence de la paix. Il avait prononcé le mot paix en lui donnant l'expression convenable !

Hitler interrompit assez brusquement la conversation, qui commençait à lui peser. Il était évidemment difficile de s'attendre à voir un pacifiste convaincu faire impression sur lui. En revanche, je fus très étonné de voir avec quelle satisfaction apparente Lansbury sortit de la chancellerie et du ton confiant qu'il prit à la radio : « Je rentre en Angleterre avec la conviction que la catastrophe que constituerait une guerre peut être évitée. »

Quelques jours plus tard je reçus, à ma grande surprise, l'ordre de me rendre à Rome pour servir d'interprète dans une conversation entre Goering et Mussolini. Le régime avait changé, mais la rapidité avec laquelle on me faisait « valser » d'un bout de l'Europe à l'autre restait la même. Je dus quitter Berlin si précipitamment qu'il me fallut prendre l'avion de la Lufthansa qui, depuis quelque temps, circulait chaque dimanche entre les deux capitales. Ce fut mon premier voyage aérien sur cette distance Berlin-Rome, relativement longue pour l'époque.

Je le retrouve encore avec tous ses détails dans mon souvenir, car je suivis si souvent, par la suite, cet « axe aérien » Berlin-Rome que le parcours me devint aussi familier que celui de Berlin à Londres, mais celui-ci, malheureusement, ne se transforma pas en « axe ». Mes vols vers la capitale britannique ne devaient pas tarder à cesser complètement et je n'eus plus, dès lors, qu'à franchir de nombreuses fois les Alpes. Cette transformation du sens de mes voyages correspondait à la modification qui se produisit dans la situation politique à partir de 1937, et en constitue comme un indice caractéristique. L'horizon se chargea de plus en plus de nuées d'orage jusqu'au moment où, à la fin d'août 1939, je partis dans une tout autre direction : survolant avec Ribbentrop les vastes plaines situées à l'est de l'Oder, la Pologne et la Russie, je gagnai Moscou, mais je n'eus pas l'occasion d'apprendre à connaître aussi bien ce parcours spécial.

Le lendemain de mon arrivée à Rome, je me rendis avec Goering au palais Chigi, ministère des Affaires étrangères italien, pour avoir un bref entretien avec le comte Ciano. On y parla principalement de la guerre civile d'Espagne, alors en plein développement, et où Franco était aidé militairement par l'Allemagne et par l'Italie.

Dans l'après-midi, j'entrai pour la première fois, aux côtés de Goering, dans le célèbre palais de Venise, la chancellerie romaine, situé sur la vaste place du même nom. Un petit ascenseur qui ne pouvait recevoir que deux personnes monta Goering et le chef du protocole italien jusqu'au premier étage. Il me fallut donc, comme si souvent par la suite, escalader quatre à quatre l'étroit escalier de ce monument historique pour me retrouver, hors d'haleine, auprès de mon pupille (en linguistique) à sa sortie de l'ascenseur. Nous fûmes conduits à travers quelques petites pièces ornées d'armures et de trophées, jusque dans la salle des séances du Grand Conseil fasciste, de dimension moyenne et de tonalités sombres : la longue table, le pupitre surélevé de Mussolini et les sièges étaient recouverts d'une étoffe bleu foncé, unie. Nous gagnâmes ensuite l'antichambre du Duce où Ciano nous accueillit.

Puis la porte s'ouvrit sur le cabinet de travail, si souvent décrit, du dictateur italien. J'eus l'impression de pénétrer dans une immense salle presque nue. Contre les murs, à grande distance, on apercevait quelques meubles qui, avec un globe terrestre, paraissaient perdus dans le vide. La pièce, avec son sol de marbre et ses murs gris, me sembla avoir un aspect lugubre et glacé, bien peu italien.

Au moment où nous entrâmes, une forme se leva dans le coin le plus éloigné où j'aperçus, en approchant, une longue table plate et quelques sièges très simples du style vénitien. C'était Mussolini, qui traversa toute la salle pour venir au-devant de nous. Il tendit le bras pour nous saluer à la fasciste et serra la main de Goering. Je reçus, pour ma part, un petit geste de la tête non dépourvu d'affabilité ; puis nous gagnâmes le bureau de travail. Même vu de plus près, le caractère le plus notable de celui-ci était sa nudité. Il y avait quelques livres à un bout, mais pas un dossier, pas un document.

Nous nous assîmes, Mussolini à sa place ordinaire, Goering et moi en face de lui, sur les sièges réservés aux visiteurs. Ciano, que son beau-père ne traitait pas avec beaucoup de considération, se choisit lui-même une place à notre côté. La conversation s'engagea.

Cette fois encore elle tourna autour du conflit espagnol. On échangea, sous une forme quelque peu voilée, des détails techniques sur l'intervention. Dans les deux camps, on s'efforçait – même l'un vis-à-vis de l'autre – de présenter les Allemands et les Italiens combattant avec Franco comme des volontaires n'ayant aucune liaison officielle avec leurs gouvernements. Goering devint cependant plus confiant peu à peu. Il raconta avec force détails et avec une satisfaction manifeste comment les avions de transport allemands du type Ju 52 avaient fait passer en Espagne les troupes marocaines de Franco, au début de la guerre civile. « Franco nous doit beaucoup de reconnaissance ! » déclara-t-il ; et il ajouta aussitôt, comme poussé par un pressentiment : « Pourvu qu'il s'en souvienne encore plus tard ! »

De très vives critiques furent formulées contre le commandement et la tactique dans les deux camps, ce qui n'était pas surprenant. En revanche, Mussolini, comme Goering, reconnut sans réticence la bravoure des Espagnols, aussi bien des soldats de Franco que de leurs adversaires, les Rouges, comme on disait. Tous deux portèrent des jugements défavorables sur le matériel alors fourni aux républicains par les Soviets, en particulier sur les avions, paraissant complètement assurés de leur supériorité à cet égard sur l'Armée rouge.

La conversation aborda alors la situation générale en Europe. Mussolini condamna avec des mots très vifs la politique de sanctions de l'Angleterre, de la France et de la Société des Nations. On ne se serait jamais rappelé en l'entendant que deux années auparavant (le 16 avril 1935, à Stresa) il avait condamné, avec l'Angleterre et la France, le rétablissement du service militaire en Allemagne, et qu'à peine un an plus tôt, il avait envoyé des divisions à la frontière du Brenner, lorsque le chancelier Dollfuss avait été assassiné lors d'un putsch national-socialiste.

Les temps avaient beaucoup changé et cette question autrichienne, précisément, montrait combien la position de Mussolini s'était radicalement transformée, car même sur ce point Goering s'exprima avec beaucoup de franchise. Il déclara sans ambages que l'Anschluss devait s'effectuer et s'effectuerait. L'événement était inévitable.

Mussolini écouta Goering avec beaucoup d'attention – il connaissait très bien l'allemand –, il dut toutefois ne pas comprendre parfaitement ce passage, car lorsque je le traduisis en français, il secoua énergiquement la tête à plusieurs reprises. Ce fut la seule opposition manifestée par lui à l'union de l'Allemagne et de l'Autriche qui devait devenir effective un an plus tard. Son silence donnait toutefois à entendre qu'il la voyait toujours venir, avec des sentiments très mitigés, mais qu'il se rendait compte lui-même que « l'Anschluss devait s'effectuer et s'effectuerait », ainsi que Goering l'avait dit. J'ignorais naturellement les instructions données à celui-ci avant le voyage en Italie, mais j'eus à ce moment l'impression que son objectif principal était de sonder l'attitude de Mussolini sur cette question de l'Anschluss.

Il fut moins surprenant qu'intéressant pour moi de constater combien le dictateur italien s'était déjà éloigné des puissances occidentales et combien il s'était rapproché de l'Allemagne sur les questions de principe de la politique européenne. En le voyant, court, trapu, assis bien droit sur son siège, nous exposer son opinion sur tel ou tel point, en formules latines, courtes et nettes, sans grands gestes mais avec des expressions de visage très éloquentes, en sentant ses gros yeux bruns nous regarder avec pénétration, Goering ou moi, ma première impression fut que cet homme savait ce qu'il voulait, qu'il n'était nullement un visionnaire ; mais qu'en Romain clairvoyant, il restait les deux pieds fermement posés dans le domaine des faits. Par la suite, au cours des conversations qu'il eut avec Hitler, je fus toujours frappé de sa façon de s'exprimer, claire, brève et réaliste, par opposition aux généralités toujours très vagues du dictateur allemand. Ce fut là leur différence la plus marquée, tout au moins aussi longtemps que Mussolini et l'Italie purent prendre des décisions indépendantes. Quand il se trouva graduellement réduit au rang de vassal hitlérien, recevant des ordres plus ou moins formels sur ce qu'il devait faire, Mussolini se fit de plus en plus silencieux. En revoyant par l'esprit comment il modifia peu à peu son attitude au cours des nombreux entretiens, je présume aujourd'hui que Mussolini se rendit compte, avant beaucoup d'autres, du point où aboutissait la route suivie, et qu'il vit très certainement venir la catastrophe bien avant son partenaire allemand. Mais à cette époque il avait déjà perdu la liberté de ses décisions.

La scène changea ensuite pour moi comme dans un kaléidoscope. Du palais de Venise et du cabinet de travail aux lignes sévères du dictateur italien, je revins dans la capitale allemande quelques jours plus tard, pour repartir aussitôt vers Londres, par l'autre route aérienne, beaucoup mieux connue de moi et plus courte, afin d'assister au couronnement du roi George VI. J'avais été mis à la disposition du général von Blomberg, ministre de la Guerre et chef de la délégation allemande, qui devait avoir plusieurs entretiens politiques dans la capitale britannique. Les pensées du IIIe Reich s'orientaient encore vers Londres, en effet, quoique l'éloignement politique entre les deux capitales s'accrût exactement dans la même mesure que le rapprochement entre Berlin et Rome.

J'arrivai le 10 mai dans un Londres bien différent de celui que j'étais habitué à voir. La ville avait perdu son caractère de froide métropole d'un immense empire. Les rues principales s'ornaient de drapeaux et de banderoles avec une profusion dont je n'eusse pas cru capables les Anglais si positifs. Partout on avait érigé des tribunes et des estrades ; certaines étaient construites à la manière moderne, en poutrelles métalliques faciles à monter et à démonter, d'autres, particulièrement dans les rues que devait suivre le cortège, étaient en bois, accotées aux vieilles maisons, comme on les voit dans les antiques estampes anglaises. Ce qui frappait le plus dans ces tribunes de bois à l'ancienne mode, c'était la couleur des étoffes dont elles étaient tendues. Les vieilles images ne les montrent qu'en noir et blanc. Celles-là étalaient des teintes éclatantes rouges et bleues, avec des bordures or ou jaunes, et cette tradition transformait étrangement le Londres gris de chaque jour.

La population elle-même me sembla radicalement changée. Il régnait dans les rues et sur les places, à la veille de la cérémonie, une animation, un concours de peuple comme on en voit Unter den Linden dans la nuit de la Saint-Sylvestre. Les esprits étaient semblablement détendus. Les marchands de petits drapeaux, de crécelles et de mirlitons étaient là pour donner à la foule londonienne l'occasion d'exprimer son allégresse acoustiquement et optiquement. Les rues que devait suivre le cortège le lendemain matin étaient déjà occupées par des masses compactes. En certains endroits, on allumait de petits feux avec des journaux, car il faisait encore assez frais en ce début de mai et les amateurs de spectacles cherchaient à se réchauffer. D'autres s'enveloppaient dans des journaux comme dans des couvertures ; certains avaient même apporté des couvertures véritables, mais ils étaient en minorité. Toute la nuit on entendit chanter et crier ces foules qui campaient dans les rues de Londres.

Bien entendu, l'animation était grande dans les cafés et les restaurants. Les heures d'ouverture avaient été prolongées ou la police fermait les yeux. Par ailleurs, les Londoniens ne firent pas énormément appel à l'alcool pour entretenir leur enthousiasme, car, en me promenant dans la nuit du 11 au 12, je n'aperçus que peu d'ivrognes, peu de « silhouettes titubantes ».

Le lendemain matin je fus réveillé dès 7 heures par les accents d'une musique militaire qui défilait en casque colonial devant l'ambassade d'Allemagne. J'avais reçu une chambre donnant sur le Mall, où devait passer le cortège du couronnement. Mais, à partir de 8 heures, cette chambre et le balcon qui la précédait ne m'appartinrent plus uniquement. L'ambassadeur von Ribbentrop avait partagé la colonie allemande entre les fenêtres et je reçus de nombreux hôtes. Je pus cependant contempler le cortège de tout près et dans tous ses détails.

Tout d'abord le lord-maire de Londres passa dans un carrosse vitré et doré. Ce vénérable véhicule paraissait sortir en droite ligne des contes de Grimm. On avait presque envie de se frotter les yeux pour s'assurer qu'on ne rêvait pas en apercevant ce qui se déroulait dans la rue. Au fantastique carrosse tout en glaces succéda à quelque distance une lourde voiture des anciens temps portant le *speaker*[1] de la Chambre des communes, délégué du Parlement britannique. Puis vinrent, comme pour nous confirmer que nous ne rêvions pas, des automobiles modernes, avançant lentement et s'arrêtant fréquemment pour suivre l'allure des chevaux. Dans la première se trouvait le représentant de l'empereur du Japon, puis, derrière, le frère du roi des Belges, la princesse Juliana de Hollande avec le prince Bernhard, les princes héritiers

---

1. Le *speaker* est le président de la Chambre des communes.

et les princesses de Norvège, de Suède, du Danemark, le prince régent Paul de Yougoslavie, le prince Cyrille de Bulgarie, le prince héritier de Grèce et le prince Mohamed d'Egypte. Des noms des *Mille et Une Nuits* dans des voitures du XXe siècle ! Alors qu'une certaine fatigue commençait à nous envahir, passèrent toute une série de ministres des Affaires étrangères de France, d'Italie, de Pologne, de Chine, puis le *Generalfeldmarschall* von Blomberg en grand uniforme, avec son bâton de maréchal.

De nouveaux carrosses de gala suivirent, portant les Premiers ministres des Etats de l'Empire, le sultan de Zanzibar, l'émir Abdullah de Transjordanie. Tout un monde s'était donné rendez-vous sous nos yeux dans un cadre historique.

Enfin passèrent les membres de la famille royale en divers groupes possédant chacun son escorte particulière dont les uniformes éclatants rehaussaient encore la magnificence. De très loin, on vit étinceler le carrosse du couple royal, tiré par quatre chevaux blancs, et il approcha lentement. Un ami anglais m'a dit que cette voiture, vieille de deux siècles, pèse très lourd, parce qu'en dehors de son apparence d'être toute en or, elle contient beaucoup de ce précieux métal dans sa construction. Grâce à ses lignes magiques, à ses ornements féeriques et en dépit de l'impression déroutante donnée par les allégories peintes sur les côtés, ce carrosse paraît cependant léger comme une vitrine. Il transportait les deux personnages principaux de cette immense fantasmagorie, le couple royal, encore aujourd'hui seul lien réunissant toutes les parties de l'immense communauté britannique, et qui avançait lentement sous les yeux de la foule en liesse des sujets et des spectateurs étrangers. Ce symbole du plus puissant empire du monde sous la forme du roi, revêtu d'une robe de cérémonie écarlate, coiffé d'or et d'hermine, et de la reine portant un costume ivoire, parée d'or et de gemmes, dans ce cadre d'un passé de plusieurs siècles merveilleusement ressuscité, produisait une impression que n'oublieront de leur vie ceux qui ont pu l'apercevoir. Aujourd'hui encore je ne me rappelle pas sans admiration la simplicité, le naturel avec lesquels la puissance historique de l'Empire britannique incarnée dans ces deux formes humaines se présentait au monde et à son peuple, et aussi le naturel non moins grand avec lequel les plus simples Anglais accueillaient ce spectacle. A aucun moment on n'avait une impression d'artificialité, de commande, d'exagération. La joie populaire ne prenait pas des formes hystériques, elle montait tout naturellement du cœur. Il y avait dans la somptuosité des costumes, qui, à des yeux modernes, pouvaient paraître quelquefois un peu ridicules, un manque d'affectation auquel on reconnaissait clairement qu'ils provenaient d'une tradition se prolongeant sans rupture à travers les siècles. Bref, c'était le spectacle d'une force simple et sûre de soi qui défilait sous nos yeux.

Ribbentrop avait invité aux fêtes du couronnement un certain nombre de nationaux-socialistes importants. Il était intéressant de voir la façon dont ils réagissaient devant ce cortège triomphal de l'Empire britannique. Ils ne lui accordaient pas leur approbation, surtout parce qu'ils le trouvaient trop « historique ». « Nous faisons beaucoup mieux en Allemagne, me dit l'un d'eux. Nous avons renoncé à toutes ces mômeries traditionnelles. On ne voit pas chez nous tant de vieillards, tant de têtes chenues. Nous donnons la préséance, sur la vieillesse et la tradition, à la jeunesse et à l'uniforme moderne, encore sans histoire, des chemises brunes. » En cette grandiose manifestation, la Grande-Bretagne m'apparaissait comme un chêne puissant, battu par les tempêtes depuis des siècles, noueux, mais toujours plein de force et de vie. En revanche, je comparais nos manifestations nationales-socialistes à de délicates plantes de serre, capables de donner les fleurs les plus éclatantes grâce à l'emploi des ressources les plus inimaginables de l'art moderne des jardins, mais sur la durée desquelles on avait le droit de nourrir quelques doutes.

De notre balcon du Mall, nous entendîmes les haut-parleurs décrire les longues cérémonies du couronnement à Westminster Abbey. Le soir, ils transmirent de même une allocution du roi à ses peuples. Il parlait devant le petit microphone d'or que j'avais vu son père utiliser au Musée géologique lors de l'ouverture de la conférence mondiale économique.

En contemplant le cortège et au cours des cérémonies, ma pensée alla plusieurs fois à celui qui aurait dû être couronné en cette journée, à Edouard VIII, frère aîné du roi qui avait renoncé au trône pour épouser une Américaine. Je devais faire sa connaissance et celle de sa femme à l'automne suivant lorsque, en tant que duc et duchesse de Windsor, ils firent visite à l'Obersalzberg, au Carinhall et à Berlin.

Tous les ambassadeurs étrangers de la capitale britannique donnèrent de grandes réceptions à l'occasion du couronnement. L'une des plus notables fut la soirée offerte à l'ambassade d'Allemagne par Ribbentrop et sa femme. Le vieux bâtiment de Carlton House Terrace n° 9 avait été complètement modernisé à l'intérieur. Le style historique de bon aloi des salles avait été remplacé par des lignes simples, droites. J'ai entendu par la suite bien des bouches, autorisées ou non, prononcer de nombreuses critiques contre le manque de goût de la nouvelle installation. Personnellement je pensais exactement le contraire. J'ignore qui en fut l'architecte mais, à mon avis, il avait précisément fait preuve d'un goût excellent. Les lignes modernes, la disposition des surfaces unies exigent un sentiment tout particulier de l'harmonie et des oppositions de volumes et de couleurs. Le créateur de la nouvelle installation y avait admirablement réussi et l'approbation des hôtes éminents, venus à cette réception du couronnement, fut – tout au moins à l'époque – à peu près unanime.

Nous autres, les jeunes, avions été chargés d'aider l'ambassadeur à recevoir ses invités et à veiller au confort de ceux-ci. Je pus ainsi approcher beaucoup des principaux personnages qui avaient accepté l'invitation et constater que la réception éveillait chez tous une impression très favorable.

A cette soirée de l'ambassadeur du IIIe Reich, le duc de Kent, frère du roi, et la duchesse représentèrent les souverains. Les ministres anglais étaient particulièrement nombreux. J'aperçus le chancelier de l'Echiquier Neville Chamberlain, futur Premier ministre ; je pus échanger quelques mots avec Eden, ministre des Affaires étrangères, et eus à servir d'interprète à lord Halifax[2], garde des Sceaux, qui devait lui succéder et que je devais assister au cours de la même année à l'Obersalzberg et au Carinhall. Le ministre de la Guerre, Duff Cooper[3], accompagné de sa très élégante femme, lord Vansittart[4], secrétaire d'Etat aux Affaires étrangères, étaient également présents. J'eus aussi l'occasion de saluer de vieilles connaissances de Genève comme lord Londonderry, lord

2. Ancien vice-roi des Indes, lord Halifax (1881-1959) remplace, en janvier 1938, Eden à la tête du Foreign Office où il est l'un des architectes de la politique d'apaisement dans le droit fil de son voyage en Allemagne de septembre 1937 au cours duquel il a eu des entretiens avec Hitler et Goering. En mars 1939, après l'invasion de la Tchécoslovaquie, il pousse Chamberlain à reconsidérer sa politique.

3. Politicien conservateur, secrétaire d'Etat à la Défense en 1937, Duff Cooper (1890-1954) se range dans le camp des opposants à la politique d'apaisement. Il démissionne après les accords de Munich.

4. Diplomate britannique, secrétaire permanent du Foreign Office de 1930 à 1938, lord Vansittart (1881-1957) compte parmi les adversaires les plus déterminés de la politique d'apaisement, ce qui lui vaut d'être démis de ses fonctions au début de 1938 par Neville Chamberlain. En septembre 1939, il aura ces mots : « Nous sommes de nouveau en guerre parce que, depuis vingt ans, nous avons pris les Français pour des Allemands et les Allemands pour des Français. »

Rothermere[5], Bruce, haut-commissaire au Canada, et Te Water, commissaire en Afrique du Sud.

Parmi le personnel des délégations étrangères venues assister au couronnement parurent le prince Chichibu, frère de l'empereur du Japon, le prince héritier de Grèce, le prince héritier de l'Arabie saoudite et le prince Choula Chakrabonga du Siam que je dus accompagner pendant fort longtemps et que je ne pus « repasser » qu'à grand-peine à d'autres invités, car il ne connaissait apparemment personne et eût volontiers passé toute la soirée à bavarder avec moi.

Mais je secouai vigoureusement, au bout d'un certain temps, le contact de cette haute personnalité pour me consacrer à mes propres amis anglais auxquels j'avais pu faire parvenir des invitations (fort recherchées) à cette fête donnée par le IIIe Reich à Londres. Nous allâmes de buffet en buffet à travers la foule des grands personnages et je pus montrer à mes amis et à leurs épouses quelques étrangers comme le ministre français des Affaires étrangères Delbos[6], le chef de l'état-major général Gamelin[7], voué à la renommée mondiale, et, naturellement, le ministre de la Guerre von Blomberg[8]

---

5. Lord Rothermere, né Harold Harmsworth (1868-1940), est un magnat de la presse britannique, propriétaire notamment du *Daily Mail*.

6. Yvon Delbos (1885-1956), l'un des chefs du parti radical-socialiste, est le ministre des Affaires étrangères du Front populaire de juin 1936 à mars 1938.

7. Le général Maurice Gamelin (1872-1958) succède en 1931 au général Weygand au poste de chef d'état-major général. A partir de 1935, il le cumule avec la fonction d'inspecteur général de l'armée. Au début de la Seconde Guerre mondiale, il est le généralissime des forces armées françaises.

8. Le général Werner von Blomberg (1878-1946) entre, le 30 janvier 1933, comme ministre de la Reichswehr dans le cabinet d'Adolf Hitler. Il est limogé le 27 janvier 1938, officiellement pour s'être remarié avec une prostituée, en réalité pour s'être opposé au programme annexionniste présenté par Hitler aux chefs militaires quelques semaines plus tôt.

ainsi que quelques-uns des membres du Parti nationaliste que Ribbentrop avait invités.

L'attraction de la soirée fut constituée par un concert où les cantatrices Margarete Klose et Frida Leider, le chanteur Rudolf Bockelmann de l'Opéra de Berlin chantèrent des airs de Wagner, Schubert et Wolf, accompagnés par Michael Raucheisen. Duff Cooper et Vansittart eux-mêmes parurent enthousiasmés, alors qu'ils étaient manifestement connus pour leur opposition non seulement au IIIe Reich, mais à l'Allemagne en général.

Pour la jeunesse amoureuse de la danse, un avion spécial avait amené un des meilleurs orchestres allemands, celui de Barnabás von Géczy. Je savais, par expérience personnelle, combien les Londoniens étaient gâtés à cet égard. Le monde entier a appris à connaître par la radio et par le disque leurs merveilleux orchestres tels que : Geraldo, Ambrose, les Savoy Orpheans, etc. J'avais moi-même souvent et fort volontiers dansé à Londres à leurs accords, mais je constatai à l'ambassade, ce soir-là, que Barnabás von Géczy pouvait aisément rivaliser avec eux. Il enthousiasma tout particulièrement mes amis anglais par ses valses viennoises.

Dans le brouhaha de ces fêtes la politique passa à peu près à l'arrière-plan. Au lendemain du couronnement j'accompagnai Blomberg chez le Premier ministre Baldwin, revoyant en cette occasion la célèbre maison du 10, Downing Street, où j'étais entré pour la première fois en 1924 avec Stresemann. Rien ne semblait avoir changé. Baldwin lui-même, le fameux chef des conservateurs, que je vis alors pour la première et unique fois, donnait l'impression de faire en quelque sorte corps avec sa maison. Le petit homme trapu et ramassé, semblable à un bouledogue anglais devenu homme, fumait la pipe derrière son bureau. J'eus l'impression que toutes ses paroles exprimaient des opinions longuement, mûrement réfléchies et bien arrêtées. Tous ses mouvements montraient un calme et une assurance imperturbables. Nous savions déjà qu'il devait quitter bientôt ses fonctions et être remplacé par Neville Chamberlain au poste de Premier ministre. Nous savions également que Baldwin ne s'était jamais beaucoup intéressé aux questions de politique étrangère. Il était le grand maître conservateur de la politique intérieure et avait donné la preuve de ses talents au cours de plusieurs élections générales où il avait fréquemment conduit son parti à la victoire. Etant donné ces conditions, il ne fut pour ainsi dire pas parlé des rapports anglo-allemands. On exprima simplement le désir, des deux côtés, de voir les difficultés du moment disparaître rapidement. Blomberg exposa principalement le mécontentement que l'attitude de la presse britannique avait fait naître dans les milieux nationaux-socialistes, sans toutefois exprimer de souhait particulier à ce sujet. Baldwin se contenta de faire la réponse que devaient si souvent recevoir encore Hitler et d'autres interlocuteurs allemands des Anglais : « L'Angleterre est un pays où règne la liberté de la presse ; le gouvernement britannique n'a aucune possibilité d'agir sur les journaux. »

Dans l'après-midi du même jour j'allai avec Blomberg chez Neville Chamberlain, successeur désigné de Baldwin et qui devait jouer, par ses trois voyages en avion préparatoires, un rôle si important à la conférence de Munich. Il offrait une différence très marquée avec Baldwin. En comparaison du calme et du flegme de celui-ci, il paraissait presque pétulant. Tandis qu'il parlait, en regardant Blomberg d'un regard droit et franc de ses yeux bruns à l'expression bienveillante, on remarquait que son esprit fonctionnait beaucoup plus activement que celui de Baldwin. Chez lui il n'était pas question d'opinions bien arrêtées, inébranlables. Il s'intéressait manifestement beaucoup aux développements de l'Allemagne nouvelle et demanda de nombreux détails sur l'organisation administrative du IIIe Reich. Dans son désir de voir s'établir de bons rapports entre l'Angleterre et l'Allemagne, qu'il exprimait toutefois avec une certaine réserve, il y avait beaucoup de chaleur convaincante. Cette réserve était dans sa nature mais elle était encore renforcée par le fait qu'il n'était encore officiellement que chancelier de l'Echiquier et non chef de toute la politique anglaise. Aussi notre visite avait-elle un caractère de courtoisie plus accentuée que dans le cas de Baldwin. L'intérêt que ces rencontres présentèrent pour moi fut de constater combien les deux chefs du Parti conservateur pouvaient différer par leur personnalité.

Blomberg, toujours en ma compagnie, alla également faire une apparition au Foreign Office, chez Eden. Je ne me souviens pas qu'une seule question même à demi intéressante ait été posée. Eden se montra extrêmement fermé. J'attribuai sa réserve au fait que les Anglais eussent désiré voir venir Neurath aux fêtes du couronnement, comme délégué de l'Allemagne, au lieu du maréchal. On m'avait dit que certaines approches avaient été effectuées dans ce dessein, mais que Ribbentrop n'avait pas voulu voir son rival venir réduire son rôle en tant que représentant politique du IIIe Reich et s'était, en conséquence, opposé à sa désignation.

De cette atmosphère des fêtes de Londres je passai dans une autre bien différente, car je fus envoyé à Bruxelles pour participer à de prosaïques négociations sur l'industrie chimique. De nouveau, l'Angleterre, l'Allemagne, la France, la Belgique et la Hollande discutèrent contingentements, prix et conditions de livraison. Aucun grand nom et un décor assez modeste. Un tapis vert sur une grande table unie dans un hôtel bruxellois. Seules les firmes représentées étaient fameuses, et les décisions qui furent prises au cours de mon séjour de deux journées dans la capitale belge se montrèrent lourdes d'importance non seulement pour elles, mais aussi pour leurs pays respectifs. Là, l'Histoire ne joua aucun rôle.

Elle eut également très peu de rapport avec la manifestation à laquelle j'assistai aussitôt après. A peine rentré de Londres et de Bruxelles, je me retrouvai dans un avion, le 23 mai, en route vers Paris. C'était un avion spécial qui emmenait le Dr Schacht, ministre de l'Economie du Reich, chargé d'inaugurer le pavillon de l'Allemagne à l'Exposition internationale dans la capitale française. Ce fut un vol rapide et sans incident dans cette chaude journée estivale de mai 1937. Mais, politiquement, la distance qui séparait Berlin de Paris était probablement la plus grande qu'on pût trouver en Europe. Les temps de Stresemann et de Briand étaient révolus.

Nous fûmes cependant reçus par les Français avec une remarquable politesse. Le ministre de l'Economie vint même recevoir personnellement Schacht à l'aéroport du Bourget. François-Poncet, le comte Welczeck, ambassadeur d'Allemagne en France, et de nombreuses personnalités françaises et allemandes nous y attendaient aussi.

Schacht trouva des mots très chaleureux dans son discours d'inauguration du pavillon. « Je considère comme un honneur et une joie toute particulière, dit-il dès le début, de pouvoir apporter au président de la République française et au gouvernement français le salut du gouvernement et du peuple allemands. » Il parla ensuite de la « catastrophe de la guerre mondiale qui avait si durement frappé l'économie de tous les pays, vainqueurs et vaincus, qu'elle n'était pas encore parvenue à se rétablir ». Il insista tout spécialement sur les « douze années de la psychose des réparations » et les « six années de crise économique mondiale ». « Le désir de mettre fin une fois pour toutes aux malheureuses conséquences de la guerre et de consacrer tous les efforts au service de la reconstruction économique et sociale n'en est que plus ardent. » Rien de palpable n'avait encore été obtenu pour régler définitivement le problème des dettes de guerre, pour faire disparaître l'insécurité due à l'instabilité des monnaies et pour libérer le monde de l'inégalité de la répartition des matières premières. « Dès que le monde aura une bonne fois la certitude d'une paix équitable et durable, la tâche deviendra facile à l'économie. »

Il traita encore des problèmes franco-allemands dans le cadre des négociations commerciales rouvertes depuis quelques mois et conclut par ces mots : « Je considère comme de bon augure que cette Exposition et notre participation se soient justement produites dans la capitale du pays qui s'est trouvé naguère au premier rang de nos adversaires. La meilleure façon de faire disparaître les oppositions politiques est de manifester le même intérêt aux progrès de la civilisation dans le monde. »

Schacht prononça une partie de son discours en allemand et lut lui-même une traduction française que je lui avais préparée. « Schacht parla un français presque sans accent, écrivit la presse parisienne », et le *Temps* imprima : « Il traduisit bien mieux son discours en français », déclaration que j'enregistrai avec satisfaction puisque l'on trouvait la version française meilleure que l'original allemand.

Auparavant, le ministre du Commerce Bastid avait trouvé pour nous des paroles très aimables. Je lui avais servi d'interprète précédemment au cours d'une visite faite à Hitler, à Berlin, et je me suis réjouis de l'entendre évoquer avec plaisir le souvenir de son séjour en Allemagne et l'accueil amical que l'équipe olympique française avait reçu de la part des Allemands. « Le succès dont nous rêvons, dit-il alors, c'est que cette réunion pacifique des peuples à l'Exposition de Paris puisse servir la paix d'une manière efficace et durable. » « Mais l'homme ne peut vouloir s'attribuer les pouvoirs divins, dit Bastid, apostrophant Hitler à ce qu'il me parut, et faire de la paix son affaire privée. »

Comme toutes les Expositions, celle de Paris était loin d'être au point lors de son inauguration. Mais on pouvait constater déjà avec quel goût et quelle habileté les nations exposantes s'étaient mises à la besogne. Le pavillon allemand en constituait naturellement un des clous, moins sans doute à cause de ses qualités artistiques et architectoniques que du fait qu'il constituait comme une enseigne du IIIe Reich au sujet duquel les Français lisaient tant de choses, et si menaçantes, dans leurs journaux. Le pavillon allemand était une œuvre solide et sobre, mais il lui manquait extérieurement ce cachet artistique dont jouissait, par exemple, le pavillon de l'Union soviétique, situé juste en face de lui. Devant le pavillon allemand, qui, de l'avant, donnait l'impression d'une tour, il y avait trois statues monumentales, représentant des personnages nus, dont l'effet de massivité pouvait être difficilement dépassé, alors qu'en haut du pavillon soviétique, un groupe en pierre, représentant un couple doué d'un magnifique mouvement, constituait un couronnement très réussi.

Mais à l'intérieur des deux constructions les choses s'inversaient. « Dans le pavillon allemand, écrivait par exemple *Le Petit Parisien*, tout, jusque dans le plus petit détail, possède cette précision, cette sobriété, cette force que la science donne à l'industrie, et aussi cette mystique insaisissable que l'on sent dans l'esprit de toute création germanique. » Ce que contenait le pavillon soviétique faisait beaucoup moins impression. Je remarquai combien les avions exposés ressemblaient à nos Junker et je me souvins de l'époque où, toute construction aéronautique étant interdite en Allemagne, les recherches et travaux d'essai avaient été poursuivis en Russie.

Parmi les pavillons des autres nations je me souviens encore du belge avec sa magnifique décoration florale, tandis que l'italien, présentant un Mussolini complètement nu sur un cheval non sellé, produisait une impression vraiment décevante.

Après mon retour de Paris j'eus encore énormément de travail à Berlin et en Allemagne, car Neurath, comme Stresemann et Brüning avant lui, me mit comme interprète à la disposition de ses collègues du ministère et de certains personnages importants du IIIᵉ Reich. Je travaillai alors pour le ministre du Ravitaillement Darré[9]. Je me souviens encore tout particulièrement du congrès international de la volaille qui eut lieu simultanément à Hambourg et à Leipzig. Il entendit de nombreux discours de ministres auxquels les cris et le tintamarre des animaux participants constituaient un fond très sonore. Je me rappelle qu'à la table du banquet de Leipzig vint s'asseoir pendant un certain temps (sans utiliser de chaise) un kangourou du Zoo qui contempla de ses gros yeux bruns cette curieuse assemblée d'hommes avec un air intéressé et condescendant. J'eus à parler des races pondeuses et des caractéristiques des sexes. J'entendis d'extraordinaires conversations à ce sujet et des propos qui, se rapportant à des bêtes, prenaient une signification très curieuse dans les conditions où ils étaient prononcés. « Vous savez, madame, les questions de sexe c'est très délicat… » entendis-je de la bouche d'un délégué français à la barbiche grisonnante, lequel s'adressait à une déléguée polonaise au cours d'un déjeuner officiel. Je m'attendais à ce que la dame ne répondît que par un silence glacial à des paroles aussi frivoles. Mais, à ma grande stupéfaction, elle répondit avec un sourire charmant : « Mais oui, dans notre laboratoire nous faisons des expériences magnifiques. » J'avais oublié pendant un instant qu'il ne s'agissait que de volaille.

J'eus plusieurs fois à traduire pour le ministre de la Propagande Goebbels, lors de manifestations journalistiques

---

9. Théoricien de l'idéologie *Blut und Boden* (« La Terre et le Sang »), Walther Darré (1895-1953) fut notamment ministre de l'Agriculture du IIIᵉ Reich de 1933 à 1942.

officielles et au cours d'entretiens privés. En ces occasions il se comporta en loup ayant revêtu la houppelande (extrêmement bien coupée) du berger. Le monde entier sait aujourd'hui qu'il affectait cette attitude, car il a jeté le masque juste avant de se suicider, en adressant à ses proches collaborateurs ces paroles qu'un témoin m'a rapportées après 1945 : « Vous êtes bien avancés d'avoir collaboré avec nous (les nationaux-socialistes). Vous allez perdre votre petite tête. Et le peuple allemand lui-même ne méritait pas mieux que cette destruction... » Cet homme se présentait à l'étranger sous un aspect soigné et souriant, il parlait intelligemment, se révélait cultivé, et se montrait exactement le contraire du démagogue tapageur qu'il était le plus souvent à la radio, dans les réunions électorales ou dans ses activités de propagande. La transformation était peut-être trop grossière pour que Goebbels pût impressionner durablement ses visiteurs. En tout cas, il ne convainquit pas Paul Reynaud[10], le futur président du Conseil français, à qui j'eus un jour à servir d'interprète à Berlin, au cours d'un entretien avec Goebbels, et qui donna beaucoup de fil à retordre à l'habile dialecticien, ex-élève des Jésuites, par ses objections spirituelles.

Je fus également mis par les Affaires étrangères à la disposition de l'Organisation internationale du front du travail, dirigée par le Dr Ley[11], sous le titre « Le Travail

---

10. Une des figures de la droite modérée, Paul Reynaud (1878-1966) est à plusieurs reprises ministre sous la IIIe République, successivement en charge des Finances, des Colonies et de la Justice. Il adopte des positions volontiers hétérodoxes, en défendant très tôt l'idée d'une dévaluation du franc (qu'il mettra en œuvre en 1938) et en prônant le corps cuirassé dont le colonel de Gaulle s'est fait l'avocat. Président du Conseil du 22 mars au 16 juin 1940, il démissionne en raison de son désaccord avec la majorité de ses ministres qui s'opposent à son plan de poursuite de la guerre depuis l'Afrique du Nord. Il est remplacé par le maréchal Pétain.

11. Robert Ley (1890-1945) est le Führer du *Deutsche Arbeitsfront* (Front allemand du travail) créé après la dissolution des syndicats allemands, le 19 mai 1933.

et la Joie », et qui devait constituer une réplique de l'organisation genevoise. La plupart du temps il s'agissait d'assister aux congrès qui avaient lieu en été, à Hambourg, et où venaient des délégués de tous les pays d'Europe. Il vint même d'Angleterre un véritable lord dont j'ai malheureusement oublié le nom, et qui représentait la *Playing Fields Association*, destinée à rendre populaire le sport dans les masses laborieuses. Prunella Stack, qui épousa aussi un lord par la suite, représentait la ligue anglaise *Health and Beauty*, accompagnée d'une délégation féminine qui faisait le plus grand honneur à sa devise « Beauté et Santé ». De France venaient des groupes régionaux, particulièrement du Midi, qui dansaient dans leurs costumes pittoresques, fréquemment accompagnés par leurs maires ou leurs députés. Bien entendu les Italiens étaient toujours en nombre, leur *Dopolavoro* ayant été à l'origine de l'Organisation des loisirs de Ley. Mais également l'Espagne, le Portugal, la Grèce, la Yougoslavie, la Hongrie, la Bulgarie, la Roumanie et la Pologne envoyaient des groupes folkloriques qui dansaient et chantaient.

Le travail du congrès consistait principalement à assister à des défilés et à des représentations. Les réunions proprement dites, où l'on avait besoin d'un interprète, ne se produisaient qu'accessoirement. On y foulait aux pieds toutes les règles habituelles des conversations internationales. Les délégués qui étaient connus de Ley ou de ses adjoints comme n'approuvant pas les propositions allemandes ou italiennes n'étaient pas invités aux séances, tout simplement, de sorte que l'« unanimité » désirée ne faisait jamais défaut. Mais les gens ainsi écartés ne protestaient jamais, même pas lors des réunions plénières qui avaient lieu dans un théâtre de Hambourg. Ils laissaient tranquillement faire et s'absorbaient dans les cortèges, les danses, les chants des plus curieux de tous les congrès internationaux auxquels j'ai jamais assisté. Un an plus tard seulement, ils essayèrent plusieurs fois de repousser les décisions prises en faisant observer « qu'ils n'y avaient pas participé ».

L'argent n'était pas épargné. Le grand paquebot *Wilhelm Gustloff*[12], appartenant à l'organisation « La Force par la Joie », servait de quartier général aux délégations étrangères dans le port libre de Hambourg. Dans sa magnifique salle de réunion, qui pouvait rivaliser avec les plus grandes qu'on trouve à terre, on prononçait et on traduisait des discours pendant des heures et on célébrait souvent jusqu'au matin la fraternisation des peuples. Les entreponts, les coursives retentissaient de chants dans toutes les langues. Jour et nuit régnait une joie exubérante ; c'était un carnaval international qui durait huit jours. A ce que je pus observer, l'effet de propagande en faveur du IIIe Reich était tout à fait extraordinaire. Le nombre de « sympathisants » européens gagnés ainsi dans tous les pays de notre continent, démocraties occidentales comprises, doit avoir été fort élevé.

Le plus curieux était que ces congrès chantants et dansants étaient placés sous la présidence d'honneur de l'Américain Gustavus Town Kirby[13]. Lorsque, grand et maigre, habillé d'une jaquette irréprochable, il soulevait son haut-de-forme gris pour remercier la foule internationale de ses ovations enthousiastes dans les rues de Hambourg, il constituait vraiment une incarnation de l'oncle Sam tel qu'on le voit dans les images. Mais dès que le petit et replet Dr Ley se joignait à lui, le couple ressemblait à Pat et Patachon et les acclamations de l'Eu-

---

12. Paquebot de croisière, le *Wilhelm Gustloff* fut lancé en 1937 à Hambourg. Il fut coulé le 30 janvier 1945 par un sous-marin soviétique alors qu'il transportait plus d'un millier de soldats et d'officiers ainsi que plusieurs milliers de réfugiés de Prusse-Orientale.

13. Ancien champion d'escrime, président du Comité olympique américain en 1920, Gustavus Town Kirby (1874-1959) préside les Jeux d'été de 1924 à Paris.

rope s'accroissaient jusqu'au ridicule. Il va de soi qu'en ce qui me concerne, l'accent portait plus sur le travail que sur la joie, à cause de la loquacité générale, mais, malgré mon scepticisme, je me trouvais entraîné irrésistiblement par le courant de gaieté et de liesse.

Ces congrès s'effectuaient en deux ou plusieurs parties. La première avait lieu à Hambourg. Puis le *Wilhelm Gustloff* se mettait en route avec les délégations étrangères à bord, et faisait le tour de l'Europe, de sorte qu'elles arrivaient à Naples en temps utile pour participer à la deuxième partie qui avait lieu à Rome. Quant à moi, je ne pouvais prendre part qu'aux « séances de travail » proprement dites. J'avais à participer entre-temps à tant d'autres conférences qu'on me faisait prendre très souvent par avion spécial. Je partais pour Rome à la toute dernière minute. Il m'arriva encore, en 1937, d'être ramené directement de la capitale italienne à Berchtesgaden. Je prenais le thé en Bavière et le soir même j'étais de retour à la table des conférences à Rome. Dans les conditions de l'époque c'étaient presque des exploits qui, en raison de mon enthousiasme pour l'avion, m'emplissaient d'orgueil.

Après ces mois d'été si chargés, je revins à Paris au début de septembre. J'avais été mis à la disposition de Funk[14], secrétaire d'Etat au ministère de la Propagande, qui devait présider la semaine intellectuelle allemande à l'Exposition internationale de Paris. On peut dire sans exagérer que le programme artistique donné par l'Allemagne à cette occasion tint le public international en haleine. *La Walkyrie* avec la distribution de Bayreuth et Furtwängler[15], *Tristan* avec Elmendorff, *Le Chevalier à*

---

14. Après avoir été un proche collaborateur de Goebbels au ministère de l'Education du peuple et de la Propagande, Walther Funk (1890-1960) est nommé en 1938 ministre de l'Economie, poste qu'il cumule à partir de 1942 avec la présidence de la Reichsbank.

15. L'un des plus grands chefs d'orchestre de la musique occidentale, Wilhelm Furtwängler (1886-1954) resta en Allemagne après

la Rose et *Ariane à Naxos* avec la distribution de l'Opéra de Berlin et l'orchestre sous la direction de Clemens Krauss[16], qui, en l'absence de Richard Strauss malade, dirigea également au Théâtre des Champs-Elysées une soirée de mélodies avec Schlusnus, la *Neuvième Symphonie* avec le Philharmonique de Berlin sous la direction de Furtwängler. Cette énumération suffit pour montrer que l'Allemagne avait fait donner son artillerie lourde. Le succès fut, à mon avis, considérable et je pourrais remplir des pages et des pages avec les appréciations élogieuses en anglais et en français que j'eus à traduire pour Funk. Les manifestations elles-mêmes me donnèrent peu de travail, car, par nature, elles employaient le merveilleux langage international de la musique et de la danse (Harald Kreutzberg et le ballet de l'Opéra de Charlottenburg) qui se passe avantageusement de traduction. A Paris, contrairement à ce qui se passait à Hambourg, ce n'était pas l'Allemagne nationale-socialiste qui exerçait une impression durable sur le monde. C'était l'Allemagne éternelle de la musique et de l'art qui, par ses manifestations inimitables, faisait oublier à ce public international les critiques formulées par lui contre le IIIᵉ Reich. Ce fut un succès du germanisme dans ce qu'il a de meilleur, non pas sous l'étiquette nazie, mais en tant que membre de la communauté européenne ; et les ambassadeurs de ce germanisme ne s'appelaient pas Ribbentrop, Ley ou Funk, mais Furtwängler, Schlusnus[17],

---

1933, malgré son aversion pour le nazisme. Les dirigeants nazis, qui tenaient à le garder en Allemagne en raison de son immense prestige international, fermèrent longtemps les yeux sur ses agissements, notamment le soutien qu'il apporta à des personnalités juives.

16. Chef d'orchestre autrichien, Clemens Krauss (1893-1954) est particulièrement associé à Richard Strauss. Directeur musical de l'Opéra de Berlin de 1935 à 1937, il prend en 1937 la direction de l'Opéra d'Etat de Bavière à Munich, poste qu'il conserve jusqu'en 1944.

17. Premier baryton de l'Opéra de Berlin, Heinrich Schlusnus (1888-1952) s'illustre tout particulièrement dans les opéras de Verdi.

Krauss, le Philharmonique de Berlin, les artistes de l'Opéra allemand. C'était la vieille Allemagne de toujours qui reparaissait, en dépit des orages politiques des temps nouveaux.

La semaine intellectuelle allemande n'était pas terminée que je me retrouvai un matin, à 6 heures, à bord d'un avion. Cette fois c'était Air France qui – quel contraste ! – me conduisit de l'Exposition parisienne, en trois petites heures, au… congrès national-socialiste de Nuremberg. Avant même d'atterrir, j'aperçus l'immense camp de toile de Langwasser et la multitude qui circulait à travers les constructions du Parti sur la Zeppelinwiese. En me rendant de l'aérodrome à l'hôtel de Hitler, je fus puissamment frappé par l'extraordinaire ambiance de cette foule en uniforme. Ce n'était partout que musiques militaires, colonnes en marche, nuages de poussière, drapeaux à croix gammée jusque dans les endroits les plus impossibles. Dans la ville, les trottoirs étaient noirs, ou plus exactement bruns, de gens, de crieurs de journaux, de marchands de saucisses, de baraques vendant des insignes et des souvenirs. Toutes les auberges s'emplissaient de chœurs à plusieurs voix. Bref, l'atmosphère d'un gigantesque champ de foire à une échelle démesurée. La Mercedes noire qui était venue me prendre à l'aéroport franchit enfin les barrages entourant l'hôtel de Hitler. Là on retrouvait brusquement le calme habituel à la ville historique aux si jolis monuments. Hitler se tenait à l'écart des masses.

Ce n'était pas le premier congrès du Parti auquel je participais en qualité d'interprète. Dès 1935, alors que j'assistais à des conversations industrielles à Paris, j'avais été appelé par Ribbentrop à Nuremberg. J'avais alors travaillé pour les « Affaires étrangères privées » comme on appelait le service de Ribbentrop, et résidé au Grand Hôtel où étaient logés les très nombreux hôtes étrangers.

Le hall de cet hôtel, qui est redevenu après 1945 le quartier général des étrangers se trouvant à Nuremberg, me rappelait étrangement les halls d'hôtel de Genève. On y retrouvait la même atmosphère internationale. Les divers groupes s'y rencontraient dans la journée et souvent fort tard dans la nuit, discutant la situation politique, les avantages et les inconvénients du national-socialisme, en anglais, en français, en italien, en espagnol. Les journalistes y étaient en nombre considérable, de sorte que le bar prenait tout à fait l'aspect du Bavaria.

Le séjour dans cet hôtel m'était particulièrement pénible parce que j'y rencontrais de très nombreux Anglais et Français dont l'enthousiasme pour Hitler et le national-socialisme ne se laissait diminuer par rien. Personnellement je ne partageais nullement cet enthousiasme. Je connaissais trop bien le revers de la médaille, mais à cause de l'éducation reçue aux Affaires étrangères, j'estimais que ce n'était pas mon rôle de leur enlever leurs illusions et de les dresser contre le gouvernement de mon pays. Je me cantonnais donc autant que possible dans mon rôle neutre d'interprète. Qu'aurais-je dû dire, par exemple, à ces aristocrates français qui parlaient sur un ton presque délirant de Hitler et de ses suivants en chemise brune, que pouvais-je répondre à ces Anglais qui exprimaient ouvertement le désir d'avoir chez eux un Hitler afin de ramener leurs ouvriers à la raison ? Je me trouvai bien souvent dans de semblables situations à Nuremberg et ces manifestations étaient, bien entendu, de nature à renforcer mes propres doutes. Peut-être, me disais-je, tous ces Allemands et ces étrangers qui voient le bien dans le national-socialisme, dont j'étais personnellement si loin, ont-ils raison ? Peut-être appartenais-je réellement à « une couche légère comme un souffle » ? Peut-être ma nature présentait-elle quelque défaut qui m'empêchait de participer à cette joie et à cet enthousiasme ?

En 1937, ces complications me furent épargnées car je résidai au Deutscher Hof, quartier général de Hitler qui était isolé des masses allemandes et, bien entendu, des étrangers par de nombreux barrages. Au cours de la semaine du congrès, j'eus à remplir quelques missions bien délimitées et pus passer le reste du temps dans le calme reposant de ma chambre, car la multitude qui envahissait les restaurants et les théâtres rendait les sorties en ville bien pénibles.

Mais il m'advint, le jour où Hitler effectua sa grande promenade triomphale à travers Nuremberg, de me trouver dans une voiture découverte avec les invités français et anglais les plus importants, à quelques mètres seulement derrière l'automobile du dictateur. Nous n'en étions séparés que par les deux voitures de police prêtes à s'interposer au moindre incident, à droite et à gauche de l'auto du Führer. Nous pûmes donc observer celui-ci de fort près et surtout la foule qui l'acclamait des deux côtés du passage.

Ce cortège triomphal, au véritable sens du mot, dura plus d'une heure à travers la vieille ville. L'impression produite par ces masses qui comme en extase ovationnaient Hitler était extraordinairement puissante. Je constatai une fois de plus avec quelle expression de dévouement, de confiance biblique, les gens, paraissant placés sous un charme magique, contemplaient Hitler. Les milliers et les milliers de spectateurs, tout le long du parcours, étaient pris comme d'une ivresse collective à sa vue. C'était dans un véritable délire qu'ils tendaient le bras et le saluaient de clameurs vibrantes. Avancer pendant une heure au milieu de ce déchaînement frénétique constituait une véritable épreuve physique qui nous laissa épuisés à la fin du parcours. Toute force de résistance morale paraissait paralysée ; on avait presque le sentiment d'être obligé de se retenir pour ne pas se joindre soi-même à l'extase générale. Je fus, grâce à

Dieu, constamment absorbé par mon activité d'interprète, mais je pus constater que les Anglais et les Français eurent souvent les larmes aux yeux sous l'effet de l'émotion intérieure causée par tout ce qu'ils voyaient et entendaient. Même des journalistes aussi blasés que Jules Sauerwein du *Matin* ou Ward Price du *Daily Mail*, qui se trouvaient dans ma voiture, étaient littéralement groggy quand nous arrivâmes à la fin du parcours.

A la fin de ce triomphe, Hitler reçut les étrangers au château de Nuremberg et leur offrit un déjeuner auquel étaient présents de nombreux personnages du Parti. Aucun des invités ne fut capable, après les extraordinaires impressions de la matinée, de tenir une conversation raisonnable.

J'eus encore à servir d'interprète à la réception du corps diplomatique qui parut au grand complet, pour la première fois cette année-là, à un congrès du Parti, car, contrairement aux années précédentes, les ambassadeurs de France et d'Angleterre et le chargé d'affaires des Etats-Unis (pas l'ambassadeur) y assistèrent. Deux longs trains composés de wagons-lits amenèrent à Nuremberg les représentants de l'Argentine, du Brésil, du Chili, de la Chine, de la France, de la Grande-Bretagne, de l'Italie, du Japon, de la Pologne, de l'Espagne et de la Turquie, en la personne de leurs ambassadeurs. Dans un second train suivirent les envoyés du Danemark, de l'Egypte, de la Roumanie, de la Suisse, de l'Autriche, de la Grèce, de l'Irlande, de la Finlande, du Portugal, de la Colombie, de l'Uruguay, de Haïti, de Cuba, de l'Irak, de la Lettonie, du Siam, de la Yougoslavie, de Hongrie, de la Belgique, du Nicaragua, de la République dominicaine, du Venezuela, de l'Estonie, de la Bolivie, du Panama, de la Suède, des Pays-Bas, de la Bulgarie, du Guatemala et du Mexique, ainsi que les chargés d'affaires des Etats-Unis, de l'Union de l'Afrique du Sud, de la Tchécoslovaquie, de la Lituanie, de l'Afghanistan et de l'Iran.

Hitler reçut ces nombreux diplomates à un thé donné au Deutscher Hof, où j'eus à traduire son discours en français. François-Poncet, le doyen du corps diplomatique, fit la réponse et je n'eus qu'à l'écouter car il parlait admirablement allemand et sut exprimer en termes très choisis le point de vue de ses collègues étrangers.

Il oubliait rarement de parsemer ses propos de bons mots pour lesquels il était célèbre dans les milieux diplomatiques berlinois. « Vous parlez si bien, lui dit un jour Hitler, que je vous emploierais très bien comme speaker national. » « J'accepterais volontiers l'emploi, répliqua François-Poncet, railleur, mais seulement pour des missions spéciales ! », faisant ainsi allusion à la manie régnant dans le IIIe Reich et consistant à désigner « en mission spéciale » des ambassadeurs, des chargés d'affaires, etc. Mais l'ambassadeur de France sut aussi parler plus sérieusement. L'année suivante, alors que la crise des Sudètes menaçait de conduire à la guerre, il dit à Hitler, à la même occasion, articulant lentement et distinctement : « Les plus belles feuilles de laurier resteront toujours celles qui peuvent être cueillies sans qu'il en coûte la moindre larme à une seule mère. »

Le congrès du Parti était à peine terminé que je quittai Berlin pour aller accomplir une nouvelle mission très importante à Kufstein, à la frontière autrichienne. Je me trouvai avec le service d'honneur à la petite gare-frontière de Kiefersfelden pour accueillir Mussolini et Ciano qui entrèrent sur le territoire allemand le 25 septembre au matin, venant faire une visite officielle. Ce fut la première fois que je montai dans un de ces fameux trains spéciaux que Mussolini et Hitler utilisaient de préférence pour leurs voyages politiques. Ce convoi italien possédait plus de dix wagons-salons, wagons-restaurants, wagons-lits. Deux wagons-lits de la « Mitropa » furent ajoutés pour l'escorte allemande. Mussolini et Ciano me saluèrent très aimablement, car j'étais un des rares Allemands qu'ils connussent parmi les présents. Je constatai que j'étais le seul civil de tout le train. Les Allemands, aussi bien que les Italiens, avaient tous revêtu de magnifiques uniformes étincelants d'or et d'argent. La conversation entre nos hôtes et notre délégation qui comprenait deux ministres, Hess et Frank[18], ne fut pas précisément animée. Dans le bercement du wagon de Mussolini les deux groupes se contentèrent de se sourire mutuellement, tandis que le service d'honneur s'efforçait d'expliquer les points les plus beaux du paysage, de façon à pouvoir dire quelque chose. Le « supplice » se termina à Munich.

A la gare, qui disparaissait sous les drapeaux et les guirlandes, Hitler attendait, entouré d'un immense cortège d'uniformes, et il tendit les deux mains à Mussolini par la fenêtre de son compartiment. Des rafales de musique, de roulements de tambour et d'acclamations : *Heil ! Duce !* ne cessaient de partir sur les quais. Le vacarme devint étourdissant quand nous traversâmes le hall tendu de rouge. Je n'eus pas à remplir mon rôle, tout d'abord parce que Mussolini parlait assez bien l'allemand et qu'ensuite le bruit assourdissant empêchait de s'entendre.

Lorsque nous nous dirigeâmes vers le palais du prince Charles à travers les rues barrées, je constatai aussitôt une différence très nette avec la promenade que j'avais effectuée quelques jours plus tôt dans les artères de Nuremberg derrière la voiture de Hitler. L'accueil du public munichois était manifestement assez froid. Il n'avait certainement rien qui fût susceptible d'arracher des larmes. « Les Munichois ne peuvent pas souffrir les

---

18. Hans Frank (1900-1946) sert d'avocat à Hitler et au parti nazi durant les années de la république de Weimar. D'abord ministre sans portefeuille sous le IIIe Reich, il devient en octobre 1939 le gouverneur général des provinces polonaises occupées.

chercheurs d'histoires… » me dit à voix basse un Bavarois assis près de moi, de manière à ne pas être entendu des Italiens. « C'est la faute du préfet de police, s'écria un peu plus tard Hitler en ma présence, à l'adresse de ses aides de camp. Il a établi les barrages d'une manière stupide. »

L'hôte fut également accueilli par des acclamations très modérées en arrivant devant la maison où se trouvait, au second étage, l'appartement de cinq pièces loué par Hitler. Mais quand Mussolini y pénétra il était de la meilleure humeur du monde. En tout cas, l'accueil ne lui avait pas paru trop glacial. Dans le bureau de Hitler, meublé d'une manière assez banale mais avec beaucoup de goût, les deux dictateurs eurent, en ma présence, leur première conversation depuis leur rencontre de Venise, quelques années auparavant. Ils parlèrent en allemand et j'eus donc tout le loisir de les observer et de faire des comparaisons entre eux.

Hitler était assis, légèrement ramassé sur soi-même. Quand il parlait avec animation, la fameuse mèche, si chère aux caricaturistes, retombait sur un front de hauteur moyenne et lui donnait une apparence de bohème. Quand je me rappelle aujourd'hui cette impression, les théories, apprises par moi seulement depuis 1945, selon lesquelles Hitler aurait eu du sang tchèque dans les veines ne me paraissent pas du tout invraisemblables ; instinctivement en de pareils instants, je le transplantais dans une ambiance slave. Lorsque je le voyais assis à côté de moi, pâle, avec ses longs cheveux sombres, son front légèrement fuyant, son nez plutôt gros et sa bouche très ordinaire au-dessous de la petite moustache, lorsque j'entendais sa voix rauque, avec ses accents enroués et roulant les *r*, lorsque ses yeux s'enflammaient de passion ou jetaient un éclair de colère pour s'éteindre l'instant d'après, je n'avais pas l'impression d'avoir auprès de moi un Allemand typique. Il me paraissait être un produit de ce métissage que l'on trouvait dans la monarchie austro-hongroise et qui se manifeste encore dans certains quartiers de Vienne.

Mussolini, assis en face de lui, donnait une impression radicalement différente. Le corps toujours très droit, se balançant un peu sur les hanches en parlant, il éveillait avec sa tête de César l'idée d'un Romain antique, au front puissant, au menton énergique, anguleux, avançant agressivement au-dessous de la grosse bouche. Il avait des mines beaucoup plus expressives que celles de Hitler quand il tonnait contre le bolchevisme ou se déchaînait contre la Société des Nations. Son visage bruni par le soleil exprimait tour à tour la colère, le dédain, la résolution ou la ruse complétés par une mimique éloquente, tandis que les gros yeux d'un brun sombre paraissaient, en certains endroits du discours, prêts à jaillir des orbites. Cette fois encore, je fus frappé par la forme précise, cristalline, qu'il donnait à ses pensées. Il ne prononçait pas un seul mot de trop et tout ce qu'il disait eût pu être imprimé sur-le-champ. La différence de leurs rires était également intéressante. Celui de Hitler avait toujours un arrière-goût de mépris et de sarcasme. Il portait la trace de ses déceptions antérieures et de ses ambitions refoulées. Mussolini, en revanche, pouvait rire à gorge déployée. C'était un rire libérateur, qui montrait que cet homme avait le sens de l'humour.

L'entretien commença avec une certaine solennité : Mussolini nomma Hitler caporal d'honneur de la Milice fasciste. Il avait apporté les insignes, le poignard en même temps que le diplôme. Par la suite, pendant la guerre, chaque fois que j'entendis sortir de mon poste de radio la voix de Churchill appelant « caporal Hitler » le dictateur allemand, le souvenir de cette scène me revint à la mémoire quoique je n'ignorasse point que Churchill voulait parler du grade de Hitler au cours de la Première Guerre mondiale.

La conversation elle-même dura environ une heure et, dès cette première occasion, les deux parties « tournèrent autour du pot » : Hitler avec des phrases vagues et très longues, Mussolini en paroles courtes et nettes mais qui ne voulaient pas dire grand-chose. Tout ce qu'on pouvait conclure c'était que les deux pays étaient d'accord pour avoir une attitude amicale envers le Japon, pour apporter à Franco l'aide maximale, et étaient unanimes dans leur aversion pour la France et l'Angleterre.

Ce fut la seule conversation politique que les dictateurs eurent au cours du voyage de Mussolini en Allemagne. Dès le lendemain commença un programme de réceptions et de cérémonies qui ne laissait plus une minute disponible.

Défilé à Munich, manœuvres dans le Mecklembourg, visite des établissements Krupp à Essen, etc., se succédèrent sans arrêt tandis que je circulais de long en large dans le pays, à bord du train spécial de Mussolini. Hitler accompagnait toujours celui-ci jusqu'à la gare, mais il montait dans son propre train, flambant neuf, nous dépassait en cours de route, et se retrouvait sur le quai pour accueillir son hôte, tout à fait à la manière du lièvre et de la tortue.

L'événement le plus grandiose de la visite de Mussolini en Allemagne fut indiscutablement son entrée triomphale à Berlin. Avant Spandau-Ouest, le train de Hitler rattrapa celui de Mussolini et se maintint pendant un certain temps à la même hauteur. C'était un tour de force technique que la direction des chemins de fer avait imaginé. Comme me l'apprirent des gens du métier, il exigeait une adresse étonnante de la part des mécaniciens des locomotives qui avaient dû s'y entraîner longtemps au préalable. Les deux trains restèrent ainsi un quart d'heure à la même hauteur, nous permettant de nous parler commodément de l'un à l'autre. Un peu avant d'arriver à la gare de la Heerstrasse, le train allemand reprit de la vitesse presque insensiblement et s'y arrêta quelques secondes avant le nôtre. Tout avait été admirablement combiné, Hitler, traversant le quai en deux pas, arriva juste pour tendre la main à Mussolini au moment où son wagon-salon s'arrêtait. Les habiles metteurs en scène nationaux-socialistes avaient, de nouveau, réalisé un chef-d'œuvre.

Les Mercedes découvertes étaient alignées sur la place de la Gare. Chaque chauffeur tenait une pancarte portant un numéro. La répartition des voitures avait été faite avant notre départ de façon que chacune fût occupée par un couple germano-italien. Les Allemands savaient pour la plupart qui ils devaient avoir pour compagnons et recherchaient ceux-ci de manière à ne pas perdre de temps, car tout était réglé comme dans un ballet.

Jamais je n'avais rêvé de traverser les rues et les places de ma ville natale, Charlottenburg, dans de telles conditions, tandis que le cortège franchissait la Reichskanzlerplatz et suivait le Kaiserdamm, la Bismarckstrasse et la Charlottenburger Chaussee pour entrer dans Berlin par la porte de Brandebourg. Je me trouvai avec « mon » Italien dans la voiture 25 qui correspondait à notre rang de préséance, et les applaudissements saluant Hitler, Mussolini, Ciano et Neurath étaient depuis longtemps apaisés lorsque nous passions à notre tour dans les rues noires de monde et décorées de drapeaux allemands et italiens. Cependant je reçus une ovation particulière sur la Reichskanzlerplatz. Je la dus au fait qu'avec ma jaquette et mon haut-de-forme je tranchais sur les innombrables uniformes allemands et italiens. Mais elle fut déclenchée par un Berlinois qui regardait le spectacle du haut d'une échelle double. « Schmidt, Schmidt, s'écria-t-il soudain, c'est Schmidt ! » Je me retournai dans sa direction et reconnus un vieux camarade d'école que je saluai naturellement en agitant vivement mon chapeau. Ce geste déclencha la gaieté des Berlinois toujours prompts à la

blague. Une véritable tempête d'applaudissements se
déchaîna tandis qu'on criait de toutes parts : « Schmidt,
Schmidt, c'est Schmidt ! » Après tout, ils étaient venus là
pour crier et ils ne s'en privèrent pas. « Vous me paraissez
très aimé ici, me dit l'Italien qui me voyait pour la première fois. Vous êtes peut-être député de ce quartier ? »
Je lui expliquai rapidement ce qu'il en était réellement
et nous poursuivîmes notre chemin en riant.

Benno von Arent[19], metteur en scène de métier, avait
donné une décoration théâtrale à la porte de Brandebourg
et à la Pariser Platz, comprenant d'immenses pylônes,
des faisceaux de licteurs, des aigles gigantesques, des
croix gammées, des mâts de pavillon, avec une débauche
de drapeaux italiens ou allemands. Comme nous entrions
dans la Wilhelmstrasse, j'eus l'impression d'être un figurant dans la représentation d'un opéra géant. Les maisons étaient pavoisées de chaque côté de la rue, depuis
le rez-de-chaussée jusqu'au toit. De puissants projecteurs
prolongeaient dans le crépuscule l'effet chatoyant des
drapeaux italiens, vert, blanc, rouge et le rouge national-
socialiste entourant la svastika. Les soldats formant la
haie portaient des torches. L'hymne fasciste s'éleva dans
la cour d'honneur du palais du *Reichspräsident*, tandis
qu'un vacarme d'applaudissements et d'acclamations lui
constituait un fond sonore impressionnant.

Le lendemain il y eut de nouveaux défilés, de nouveaux banquets, une visite au Carinhall, et dans la soirée
une grande manifestation au stade olympique. « L'Italie,
et particulièrement l'Italie fasciste, n'a jamais participé
aux humiliations imposées à notre peuple », dit Hitler devant une foule extraordinaire et, s'adressant par
le microphone « aux 115 millions d'hommes des deux

---

19. Responsable SS, Benno von Arent (1898-1956) est depuis 1933
« décorateur de théâtre du Reich », titre auquel il ajoute en 1936 celui
de « responsable du Reich pour la mode ». C'est à ce titre qu'il dessine
les uniformes des diplomates allemands.

peuples qui participaient dans leur cœur à cette manifestation historique », il parla de la « communauté non
seulement des vues mais aussi des façons d'agir ». « L'Allemagne est de nouveau une puissance mondiale... » « La
force de nos deux pays constitue la meilleure garantie
pour le maintien d'une Europe encore sensible à sa mission civilisatrice, et résolue à ne pas se laisser entamer
par des éléments destructeurs. »

Mussolini vint ensuite au microphone tandis qu'une
averse torrentielle s'abattait sur « le million d'hommes »
qui assistaient à la manifestation, à l'intérieur et à l'extérieur du stade. « L'axe Berlin-Rome est né à l'automne
de 1935 et il a puissamment contribué, au cours des
deux dernières années, au rapprochement de nos deux
peuples et à la paix européenne... » « Il ne faut pas
mesurer ma visite à l'aune des visites analogues habituelles. Demain je ne pars pas pour un autre endroit ! »
(allusion au voyage d'Eden en Russie). « Les deux plus
grandes et les deux plus authentiques démocraties qui
existent aujourd'hui dans le monde sont l'allemande et
l'italienne. »

Après la manifestation, je revins en ville avec « mon »
Italien au milieu des éclairs et des coups de tonnerre.
Pour ne pas décevoir les masses trempées qui formaient
la haie et leur offrir le spectacle qu'elles avaient payé si
cher, il avait été ordonné de circuler en voitures découvertes. Le directeur du théâtre connaissait ses devoirs
envers le public. Les Berlinois prirent gaiement la chose.
Avanti ! entendions-nous souvent tomber des branches
des arbres où de lestes citoyens s'étaient choisi un poste
d'observation particulier. Toute ma crainte était de les
entendre crier « Macaroni », car je connaissais mes Berlinois.

A la chancellerie, un orage d'une violence particulière
s'abattit sur ma tête innocente. Hitler avait remarqué
qu'avec ma jaquette et mon haut-de-forme, j'étais le

seul civil parmi les innombrables uniformes. Il s'en rendit compte de nouveau quand on lui apporta dans la soirée les photographies de presse. Personnellement je m'en étais très bien accommodé, de même que des brocards qu'on m'avait lancés (« Vous avez l'air du président de la République en parade ») au cours des manœuvres. (« Si vous regardez dans la direction du monsieur en civil, vous allez voir déboucher l'attaque des chars... » « Vous ressemblez au propriétaire du champ de bataille qui essaye de se faire payer aussi cher que possible les dégâts qui lui ont été causés. ») Mais on m'expliqua que mon costume était « impossible » et qu'il me faudrait désormais me mettre en uniforme quand j'aurais à traduire Hitler en public. Je reçus aussitôt deux uniformes, en attendant d'en recevoir un troisième – ainsi que tout le personnel des Affaires étrangères. Hitler m'« ordonna » de revêtir un costume de SS, Goering me « prêta » une tenue de la Luftwaffe.

« Quelle idée a donc eue le maréchal en vous faisant donner un uniforme de la Luftwaffe ? me demanda quelque temps après le chef du personnel au ministère de l'Air, ébahi. C'est tout à fait impossible en droit administratif. » Après 1945, c'est surtout à cause de mon uniforme de SS que je me vis poser des questions par les Américains. Parmi eux, les anciens Allemands, si fiers de porter la tenue des Etats-Unis, restaient très attachés à la tradition de l'existence qu'ils avaient menée en Allemagne avant 1933. Il fallut beaucoup de temps pour leur faire admettre que, dans le IIIe Reich, un uniforme n'était guère qu'un costume de figurant. Quoi qu'il en soit, je ne portais ni l'un ni l'autre au cours de la manifestation à grand spectacle qui suivit, à savoir le voyage de Hitler en Italie. Cette fois je fus transformé en « amiral ». Une tenue spéciale bleu marine fut attribuée au personnel des Affaires étrangères, les grades de chacun étant indiqués par des galons comme dans la Marine. Aussi les Italiens,

pleins de respect, disaient-ils en nous voyant paraître :
« Voici les *ammiragli.* »

Comme je l'avais prévu, le programme trop chargé ne
permit pas de conversation politique sérieuse. Il n'y eut
pas de communiqué final. Les seuls propos importants
furent prononcés dans les toasts échangés au cours d'un
banquet donné à la chancellerie. Hitler déclara que « l'Italie et l'Allemagne nourrissaient l'une pour l'autre une
sincère amitié et devaient désormais collaborer étroitement » pour « affirmer la paix et permettre la réalisation
d'une entente internationale ». Mussolini répondit que
« la solidarité italo-allemande était vivante et efficace »,
que « l'Italie et l'Allemagne étaient prêtes à collaborer
avec tous les autres peuples » et « étaient invulnérables
à toute tentative pouvant être faite pour les séparer ou
les troubler ».

Le 29 septembre, dans l'après-midi, je montai dans
le train de Mussolini à la Lehrter Bahnhof. Hitler prit
congé de son hôte, et ces journées chargées des premières « conversations de l'Axe » prirent fin pour moi par
un dîner avec les Italiens, dans leur train.

Mais dès le lendemain, une nouvelle mission m'attendait à la gare de Munich. J'étais mis à la disposition du
Dr Todt[20], constructeur des autostrades allemandes, à
l'occasion d'un voyage d'étude anglo-allemand. Ce fut
avec un soupir de soulagement que j'échappai à ma
« captivité » de huit jours dans les trains spéciaux, les
colonnes de voitures et derrière les barrages de police,
pour reprendre la vie d'un Européen normal. Ce fut pour
moi une véritable joie de me retrouver en civil, avec ma

---

20. Le Dr Fritz Todt (1891-1942) est d'abord connu comme le père
du réseau autoroutier construit par l'Allemagne nazie. En 1940, il est
nommé ministre pour l'Armement et les Munitions. Il meurt le 8 février
1942 dans un accident d'avion aux causes inexpliquées et qui a fait
couler beaucoup d'encre.

valise, sans attirer l'attention, devant la gare centrale de Munich et de voir s'écouler sous mes yeux le trafic ordinaire d'une ville sans drapeaux.

Ce n'était pas la première fois que j'avais à travailler pour le Dr Todt. Un an auparavant, j'avais participé avec d'autres interprètes de la Wilhelmstrasse au congrès international de la route urbaine qui s'était réuni à Munich. J'avais même fait, à cette occasion, un voyage en Zeppelin au-dessus de l'Allemagne, avec plusieurs délégués étrangers importants, afin de voir d'en haut le réseau des voies de circulation. Ce voyage en Zeppelin avait été un véritable événement.

Nous étions montés à bord de l'aéronef à 4 heures du matin, à Friedrichshafen. L'intérieur de la grande nacelle était faiblement éclairé et sentait légèrement le gaz. Par ailleurs, on avait l'impression de monter, au centre d'une grande gare, dans un wagon-restaurant et un wagon-lit combiné, car on n'apercevait pas, dans l'obscurité, toute l'enveloppe géante. Nous déposâmes nos affaires dans les cabines et nous rassemblâmes dans un grand compartiment à l'avant. A ce moment le navire aérien fut sorti lentement du hangar. Par les vitres de la nacelle, nous apercevions les hommes qui le retenaient. Un bref commandement, ils levèrent les bras et donnèrent une impulsion vers le haut à notre « wagon-restaurant ». Nous montâmes silencieusement vers le ciel. Les visages tournés vers nous des hommes restés à terre devinrent de plus en plus petits. Nous continuions à monter dans le silence de l'aube. Les maisons et les arbres disparurent au-dessous de nous. Aucun bruit ne se faisait encore entendre. C'était vraiment un curieux sentiment que de se sentir monter lentement et librement vers la nue. Les moteurs ne furent lancés qu'en parvenant à l'altitude de 50 mètres, le dirigeable se mit en route.

C'était vraiment tout à fait différent de l'avion. Les voix n'étaient pas couvertes par le vacarme des moteurs.

On n'entendait ceux-ci, installés sur l'arrière de la nacelle, que comme dans le lointain. Je pus facilement traduire, sans élever la voix, les explications données par le Dr Todt aux Anglais, Français, Portugais et autres étrangers. Tout était si calme, si silencieux, dans notre vaste « salle à manger » lorsque nous déjeunâmes, que les bruits de la terre étaient nettement perceptibles à nos oreilles. Nous entendions sonner les cloches et distinguions les cris des écoliers qui se précipitaient, dans les villages et les bourgs, pour nous faire de grands gestes, contrairement aux animaux qui, dans les prairies, se serraient peureusement sous un arbre ou sous un toit en voyant approcher notre ombre gigantesque. Nous pouvions parfaitement observer tous les détails au-dessous de nous car notre vitesse restait faible. Le vent était contraire et nous ne dépassions pas 60 kilomètres à l'heure. A terre nous étions dépassés par les trains et les autos.

Quand le soleil se leva, nous survolions Stuttgart à 600 mètres seulement. Toutes les sirènes d'usine et les sifflets des locomotives nous saluèrent. J'avais déjà fait la même observation lorsque j'étais passé au-dessus de la ville en avion, avec Hitler, au retour des régates olympiques de Kiel : seule la vapeur qui s'échappait nous indiquait que les sirènes étaient en marche.

Les manœuvres que le Zeppelin fit pour atterrir à Francfort furent extrêmement intéressantes. Sur l'aérodrome, l'équipe des aérostiers était constituée en un grand cercle vers le centre duquel se dirigea notre aéronef. « Ils devraient se mettre à courir », pensai-je involontairement comme s'il s'agissait de l'atterrissage d'un avion. Et je fus extrêmement surpris de voir le dirigeable s'arrêter exactement au centre en mettant ses moteurs en marche arrière. Une grosse corde se détacha de l'avant et tomba à terre. Elle se ramifiait en un certain nombre de brins à la partie inférieure. Les hommes s'en saisirent. Nous fûmes ramenés tout doucement au sol, si doucement que nous ne sentîmes même pas de choc au moment où nous l'atteignîmes.

Il y eut à Francfort un échange de passagers. Le deuxième groupe de délégués monta à bord et nous croisâmes encore jusqu'au soir au-dessus des autostrades achevées ou en construction. Le Dr Todt et ses collaborateurs nous expliquèrent pendant le vol les détails techniques et économiques. Une discussion s'engagea entre les Européens au sujet de ces voies de communication modernes intéressantes pour tous les pays. J'avais lu beaucoup de livres et de revues techniques en allemand, en français et en anglais sur ces problèmes, pour me préparer à cette conférence, de sorte que je participai avec un très grand intérêt à cette conversation aérienne et j'en vins presque à me considérer moi-même comme un constructeur d'autostrades. Il y avait là un magnifique exemple des liaisons que la technique pouvait réaliser entre les peuples. Les techniciens, souvent méprisés, s'entendent toujours beaucoup plus vite que les hommes politiques, ainsi que je l'ai maintes fois constaté, car l'intérêt positif des problèmes qu'ils traitent leur fait franchir avec facilité les obstacles nationalistes et idéologiques.

Je retrouvai ces mêmes souvenirs après la rencontre théâtrale entre Hitler et Mussolini, en allant attendre à la gare de Munich un autre train spécial qui amenait des constructeurs de routes britanniques et devait les conduire en Allemagne occidentale. Ils constituaient une délégation assez nombreuse, dirigée par lord Wolmer, à la disposition de qui j'avais été mis pour quelques jours. Après les protestations d'amitié italo-allemandes j'avais de nouveau à traduire de l'allemand en anglais, car la manifestation n'avait pas un caractère purement technique. Lorsque j'eus traduit le dernier discours dans le vieux Gürzenich de Cologne et que je montai dans le Nord-Express pour regagner Berlin, ma mission étant terminée, j'étais de nouveau sous l'impression du désir sincère des Anglais et des Allemands de vivre réciproquement en paix et en amitié.

La conversation entre l'Allemagne et la Grande-Bretagne se poursuivit au cours des semaines suivantes. Au début d'octobre, à peine rentré à Berlin, j'eus à servir d'interprète au duc et à la duchesse de Windsor. Ils avaient entrepris un voyage dans notre pays pour étudier principalement les réalisations sociales. Lorsque je les rencontrai pour la première fois, ce fut au Carinhall, chez Goering ; je revis naturellement aussitôt passer sous mes yeux les fêtes du couronnement. C'était le duc qui eût dû être alors couronné, ce duc que j'avais devant moi, élégant, sympathique, tellement semblable à ses portraits. Il avait préféré au trône la femme jolie et fine, brune, au visage ovale, au front élevé, aux yeux intelligents et expressifs, à la bouche un peu forte mais très bien formée, qui se tenait à son côté dans le grand salon de réception du Carinhall.

Goering et sa femme saluèrent avec beaucoup d'amabilité le couple princier. Leur maison s'était considérablement agrandie depuis la dernière visite que j'y avais faite avec lord Londonderry. Le salon de réception était bien trois fois aussi vaste que celui du Berghof avec la baie vitrée. Au plafond couraient des poutres massives. Les meubles étaient pesants, de larges sièges et des tables de chêne particulièrement épaisses. Le sol de cette immense pièce qui donnait la même impression qu'une nef d'église était recouvert par un épais tapis. « Il provient d'une fabrique allemande, de fibres synthétiques » expliqua le maître de maison à ses hôtes qui regardaient tout sans déguiser leur émerveillement. Toute cette pièce, depuis les gigantesques poutres du plafond jusqu'aux pesantes tables de chêne, portant des candélabres avec lesquels on aurait pu assommer un bœuf, était si harmonieusement à la taille du propriétaire qu'un diplomate étranger m'exprima un jour son impression sur le Carinhall d'une façon très juste : « Le *Reichsmarschall* s'entend remarquablement à s'habiller dans le domaine architectonique. »

Avec un orgueil puéril, Goering fit visiter toute la maison à ses hôtes. Au sous-sol, il y avait une salle de gymnastique avec toute une série d'appareils de massage que « Elizabeth Arden[21] m'a offerts ». Il se plaça tout habillé, avec son uniforme magnifique et ses décorations, entre les rouleaux de l'un de ces appareils pour montrer à la duchesse amusée comment il fonctionnait. Les visiteurs furent conduits dans toutes les pièces où les tableaux, les statues, les armures, leur furent expliqués en détail et nous parvînmes finalement dans les très vastes combles remplis par un chemin de fer en miniature, installé pour les neveux de Goering. Il comprenait des trains et des rails comme on en trouvait à cette époque dans les grands magasins, mais avait des dimensions que l'imagination juvénile la plus débridée ne pouvait certainement imaginer. En apercevant ce jouet géant, l'enfant qui sommeille au cœur de chaque homme s'éveillait fatalement. Mussolini lui-même, quelques semaines plus tôt, s'était vivement intéressé au fonctionnement du train et des aiguilles. Quant au duc de Windsor, il se mit immédiatement à y jouer de tout son cœur. Goering brancha le courant, les trains se mirent lentement ou rapidement en marche. Dans sa fièvre il orienta mal certaines aiguilles et l'inévitable catastrophe se produisit. Mais le fils de roi avança sur la pointe des pieds entre les voies et répara les dégâts au milieu des rires, de sorte que le maître de la Luftwaffe put remettre ses trains en marche. Cela se reproduisit plusieurs fois. Tout se passa comme ont cou-

---

21. D'origine canadienne, Elizabeth Arden (1884-1966) doit sa célébrité à la société du même nom spécialisée dans les produits cosmétiques.

tume de faire les pères des jeunes garçons qui jouent au chemin de fer. Finalement un petit avion glissa sur un fil tendu à travers la pièce et laissa tomber quelques petites bombes de bois. Il n'y eut cependant pas de « dégâts matériels ».

Après la visite de la maison nous prîmes le thé dans le grand salon. Je n'eus guère à traduire pour le duc car il parlait assez bien l'allemand, mais il me fallut faire à voix basse, à la duchesse, une sorte de reportage sur tout ce qui se disait ou qu'on voyait. Les hôtes prirent congé en souriant, au bout d'un certain temps. Cette réception au Carinhall leur avait visiblement plu.

Ribbentrop leur offrit le soir même un dîner dont je me souviens parfaitement car j'eus à servir d'interprète entre Marianne Hoppe[22] et la duchesse de Windsor.

Au cours des jours suivants j'eus à travailler pour le célèbre Aga Khan[23], prince hindou et chef musulman, auquel les croyants de son pays offrent de temps en temps une quantité d'or égale à son poids, et qui est, encore aujourd'hui, considéré comme un des hommes les plus riches du monde. En Europe, on le connaissait surtout comme propriétaire d'écuries de course. Le prince, qu'on rencontrait beaucoup dans la société occidentale et à la cour britannique, manifesta un grand intérêt pour les réalisations du IIIe Reich au cours de la conversation qu'il eut avec Goebbels, en ma présence. Je me rendis avec lui à Berchtesgaden où il fut reçu par Hitler. Dans le salon à la grande baie vitrée, celui-ci lui exposa avec assez de franchise les buts de l'Allemagne : établissement de liens

---

22. Célèbre comédienne allemande, Marianne Hoppe (1909-2002) triompha aussi bien au théâtre qu'au cinéma où elle fut une des stars de la UFA.

23. Quarante-huitième leader des ismaéliens nizarites, le prince Aga Khan III préside l'Assemblée générale de la Société des Nations en 1937 et 1938.

très étroits avec l'Autriche, règlement de la question des Sudètes, du problème de Dantzig et du corridor polonais. « Que l'Angleterre nous laisse les mains libres sur le continent et nous ne nous immiscerons pas dans ses affaires d'outre-mer. » Avec ces mots, Hitler, devenu très sûr de lui et très catégorique à la suite des récents développements politiques, lui exposa ses plans d'avenir et, assez curieusement, rencontra beaucoup de compréhension chez l'Oriental aux lourdes paupières. L'Aga Khan avait visiblement beaucoup réfléchi aux problèmes européens et était très informé sur de nombreux détails, sur la question autrichienne par exemple. Je fus frappé de la façon dont il approuva sur ce point la position de Hitler qui, très habilement, la fondait sur le droit des peuples à disposer d'eux-mêmes, principe cher aux Anglo-Saxons.

Il exposa l'opinion très intéressante et sans doute naturelle chez un musulman selon laquelle il eût beaucoup mieux valu pour l'Europe que Charles Martel ne vainquît pas les Arabes entre Tours et Poitiers, en 732. « Toute l'Europe serait devenue musulmane, elle aurait préservé son unité et les peuples auraient pu vivre en paix côte à côte sur le vieux continent, jusqu'à aujourd'hui… » dit-il pour conclure. Cette remarquable conclusion fit une forte impression sur Hitler, car il en reparla assez souvent par la suite.

Deux jours plus tard, le duc et la duchesse de Windsor furent également reçus à l'Obersalzberg. Ils avaient, entre-temps, poursuivi leur voyage à travers l'Allemagne, et le duc exprima beaucoup d'admiration pour la façon dont les ouvriers étaient traités, ainsi qu'il avait pu le voir, notamment au cours d'une visite des usines Krupp à Essen. Les progrès sociaux de l'Allemagne constituèrent le thème principal de la conversation que Hitler eut, cet après-midi-là, avec l'ancien roi d'Angleterre, en présence de la duchesse. Hitler s'efforça manifestement d'être aussi aimable que possible. Il tenait le duc pour un ami de l'Allemagne, surtout depuis le discours fameux qu'il avait prononcé quelques années plus tôt pour tendre une main amicale aux associations d'anciens combattants allemands. Je ne constatai pas moi-même, au cours de cette conversation non politique, que le duc de Windsor nourrît pour les conceptions et les façons de faire du IIIe Reich toute la sympathie que lui supposait Hitler. En dehors de quelques mots élogieux pour les mesures sociales, le duc n'aborda absolument aucun sujet politique. Mais il manifesta un intérêt relativement sympathique pour Hitler, conservant cette attitude d'homme de bonne compagnie pour laquelle il est célèbre dans le monde entier. La duchesse ne se mêla que rarement à la conversation, et toujours avec une grande réserve, n'intervenant que pour des questions sociales capables d'intéresser une femme. Pour l'occasion, elle s'était habillée très simplement mais avec un goût parfait et elle produisit une impression durable sur Hitler : « Elle eût certainement fait une reine excellente », dit-il lorsque ses hôtes eurent quitté la maison.

Je me hâtai également de rentrer à Berlin car je devais accompagner le Dr Todt à Londres, au début de novembre, où il allait rendre leur visite aux constructeurs de routes britanniques. Je vécus deux jours rendus délicieux par une très cordiale hospitalité britannique. Elle ne s'adressait pas à moi personnellement mais au représentant de mon pays dans le domaine de la technique des routes, et nous eûmes tous le sentiment d'être reçus chez de proches parents. Il s'agissait de reprendre les conversations qui avaient eu lieu à bord du Zeppelin et les négociations qui s'étaient déroulées en Allemagne quelques semaines auparavant sur ce thème : des routes et des ponts pour assurer la liaison entre les peuples et préparer la paix. Mais un télégramme vint m'arracher prématurément à cette agréable ambiance.

J'étais rappelé à cause de la visite que lord Halifax, membre du cabinet britannique, devait faire en Allemagne, visite qui soulevait beaucoup d'intérêt dans la presse. On lui avait donné une allure purement privée. Lord Halifax ne venait, prétendait-on, que pour voir l'Exposition de chasse internationale à Berlin que Goering avait montée d'une façon grandiose. Aussi les Berlinois surnommèrent-ils leur hôte « lord Halalifax ». En réalité, son voyage faisait partie de la série des efforts entrepris par Chamberlain pour améliorer les rapports entre l'Angleterre et l'Allemagne et les établir sur une base au moins supportable. Halifax avait été chargé de sonder Goering et Hitler. Il passa deux ou trois jours à Berlin puis, le 18 novembre au soir, Neurath et moi partîmes avec lui dans un wagon-salon pour Berchtesgaden où il eut une longue conversation avec Hitler le lendemain matin.

Hitler vint au-devant de lui sur le perron en souriant aimablement, le conduisit lui-même dans la maison et monta avec lui dans le petit cabinet de travail aménagé au premier étage. Halifax, Hitler, Neurath et moi prîmes place autour de la petite table ronde, assez peu confortable, et l'entretien commença. « Je ne vous apporte aucune proposition de Londres, commença Halifax. Je suis principalement venu ici pour connaître l'opinion du gouvernement allemand sur les questions politiques actuelles, et pour voir s'il y a possibilité de les résoudre. »

Ces paroles avaient un son dangereux après le questionnaire d'Eden qui avait tant fâché Hitler à l'époque, et sa réaction fut vive. Lorsque je lui traduisis les phrases d'Halifax, un pli de colère se fit sur son front ; je crus qu'il allait bouder, ne pas répondre. Mais il était difficile à Hitler de se taire. Malgré son irritation, il se lança donc dans de très longues déclarations et exprima les désirs allemands sous la forme de demandes vraiment catégoriques.

Combien ce Hitler rageur et volubile était différent du chancelier du Reich, calme et courtois, qui s'était assis, deux ans auparavant, en face de Simon et d'Eden ! Rien qu'à sa façon agressive de parler, un observateur non prévenu aurait pu conclure que les temps étaient bien changés. Le Hitler de 1937 ne s'avançait plus aussi prudemment que celui de 1935. Manifestement il était sûr de sa force et de la faiblesse des autres.

D'un ton renfrogné il se plaignit presque, dès le début, de la presse britannique qui, à son avis, en publiant de prétendues exigences allemandes, avait voulu torpiller la visite d'Halifax, reproches que celui-ci écarta comme à l'habitude en soulignant la liberté de la presse anglaise, ce qui accrut encore l'irritation de Hitler.

Celui-ci parla ensuite des rapports de l'Allemagne avec les pays du sud-est de l'Europe. Une liaison très étroite avec l'Autriche était absolument indispensable. C'était, depuis 1919, le désir positif et pressant de la population autrichienne. De même, les Tchèques ne devaient plus être autorisés à opprimer les Allemands des Sudètes, et finalement l'Allemagne devait pouvoir nouer sans entrave des relations économiques avec l'Europe du Sud-Est et de l'Est, car c'était de ce côté que son économie trouvait son complément naturel. L'Allemagne était la principale cliente pour les produits de tous ces pays.

« Les puissances occidentales ne cessent de me créer des difficultés dans l'Europe du Sud-Est, s'écria-t-il, et l'on me suppose des arrière-pensées politiques que je n'ai nullement ! »

Halifax fit observer que l'Angleterre était toujours disposée à régler toutes les questions, à condition qu'on n'eût pas recours à la force. « Cela s'applique aussi à l'Autriche », dit-il en soulignant.

Hitler s'échauffa de nouveau. Personne ne pensait un seul instant à employer la force dans le cas de l'Autriche. Le désir des populations était manifeste. Puis il dévia la conversation sur deux sujets intéressants, celui de Dantzig et celui du corridor polonais. Halifax déclara encore que tout pouvait se résoudre sans recourir à la force et Hitler se mit, en longues périphrases, à souligner le désir de paix de l'Allemagne. J'eus l'impression que la façon dont il exprimait son désir de voir maintenir la paix, en le justifiant par la nécessité de reconstruire intérieurement l'Allemagne, touchait Halifax.

Mais à tout prendre, comme je l'observai, cette conversation n'avait pas été entreprise sous de favorables auspices. On aurait difficilement pu imaginer contraste plus vif que celui existant entre l'aristocrate du Yorkshire, profondément religieux, le défenseur passionné de la paix, et Hitler renforcé dans ses façons autoritaires et dans son intransigeance par ses succès passés et par les preuves manifestes qu'il avait eues de la faiblesse de ses adversaires. Les deux hommes ne s'entendaient plus, naturellement, dès que la conversation tombait sur des sujets d'idéologie. Le concept racial de Hitler était aussi éloigné d'Halifax que les idées de celui-ci sur la charité chrétienne, l'amour du prochain et la paix étaient étrangères au dictateur ; le concept racial de Hitler ne faisait que lui rendre encore moins sympathique le « pasteur », comme il qualifia Halifax par la suite. Quand la conversation s'acheva vers midi, j'eus l'impression qu'une bataille pour la paix venait d'être perdue, et Neurath, lui aussi, avait l'air un peu soucieux.

A table, les propos n'abordèrent pas de nouveaux sujets. Mais la mauvaise humeur de Hitler s'était dissipée, il était redevenu cet hôte aimable et prévenant que j'ai connu en bien d'autres visites. Quant à Halifax, il ne semblait avoir éprouvé ni émotion ni déception du résultat de l'entretien. Il resta constamment l'Anglais réservé, voire flegmatique, parlant avec circonspection, et il parut prendre congé de Hitler sans rancune.

Nous rentrâmes dans la nuit à Berlin et, le lendemain matin, je partis avec Goering pour le Carinhall. Hitler m'avait chargé de le mettre au courant de son entretien avec Halifax avant qu'il ne reçût celui-ci. Je ne lui dissimulai pas que la conversation avait été difficile et exprimai ma crainte de voir Halifax rentrer en Angleterre avec l'impression que toute entente avec l'Allemagne était impossible. Goering m'écouta attentivement mais ne fit aucune réflexion.

La conversation avec le ministre britannique eut lieu le lendemain matin dans son cabinet de travail, et je me rendis compte qu'il avait dû recevoir des instructions précises de Hitler. Il traita exactement les mêmes questions, mais avec une habileté diplomatique infiniment plus grande. Jamais il ne s'emporta, même pas au sujet de l'Autriche, mais il parla de l'ensemble des problèmes comme si les solutions envisagées par l'Allemagne étaient inévitables et hors de question. « En aucun cas nous n'aurons recours à la force, dit-il à Halifax – mais même sur ce point il avait dû recevoir des directives de Hitler ou de Neurath –, nous n'en aurons même pas besoin. Tout peut parfaitement s'arranger par la voie des négociations. » D'autres conversations, par la suite, me montrèrent que c'était bien là la conviction intime de Goering. Il manifesta plusieurs fois ce point de vue au cours de la conversation. Je crois que l'impression positive donnée dans son rapport par Halifax, comme nous le savons aujourd'hui par le *Journal* de Chamberlain, fut principalement due à cet entretien avec Goering au Carinhall.

De tous les événements que je vécus au cours de cette année mouvementée de 1937, grands et petits, je n'ai pu choisir et décrire que les principaux. Je me suis, en revanche, un peu étendu sur des questions personnelles, mais on peut considérer que, dans l'ensemble, elles caractérisent bien la situation telle que je pouvais l'apercevoir de mon poste d'observation au cours de ce qui fut, peut-on dire, la dernière année normale dans l'existence du IIIe Reich. Hitler avait tenu parole. Il n'avait ménagé au monde aucune surprise. Mais il s'était préparé, militairement et politiquement, aux événements qui allaient suivre. A 1937, année du calme, du calme avant la tempête, succéda en effet 1938 qui mit l'Allemagne à deux doigts d'une nouvelle guerre mondiale.

VI

La guerre est évitée de justesse
(1938)

Dès le début de 1938 il apparut en toute clarté que, contrairement à ce qu'avait proclamé Hitler le 30 janvier 1937, l'« ère des surprises n'était pas close ». Lorsque le gouffre d'une seconde guerre mondiale s'ouvrit devant eux à l'automne de cette année, le peuple allemand et l'Europe avec lui comprirent avec épouvante ce que signifiait l'autre phrase du même discours : « [...] La paix est notre bien le plus précieux. » Depuis la crise intérieure de février, au cours de laquelle Neurath fut brusquement « débarqué » à la manière des « épurations » d'aujourd'hui et remplacé par Ribbentrop à la tête des Affaires étrangères, jusqu'à l'entrée des troupes allemandes en Autriche, la situation évolua de surprise en surprise, sur un rythme de plus en plus précipité et fiévreux tout au long de l'été. Elle atteignit un crescendo frénétique en septembre avec la crise tchèque qui mit plusieurs fois le Reich et l'Europe à deux doigts d'un nouveau massacre mondial. Ceux qui, comme nous, vivaient plus au cœur des événements sentirent s'épaissir autour d'eux une atmosphère lourde et glacée. Elle ne se dissipa qu'au tout dernier moment, comme par miracle.

La visite officielle de Hitler en Italie, au cours de la première quinzaine de mai, rappela seule les brillantes années 1936 et 1937. Elle constitua pour l'Europe comme un dernier jour d'été plein de soleil, comme une ultime et magnifique floraison, avant que la mauvaise saison ne vînt souffler sur elle ses redoutables tempêtes.

Mussolini, sous l'impression de la réception bien organisée qu'il avait connue en Allemagne, avait formulé l'invitation en ma présence. L'eût-il faite avec la même cordialité si l'Anschluss avait été dès lors un fait accompli, je me permets d'en douter en me rappelant les énergiques hochements de tête par lesquels il avait réagi lors de sa conversation avec Goering en avril 1937. Depuis ces hochements de tête, l'éventualité de cette incorporation de l'Autriche n'avait plus été évoquée en ma présence. Hitler se contenta d'envoyer une lettre exposant ses raisons au dictateur italien, par l'intermédiaire du prince Philippe de Hesse[1], *Oberpräsident* de Kassel et gendre du roi d'Italie, juste avant l'entrée des troupes allemandes.

Par la suite, chaque fois que Mussolini fut informé à la dernière minute de quelque nouvelle surprise, nous eûmes l'habitude de dire : « Ce matin à l'aube, le prince de Hesse, pâle mais résolu, a repris son avion particulier pour aller trouver Mussolini. » Je fus rappelé une fois de permission parce que le Bureau des traductions n'avait pu préparer assez vite le texte italien d'un de ces messages. En prévision de semblables « incidents », il me fallut choisir un traducteur italien capable de traduire les lettres hitlériennes « en vol », de la même manière que j'avais fait, en son temps, entre Berlin et Londres pour le plan de paix.

---

1. Philippe de Hesse-Cassel (1896-1980) est l'un des membres les plus éminents de l'aristocratie allemande à avoir apporté sa caution au régime national-socialiste. Il épouse en 1925 la princesse Mafalda de Savoie, fille du roi d'Italie Victor-Emmanuel III. Tombé en disgrâce en 1943, il est interné en camp de concentration, tandis que son épouse, elle aussi arrêtée, décède à Buchenwald.

Mussolini, quelque peu étonné malgré les avertissements antérieurs de Goering, fit cependant contre mauvaise fortune bon cœur et répondit qu'il comprenait parfaitement les raisons de Hitler. « Duce, je ne l'oublierai jamais ! » lui télégraphia celui-ci en retour. Il a tenu parole sur ce point jusqu'en 1945. Si quelqu'un de son entourage venait à faire la moindre allusion personnellement hostile à Mussolini, Hitler reparlait constamment de son attitude lors de l'Anschluss. J'en tirai la conclusion que le Führer lui-même avait considéré ce « retour » de l'Autriche au sein du Reich comme impliquant un risque de guerre considérable. Seul le soulagement éprouvé par la constatation que l'événement ne modifierait pas l'attitude de l'Italie envers l'Allemagne peut expliquer, à mon avis, cette reconnaissance durable de la part du dictateur allemand.

Ses craintes de voir l'Italie s'éloigner éventuellement de l'Allemagne, pour se joindre de nouveau au front antinazi, n'étaient pas sans fondement, comme le démontrent les tentatives faites alors pour opérer un rapprochement entre l'Angleterre et l'Italie. Elles furent si énergiquement menées par Chamberlain qu'Eden démissionna en guise de protestation et fut remplacé par Halifax. Elles aboutirent, le 16 avril, à toute une série d'accords entre les deux pays, dont le plus important fut la reconnaissance par l'Angleterre de l'annexion de l'Abyssinie. Comme nous le savons aujourd'hui par le *Journal* de Chamberlain, « bientôt après (la discussion orageuse entre Hitler et Schuschnigg) Ciano annonça à Perth, ambassadeur anglais à Rome, qu'il avait donné des instructions à Grandi (alors ambassadeur d'Italie à Londres) pour ouvrir au plus vite des conversations au sujet de choses pouvant se produire dans le futur ».

Telle fut l'atmosphère, complètement ignorée en dehors d'un cercle restreint, dans laquelle se déroula la visite officielle en Italie. Je compris, aux vastes préparatifs faits du côté allemand, qu'il s'agissait de nouveau d'une représentation à grand spectacle. Les fonctionnaires des Affaires étrangères, entre autres, reçurent ces uniformes d'« amiraux » dont j'ai déjà parlé. Tous les participants à ce voyage passèrent une grande partie de leur temps chez les meilleurs tailleurs de Berlin pour essayer ces fastueux uniformes dessinés par le metteur en scène Benno von Arent et soumis à l'approbation de Mme von Ribbentrop. Ils comprenaient, pour la journée : une tenue bleu marine avec boutons et galons d'or, rehaussée pour les cérémonies par des aiguillettes d'argent, une écharpe et un coquet poignard ; pour le soir : un habit bleu sombre dont les revers étaient si abondamment brodés de feuilles d'argent que nous appelâmes leurs porteurs, aux Affaires étrangères, « ces messieurs sous les feuilles ». Cet habit était complété par une épée de diplomate que nous n'enlevions jamais, même dans les banquets, parce qu'il était impossible de la sortir de sa monture, contrairement à l'épée militaire. Chaque fois que nous nous asseyions, elle nous donnait un léger coup dans les côtes, contribuant ainsi mécaniquement au comique de cette mascarade.

En soi, cet uniforme n'était pas plus pompeux ni plus original que les costumes historiques portés par les diplomates anglais et français dans les cérémonies, mais les représentants de l'Allemagne républicaine avaient été les seuls jusque-là, avec les Américains, à porter l'habit ordinaire en de semblables occasions ; aussi n'étions-nous pas intimement bien préparés à revêtir ce déguisement. Lorsque nous montions les marches recouvertes de tapis rouges conduisant aux palais italiens, nous étions de plus (comme jadis les dignitaires de la cour espagnole) enveloppés dans une vaste cape, parée des insignes nationaux, et semblable au manteau de quelque ordre de chevalerie. Seule la casquette d'uniforme prussienne que nous portions en toute occasion jetait une note assez discordante dans cette magnificence. Un bicorne eût mieux convenu, eût fait plus « amiral », plus scénique. D'ailleurs, même du point de vue spectacle, cet équipement n'était pas très heureux dans l'ensemble. Indubitablement, la jaquette et le chapeau haut-de-forme, adoptés justement pour cette raison dans la plupart des pays, conviennent mieux à l'aspect extérieur des diplomates replets d'âge moyen, surtout s'ils ne sont pas d'une taille avantageuse. Les personnages civils affublés d'uniformes militaires ressemblent bien souvent à des gardes-barrières.

C'est dans cette tenue que je partis de l'Anhalter Bahnhof, pour l'Italie, en compagnie de Hitler et de Ribbentrop. Notre délégation comprenait environ 500 personnes (!) et voyageait en trois trains spéciaux. C'était vraiment « unique ». La moitié du gouvernement, la plupart des dirigeants du Parti, des journalistes importants et des femmes de ministres, dont Mme von Ribbentrop, participèrent à cette « invasion de l'Italie » comme nous baptisâmes l'expédition parmi les jeunes. Chacun de nous disposait d'un compartiment-couchette où toute notre garde-robe était suspendue à portée de la main. En plus de mes costumes d'amiral, j'emportais également par prudence un uniforme de la Luftwaffe, pour le cas où j'aurais à traduire uniquement pour Goering. Mais je n'eus pas à l'endosser au cours des huit jours du voyage. Le chef du protocole des Affaires étrangères avait fixé avec la plus grande précision la façon dont nous devions être habillés à chaque heure du jour. Il nous fallut souvent, en allant d'une ville italienne à l'autre, changer l'habit de soirée pour la tenue de jour, la cape chevaleresque pour la capote d'amiral, le poignard pour l'épée, de sorte que notre compartiment ressemblait beaucoup plus aux coulisses d'un grand film qu'à un wagon-lit ordinaire. Mettre et enlever les hautes bottes de cavalier constitua pour nous, civils, une pénible gymnastique tout au long du voyage. Un de nos collègues traduisit parfaitement les sentiments qui nous agitèrent quand nous montâmes dans le train à l'Anhalter Bahnhof : « Jamais je n'aurais cru me rendre en Italie dans une penderie ! »

« Vous avez mis votre écharpe à l'envers », me prévint un des aides de camp de Hitler, en m'apercevant sur le quai. Je n'étais pas encore un « amiral » bien expérimenté. Les sourires de nos amis quand ils nous aperçurent dans nos extraordinaires costumes nous rappelèrent à la réalité. Jusqu'à Leipzig, où la nuit nous atteignit, nous traversâmes des gares abondamment pavoisées et des foules poussant des acclamations sans fin.

Des fleurs et des drapeaux nous attendaient à la gare du Brenner[2]. De larges tapis couvraient le quai sur lequel étaient rangées des formations de l'armée italienne et du Parti fasciste. Les hymnes nationaux retentirent à l'arrivée du train où monta le duc de Pistoia, représentant du roi d'Italie, suivi d'un cortège en uniformes resplendissants et bariolés.

Nous poursuivîmes notre route à travers le Tyrol du Sud. De nouvelles foules étaient assemblées dans les gares, mais leur silence nous frappa. Pas un salut hitlérien ou fasciste ; seulement, de temps à autre, une main ou un mouchoir qui s'agitaient. Ces Tyroliens du Sud, appartenant à l'un des meilleurs rameaux de la race germanique, nous regardaient passer avec appréhension. Il me semblait lire sur leurs visages l'angoissante question : « Allez-vous donc à Rome pour nous trahir ? »

Mais cette tristesse résignée se modifia brutalement lorsque nous arrivâmes à Bozen (Bolzano). Une liesse incroyable régnait à « Bolzano » et ne cessa plus

2. Fixée au lendemain de la Première Guerre mondiale, la ligne du Brenner sert de frontière entre l'Autriche et l'Italie. Exigence italienne inscrite dans le traité de Londres d'avril 1915, elle est en contradiction avec le principe du droit des peuples à disposer d'eux-mêmes puisqu'elle a conduit à l'annexion par l'Italie de centaines de milliers de Tyroliens de langue allemande.

jusqu'à Rome. Vérone, Bologne, Florence nous offrirent le même spectacle d'un enthousiasme délirant qui me rappelait celui manifesté antérieurement lorsque Hitler s'était rendu au congrès du Parti de Nuremberg et qui avait si fortement impressionné les étrangers voyageant avec moi.

Le soir de ce même jour, la réception à Rome atteignit une ampleur indescriptible. Une gare spéciale avait été aménagée pour la circonstance. Le roi Victor-Emmanuel s'y trouvait avec Mussolini et « les têtes de l'Etat et du Parti » avec leur suite. Nous traversâmes la ville dans des carrosses de gala attelés à quatre. Quand nous passâmes devant la pyramide de Cestius et que le prince Colonna, gouverneur de Rome, vint nous accueillir aux portes de la Ville éternelle, une pensée me traversa l'esprit : « Je vis moi-même un conte de fées comme celui que j'ai vu l'an dernier lors du couronnement du roi d'Angleterre. » Nous suivîmes, entre des fontaines lumineuses, l'ancienne voie triomphale des Romains que Mussolini avait élargie pour en faire une véritable *Via triumphalis*, et qui nous conduisit au pied du Palatin. Elle était éclairée *a giorno* jusqu'à l'arc de Constantin par d'immenses candélabres aux bras multiples. Nous passâmes devant le Colisée illuminé, grâce à des feux de Bengale, comme par la lueur d'un immense incendie. La route était bordée de chaque côté par des torchères géantes, d'énormes pylônes, des drapeaux et des foules hurlantes. Les acclamations bruyantes, montant vers le ciel étoilé dans le doux et chaud été romain, donnaient à la scène un caractère inoubliable qui faisait le plus grand honneur au génie italien de la mise en scène.

Hitler devait loger au palais royal. Nous autres, les jeunes, nous pûmes, grâce à Dieu, descendre de l'estrade et nous installer au Grand Hôtel, bien connu internationalement, où l'hospitalité italienne se manifesta jusque dans nos chambres par de magnifiques corbeilles de fruits et de prestigieuses bouteilles de « grappa ». Quelques verres de « ce qui convient » nous rendirent vite nos esprits, de sorte que nous pûmes envisager avec sérénité les extraordinaires surprises des jours suivants.

Nous ne fûmes pas déçus. Le programme se déroula d'une manière grandiose et pleine de goût comme seuls en sont capables les descendants des vieux maîtres italiens et des empereurs romains. Il y eut, à Naples, une grande revue navale où, du cuirassé *Julio Cesare*, je pus voir 100 sous-marins plonger à la fois pour reparaître quelques minutes plus tard avec une précision d'horloge et tirer chacun un coup de canon. Je n'y fus qu'un spectateur comme tous les autres, car Hitler, Mussolini et le roi d'Italie, le « groupe de tête », se trouvaient à bord du cuirassé *Cavour*.

Le même soir, à l'Opéra, nous pûmes constater combien le grand metteur en scène qui avait réglé tous ces effets avait émoussé nos esprits. La représentation de gala d'*Aïda* au théâtre San-Carlo nous parut presque grise, fastidieuse, et la musique de Verdi trop discrète en comparaison des vibrants accords, hauts en couleur et en sonorités, du spectacle de la veille où nous avions nous-mêmes paru comme figurants.

Mais cette soirée connut pourtant un violent orage. Il ne jaillit pas du ciel italien mais s'abattit sur la tête de Bülow-Schwante, chef du protocole. Le malheureux avait manqué de prévoyance ! Hitler dut passer en revue la compagnie d'honneur nu-tête et en habit, aux côtés du roi d'Italie revêtu d'un magnifique uniforme, lorsque nous quittâmes la représentation d'*Aïda* après le deuxième acte, pour revenir vers Rome. Hitler s'emporta furieusement, et Bülow-Schwante fut relevé de ses fonctions.

Le voyage trouva sa conclusion et son apogée dans la halte de quelques heures prévue à Florence. En contraste marqué avec l'Italie fasciste et royale de Rome et de

Naples, nous eûmes la joie de voir l'Italie historique et artistique. Les drapeaux du Parti s'effacèrent complètement devant la bannière blanche aux grands lis rouges de la ville. Sur le Ponte Vecchio étaient groupés les emblèmes des vieux métiers et corporations ainsi que les étendards de la République florentine. Le palais Pitti qui servit à loger Hitler ne portait aucune décoration. Une rencontre lourde de conséquences devait s'y reproduire entre Hitler et Mussolini quelques années plus tard.

Mon activité d'interprète fut relativement faible au cours de cette semaine où se succédèrent presque sans arrêt les réceptions dans les châteaux royaux, les banquets officiels et les défilés. Deux spécialistes de l'italien avaient été emmenés. D'autre part, le programme des festivités se prêtait bien peu à des conversations et à de véritables négociations entre les dictateurs, comme cela s'était produit lors de la visite de Mussolini en Allemagne et devait se reproduire au cours de rencontres analogues ultérieures. Ma principale occupation, comme celle de mes autres compagnons, consista à changer d'uniforme. A la fin de ce voyage, chacun de nous eût pu avantageusement se produire sur une scène en émule de Fregoli[3]. Mais il est extrêmement fatigant à la longue de conserver l'expression cérémonieuse, digne ou amicale qui est de règle pour les comparses au cours des heures de représentation interminables et presque sans pause que comportent ces visites officielles, surtout quand les manifestations ont lieu devant le public très observateur des populeuses villes italiennes, ou devant une élite suivant d'un regard critique tous les gestes des barbares descendus du Nord.

Cependant la principale raison du repos relatif que je connus en tant qu'interprète vint de la réserve de

---

3. Artiste italien, ventriloque et musicien, Leopoldo Fregoli (1867-1936) est réputé pour ses changements de costume très rapides.

Mussolini et de Ciano, qui éludèrent manifestement les tentatives faites par Hitler et surtout par Ribbentrop pour avoir avec eux des conversations sérieuses. Non seulement le programme très serré ne laissait aucune place à des entretiens de ce genre, mais dans les diverses réunions mondaines où elles auraient pu avoir lieu sans difficulté, le dictateur italien et son gendre se dérobèrent aux désirs de leurs invités. Je vis pleinement se confirmer cette impression lorsque nous présentâmes à Ciano un projet d'alliance germano-italienne, car à cette époque nous étions vraiment des alliés au véritable sens de ce mot, tandis que les Italiens, en dépit de tous leurs beaux discours, ne l'étaient pas encore. Hitler attachait beaucoup d'importance, en vue de ses intentions futures, à profiter de l'occasion pour se lier définitivement l'Italie.

Quelques jours plus tard, Ciano nous remit un « contre-projet » qui ne méritait ce titre en aucune manière : c'était un document qui ne voulait absolument rien dire et qui, par son manque de substance, équivalait à un véritable refus. Ribbentrop eut à ce sujet avec Ciano une brève mais très vive discussion qui formait un contraste presque comique avec la manifestation à grand spectacle offerte au monde pendant cette visite officielle. Le caractère principal de Ribbentrop était la ténacité avec laquelle il assiégeait, d'une façon directe et parfois sans tact, ses interlocuteurs jusqu'au moment où ceux-ci, à contrecœur mais las, finissaient par céder à ses instances. J'en eus encore de nombreux exemples par la suite. Cependant cette tactique n'obtint aucun succès cette fois. « La solidarité existant entre nos deux régimes, dit Ciano avec un sourire qui me parut sarcastique, vient de se manifester si clairement ces jours-ci qu'elle n'a pas besoin de s'exprimer par un traité concret d'alliance ! » Ces paroles me firent penser que les Italiens n'étaient pas encore remis du choc que leur avait donné l'Anschluss et surtout les méthodes employées en cette occasion, et qu'ils tournaient toujours leurs regards vers l'Occident, ainsi que le prouve nettement aujourd'hui le *Journal* de Chamberlain. Mais, extérieurement, il était impossible d'en rien voir à cette époque.

« C'est mon inébranlable volonté et le legs que je fais au peuple allemand que la barrière des Alpes dressée par la Nature soit considérée à jamais comme la frontière intangible tracée par la Providence et par l'Histoire entre nos deux peuples ! » déclara Hitler dans le toast qu'il prononça au palais de Venise, tourné vers Mussolini. Il n'avait pas été sans remarquer lui-même que l'affaire d'Autriche inquiétait toujours les Italiens et il avait voulu, par cette garantie solennelle, faire disparaître leurs craintes envers l'Allemagne devenue leur voisine depuis le mois de mars. Ce fut le seul fait politique au milieu du tourbillon des festivités. En entendant ce soir-là les paroles de Hitler, je revis immédiatement en esprit les visages silencieux qui avaient regardé passer notre train dans le sud du Brenner. Il me fut impossible de constater au retour la réaction des populations allemandes abandonnées définitivement désormais à l'Italie, car nous traversâmes le Tyrol de nuit.

Nous quittâmes l'atmosphère de fête et le ciel sans nuages de la péninsule pour remonter vers le climat plus rude du Nord ; et les premiers souffles de l'orage, qui s'assemblaient au-delà de l'horizon, ne tardèrent pas à soulever beaucoup de poussière. Le 21 mai, je servis d'interprète au cours d'un entretien mouvementé entre Ribbentrop et sir Nevile Henderson[4], ambassadeur d'Angleterre ; il y fut déjà question de la Tchécoslovaquie. « Monsieur l'ambassadeur, vous vous êtes enquis directement auprès du général Keitel[5], donc derrière mon

---

4. Sir Nevile Henderson (1892-1942) représente à Berlin le Royaume-Uni de 1937 à 1939. Il s'y fait l'avocat de la politique d'*appeasement*.

5. Le général puis maréchal Keitel (1882-1946) dirige l'Oberkommando der Wehrmacht (OKW) créé au lendemain des renvois de

dos, de prétendus mouvements de troupes allemandes le long de la frontière tchécoslovaque… » dit le ministre des Affaires étrangères avec un regard chargé de colère au représentant de l'Angleterre qui lui faisait face dans le bureau historique de Bismarck, au 76 de la Wilhelmstrasse. « Je m'arrangerai pour qu'à l'avenir il ne vous soit plus communiqué aucun renseignement de caractère militaire. » « Je me verrai dans l'obligation d'en rendre compte à mon gouvernement ! » répliqua Henderson, d'un ton plus passionné que de coutume. « Je suis amené à conclure de votre observation que ce que m'a dit Keitel n'était pas exact. »

Cette altercation avait pour origine la tension sans cesse croissante dans le territoire des Sudètes, pour les habitants duquel on réclamait, avec de plus en plus d'insistance du côté allemand, l'autonomie à l'intérieur de l'Etat tchécoslovaque. La situation empirait constamment dans ces régions ; les incidents s'y multipliaient, montés en épingle par la presse du Reich ; des bruits circulaient à l'étranger, annonçant que des troupes se rassemblaient à la frontière de l'Etat voisin pour faire irruption chez les Sudètes comme elles l'avaient fait en Autriche au mois de mars précédent. Ces bruits ne reposaient absolument sur rien et avaient peut-être été lancés par les Tchèques dans une intention politique. Henderson s'était informé auprès de Keitel, qui lui avait donné un démenti catégorique.

Il existait, dès ce moment, des oppositions très aiguës entre Ribbentrop et Keitel, ce qui expliquait la colère manifestée par le ministre devant Henderson. D'autre part, il était très monté contre les Anglais en général, parce que ses manières arrogantes, du temps où il était ambassadeur à Londres, n'avaient eu aucun succès

---

Blomberg et de Fritsch. A ce titre, bras droit militaire de Hitler, il sera condamné à mort par le Tribunal international de Nuremberg et exécuté le 16 octobre 1946.

auprès d'eux. Il donnait libre cours à son ressentiment en face de Henderson, qui, en Anglais distingué de la vieille école, se trouvait fréquemment désorienté par le ton brutal du ministre allemand, et qui, en tant que diplomate, n'était pas de taille à opposer grossièreté à grossièreté.

Ribbentrop, s'échauffant de plus en plus, se répandit en invectives contre les Tchèques. Henderson ayant fait observer, d'un ton conciliant, que la mort de deux Allemands des Sudètes, si regrettable qu'elle fût, ne pouvait cependant être comparée aux centaines de milliers de morts qu'entraînerait la guerre s'entendit répondre pathétiquement que chaque Allemand était prêt à mourir pour sa patrie. Le ton pris des deux côtés montre mieux que de longues descriptions l'atmosphère tendue et chargée d'éclairs qui régnait dès cette époque.

Henderson alla même jusqu'à donner un avertissement assez net. Il indiqua que la France avait certaines obligations précises à remplir envers la Tchécoslovaquie et ajouta : « Le gouvernement britannique ne pourrait garantir qu'il ne serait pas entraîné lui-même par les événements, dans un conflit éventuel. »

« Si une guerre générale devait éclater, répliqua Ribbentrop avec force, ce ne pourrait être qu'une guerre d'agression provoquée par la France, et l'Allemagne se défendrait exactement comme en 1914 ! »

Henderson rencontra Ribbentrop à deux reprises en ce 21 mai et chaque fois son langage fut énergique, voire presque menaçant. Le dimanche suivant, Halifax fit encore parvenir un avertissement personnel. Le ministre des Affaires étrangères britannique mettait en garde contre des actes trop précipités qui pouvaient très facilement conduire à une conflagration générale et risquer d'anéantir la civilisation européenne.

Comme on le voit, les Anglais n'hésitèrent pas à parler très haut dès cette époque. Mais ce langage tombait à faux, car, comme j'en étais informé par une source digne de foi, il n'y avait pas un mot de vrai dans les accusations portées alors contre l'Allemagne. En entendant l'ambassadeur britannique s'exprimer aussi vigoureusement devant Ribbentrop, j'étais convaincu qu'il croyait fermement Hitler prêt à agir contre la Tchécoslovaquie, et que c'était la raison de sa véhémence. Nous savons aujourd'hui par ses *Mémoires* que l'attaché militaire anglais et son adjoint avaient fait un voyage de reconnaissance assez étendu en Saxe et en Silésie, qu'ils ne lui avaient signalé aucun indice permettant de croire à des mouvements de troupes extraordinaires, et que d'autres attachés militaires avaient fait la même constatation. Je ne comprends pas encore aujourd'hui pourquoi, étant ainsi informé, il intervint avec tant d'énergie. Je sais, par d'innombrables exemples, qu'il n'était pas de ceux qui attisent les conflits, mais qu'au contraire il faisait tout, à sa manière, pour les empêcher et préserver la paix. Je suis donc conduit à supposer qu'il avait perdu son calme à cause de la façon dont Ribbentrop l'avait attaqué dès le début de l'entretien. Au reste, j'avais déjà constaté, et j'eus encore maintes occasions de le constater par la suite, que la manière employée par Henderson pour traduire dans le style de la diplomatie occidentale les idées de son gouvernement et pour présenter en parfait gentleman ses propres observations avait le don d'irriter Ribbentrop ainsi que Hitler, auquel les façons des « gens bien » étaient physiquement antipathiques. Autant qu'il m'en souvienne, Hitler ne se montra ouvert et amical envers Henderson qu'en une seule circonstance. Ce fut à l'occasion du congrès du Parti en 1937, car il attribua à l'influence de l'ambassadeur britannique la venue au complet à Nuremberg de tout le corps diplomatique, et particulièrement des représentants des grandes puissances. Par ailleurs, Hitler paraissait se contracter et se mettre sur la défensive dès qu'il apercevait ou entendait Henderson.

Je m'en étais plus particulièrement rendu compte au cours d'un entretien qui eut lieu au début de mars 1938 dans le bureau de Hitler à la chancellerie. Henderson y fit, au nom de son gouvernement, une proposition remarquable concernant la question coloniale. Elle eût abouti à rendre à l'Allemagne des territoires en Afrique centrale. Le plan consistait à rassembler en un bloc toutes les colonies des puissances européennes en cette région et à procéder à une nouvelle répartition à laquelle le Reich aurait participé. Mais la façon dont l'ambassadeur présenta cette proposition eut le don d'agacer extraordinairement Hitler. Au lieu d'exposer tout de suite l'essentiel, de commencer par une déclaration sensationnelle annonçant que, pour la première fois, l'Allemagne se voyait offrir des territoires africains à coloniser, Henderson se mit à énumérer toute une série de restrictions.

Le gouvernement britannique n'avait encore parlé de son projet à aucun des pays intéressés ou n'avait obtenu aucun engagement ferme à ce sujet ; c'était donc une initiative purement privée, et sa tâche en tant qu'ambassadeur de Grande-Bretagne consistait à observer la réaction du gouvernement allemand. Il formula, en outre, indirectement, des conditions pour la cession de ces territoires coloniaux, demandant si le Reich serait disposé à signer les accords du Congo qui interdisaient de recruter des soldats parmi les indigènes, de construire des fortifications, et à s'engager à traiter les habitants selon certains principes humanitaires.

Quand Henderson eut terminé son exposé relativement étendu, Hitler ne manifesta pas le plus petit intérêt. Rien ne pressait en ce qui concernait la question des colonies, déclara-t-il ; mais son irritation se traduisit clairement dans la réponse assez vive qu'il fit aux autres déclarations de l'ambassadeur. En ce mois de mars, les questions autrichienne et tchèque étaient déjà dans l'air. Quelques jours plus tard les troupes allemandes pénétraient en Autriche. La presse s'occupait abondamment des Sudètes. Henderson et plus tard Halifax définirent clairement la position du gouvernement britannique sur ces questions ; elle n'excluait pas la possibilité de voir des modifications se produire pourvu qu'elles s'effectuassent d'une façon pacifique.

Dans sa réponse, Hitler avait donné libre cours à sa colère, sans toutefois s'en prendre directement à l'ambassadeur, comme Ribbentrop au cours de la conversation du 21 mai rapportée ci-dessus. Il avait déclaré avec animation que Schuschnigg[6] n'avait derrière lui qu'une très faible partie de la population. Si l'Angleterre s'opposait à un règlement équitable et se mêlait « d'affaires de famille allemandes » où elle n'avait rien à faire, l'Allemagne recourrait aux armes !

Hitler développa alors ce thème de « l'immixtion de l'Angleterre dans des affaires qui ne la regardaient pas » avec beaucoup de passion et de longueur. Il eut des mots très durs contre la presse et les milieux ecclésiastiques britanniques qui essayaient d'intervenir dans le conflit du Reich avec l'Eglise. Plus il parlait, plus il s'emportait, comme s'il ouvrait soudain les écluses à un ressentiment longuement contenu contre l'Angleterre.

Il avait également parlé avec autant d'animation de la question des Sudètes. Il réclamait pour ces territoires l'autonomie à l'intérieur de l'Etat tchécoslovaque. L'accord de ce pays avec l'Union soviétique l'avait également fait se lancer dans une violente diatribe contre celle-ci. Pour lui c'était un crime que de laisser la Russie pénétrer en Europe centrale.

---

6. Kurt von Schuschnigg (1897-1977) accède à la chancellerie d'Autriche à la fin de juillet 1934 après l'assassinat de Dollfuss lors d'un putsch avorté des nazis autrichiens. Sa tentative d'organiser un référendum dans le but de contrer les manœuvres de l'Allemagne provoque la réaction de Hitler. Faute d'avoir pu s'assurer du soutien militaire de l'Angleterre et de la France, il cède, ouvrant ainsi la voie à l'Anschluss.

Il m'était donc facile d'imaginer, lors de cette conversation du 21 mai, avec quelle colère Hitler entendrait le rapport de Ribbentrop sur l'intervention de l'ambassadeur britannique et les menaces qu'il avait formulées. Le ministre allemand partit en avion pour Munich aussitôt après l'entretien et ce fut le lendemain, dimanche 22, qu'il reçut l'avertissement personnel d'Halifax dont j'ai parlé. Le baromètre était visiblement à la tempête.

En outre, les Tchèques avaient procédé à une mobilisation partielle, le 20 mai, sur la foi des prétendues concentrations allemandes. Rien ne s'étant produit du côté du Reich, la presse mondiale avait déclenché un véritable tumulte de cris de joie, proclamant que le dictateur nazi avait reculé et qu'il suffisait d'agir énergiquement comme les Tchèques pour le ramener à la raison.

On ne pouvait trouver de moyen plus efficace pour mettre Hitler hors de soi, car accuser publiquement un dictateur de faiblesse, ce n'est certainement pas la meilleure façon de le rendre plus raisonnable à l'avenir, surtout lorsque, comme en l'occurrence, il ne s'agit que de faits purement imaginaires. Les conséquences n'allaient pas tarder à se manifester.

Mon activité d'interprète connut au cours de l'été une pause de mauvais augure, tandis que le ton de la presse allemande montait de plus en plus au sujet de la question tchécoslovaque. Au cours de cette période, j'eus deux fois à travailler pour Goering. Je revêtis l'uniforme de la Luftwaffe (car il s'agissait uniquement d'aviation) pour la visite de Balbo, ministre italien de l'Air (à cause de mon uniforme, les Italiens me donnèrent constamment du « colonel »), et pour celle du général Vuillemin[7],

---

7. Le général Joseph Vuillemin (1883-1963) est le chef d'état-major général de l'armée de l'air française depuis le 18 février 1938.

commandant en chef des Forces aériennes françaises. Ce dernier était venu en Allemagne avec un groupe d'officiers aviateurs sur l'invitation de Goering. Ils produisirent une profonde et magnifique impression sur tous les Allemands qui entrèrent en contact avec eux. Lorsque les Français allèrent rendre visite à Goering, au Carinhall, je pus constater combien ils avaient été émus par la situation de l'aviation allemande. « Que fera la France, demanda Goering à Vuillemin, si une guerre éclate entre l'Allemagne et la Tchécoslovaquie ? » Ce à quoi le général français répondit vivement : « La France restera fidèle à sa parole. »

Au retour du Carinhall, le général dit à l'ambassadeur français : « S'il y a la guerre à la fin de septembre, comme vous le croyez, il n'existera plus un seul avion français au bout de quinze jours ! » C'est ce qu'écrit François-Poncet dans ses *Mémoires*.

J'eus de nouveau à remplir mon office au début de septembre lors du congrès du Parti qui eut lieu dans le cadre habituel, mais avec une participation étrangère encore plus grande que l'année précédente. Lord Stamp, lord Clive, lord Holenden, lord Brocket, lord McGowan et le député aux Communes Norman Hulbert, du côté anglais, assistèrent non seulement à la manifestation nationale-socialiste, mais encore à une réception particulière où ils s'assirent à la même table que Hitler. L'ambassadeur de Grande-Bretagne, qui n'avait passé que deux jours à Nuremberg l'année précédente, demeura cette fois presque jusqu'à la fin du congrès. La représentation de la France et de certains autres pays fut également nombreuse et importante. Dans les discours que je traduisis pour ces étrangers, je sentis l'effroyable tension qui ne cessait de croître de jour en jour en ce mois de septembre 1938. Jamais encore je n'avais eu à traduire autant de paroles concernant la guerre et le danger de guerre. Assez curieusement, l'ambassadeur espagnol était l'un de ceux qui s'inquiétaient le plus de la situation. Il exprima fréquemment la crainte de voir la France, à l'ouverture d'un conflit, mettre fin au régime de Franco avec l'aide des partis de gauche espagnols.

Les nouvelles qui arrivaient de l'extérieur à Nuremberg annonçaient également la tempête. Je revois encore aujourd'hui les visages soucieux de certains de mes collègues, quand ils me donnèrent à traduire pour Hitler une déclaration du gouvernement britannique annonçant qu'une agression allemande contre la Tchécoslovaquie déclencherait une intervention des puissances occidentales. Presque simultanément, j'eus à traduire une information venant de Londres d'après laquelle la Grande-Bretagne pouvait être prête à aider militairement la Tchécoslovaquie. Cela se passait le 11 septembre.

« Tout ce que je puis dire aux représentants de ces démocraties (occidentales) c'est que si ces pauvres créatures torturées (les Allemands des Sudètes) ne peuvent trouver de justice et de secours par elles-mêmes, elles les recevront de nous. » Telle fut l'apostrophe lancée par Hitler au cours d'un discours attaquant la Tchécoslovaquie, le 12 septembre, dernier jour du congrès du Parti, et que je ne pus entendre qu'en partie du haut-parleur de l'aérodrome de Nuremberg, comme j'allais gagner Berlin. Au moment où je me dirigeais vers l'avion j'entendis encore : « Les Allemands ne sont ni sans défense ni abandonnés en Tchécoslovaquie. »

C'est avec ces paroles menaçantes de Hitler encore dans l'oreille que j'arrivai dans la capitale où je trouvai tout le monde plongé dans la stupeur, non pas seulement mes collègues du ministère des Affaires étrangères, mais tous mes amis et toutes mes connaissances, tant on était convaincu de l'imminence de la guerre. J'entendis de bien dures invectives contre Hitler et j'appris également le projet, formé par l'opposition, de le faire arrêter par

l'armée dès qu'il aurait décrété la mobilisation générale[8].
La tension avait atteint un degré presque intolérable le
13 septembre.

Le 14 au matin, les choses prirent une tournure dramatique et sensationnelle. L'événement était constitué par
un texte de sept lignes que j'eus à traduire pour Hitler :
« Devant l'aggravation de la situation, je propose de me
rendre immédiatement auprès de vous pour essayer de
trouver ensemble une solution pacifique. Je pourrais m'y
rendre en avion et serai prêt à partir demain. Veuillez me
faire connaître la date la plus rapprochée à laquelle vous
pourrez me recevoir et le lieu de la rencontre. Je vous
serais reconnaissant d'une prompte réponse. – Neville
Chamberlain. »

Le soir même, je partis pour Munich dans un train
spécial tout à fait banal, sans uniformes, avec le sentiment de n'avoir plus cette fois à servir de figurant dans
quelque manifestation internationale, mais bien d'avoir à
jouer un rôle modeste, mais non sans importance, dans
un des grands drames de l'Histoire. « Rassemblez bien
tous vos esprits », me dit le secrétaire d'Etat Weizsäcker[9]
dans le train. Demain, à Berchtesgaden, il s'agira de la
guerre ou de la paix. »

Le lendemain midi, nous allâmes chercher Chamberlain à l'aérodrome de Munich. Ribbentrop en avait été
chargé par Hitler. Le rapide bimoteur Lockheed arriva,
plus tôt qu'on ne l'attendait, avec ses hôtes anglais.

---

8. Conduit par le général Beck, chef d'état-major général de l'armée
de terre, un groupe de généraux allemands projette de renverser Hitler
s'il décide d'entraîner l'Allemagne dans une guerre contre l'Angleterre
et la France. Après les accords de Munich, dont le Führer sort grand
triomphateur, ce projet devient sans objet et est provisoirement abandonné.

9. Diplomate de carrière, le baron Ernst von Weizsäcker (1881-1951)
est nommé en avril 1938 par Ribbentrop au poste de secrétaire général du ministère des Affaires étrangères, ce qui fait de lui le principal
conseiller du ministre. Il occupe cette fonction jusqu'en 1943.

Chamberlain descendit le premier de l'avion. « J'ai très bien supporté le voyage, dit-il à Ribbentrop, quoique nous ayons eu du mauvais temps durant une partie du trajet et que ce soit la première fois que je monte en avion. »

Il était accompagné par sir Horace Wilson[10], conseiller le plus écouté du Premier ministre pour toutes les questions politiques, et par William Strang[11], chef de la section de l'Europe centrale au Foreign Office. Le trajet jusqu'à la gare s'effectua en voiture découverte et les Munichois saluèrent cordialement Chamberlain, beaucoup plus amicalement, à ce qu'il me sembla, qu'ils n'avaient salué Mussolini l'année précédente.

Nous gagnâmes Berchtesgaden par un train spécial. Nous nous assîmes dans le wagon-restaurant de Hitler, à une table qui avait été disposée dans le sens longitudinal, Chamberlain et ses compagnons d'un côté, Ribbentrop entre Henderson et moi-même, en face d'eux. J'ai conservé un souvenir très vif de la scène parce que, au cours du voyage qui dura trois heures, des trains chargés de troupes, de soldats en vêtements neufs et de canons pointant leurs volées vers le ciel ne cessèrent de nous croiser, constituant un arrière-plan sinistre. Chamberlain, le « messager de paix » comme on l'appela alors en Allemagne, formait un saisissant contraste avec ces préparatifs guerriers.

Il commença à pleuvoir un peu avant d'arriver à Berchtesgaden. Quand nous sortîmes de la gare, le ciel s'assombrit encore et les nues descendirent au flanc de

---

10. Proche conseiller diplomatique des gouvernements britanniques des années 1930, sir Horace Wilson (1882-1972) fut l'un des inspirateurs de la politique d'*appeasement*.

11. Sir William Strang (1893-1978) servit également comme conseiller diplomatique auprès des gouvernements britanniques des années 1930. Son opposition à la politique d'*appeasement* ne remit pas ce rôle en question.

la montagne. Hitler reçut son hôte au bas de l'escalier conduisant à la maison.

Il y eut des salutations cordiales, des poignées de main, on se présenta les collaborateurs. Puis nous prîmes place autour d'une table où le thé était servi dans la grande salle ouvrant sur les monts. C'était dans cette même pièce que Hitler s'était entretenu deux ans auparavant avec Lloyd George et l'année d'avant avec le duc de Windsor. Mais ce n'était pas seulement à l'extérieur que l'atmosphère était changée. L'on sentait la tension intérieure de ces hommes qui se mesuraient mutuellement et allaient avoir dans quelques instants une conversation « d'où pouvait sortir la paix ou la guerre ».

Après quelques propos insignifiants sur les dimensions de la salle, le mauvais temps, une visite de Hitler en Angleterre et autres sujets sans intérêt, Hitler demanda assez inopinément à Chamberlain s'il désirait lui parler en tête à tête ou se faire accompagner par ses conseillers. « Bien entendu, M. Schmidt sera là de toute façon en tant qu'interprète, mais en cette qualité il est neutre et n'appartient à aucun des deux camps. » Je savais déjà que Chamberlain exprimerait le désir de parler seul à seul avec Hitler. Cela avait été convenu, avec l'accord du Führer, mais à l'insu de Ribbentrop, entre les Allemands et les Anglais. Des deux côtés on estimait que la présence du ministre des Affaires étrangères constituerait un élément perturbateur dans une négociation visant à obtenir un règlement pacifique entre l'Angleterre et l'Allemagne ! Hitler lui-même avait bien remarqué avec quels sentiments de vanité blessée son ancien ambassadeur à Londres considérait les Anglais ; c'était pourquoi il avait approuvé cette proposition, convenue entre Henderson et Weizsäcker et chaudement appuyée par Goering.

Ribbentrop, vexé, resta donc avec le « deuxième ban » lorsque j'accompagnai Hitler et Chamberlain au premier étage, dans le cabinet de travail. C'était la même pièce très simple, presque nue, où Hitler s'était si mal entendu avec Halifax un an auparavant. Cette conversation « pour la guerre ou pour la paix » ne se déroula pas non plus dans un esprit très amical et prit même, à certains moments, une allure orageuse. Elle dura longtemps, près de trois heures. Hitler semblait ne pas avoir épuisé son goût des longs discours au congrès du Parti dont il rentrait ; de temps à autre il se laissait emporter par sa colère contre Beneš[12] et la Tchécoslovaquie, tant qu'à la longue il perdit tout contrôle dans sa façon de s'exprimer.

Il commença par énumérer, avec tous leurs détails, sur un ton relativement modéré, la liste des griefs nourris contre les pays voisins de l'Allemagne. Le traité de Versailles, la Société des Nations, le désarmement, il traita ces sujets à fond sans oublier les difficultés économiques, le chômage et les mesures de reconstruction prises par le national-socialisme. Chamberlain s'entendit reprocher, avec une passion croissante, l'attitude de la presse britannique et ses critiques contre l'Allemagne, l'« immixtion » de l'Angleterre dans des affaires purement allemandes et dans les rapports du Reich avec l'Europe du Sud-Est, y compris l'Autriche.

Le ministre anglais écouta attentivement. Il regardait souvent Hitler de ses yeux bruns. Dans son visage typiquement anglais, aux sourcils broussailleux, au nez aigu, à la bouche énergique sous la petite moustache noire, rien ne trahissait ce qui s'agitait sous son front élevé,

---

12. Le plus proche collaborateur de Tomáš Masaryk durant les années de l'exil à l'époque de la Première Guerre mondiale, Edvard Beneš (1884-1948) compte parmi les fondateurs de la Tchécoslovaquie. Il exerce longtemps les fonctions de ministre des Affaires étrangères. Dans ce poste, il est l'un des artisans de la Petite Entente et de l'alliance avec l'Union soviétique. A la mort de Masaryk, en 1935, il lui succède à la présidence de la République tchécoslovaque.

couronné de cheveux légèrement grisonnants. C'était la même attitude qu'avait eue son frère, sir Austen Chamberlain[13], en face de Stresemann à Locarno et à Genève. Cependant, il ne paraissait pas posséder le « sang de poisson » de ce ministre britannique des Affaires étrangères. Il intervint avec vivacité pour contredire certains points de l'exposé de Hitler, fit la réponse classique sur la liberté de la presse avec un sourire amical presque apaisant, et affirma, en regardant son interlocuteur bien en face, qu'il était prêt à chercher une solution pour tous les points dont se plaignaient les Allemands, mais qu'en toute circonstance le recours à la force devait rester exclu.

« La force, s'emporta Hitler, qui parle de la force ? C'est M. Beneš qui emploie cette force contre mes compatriotes dans le territoire des Sudètes. C'est M. Beneš qui a mobilisé au mois de mai, et non pas moi ! » A l'extérieur la pluie s'abattait en rafales et le vent hurlait autour de la maison. « Je ne me laisserai pas défier plus longtemps ! reprit le dictateur en élevant encore le ton. Dans très peu de temps, j'aurai réglé moi-même cette question, de ma propre initiative, d'une manière ou d'une autre. » Ce fut la première fois que cette expression « d'une manière ou d'une autre » se trouva utilisée au cours d'un entretien avec un chef d'Etat étranger, et, cette fois comme toutes les autres par la suite, elle constitua un signal de danger extrêmement menaçant. Je la traduisis naturellement en anglais par l'expression exacte *one way or another*, mais elle signifiait au fond, ce jour-là comme plus tard, « capitulation du camp adverse ou invasion, emploi de la force, solution par les armes ».

Chamberlain, qui avait tout écouté jusque-là avec le plus grand calme, s'échauffa à son tour. « Si je vous ai

---

13. Frère aîné de Neville, sir Austen Chamberlain (1863-1937) dirigea la politique étrangère britannique de 1925 à 1929. Avec Aristide Briand et Gustav Stresemann, il fut l'un des principaux instigateurs des accords de Locarno.

bien compris, dit-il, vous seriez résolu, en n'importe quel cas, à marcher contre la Tchécoslovaquie ? » Après avoir marqué un bref temps d'arrêt il reprit : « Si telle était votre intention, pourquoi m'avez-vous donc laissé venir jusqu'à Berchtesgaden ? Dans ces conditions, le mieux pour moi est de repartir au plus vite. Tout cela ne semble plus avoir aucun but. »

Hitler hésita un instant. S'il est effectivement décidé à faire la guerre, pensai-je en moi-même, le moment est venu. Et je le regardai anxieusement. A cette seconde, « la guerre ou la paix » furent réellement en équilibre sur une pointe d'épingle. Mais l'inattendu se produisit. Hitler battit en retraite.

« Si vous êtes prêt à régler la question des Sudètes d'après le principe du droit des peuples à disposer d'eux-mêmes, déclara-t-il en passant brusquement de la tempête au calme le plus profond, nous pourrions discuter sur la façon dont ce principe serait à appliquer dans la pratique. » Je crus que Chamberlain allait immédiatement donner son accord au sujet du droit des peuples à disposer d'eux-mêmes. Ce principe avait toujours constitué un point important de l'attitude politique anglaise ; son application dans la crise des Sudètes était reconnue équitable par la presse britannique et par tous les visiteurs de marque qui étaient venus en Allemagne. Mais, soit que la conduite de Hitler l'eût irrité, soit qu'en administrateur pratique il eût tout de suite vu des difficultés dans l'application de ce principe à la Tchécoslovaquie, Chamberlain éleva aussitôt une objection.

« Si pour appliquer le principe du droit des peuples à disposer d'eux-mêmes à la Tchécoslovaquie, vous vouliez procéder à un plébiscite parmi les Allemands des Sudètes, il naîtrait des difficultés considérables », répliqua-t-il. Hitler ne broncha cependant pas. Chamberlain l'avait-il effrayé en menaçant de repartir ? Reculait-il réellement devant la menace d'une conflagration générale ?

« Avant de pouvoir vous donner une réponse sur cette question, il me faut d'abord en discuter en Angleterre avec mes collègues du cabinet, reprit Chamberlain. Je vous propose donc d'interrompre notre conversation en ce point, je vais rentrer immédiatement à Londres pour avoir cette discussion et je vous rencontrerai de nouveau. » Lorsque je traduisis à Hitler la phrase sur l'arrêt de la conversation, il parut un peu inquiet. Mais quand il entendit que Chamberlain se proposait de le revoir, il fut visiblement soulagé et donna son accord. D'un seul coup, l'atmosphère était redevenue amicale et Chamberlain en profita habilement pour obtenir de son interlocuteur que, dans l'intervalle, aucun recours à la force n'aurait lieu contre la Tchécoslovaquie. Hitler lui donna cette assurance sans hésiter, en spécifiant toutefois qu'elle disparaîtrait s'il se produisait quelque incident particulièrement grave.

Ainsi se termina la conversation. Du changement d'attitude de Hitler je déduisis que tout espoir de maintenir la paix n'était pas perdu, et ce fut avec des sentiments moins inquiets que je descendis vers 8 heures du soir à Berchtesgaden avec les Anglais. Nous dînâmes ensemble au Grand Hôtel et y passâmes la nuit.

Comme toujours après de semblables entretiens, je dictai le soir même un compte rendu sur le déroulement de celui de l'après-midi. Henderson, impatient, entrait à tout moment dans ma chambre pour s'enquérir des progrès de ce travail, car Chamberlain voulait l'avoir au cours de la nuit même afin de pouvoir renseigner le cabinet britannique, le lendemain, sur tous les détails de l'entrevue. Déjà précédemment j'avais remis une copie de ces comptes rendus à ceux des interlocuteurs qui me l'avaient demandée. La première fois, c'était à La Haye, en 1929, où j'avais donné au ministre des Affaires étrangères britannique, Henderson, la version anglaise de mes notes sur la conversation qu'avaient eue les quatre ministres de France, d'Allemagne, de Grande-Bretagne et de Belgique. Les corrections qui me furent proposées du côté étranger m'intéressèrent chaque fois. Elles ne portaient jamais que sur des détails, le plus souvent uniquement sur des questions de style. En revanche, jamais personne n'en a réclamé sur les points importants. Hitler et Ribbentrop se bornaient ordinairement à raturer leurs propres déclarations en certains endroits, mais sans jamais apporter rien de nouveau ou d'essentiellement différent. Hitler retouchait le style et il m'intéressait de voir modifier mon texte par l'adjonction de mots comme « cependant, en revanche, surtout, etc. » qui, de l'avis de Hitler, le rendaient beaucoup plus net.

L'année précédente j'avais pu remettre ainsi à lord Halifax un compte rendu de ses conversations avec Hitler et Goering. Mais ce soir-là, à Berchtesgaden, Ribbentrop entra soudainement, furieux, dans ma chambre (à côté de Henderson). « Vous croyez-vous donc encore à Genève ?, me dit-il rageusement dès que nous fûmes seuls. Là, on donnait tous les documents secrets à n'importe qui, et tout le monde était amis comme cochons[14] ! Il n'en va plus de même dans l'Allemagne nationale-socialiste ! Ces notes doivent être exclusivement réservées au Führer ! Veuillez vous en souvenir ! »

J'eus alors la désagréable mission d'avertir Henderson et Chamberlain que je ne pouvais leur remettre la copie de mon compte rendu. Je me souvins alors qu'en d'autres occasions, Hitler avait déclaré à ses interlocuteurs qu'une fois fixés par écrit, leurs propos perdraient le caractère d'une conversation personnelle, d'homme à homme. C'était une explication assez plausible en soi, mais elle ne convainquit pas Chamberlain, car il n'en avait pas été prévenu avant l'entretien. Il se plaignit au contraire très vivement et déclara que, dans ces conditions, il ferait

---

14. En français dans le texte.

assister un autre interprète à la conversation ou tout au moins quelqu'un qui pourrait en noter le déroulement. Je compris seulement à ce moment quelle preuve de confiance m'avaient donnée les étrangers, de Herriot et Briand à Henderson, MacDonald et Laval qui, depuis des années, n'avaient jamais amené d'interprète au cours de leurs entretiens avec les hommes d'État allemands, et s'étaient toujours entièrement fiés à moi. Je regrettai d'autant plus l'incident que je n'y voyais qu'une réaction personnelle de Ribbentrop qui cherchait ainsi à se venger d'avoir été exclu de la rencontre. J'eus encore plusieurs fois des difficultés analogues avec Ribbentrop. Mussolini lui-même dut chaque fois, par la suite, réclamer un exemplaire du compte rendu. Du reste, il n'apporta jamais la moindre correction à mon texte et me félicita au contraire pour l'exactitude avec laquelle j'avais rapporté ses déclarations.

Le lendemain matin, nous gagnâmes Munich avec Chamberlain par l'autostrade et il reprit son avion pour rentrer à Londres. Il s'envola exactement vingt-quatre heures après s'être posé sur l'aérodrome d'Oberwiesenfeld.

Je rentrai le soir même à Berlin. Plus je repassais dans ma tête les paroles décisives échangées à Berchtesgaden et plus je reprenais confiance, en me rappelant que Hitler avait reculé devant les conséquences extrêmes. Le pessimisme s'était cependant accru dans la capitale, à cause de la campagne de presse déclenchée au sujet des heurts entre les Allemands et les Tchèques dans la région des Sudètes. Goebbels faisait de jour en jour hausser le ton à ses journaux et il avait atteint un degré difficilement surpassable lorsque je repartis, cinq jours plus tard, dans la soirée du 21 septembre, pour Cologne. Chamberlain y arriva le lendemain midi, de Londres. Nous l'accompagnâmes à son hôtel situé sur l'autre rive du Rhin, en face de Godesberg. C'est dans cette dernière localité, à l'hôtel Dreesen, qu'eut lieu dans l'après-midi sa première conversation avec Hitler.

Celui-ci se montra encore fort amical au début. Il vint au-devant de lui jusqu'à la porte de l'hôtel, lui demanda s'il avait fait bon voyage et s'il était satisfait de son installation à l'hôtel Petersberg. Puis il le conduisit dans la salle aménagée au premier étage, chambre relativement incolore comme j'en avais tant vu au cours des conférences avec les industriels, dans les diverses capitales de l'Europe. Par la fenêtre ouverte sur le balcon, on avait une vue magnifique sur le Rhin et les Siebengebirge. Mais les deux hommes d'Etat n'avaient guère le goût d'admirer toute cette beauté. Sans même jeter un regard au paysage, ils s'assirent aussitôt à un bout de la longue table. Par suite de l'incident dont j'ai parlé, Chamberlain avait amené comme interprète sir Ivone Kirkpatrick, alors attaché à l'ambassade d'Angleterre à Berlin, aujourd'hui haut-commissaire britannique en Allemagne, et qui parlait remarquablement l'allemand. La conversation se déroula donc entre quatre personnes.

Nous avions l'air perdus dans la salle trop vaste lorsque Chamberlain se mit à rendre compte des entretiens qu'il avait eus à Londres. Il rappela qu'il avait promis, à Berchtesgaden, de rapporter l'opinion du cabinet britannique au sujet du droit à disposer d'eux-mêmes réclamé par Hitler pour les Allemands des Sudètes. Les ministres anglais avaient très vite donné leur accord et les ministres français qui étaient venus à Londres sur son invitation avaient fait de même. Le gouvernement tchécoslovaque aussi s'était déclaré d'accord.

Avec le gouvernement français, il avait dressé un plan d'après lequel les territoires habités par les Allemands seraient remis à l'Allemagne. Il avait même prévu les détails de la nouvelle frontière. Chamberlain exposa alors un système d'accords assez compliqué, comprenant des délais relativement longs pour la cession des territoires. Pour finir, il parla de la garantie que la France et l'Angleterre voulaient donner à la nouvelle frontière. De son côté, l'Allemagne devait conclure un pacte de non-agression avec la Tchécoslovaquie.

Quand il eut fini, il s'appuya, satisfait, contre le dossier de sa chaise avec un air qui voulait dire : « N'ai-je pas magnifiquement travaillé au cours de ces cinq jours ? » C'était bien mon impression personnelle et il me paraissait extraordinaire d'avoir obtenu l'accord des Français et même des Tchèques à une cession de territoires en règle. Je fus donc d'autant plus surpris d'entendre Hitler déclarer calmement, presque sur un ton de regret, mais avec une certaine fermeté : « Je suis très fâché, monsieur Chamberlain, de ne plus pouvoir accepter ces choses. Après les développements de ces derniers jours, cette solution ne convient plus. »

Chamberlain se redressa d'un sursaut sur sa chaise. Le sang lui monta au visage en entendant repousser ainsi le résultat de ses efforts. Je constatai que les yeux bruns si débonnaires pouvaient eux aussi lancer des éclairs menaçants sous les sourcils broussailleux. Chamberlain était extrêmement surpris et irrité. Il ne comprenait pas, déclara-t-il, que Hitler pût brusquement prétendre que « cette solution ne convenait plus » alors que toutes les exigences qu'il avait formulées à Berchtesgaden avaient été satisfaites, ce qui n'avait été possible que grâce à un effort considérable de sa part à lui, Chamberlain.

Hitler se déroba. Il ne pouvait pas conclure de pacte de non-agression avec la Tchécoslovaquie tant que les revendications de la Pologne et de la Hongrie à l'égard de ce pays n'auraient pas également reçu satisfaction. Puis il passa, sur un ton qui, pour lui, était relativement calme, à la critique du système d'accords exposé par le ministre anglais. Tout d'abord les délais prévus lui paraissaient beaucoup trop longs. « L'occupation du territoire des Sudètes cédé à l'Allemagne doit s'effectuer immédiatement ! » déclara-t-il.

Chamberlain fit observer avec raison que c'était là une exigence complètement nouvelle qui dépassait de beaucoup les demandes formulées à Berchtesgaden, mais Hitler s'en tint à cette occupation immédiate des Sudètes. Dès lors il s'échauffa de plus en plus. Son langage devint de plus en plus agressif contre Beneš et la Tchécoslovaquie. Chamberlain se replia progressivement sur lui-même.

« L'oppression des Allemands des Sudètes et la terreur exercée sur eux par Beneš ne peuvent souffrir aucun retard », expliqua Hitler d'un ton catégorique, en faisant rouler les *r*, et il exposa en détail à son interlocuteur comment il s'imaginait pour son compte le règlement de la question qui équivalait pratiquement à une capitulation sans conditions de la Tchécoslovaquie.

Cette première rencontre de la malheureuse conférence de Godesberg se terminait donc sur un grave échec. Irrité, Chamberlain retourna de l'autre côté du Rhin, à son hôtel Petersberg. Le seul rayon d'espoir était qu'une entrevue avait été convenue pour le lendemain matin et que, sur la demande expresse de Chamberlain, Hitler avait renouvelé l'assurance donnée à Berchtesgaden de ne rien entreprendre contre la Tchécoslovaquie au cours des pourparlers.

Mais le lendemain matin, nous reçûmes une lettre du ministre anglais qui était à peu près une fin de nonrecevoir pour les idées de Hitler. « Je crois que vous ne vous rendez pas très bien compte, écrivait-il, qu'il m'est impossible de prendre la responsabilité d'un plan qui ne serait pas accepté par l'opinion publique anglaise, française et du monde en général, s'il ne prévoyait pas que l'application du principe, au sujet duquel nous sommes d'accord, se passera dans l'ordre et sans menace de voir employer la force. Si les troupes allemandes pénètrent dans les Sudètes comme vous le proposez, je n'ai pas le moindre doute qu'il ne restera au gouvernement tchèque qu'à donner à ses forces l'ordre de résister. »

Cette lettre qui était fort amicale dans la forme et commençait par les mots *My dear Reichskanzler* fit chez nous l'effet d'une bombe. Les négociations parurent avoir complètement échoué dès le premier jour. A l'hôtel Dreesen, des conversations animées eurent lieu entre Hitler, Ribbentrop et leurs conseillers. Finalement Hitler dicta une réponse à Chamberlain. C'était, sous une forme délayée et n'engageant à rien, une répétition des déclarations orales faites la veille. « Si vous m'annoncez, Excellence, écrivit-il, que la cession du territoire des Sudètes à l'Allemagne est acceptée en principe, je dois malheureusement vous répondre que ce n'est pas la première fois que des promesses de principe ont été faites à mon pays. » Il rappelait alors les quatorze points de Wilson dont les promesses avaient été violées « de la manière la plus honteuse ». « Ce qui m'intéresse, Excellence, ce n'est pas une acceptation de principe, mais uniquement la réalisation qui doit mettre fin dans le plus bref délai aux souffrances des malheureuses victimes de la tyrannie tchèque, et simultanément tenir compte de la dignité d'une grande puissance. » Ce style s'étalait sur quatre ou cinq pages dactylographiées. Comme le temps manquait, je fus chargé par Hitler d'aller remettre cette lettre personnellement à Chamberlain et de la lui traduire oralement.

Ce jour-là, les yeux du monde entier se tournaient anxieusement vers la petite station balnéaire rhénane. L'arrêt des pourparlers faisait monter d'heure en heure la nervosité dans les capitales européennes. Les représentants de la presse mondiale, qui étaient également logés à l'hôtel Petersberg, recevaient des questions de plus en plus pressantes de la part de leurs rédactions d'Europe et d'Amérique. Les négociations étaient-elles rompues ?

Allait-on avoir la guerre à cause de la Tchécoslovaquie ? Telles furent les interrogations posées en cette journée par les manchettes des journaux et par les commentateurs de la radio. Du *Petersberg,* la presse, et sans doute aussi la délégation anglaise avec Chamberlain à sa tête, jetaient des regards au-delà du Rhin, vers l'hôtel Dreesen, avec une inquiétude qui ne se dissimulait plus et qui croissait d'heure en heure. Mais rien n'y bougeait. Les bacs qui avaient été amenés précisément pour transporter les voitures de la délégation au-delà du Rhin restaient immobiles, oisifs, à la rive.

Ce fut le tableau que j'aperçus le 23 septembre vers 3 heures de l'après-midi, lorsque je sortis de l'hôtel Dreesen, une grosse enveloppe brune sous le bras. Je devinais fort bien que ma sortie avait fait pointer dans ma direction toutes les jumelles du *Petersberg,* et que la déception était grande à la constatation que j'étais seul dans la voiture à côté du chauffeur. Un bac nous fit traverser et nous montâmes la pente conduisant à l'hôtel de l'autre rive. On devait avoir reconnu que je portais une enveloppe sous le bras. De loin, je vis la cohorte des journalistes se rassembler à la porte de l'hôtel. Quand la voiture s'arrêta et que j'en descendis, tous les regards se tournèrent vers moi et vers l'enveloppe. Je pris une expression impassible pour traverser la cohue. A toutes les questions, je me bornai à répondre que j'allais trouver Chamberlain. « Apportez-vous la guerre ou la paix dans votre enveloppe ? » me cria un Américain que j'avais bien connu au Bavaria de Genève. Je ne me hasardai même pas à hausser les épaules, car je savais que le moindre geste pouvait être faussement interprété. Je fus heureux d'être accueilli en haut de l'escalier par un membre de la délégation anglaise qui me conduisit aussitôt à Chamberlain. Celui-ci se trouvait sur la terrasse devant sa chambre ; lui aussi avait certainement jeté des regards préoccupés de l'autre côté du Rhin.

Mais il ne trahit pas la moindre émotion devant moi. Impavide, avec le calme d'un estivant jouissant de son repos, il me salua et me fit entrer dans son bureau où je traduisis la lettre en présence de sir Horace Wilson, de Henderson et de Kirkpatrick. Cela dura assez longtemps et comme j'avais encore quelques explications orales à donner, je ne sortis de la chambre de Chamberlain qu'au bout d'une heure. Pour échapper aux questions des journalistes qui assiégeaient toujours le hall, j'allai faire une visite au baron von Dornberg, chef allemand du protocole, et me préparai par quelques gouttes de « ce qui convient » à la « bataille de percée » que j'allais avoir à livrer en bas. Je pris enfin le chemin du retour qui eut l'allure d'une fuite dans le hall encombré. J'avais de très bons amis parmi les journalistes et ne pouvais me soustraire à leurs questions qu'en me dérobant à toute vitesse.

« Qu'a-t-il dit ? Comment a-t-il accepté ma lettre ? » me demanda anxieusement Hitler dès que j'eus été conduit auprès de lui à mon retour. Je lui rendis compte de mes impressions. Il parut se tranquilliser un peu en apprenant que Chamberlain n'avait montré aucune agitation apparente et s'était borné à déclarer qu'il répondrait par écrit avant le soir. Henderson et Wilson apportèrent sa réponse à Ribbentrop, une heure environ après mon retour. Une discussion assez désordonnée et tumultueuse s'engagea alors sur ce qu'il convenait de faire.

Dans sa lettre, Chamberlain faisait de nouvelles concessions. Il se déclarait prêt à servir de médiateur pour transmettre au gouvernement tchécoslovaque les propositions « sur lesquelles Votre Excellence insiste avec autant de force qu'hier soir ». Il demandait que ces propositions lui fussent envoyées sous la forme d'un mémorandum et annonça qu'il allait rentrer en Angleterre pour préparer la transmission.

Au cours de l'entretien avec Ribbentrop, il fut convenu que Chamberlain reviendrait dans la soirée à l'hôtel Dreesen pour recevoir le mémorandum et les explications orales de Hitler.

La conversation avec Chamberlain, qui fut l'une des plus dramatiques de toute cette crise des Sudètes, commença un peu avant 11 heures du soir, dans un des petits salons de l'établissement, car le nombre des participants s'était sensiblement accru dans l'intervalle. « On invite tout ce qui est bon et cher », avait dit un collègue en apprenant que Ribbentrop avait réussi à se faire admettre. Avec lui vinrent encore Wilson, Henderson, Weizsäcker et le chef de la section juridique au ministère des Affaires étrangères.

Les assistants se groupèrent librement autour de Hitler et de Chamberlain au milieu de la salle et, pour commencer, je traduisis le mémorandum.

« Les nouvelles annonçant des incidents dans le territoire des Sudètes se multiplient d'heure en heure », y disait-on ; « la situation devient intolérable pour les habitants allemands et crée un danger pour la paix de l'Europe ». La stipulation principale exigeait l'évacuation par les forces tchèques d'une région désignée sur la carte, cette « évacuation devant commencer le 26 septembre et la zone être remise à l'Allemagne le 28 ; l'ensemble du territoire devra être rendu dans son état actuel ; le gouvernement tchèque mettra en liberté tous les prisonniers d'origine allemande détenus pour des raisons politiques ; plébiscite (dans certaines régions) sous le contrôle d'une commission internationale », déclaraient quelques autres paragraphes de ce document qui ne comportait que quelques pages dactylographiées.

L'effet produit sur Chamberlain et sur les autres Anglais fut effroyable. « C'est un ultimatum ! » s'écria Chamberlain en levant les mains dans un geste d'objurgation. « Un *diktat* ! » lança Henderson qui aimait à jeter des mots allemands dans la conversation. En quelques paroles émues, Chamberlain protesta qu'il lui était absolument impossible de transmettre un tel ultimatum au gouvernement tchécoslovaque. L'opinion publique des pays neutres en rejetterait vigoureusement non seulement le texte, mais la forme. « Avec une profonde déception et à mon très grand regret, je me vois forcé de constater, monsieur le *Reichskanzler*, dit Chamberlain en terminant, que vous n'avez pas apporté la plus petite contribution aux efforts faits par moi pour préserver la paix ! »

Hitler fut manifestement surpris par la vivacité de la réaction britannique. Il se trouvait rejeté sur la défensive. Il répondit très maladroitement au reproche d'avoir présenté un ultimatum : « Il s'agit là d'un mémorandum et non d'un ultimatum », et il essaya de s'en tirer par des paroles, comme un écolier pris en faute. Mais rien n'y fit. Chamberlain, Wilson et Henderson repartirent à l'offensive. Ils lui signalèrent que ses propositions étaient inexécutables rien que par la brièveté du délai fixé à l'évacuation. Il ne restait que quarante-huit heures au gouvernement tchécoslovaque pour donner les ordres nécessaires et tout le territoire devait être rendu libre dans les quatre jours. Dans de telles conditions le risque de voir partir les fusils était énorme. Et les répercussions d'éventuelles hostilités entre la Tchécoslovaquie et l'Allemagne étaient imprévisibles. Il en sortirait certainement une guerre européenne.

Les négociations arrivèrent ainsi au point mort. La porte s'ouvrit à cet instant. Un des aides de camp de Hitler entra et lui remit une note. Hitler la parcourut, puis me la tendit en disant : « Lisez cette nouvelle à M. Chamberlain. » Je traduisis : « Beneš vient de donner à la radio l'ordre de mobilisation générale pour toutes les forces tchécoslovaques. »

Un silence de mort s'établit dans la salle. On eût certainement entendu voler une mouche. « La guerre est désormais inévitable », pensai-je et tous les assistants eurent certainement la même idée. Hitler avait en effet promis à Chamberlain de ne rien entreprendre contre la Tchécoslovaquie, mais en ajoutant constamment « si aucune mesure extraordinaire des Tchèques ne me force à agir ». Ce cas s'était-il produit ?

En racontant plus tard à des amis cette scène dramatique de Godesberg, j'ai souvent employé la comparaison avec un coup de grosse caisse dans une symphonie. Après le coup de grosse caisse de la mobilisation tchèque, il y eut deux ou trois longues mesures de silence dans la salle d'hôtel. Puis les violons reprirent doucement leur mélodie. D'une voix à peine perceptible, Hitler déclara à Chamberlain qui paraissait comme pétrifié : « Bien entendu, en dépit de cette provocation inouïe, je maintiens ma promesse de ne rien entreprendre contre la Tchécoslovaquie au cours des négociations, tout au moins tant que vous vous trouverez sur le territoire allemand, monsieur Chamberlain. » La tension commença lentement à se dissiper. La conversation fut reprise. Après le « coup de grosse caisse », elle eut un ton beaucoup plus assourdi. Tout le monde paraissait respirer plus librement après avoir vu reculer une nouvelle fois la catastrophe. On continuait à causer ; c'était la chose capitale.

Hitler se montra brusquement prêt à discuter au sujet des délais d'évacuation, qui, d'après Chamberlain, constituaient la principale pierre d'achoppement. « Pour vous, monsieur Chamberlain, dit-il, je ferai une concession en ce qui concerne la question de temps. Vous êtes un des rares hommes pour lesquels je l'aie jamais fait », ajouta-t-il. « J'accepterai la date du 1er octobre. » Puis il modifia de sa propre main le paragraphe correspondant du mémorandum. « Le territoire sera remis à l'Allemagne le

1er octobre » dis-je à Chamberlain en traduisant. Hitler apporta encore au texte quelques autres petites corrections qui, autant qu'il m'en souvienne, modifiaient plus la forme que le fond. Puis le document fut renvoyé à la dactylographie.

Dans la suite de la conversation, Hitler déclara qu'il avait appuyé les efforts de Chamberlain pour le maintien de la paix, en acceptant, pour le territoire à céder, une frontière très différente de celle qu'il fixerait s'il était contraint de recourir à la force contre la Tchécoslovaquie ; et Chamberlain dit qu'il était prêt à transmettre le mémorandum au gouvernement tchèque. Le « coup de grosse caisse » avait eu l'effet d'un orage purificateur. A 2 heures du matin, Hitler et Chamberlain se séparèrent dans des dispositions assez amicales, après s'être parlé encore en tête à tête avec ma seule assistance. Hitler remercia Chamberlain avec des mots qui paraissaient monter du cœur pour les efforts qu'il faisait en faveur de la paix, et fit observer que la résolution du problème des Sudètes constituait la dernière grosse question qu'il avait encore à régler. Il parla également d'un rapprochement et d'une collaboration entre l'Allemagne et l'Angleterre. Il manifesta nettement le désir qu'il avait depuis longtemps de vivre en bons termes avec les Britanniques. Il revenait à ses anciennes amours. « Il n'y a aucune opposition entre nous », dit-il à Chamberlain ; « nous ne nous mettrons pas en travers de vos intérêts extra-européens et vous pouvez sans danger nous laisser les mains libres sur le continent dans l'Europe centrale et sud-orientale ». Il faudrait bien régler un jour la question coloniale, mais on avait le temps et il n'y aurait certainement pas de guerre à ce sujet.

Le lendemain matin Chamberlain repartit pour Londres et je profitai du retour fortuit à Berlin de l'avion particulier de Goering pour rentrer chez moi par la voie la plus rapide.

Deux jours plus tard, à Berlin, le 26 septembre, sir Horace Wilson se présenta, porteur d'une lettre personnelle de Chamberlain à Hitler. Celui-ci le reçut au cours de l'après-midi, dans son bureau de la chancellerie, en même temps que Henderson et Kirkpatrick. Pour la première et l'unique fois en ma présence, Hitler perdit complètement le contrôle de ses nerfs au cours de cet entretien.

Je ne me rappelle plus aujourd'hui si les Anglais apportèrent une traduction de la lettre ou s'il me fallut la traduire. Quoi qu'il en fût, cette lettre a été la cause de l'entrevue la plus orageuse à laquelle il m'ait été donné d'assister.

« Le gouvernement tchécoslovaque me communique à l'instant, écrivait Chamberlain, que les propositions contenues dans votre mémorandum sont considérées par lui comme complètement inacceptables. » Le reste de la lettre développait à peu près le thème : « Je vous l'avais bien dit à Godesberg », et comme Chamberlain paraissait soutenir le point de vue tchèque, Hitler, qui avait écouté la lecture avec une irritation croissante, sauta sur ses pieds et s'écria : « Il est désormais complètement inutile de continuer à discuter ! » Puis il se précipita vers la porte comme s'il avait l'impolitesse d'abandonner les diplomates anglais dans son bureau. Ce fut une scène extrêmement pénible, d'autant plus que Hitler, en arrivant à la porte, comprit tout ce que sa conduite avait d'inadmissible et revint vers sa place comme un jeune garçon emporté. En tout cas, il avait suffisamment repris le contrôle de lui-même pour me permettre de continuer la lecture de la lettre. Quand j'eus fini il se déchaîna avec une violence que je ne lui avais encore jamais connue et que je ne lui revis plus au cours d'une conversation diplomatique. Cette manifestation de colère n'eut cependant rien de commun avec les légendaires crises de rage dont on a tant parlé à l'étranger, et auxquelles je n'ai jamais assisté pour ma part.

Suivit alors une discussion où tous les assistants, Kirkpatrick et moi exceptés, parlaient souvent à la fois. Ce fut également une des rares occasions où je ne pus imposer à Hitler d'écouter ma traduction. En d'autres entretiens tumultueux, avant et après, notamment au cours de la conférence des quatre Grands de l'époque qui eut lieu à Munich quelques jours plus tard, il me fut presque toujours possible de ramener le calme en faisant observer à Hitler ou à l'un de ses interlocuteurs, quand ils se lançaient dans une vive interruption, que je n'avais pas fini de traduire. Cette fois ce fut en permanence un tohu-bohu de voix. Les oreilles de Beneš et des Tchèques durent tinter aussi fortement que si toutes les églises de Prague s'étaient mises à sonner. Hitler ne cessa de les insulter et de les invectiver. Sir Horace Wilson, le malheureux « messager », n'arrivait pas à couvrir de sa voix timide le puissant organe du dictateur, et ses constants appels à l'apaisement ne faisaient qu'augmenter la colère de Hitler. Henderson et Ribbentrop avaient, en quelque sorte sur une scène latérale, un entretien très animé sur le même sujet : Beneš le terroriste et les Tchèques fauteurs de guerre.

C'est dans le même état d'esprit que Hitler prononça quelques heures plus tard son fameux discours au palais des Sports. « On connaît du reste la question qui nous a si profondément émus au cours de ces derniers mois et de ces dernières semaines ; elle ne se formule pas tant "Tchécoslovaquie" que "M. Beneš" ! crièrent les haut-parleurs. C'est ce nom qui concrétise tout ce qui émeut aujourd'hui des millions d'hommes, ce qui les fait désespérer ou qui les emplit d'une résolution farouche ! Il expulse les Allemands maintenant ! Et le moment est venu de mettre fin à ce jeu ! Il a la décision entre ses mains ! La paix ou la guerre ! Il faudra qu'il accepte cette offre et rende enfin la liberté aux Allemands ou bien nous irons la porter nous-mêmes à ceux-ci ! »

Mais il y eut aussi d'autres notes dans ce discours. Hitler trouva des mots amicaux et reconnaissants pour Chamberlain, et il prononça alors la phrase si fréquemment citée par la suite et si lourde de sens ! « J'ai donné l'assurance à M. Chamberlain qu'à partir du moment où les Tchèques se seront séparés de leurs minorités, je ne m'intéresserai plus à l'Etat tchèque. Et je le lui garantis ! Nous ne voulons d'aucun Tchèque ! »

Dès le lendemain matin, je fus appelé à la chancellerie. J'y rencontrai Wilson qui avait reçu de Chamberlain au cours de la nuit un nouveau message à transmettre à Hitler. Le Premier ministre britannique se référait aux mots amicaux que celui-ci avait prononcés à son égard dans son discours et proposait la garantie de l'Angleterre pour la bonne exécution des accords sur l'évacuation par les Tchèques, si l'Allemagne renonçait à recourir à la force. Hitler n'accepta pas cette proposition, et ne répondit pas quand Wilson lui demanda directement ce qu'il faudrait annoncer à Chamberlain lors de son retour. Il se borna à répéter qu'une seule alternative s'offrait au gouvernement tchèque : accepter ou refuser les offres allemandes. « Dans ce dernier cas, j'écraserai la Tchécoslovaquie ! » s'écria-t-il rageusement. « Si mercredi, 28 septembre, à 14 heures, les Tchèques n'ont pas accepté mes demandes, j'entrerai avec les armées allemandes dans le territoire des Sudètes le 1er octobre. »

Ce matin-là il fut impossible de parler posément avec Hitler. Il n'avait à la bouche que des injures pour les Tchèques et de sombres menaces. Wilson et ses compagnons en étaient tout décontenancés. Ils n'étaient pas habitués à subir un tel orage.

Cependant Wilson se redressa brusquement de toute sa taille. D'une voix ferme, faisant bien sonner chaque mot, il déclara : « Dans ces conditions, le Premier ministre de Grande-Bretagne m'a encore chargé d'une autre mission. Je vous prie, monsieur le *Reichskanzler*, de prendre connaissance de la communication suivante. » Il lut alors une phrase lourde de sens que je traduisis aussi lentement que possible, en la détaillant fortement pour que Hitler en comprît bien toute la portée : « Si la France était entraînée dans des hostilités actives contre l'Allemagne, en remplissant ses obligations envers la Tchécoslovaquie, le Royaume-Uni se considérerait comme tenu de soutenir la France. »

Rageusement Hitler répliqua qu'il prenait acte de cette communication. « Vous voulez dire, s'écria-t-il, que si la France juge bon d'attaquer l'Allemagne, l'Angleterre se croit également tenue d'attaquer celle-ci ! » Haussant encore le ton il poursuivit : « Si la France et l'Angleterre veulent se battre, qu'elles le fassent ! Cela m'est complètement indifférent. Je suis prêt à toute éventualité. Je ne peux que prendre note de la situation. Ainsi donc nous nous trouverons tous en guerre au cours de la semaine prochaine ! » Tels furent les derniers mots adressés à Wilson, en réponse à sa question au sujet de ce qu'il devait transmettre à Chamberlain.

Le soir même, je dus traduire une lettre de Hitler à ce dernier, rédigée sur un ton un peu plus calme. J'eus alors, pour la deuxième fois au cours de ces journées critiques, l'impression que Hitler s'effrayait devant les conséquences extrêmes. La dernière déclaration de Wilson l'avait-elle fait battre en retraite ? Je me rappelle tout particulièrement, encore aujourd'hui, que le dictateur se déclarait, dans cette lettre, disposé à participer à une garantie internationale qui serait donnée à la Tchécoslovaquie dès que la question de ses minorités serait résolue.

Le changement d'humeur, qui le fit passer de l'apostrophe : « Nous serons en guerre la semaine prochaine ! » à cette lettre conciliante, eut peut-être sa cause dans un fait caractéristique dont il avait été témoin. Sous le temps gris d'automne, une division motorisée passa sur la Wilhelmstrasse. Hitler put observer, de la fenêtre de la chancellerie, l'attitude apathique et déprimée des Berlinois et il en fut fortement impressionné. L'un de ses aides de camp, avec qui j'eus beaucoup affaire à cette époque, me dit qu'il avait été extraordinairement déçu par ce bref spectacle. Il me fallut alors me tenir en permanence à la chancellerie pour traduire les renseignements et les documents qui y affluaient, ou pour servir d'interprète au cours des nombreuses visites faites par les ambassadeurs.

Le lendemain, 28 septembre, ceux-ci se succédèrent presque sans arrêt auprès du dictateur. François-Poncet, Henderson et Attolico[15], l'ambassadeur d'Italie, défilèrent coup sur coup dans le bureau de Hitler, tandis que dans les couloirs et les pièces voisines régnait l'animation des grands jours. Partout il y avait, debout ou assis, des aides de camp, des « rapporteurs particuliers », des membres du Parti, des militaires et secrétaires d'Etat venus accompagner leurs généraux ou leurs ministres entrés chez Hitler. Ces conversations ne se déroulèrent cependant pas sous la forme de conférences régulières. Hitler passait à travers les pièces et s'entretenait tantôt avec celui-ci, tantôt avec celui-là. Tous ceux qui se trouvaient à proximité pouvaient se présenter, mais personne ne pouvait dire le moindre mot, Hitler tenant à chacun d'eux, qu'il le voulût ou non, de longs discours sur la façon dont il envisageait lui-même la situation. Ce matin-là, il fit toute une série de petits discours genre palais des Sports. Il ne rentra dans son bureau, pour avoir un plus long entretien, qu'avec Ribbentrop, ou Goering, ou quelque militaire, principalement Keitel. Par ailleurs, la chancellerie

---

15. Un des grands ambassadeurs de Mussolini, le comte Bernardo Attolico (1880-1942), en poste à Berlin depuis 1935, œuvra discrètement, mais vainement, pour le maintien de la paix.

ressembla en cette journée plus au camp d'une armée en campagne qu'au centre d'un gouvernement organisé.

Le premier ambassadeur à paraître en ce 28 septembre fut François-Poncet. Il parlait un excellent allemand, mais j'assistai cependant à l'entretien « à tout hasard ». Comme je n'eus rigoureusement rien à faire, je pus écouter en toute tranquillité une conversation qui me revint souvent à la mémoire, au cours des années suivantes, à cause de l'adresse d'homme d'Etat et de l'extraordinaire habileté diplomatique avec lesquelles François-Poncet la dirigea. Ce matin-là l'ambassadeur de France se battit pour la paix avec Hitler, au véritable sens du mot. « Vous vous trompez, monsieur le chancelier, dit-il entre autres choses, si vous croyez pouvoir localiser le conflit à la Tchécoslovaquie. Si vous attaquez ce pays, vous mettrez le feu à toute l'Europe. » Il parlait avec sa circonspection habituelle, en un allemand bien formé, grammaticalement parfait, que gâtait à peine un léger accent français qui, cependant, donnait encore plus d'expression à ses mots. « Bien entendu vous êtes persuadé de gagner la guerre, poursuivit-il, exactement comme nous croyons que nous vous vaincrons. Mais pourquoi voulez-vous courir cet énorme risque, alors que vous pouvez satisfaire sans guerre les plus importantes de vos revendications ? »

Hitler répondit en injuriant de nouveau Beneš, en soulignant les efforts qu'il faisait, lui Hitler, pour préserver la paix et en affirmant qu'il lui était impossible d'attendre plus longtemps. François-Poncet ne se laissa pas décontenancer. Il ne cessa de montrer à Hitler ce que sa conduite avait d'insensé, d'une manière extrêmement adroite, exerçant un puissant effet psychologique. Du coin de la pièce d'où j'écoutais ces propos et pouvais observer les acteurs tout à mon aise, cette bataille pour la paix constituait un spectacle fascinant, surtout lorsque je constatai, à la réaction de Hitler, que le plateau de la balance penchait lentement en faveur de la paix. Il ne tempêtait plus, il avait peine à trouver des mots pour répondre à la magnifique logique française des arguments de l'ambassadeur. Visiblement il réfléchissait. Ribbentrop essaya une ou deux fois d'intervenir et ce n'était pas en faveur de la paix. Il fut chaque fois refoulé, avec une irritation contenue, par François-Poncet, qui se rendait bien compte que la moindre fausse note pouvait être dangereuse en l'occurrence. Manifestement Hitler ne s'en offusqua pas le moins du monde. Il lui imposait toujours de voir quelqu'un se défendre contre un autre que lui.

L'ambassadeur de France eut une autre habileté diplomatique, en présentant une carte claire indiquant les diverses phases de l'évacuation. « François-Poncet fut le seul à faire une proposition raisonnable, répéta fréquemment Hitler par la suite, en reparlant de la crise des Sudètes. On voyait immédiatement, en regardant cette carte, qu'elle avait été préparée par des militaires connaissant bien leur métier. »

Une porte s'ouvrit de nouveau et un aide de camp entra. Allait-il se produire un autre « coup de grosse caisse » ? Les Tchèques avaient peut-être ouvert les hostilités ? J'entendis prononcer le nom d'Attolico et fus aussitôt rassuré, car je savais que l'ambassadeur d'Italie appartenait également au groupe des amis de la paix qui, d'après ce que j'avais observé, déployaient alors toute leur pénétration d'esprit avec Goering, Neurath et Weizsäcker pour détourner Hitler de ses projets de guerre. Attolico désirait parler immédiatement au dictateur « pour une chose urgente ».

Je sortis avec Hitler. Attolico parlait peu l'allemand, de sorte que je devais toujours l'assister dans ses entretiens avec Hitler ou Ribbentrop. Sa haute stature légèrement voûtée nous apparut. Il semblait complètement hors d'haleine, et son visage était rouge d'émotion. Ses petits yeux intelligents remuaient sans arrêt derrière ses épaisses lunettes. « Führer, j'ai une communication urgente à vous faire de la part du Duce ! » cria-t-il sans trop observer l'étiquette dès qu'il aperçut le dictateur. Je traduisis la suite de ses paroles : « Le gouvernement britannique vient de faire connaître à Rome, par l'intermédiaire de son ambassadeur, qu'il accepterait une médiation du Duce dans la question des Sudètes. Les points de divergence, selon lui, seraient faibles. » Puis les propos prirent une tournure intéressante : « Quoi que vous décidiez, Führer, l'Italie fasciste sera derrière vous, vous fait dire le Duce », déclara Attolico, mais il ajouta aussitôt : « Le Duce estime toutefois qu'il serait intéressant d'accepter cette proposition britannique et vous demande de renoncer à une mobilisation. » Hitler, que la conversation avec François-Poncet avait rendu pensif, fut manifestement impressionné par cet ambassadeur de Mussolini. Attolico le regardait anxieusement, attendant la réponse.

C'est à ce moment que fut prise la décision en faveur de la paix. Il était alors quelques minutes avant midi, le 28 septembre, soit deux heures avant l'expiration de l'ultimatum formulé par Hitler. « Dites au Duce que j'accepte sa proposition », se contenta-t-il de répondre.

Je sentis instinctivement que le danger de guerre était écarté. L'avis de Mussolini avait encore énormément de poids auprès de Hitler, à cette époque, et j'avais déjà vu, par deux fois, celui-ci reculer devant les conséquences ultimes. L'acceptation de la proposition du Duce me donna la certitude que Hitler avait éloigné de son esprit l'idée d'un conflit armé.

Nous revînmes dans le bureau où François-Poncet attendait toujours en compagnie de Ribbentrop. « Mussolini vient de me prier d'accepter une proposition de médiation », dit laconiquement Hitler, et il reprit sa conversation avec l'ambassadeur de France. Mais il n'y était plus. Le message du Duce le préoccupait naturellement plus que ce que lui disait François-Poncet. L'entretien prit donc fin presque aussitôt, assez brusquement.

L'ambassadeur français était à peine sorti que Henderson arrivait avec un nouveau message de Chamberlain. Je traduisis : « Après avoir lu votre dernière note, j'ai la conviction intime que toutes vos demandes importantes peuvent être satisfaites sans guerre, et immédiatement. Je suis prêt à me rendre immédiatement à Berlin pour causer avec vous et les délégués du gouvernement tchèque, ainsi qu'avec les représentants de l'Italie et de la France. Je ne peux pas croire que pour un retard de quelques jours, vous vouliez prendre la responsabilité de déclencher une guerre mondiale susceptible d'entraîner la fin de la civilisation. » Hitler se borna à répondre qu'il lui fallait entrer d'abord en contact avec Mussolini au sujet de cette proposition. « Par ailleurs, sur le désir de mon grand allié italien, j'ai retardé la mobilisation allemande de vingt-quatre heures », déclara Hitler à Henderson lorsque celui-ci prit congé après un entretien qui était resté tout à fait calme.

Hitler téléphona dans l'après-midi même à Mussolini. De cette conversation sortit la décision que le monde entier considéra comme la plus sensationnelle de l'entre-deux-guerres. Hitler invitait Chamberlain, Daladier et Mussolini à se réunir à Munich dès le lendemain 29 septembre pour discuter en commun la question des Sudètes. Dès le soir un train spécial m'emportait vers le Sud.

On considéra généralement, à cette époque, que la conférence de Munich avait constitué le tournant décisif de la crise des Sudètes. En réalité ce tournant fut atteint la veille, lors de l'entretien de Hitler avec Attolico, après avoir été puissamment préparé par François-Poncet. Il s'était annoncé, dès Berchtesgaden, lorsque Hitler avait reculé devant Chamberlain, et à Godesberg quand il avait battu en retraite une seconde fois après le « coup de grosse caisse ».

On a si abondamment décrit, en son temps, le déroulement de cette conférence qui eut lieu au nouveau « Führerbau[16] », sur la Königsplatz, qu'il ne reste plus grand-chose à dire de cet événement où la crise, à vrai dire, n'atteignit pas son apogée. Peu après mon arrivée à Munich, je partis pour Kufstein avec Hitler qui monta dans le train spécial italien et s'entretint avec Mussolini pendant le reste du parcours. Cette conversation confirma mon impression que la paix était bel et bien assurée. Mussolini se prononça pour une solution pacifique avec des mots qui ressemblaient à ceux de François-Poncet.

Un peu avant 14 heures, je me retrouvai avec les quatre Grands, Hitler, Chamberlain, Mussolini et Daladier[17], accompagnés de Ribbentrop, Ciano, Wilson et Alexis Leger[18], autour d'une table ronde, de nouveau trop petite, dans une pièce aménagée à la moderne du « Führerbau » (aujourd'hui l'Amerikahaus), et la conférence historique de Munich commença. Elle se déroula d'une façon beaucoup moins sensationnelle qu'on ne le supposa à l'époque, parce que la décision en faveur de la paix avait déjà été prise la veille, comme je l'ai dit.

Tout d'abord, chacun des quatre participants exposa brièvement le point de vue de son pays sur la question des Sudètes. Tous se déclarèrent opposés à une solution

---

16. Construit dans un style classique entre 1933 et 1937 sur des plans de l'architecte Paul Troost, le Führerbau (« Bâtiment du Führer ») abrite les bureaux de Hitler lorsqu'il réside à Munich.

17. Figure de proue du radicalisme des années 1930, Edouard Daladier signe les accords de Munich en qualité de président du Conseil. Il a auparavant occupé le poste de ministre de la Défense dans les différents gouvernements du Front populaire.

18. Secrétaire général du Quai d'Orsay de 1933 à 1940, Alexis Leger est également connu sous son nom de plume : Saint-John Perse. Pendant la guerre, violemment antigaulliste, il choisit de résister à l'occupant depuis les Etats-Unis.

de violence. Hitler lui-même affirma qu'il était tout à fait partisan d'une issue pacifique. Il régna une atmosphère de bonne entente générale, troublée seulement à une ou deux reprises par de furieuses sorties de Hitler contre Beneš et la Tchécoslovaquie et par des interventions très passionnées de Daladier.

Celui-ci était encore un inconnu dans cette ambiance. Petit et trapu, il resta la plupart du temps silencieux sur son siège. Il semblait assez mal à l'aise à la pensée que cette conférence allait décider d'une cession de territoires à effectuer par une alliée de la France, la Tchécoslovaquie, sans que celle-ci fût représentée. Je vis Alexis Leger lui parler plusieurs fois, probablement pour l'inciter à protester contre tel ou tel point, mais Daladier ne réagit pas, sauf les quelques fois dont j'ai parlé et où il prit assez violemment position contre Hitler. Par extraordinaire, celui-ci ne s'en offusqua pas. Daladier avait l'air de lui être sympathique pour quelque raison inconnue et il échangea avec lui des souvenirs sur la précédente guerre, pendant les arrêts de la conversation. « Je peux très bien m'entendre avec Daladier, dit-il une fois à Mussolini, c'est un soldat du front comme nous, et l'on peut donc causer raisonnablement avec lui. »

Avec Chamberlain, il y eut encore un petit heurt à Munich. Le Premier ministre britannique ne cessa de poser, avec une certaine obstination, une question qui pouvait, relativement aux autres, être considérée comme secondaire. Il s'agissait des cessions de biens à effectuer par la Tchécoslovaquie à l'Allemagne en même temps que la remise des territoires. « Qui indemnisera le gouvernement tchécoslovaque pour les bâtiments et installations appartenant à l'Etat qui seront cédés à l'Allemagne avec le territoire des Sudètes ? » ne cessait-il de demander, trahissant par cette question non pas le Premier ministre et l'homme politique, mais l'ancien ministre des Finances et l'ex-administrateur. Chaque fois, Hitler s'irritait. « Ces bâtiments et ces installations ont été payés avec les impôts versés par les Allemands des Sudètes, dit-il plusieurs fois avec une impatience croissante ; il ne peut donc être question d'une indemnisation ! » Mais le sens de l'ordre et de la propriété, chez Chamberlain, ne se satisfaisait pas de cette réponse, tant et si bien que Hitler finit par exploser. « Notre temps est trop précieux pour que nous le gâchions avec de semblables futilités ! » cria-t-il à Chamberlain, lorsque celui-ci, comblant certainement la mesure, demanda encore si le bétail des Sudètes devait rester dans le pays ou s'il pouvait partiellement être transféré en Tchécoslovaquie.

Dans ces passes d'armes entre Hitler, Chamberlain et Daladier, je fus souvent interrompu par celui auquel je m'adressais en allemand, en anglais ou en français selon le cas. « Je dois faire immédiatement remarquer… » attaquait alors l'un ou l'autre. Chaque fois, je demandais la permission de terminer ma traduction pour que les autres assistants pussent suivre le débat. Ma longue expérience des conférences m'avait en effet enseigné qu'il se produit toujours des confusions si, à cause des interruptions apportées aux traductions, une partie des délégués ne peuvent plus comprendre entièrement la discussion. Des amis, qui observaient à travers une porte vitrée, me racontèrent pendant les interruptions de séance que de loin, quand je priais calmement mes interrupteurs de me laisser poursuivre jusqu'au bout, j'avais l'air d'un professeur qui cherche à ramener l'ordre dans une classe turbulente. Par la suite, et principalement pendant les crises de l'année 1939, nous prîmes l'habitude d'appeler ironiquement « classes » ces réunions à quatre, expression qui fut même adoptée par mes « clients », par Goering par exemple.

La séance fut suspendue pendant quelque temps à 3 heures de l'après-midi, Mussolini ayant déposé une proposition écrite pour la solution de la question des

Sudètes. Elle était rédigée en italien, mais la traduction me fut d'autant plus facile que je l'avais déjà faite, à Berlin, de l'allemand en français. Elle m'avait été remise, dans la matinée critique de la veille, par le secrétaire d'Etat Weizsäcker. Il m'avait demandé de la traduire en français aussi vite que je le pourrais, pour qu'il pût la remettre à l'ambassadeur italien qui, lui-même, la remettrait à Mussolini avant que Ribbentrop n'eût la possibilité d'y faire des objections. Le texte était donc pour moi une vieille connaissance, et je saluai cette proposition que la conférence crut provenir de Mussolini, alors qu'elle émanait à la vérité du groupe Goering, Neurath, Weizsäcker.

La suspension de séance fut utilisée pour le déjeuner. Les conversations reprirent ensuite sous une forme un peu désordonnée. Les quatre Grands ne restèrent plus seuls avec leurs ministres des Affaires étrangères ou leurs conseillers. Entrèrent successivement dans la pièce : Goering, François-Poncet, Henderson, Attolico, Weizsäcker, des conseillers juridiques, des secrétaires et des aides de camp qui constituèrent une audience attentive autour des chefs de gouvernement assis à la table ronde au milieu de la salle. Entre-temps, la proposition de Mussolini avait été traduite dans les trois langues, et c'est d'elle que sortit, après quelques modifications de peu d'importance, le fameux accord de Munich qui fut signé le 30 septembre entre 2 et 3 heures du matin.

Dans le courant de l'après-midi et de la soirée, la conférence s'était de plus en plus désagrégée en une série de conversations particulières, tandis que les juristes, comme il leur est habituel, se disputaient longuement pour trouver les formules définitives. Au cours des pauses qui se produisirent, Hitler s'entretint à plusieurs reprises avec Daladier d'une manière animée. Il causa aussi avec Chamberlain, mais se montra manifestement plus froid avec lui qu'avec le ministre français. Toutefois, quand le Premier ministre britannique lui demanda d'avoir avec lui un entretien en tête à tête le lendemain, il accepta avec plaisir.

Je vis également Mussolini et Chamberlain s'entretenir longuement, ce qui me fit penser aux accords anglo-italiens et aux efforts déployés par le ministre anglais pour se gagner l'Italie.

Vers 21 heures, Hitler invita tous les assistants à un dîner qui avait été préparé dans la salle des fêtes du « Führerbau ». Chamberlain et Daladier s'excusèrent en déclarant qu'ils avaient à téléphoner à Londres et à Paris. Ils n'étaient manifestement pas en humeur de participer à un banquet ; ils avaient sauvé la paix, il est vrai, mais au prix d'une perte de prestige considérable. Sous la pression de Hitler, ils avaient accepté de voir un pays allié de la France céder une partie de son territoire national à l'Allemagne. Comme nous le savons aujourd'hui, la France et aussi l'Angleterre exercèrent une contrainte considérable sur la Tchécoslovaquie. On s'explique fort bien l'impression que donnaient, ce jour-là, Chamberlain et Daladier d'être très déprimés.

Ce fut donc une assemblée uniquement germano-italienne qui s'assit autour de Hitler et de Mussolini à la longue table de la salle des fêtes. Ce fut en cette occasion que Mussolini parla des conséquences catastrophiques qui se seraient produites, lors de la conquête de l'Abyssinie par l'Italie, si la Société des Nations avait étendu au pétrole, seulement pendant huit jours, les sanctions décrétées par elle.

En y comprenant les deux pauses du midi et du soir, au cours desquelles j'eus encore à servir d'interprète, la conférence de Munich dura près de treize heures pour moi. Il me fallut répéter sans arrêt en trois langues tout ce qu'on y disait. J'ai donc littéralement parlé deux fois plus que les quatre hommes d'Etat réunis.

Le repos que je connus après la signature fut très court. Dès le lendemain matin, je me retrouvai avec

Hitler et Chamberlain au domicile privé du premier, pour servir d'interprète au cours de la conversation réclamée la veille par le ministre britannique. Hitler avait changé. Il était pâle et de mauvaise humeur, quand il s'assit près de moi. Ce fut avec distraction qu'il écouta son interlocuteur parler des rapports anglo-allemands, du désarmement, de questions économiques, et, contrairement à son habitude, il prit une part relativement faible à l'entretien.

Je n'eus que beaucoup plus tard l'explication de ce changement que je me bornai alors à constater. Sa mauvaise humeur visible offrait un contraste frappant avec la joie que les habitants de Munich avaient manifestée la veille, et encore ce jour-là, voyant le danger de guerre s'écarter.

Vers la fin de l'entrevue, Chamberlain sortit de sa poche la déclaration germano-anglaise devenue fameuse : « Nous considérons l'accord signé hier soir et le traité naval anglo-allemand comme les symboles du désir de nos deux peuples de ne plus jamais se faire la guerre. Nous sommes résolus à traiter également les autres questions concernant nos pays par la méthode des consultations, et à nous efforcer d'écarter toute nouvelle cause de divergence d'opinion afin de contribuer ainsi au maintien de la paix en Europe. » Tel fut le texte que je traduisis lentement à Hitler en en soulignant chaque mot.

Je n'eus pas l'impression que, comme le déclare Chamberlain dans une lettre privée aujourd'hui publiée, Hitler acceptait cette déclaration avec empressement. A mon avis, il ne s'y rallia qu'avec une certaine hésitation, et je pensai alors qu'il avait voulu, en signant, donner une satisfaction au Premier ministre britannique, sans trop attendre un effet de cette déclaration.

A la suite de cette conversation je fis avec Chamberlain une promenade en voiture découverte à travers Munich. Je pus alors constater de très près avec quel enthousiasme il était salué par la population. Comme nous avancions lentement dans les rues, il fut immédiatement reconnu. Les gens l'acclamèrent, se pressèrent autour de notre automobile, beaucoup essayèrent de lui serrer la main. J'observai attentivement les visages, comme je l'avais fait lors de la marche triomphale de Hitler à travers Nuremberg, dont j'ai parlé ; car, à mon avis, le visage humain est extrêmement éloquent dans les grands moments d'émotion. La vue du vieil Anglais, assis à côté de moi, ne soulevait pas cet enthousiasme fou, irraisonné, constaté jadis à Nuremberg ; mais les traits des gens étaient comme éclairés par un rayon de bonheur. On pouvait y lire clairement leur message : « Nous te remercions, cher vieux Chamberlain, pour nous avoir conservé la paix. » Ces ovations de la population munichoise, évidemment spontanées, libres et qui montaient du cœur, prenaient pour moi l'arrière-goût d'une critique adressée à Hitler. Lorsqu'une foule manifeste d'une façon aussi démonstrative, dans un Etat autoritaire, non pas pour son dictateur quasi divin mais pour le ministre étranger d'une démocratie occidentale, affublé d'un parapluie dépourvu d'héroïsme, c'est un fait autrement plus significatif qu'une série d'articles d'opposition dans la presse libre d'un pays démocratique.

Je n'étais pas le seul à éprouver ce sentiment, comme j'en eus la confirmation dans l'après-midi, de la part de hauts personnages nazis appartenant à l'entourage de Hitler. Je savais que, presque sans s'en rendre compte, ils exprimaient la « voix de leur maître » qu'ils entendaient aux repas pris en commun et dans leurs rencontres quotidiennes avec le dictateur. Celui-ci était profondément déçu de voir le peuple allemand réagir en présence de la guerre autrement que le prescrivait le manuel des héros nationaux-socialistes. Au lieu de se réjouir à la perspective d'aborder l'ennemi les armes à la main, le public de Berlin et de Munich avait manifesté, d'une manière ne laissant aucun doute, son aversion pour la guerre et sa joie de voir la paix sauvée. Il avait bien payé, par routine, un tribut d'acclamations à Hitler, l'homme aux mots belliqueux, mais ces acclamations n'avaient rien de comparable avec les démonstrations spontanées de sympathie comme celles dont j'avais été témoin dans la voiture, et comme celles qui se produisirent devant l'hôtel Regina où était descendu Chamberlain ainsi que devant l'hôtel Vier Jahreszeiten où logeait Daladier. On signala également que d'autres manifestations avaient eu lieu pendant la nuit, quand la signature de l'accord avait été connue. Les fameux pots de bière, dont le contenu était encore de premier ordre, y avaient tenu un rôle important ; les rues et les places avaient été longtemps parcourues par des noctambules à l'allure joyeusement titubante.

Quand Hitler apprit ces faits, au lendemain de la conclusion de la conférence, une partie de son univers dut s'écrouler, et je compris alors pourquoi il m'avait paru si profondément transformé quand j'étais allé le trouver avec Chamberlain à son habitation privée.

« Il y a eu aussi chez nous des femmelettes qui n'ont sans doute pas compris la nécessité de prendre une résolution énergique ! » proclama Hitler quelques jours plus tard, le 9 octobre, dans son fameux discours de Sarrebruck, confirmant ainsi directement et personnellement en public les impressions dont je viens de parler. Ce discours de Sarrebruck tira brutalement beaucoup d'Allemands du rêve qui leur faisait croire que l'accord de Munich avait tout réglé et que la paix était assurée pour longtemps. « Je sais ce qu'on ignore peut-être dans le reste du monde et que certains semblent également ignorer en Allemagne : c'est que le peuple de l'année 1938 n'est plus celui de 1918. » Là encore s'exprimait clairement la déception ressentie à cause de l'attitude des Allemands. « Il suffirait que Chamberlain fût remplacé en Angleterre par M. Duff Cooper, M. Eden, ou M. Winston

Churchill, et nous savons parfaitement que le but de ces hommes serait de déclencher immédiatement une nouvelle guerre mondiale ! » déclara-t-il pour annoncer le nouveau (ancien) cours de la politique étrangère. « Cela nous oblige à veiller très attentivement à la sécurité du Reich ! »

Moi aussi j'avais espéré que les « derniers problèmes territoriaux étant résolus », la paix serait assurée pour longtemps. J'étais obligé de constater, avec un regret infini, que l'esprit de méfiance et d'agressivité avait repris le dessus chez Hitler.

J'eus l'occasion de me rendre plusieurs fois à la chancellerie durant cette époque. J'entendis fréquemment le dictateur s'emporter parce que l'accord de Munich était fortement critiqué en Angleterre et en France, et parce que la Grande-Bretagne augmentait ses armements. Il ne semblait apparemment pas comprendre l'ampleur de la défaite que l'Angleterre et la France avaient subie de ses mains. « Je vais porter l'extrême-onction à un mourant… » avait dit très justement François-Poncet le matin du 30 septembre. « Mais je n'ai même pas sur moi l'huile qui pourrait adoucir ses blessures… » avait-il ajouté au moment où il allait se rendre chez les Tchèques, alliés de la France, pour leur communiquer le verdict de condamnation prononcé en leur absence.

Le Premier ministre britannique était venu trois fois en Allemagne. Pas à pas il s'était laissé acculer par Hitler à une solution peu acceptable pour le prestige des puissances occidentales. Hitler s'étonnait et s'irritait de ce que les deux grands pays de l'Ouest, après avoir poussé un soupir de soulagement éphémère en voyant la paix sauvée, ne se félicitaient pas du prix payé par eux, et prenaient très naturellement leurs dispositions pour ne plus jamais se retrouver dans une situation analogue en face du Reich. Je constatai de nouveau à cette époque, avec une netteté qui m'épouvanta, combien Hitler comprenait peu la mentalité des pays de l'Europe occidentale.

Cependant, en dépit de ces impressions discordantes, mes collègues des Affaires étrangères et moi-même conservâmes, jusqu'à la fin de cette année mouvementée, un sentiment de soulagement dominant, du fait que la grande effusion de sang avait pu être évitée. Ceux d'entre nous qui avaient vécu de plus près les événements tumultueux de ces jours de crise comprenaient trop bien qu'il s'était agi, comme l'a si bien dit Chamberlain dans une lettre privée en date du 2 octobre 1938 (publiée en 1946), « d'une ultime tentative désespérée pour saisir la dernière touffe d'herbe au bord du précipice », pour ne pas se réjouir de tout leur cœur que le monde n'eût pas roulé au fond de ce précipice.

VII

Le commencement de la fin
(1939)

L'Allemagne n'était pas tombée dans le précipice de la guerre en 1938, mais je pus constater au cours des diverses manifestations auxquelles je participai après le discours coléreux de Sarrebruck que nous ne nous étions pas très éloignés du bord. Bien au contraire, les mots que j'eus à traduire pour Hitler ou pour Ribbentrop, pendant ces premiers mois de 1939, me donnèrent de plus en plus l'impression que l'Allemagne se rapprochait de nouveau, d'abord lentement, puis de plus en plus vite, de ce précipice.

Dans toute ma carrière d'interprète, jamais période ne fut aussi chargée de conversations particulières entre hommes d'Etat que celle qui s'étend de la fin de la conférence de Munich au fatal 3 septembre 1939. Il était dans mes attributions de rédiger des notes sur tous ces entretiens. Beaucoup de ces notes ont été publiées, depuis, en Allemagne et à l'étranger. Je les avais rédigées avec la certitude qu'elles constitueraient ultérieurement pour l'historien une matière première qui lui permettrait, avec les autres documents officiels, de porter un jugement impartial sur les événements. Je m'étais également laissé guider par l'idée que mes compatriotes pourraient avoir, plus tard, recours à ces notes pour apprendre de quelle façon Hitler dirigeait sa politique extérieure. Les craintes qu'elle déclencherait bien vite une catastrophe se firent de plus en plus vives en moi après Munich, mais, à cette époque, je n'avais aucune idée de l'ampleur qu'elle devait atteindre.

Je ne peux rapporter ici que l'essentiel de ces entretiens. Ils allèrent crescendo depuis le funeste prologue de l'entrée des troupes allemandes à Prague, que mes amis et moi, épouvantés, considérâmes comme le pas décisif vers l'effroyable destin ; s'enflèrent au mois d'août en une symphonie discordante et aiguë, pour se terminer par le violent accord final de la déclaration de guerre de l'Angleterre et de la France à l'Allemagne qui retentit dans le monde entier.

Au cours de toute cette époque, il n'y eut plus, fait caractéristique, de ces fêtes et manifestations brillantes qui avaient rempli l'année 1937 et le début de l'année 1938, et avaient pu dissimuler aux étrangers la situation véritable. En revanche, elle ne manqua pas d'offrir un contraste accusé entre les déclarations pacifiques extérieures et les préparatifs belliqueux intérieurs ; c'est ce contraste qui me paraît le caractère le plus saisissant de cette dernière année d'avant la guerre, telle que je pus l'observer de mon poste particulier.

En octobre 1938, un tribunal d'arbitrage italo-allemand se réunit à Vienne, dans le magnifique décor du château du Belvédère, qui avait servi jadis de résidence estivale au prince Eugène. Ce tribunal d'arbitrage devait examiner les revendications de la Hongrie sur ce qui restait de la Tchécoslovaquie. Chaque fois que j'entends, aujourd'hui, parler du tracé de nouvelles frontières, je revois la scène qui se déroula dans le château du prince Eugène la veille de l'ouverture des séances du tribunal d'arbitrage. Une carte des régions en contestation était étalée sur une grande table ronde, au milieu d'une petite salle circulaire, percée de nombreuses fenêtres par lesquelles la vue s'étendait sur le parc du Belvédère et sur Vienne. Ribbentrop, Ciano et leurs collaborateurs se trouvaient devant cette table. Chacun des deux ministres avait un épais crayon à la main et, tout en causant entre eux, ils corrigeaient la nouvelle ligne frontière tracée par des spécialistes et qui allait servir de base à la discussion.

« Si vous continuez à défendre ainsi les intérêts tchèques, cria Ciano à Ribbentrop avec un mauvais sourire, Hácha[1] ne manquera pas de vous décorer ! » et, prenant son crayon, il se mit à modifier à grands traits la frontière en faveur de la Hongrie. « Vous allez tout de même trop loin ! » protesta Ribbentrop, auquel le spécialiste de la Wilhelmstrasse avait murmuré quelques paroles auparavant ; et il redressa une partie de la ligne. Les deux ministres se disputèrent ainsi le terrain pendant un certain temps et les crayons s'émoussèrent tandis que les traits devenaient plus épais sur la carte.

« Il sera très difficile à la commission de délimitation de fixer la frontière avec précision, me dit un camarade à voix basse ; en réalité ces coups de crayon ont déjà au moins deux kilomètres de large. » J'imaginais une paisible et riante campagne avec des bois et des champs, des fermes, des villages, des routes, dont la nature avait fait un tout et que les crayons des ministres désunissaient et séparaient, au petit bonheur. Rarement j'ai mieux saisi le contraste qui existe entre des décisions prises à la légère, en quelque superbe salle d'un château historique, et leurs répercussions sur la vie quotidienne et modeste des habitants de la région intéressée.

---

1. Emil Hácha (1872-1945) succède, le 30 novembre 1938, comme président de la République tchécoslovaque à Beneš parti en exil au lendemain des accords de Munich.

Je ressentis encore tout particulièrement cette opposition entre les formes extérieures et les sentiments intérieurs lors des deux « visites d'amitié » que Ribbentrop fit en décembre 1938 à Paris, et à Varsovie en janvier 1939.

« Le gouvernement allemand et le gouvernement français sont convaincus tous les deux que des relations pacifiques et de bon voisinage entre l'Allemagne et la France constituent l'un des éléments les plus importants pour la consolidation de la situation en Europe et la préservation de la paix générale. » Ainsi s'exprimait une déclaration qui fut solennellement signée le 6 décembre 1938, dans le salon de l'Horloge au Quai d'Orsay, par Ribbentrop et par le ministre français des Affaires étrangères Bonnet. C'était dans ce même salon que, dix ans auparavant, j'avais vu Stresemann, Briand et Kellogg mettre leurs signatures au bas du pacte qui plaçait la guerre hors la loi.

« Les deux gouvernements reconnaissent solennellement comme définitives les frontières entre leurs pays, selon le tracé qu'elles ont maintenant », disait encore ce texte dont je relus la version allemande, ce 6 décembre 1938, un peu avant la signature, tandis que les photographes et les cinéastes emplissaient la pièce de leurs appareils et de leurs aides, enlevant à la cérémonie beaucoup de sa solennité.

« Les deux gouvernements sont résolus, sous réserve de leurs engagements particuliers envers de tierces puissances, à se consulter sur toutes les questions intéressant leurs deux pays et susceptibles par leur développement ultérieur de faire naître des difficultés internationales. »

Telle fut la trompeuse façade derrière laquelle, peu de temps après l'échange des paraphes, Bonnet et Ribbentrop se réunirent dans un autre salon du ministère des Affaires étrangères pour aborder, à grands traits, un examen un peu désordonné de la situation générale. Ribbentrop parla français le plus souvent ; je traduisis ses autres phrases. Je n'eus rien à traduire en allemand. C'est peut-être à ce fait qu'il faut attribuer le malentendu qui caractérisa cet entretien.

Bonnet, qui venait de déclarer, peu de temps auparavant, que l'intention de la France était de se consacrer au développement de son empire colonial, dit à un certain moment qu'elle avait montré son désintéressement pour l'Est à la conférence de Munich. Ces mots ont effectivement été prononcés quoiqu'ils aient été contestés depuis du côté français. Mais Ribbentrop vit dans ce propos de Bonnet, qui, tout bien considéré, ne concernait effectivement que la Tchécoslovaquie, une indication de la future attitude de la France envers la Pologne, d'autant plus que Bonnet recommandait la recherche d'un accord polono-allemand sur Dantzig et le Corridor. Il pouvait encore être renforcé dans cette opinion du fait qu'il existait déjà, depuis un certain temps, une tension entre Varsovie et Paris, tension qui avait conduit, entre autres, la presse française et anglaise à lancer de très violentes attaques contre les Polonais, ceux-ci ayant profité de la détresse des Tchèques, lors de la crise des Sudètes, pour annexer la région d'Olsa[2]. « Si Hitler attaquait maintenant la Pologne, je serais le premier à lui crier bonne chance ! » écrivit alors Stephen King-Hall[3], écrivain et radio-reporter bien connu.

Cette conversation, en plus de ce prétendu désintéressement de la France pour l'Est, fut encore caractérisée par la violence des attaques de Ribbentrop contre l'Angleterre. Dans les propos très durs qu'il prononça contre son gouvernement, sa presse et certains parlementaires

---

2. Au lendemain des accords de Munich, la Pologne participe au dépeçage de la Tchécoslovaquie. Elle obtient la cession du territoire de Teschen.

3. Officier de la Royal Navy, sir William Stephen King-Hall (1893-1966) est aussi connu comme auteur de plusieurs pièces de théâtre écrites entre 1924 et 1940.

tels que Duff Cooper et Eden, je reconnus aussitôt la
« voix de son maître » qui clamait alors, en politique
étrangère : « Tout est la faute de l'Angleterre ! » avec
la même fermeté qu'elle avait crié pendant un certain
temps, en politique intérieure : « Tout est la faute des
Juifs. » Ribbentrop s'appropria tellement ce mot d'ordre
que même le modéré Bonnet se crut obligé de réagir
énergiquement et de bien souligner qu'en aucun cas rien
ne serait changé à la collaboration franco-anglaise. Le
principe d'une opposition entre la France et l'Allemagne
se trouvait déjà posé.

Mais je reconnus aussitôt que Ribbentrop avait simplement exprimé le mécontentement total de Hitler à
l'égard de l'Angleterre, sans avoir eu toutefois l'intention
ou l'espoir d'enfoncer un coin entre celle-ci et la France.
Il s'inclina en effet immédiatement devant la vigoureuse
réaction de Bonnet et se déclara partisan d'une étroite
collaboration franco-anglaise, qui, déclara-t-il, constituait
la réplique de l'entente italo-allemande.

Ainsi donc, au cours de cette « visite d'amitié », l'atmosphère fut tout autre qu'amicale entre la France et
l'Allemagne. Nous fûmes, il est vrai, traités avec une
extrême prévenance par le gouvernement français. Il
nous envoya même à Berlin un train spécial comprenant un wagon-Pullmann récemment construit pour la
visite en France du roi d'Angleterre. Mais au cours des
entretiens avec Ribbentrop, nous constatâmes nettement un sentiment de méfiance, particulièrement chez
les diplomates de carrière tels qu'Alexis Leger. Revêtus
de nos uniformes d'« amiraux », nous nous rendîmes à
l'Arc de triomphe et déposâmes une grande couronne
à côté de la flamme qui brûle perpétuellement devant
la tombe du soldat inconnu. On envoya même un avion
spécial prendre à Berlin les cocardes à croix gammée que
notre service du protocole avait oubliées dans la fièvre

du départ. Mais nous eûmes tous le sentiment qu'il ne s'agissait que d'un geste théâtral.

La population parisienne eut la même impression durant toute notre visite. Quand elle n'était pas tenue à l'écart par des barrages de police rigoureux, elle se montrait apathique et indifférente. A cette époque, le monde entier regarda vers Paris avec une certaine émotion et s'imagina qu'il s'était dit infiniment plus de choses, au cours des trois heures de conversation au Quai d'Orsay, que le banal et très superficiel échange de vues qui eut lieu en réalité.

Ce séjour à Paris m'apporta cependant, personnellement, une très intéressante expérience. J'eus l'occasion de m'entretenir assez longuement, au cours d'une réception à l'ambassade d'Allemagne, avec le célèbre écrivain français Jules Romains, l'auteur de l'œuvre monumentale *Les Hommes de bonne volonté*, que j'estimais particulièrement. Il fut visiblement surpris agréablement en entendant quelqu'un de la suite de Ribbentrop lui parler de son œuvre avec autant d'enthousiasme et même lui en citer de longs passages. J'avais déjà rencontré sur la scène politique assez d'hommes de bonne volonté pour savoir que c'était d'eux, alors comme aujourd'hui, que dépendait le salut du monde et que les fanatiques, à quelque race ou nationalité qu'ils appartiennent, sont les véritables ennemis de l'humanité.

La mode de ces manifestations d'amitié purement extérieures me conduisit avec Ribbentrop à Varsovie, à la fin de janvier 1939. L'opposition entre la forme et le fond y fut encore plus considérable qu'à Paris.

Lorsque le Nord-Express arriva dans l'après-midi du 26, le quai de la gare était pavoisé avec des drapeaux à croix gammée. Une compagnie rendait les honneurs, une musique militaire joua les hymnes nationaux. Beck, ministre polonais des Affaires étrangères, nous accueillit avec une très nombreuse suite, tandis que Mme Beck remettait des fleurs à Mme von Ribbentrop. Là aussi, nous allâmes déposer une couronne sur la tombe du soldat inconnu. Si les toasts échangés entre Beck et Ribbentrop au cours d'un banquet ne débordèrent pas d'assurances amicales, ils ne manifestèrent pas, du moins, la dangereuse opposition qu'on avait pu nettement percevoir lors d'une visite de Beck à l'Obersalzberg, tout au début de l'année. En revanche, elle reparut entre Beck et Ribbentrop dès que furent abordés au cours des conversations les sujets qui devaient amener, dans la deuxième partie de l'année, une rupture avec la Pologne et avec le monde entier.

Ce fut lors de la rencontre entre Hitler et Beck, le 6 janvier 1939, que je vis se manifester clairement les prochaines difficultés germano-polonaises. Cette rencontre fut la première d'une année qui devait se terminer diplomatiquement le 3 septembre au matin, jour où il me fut personnellement donné de recevoir la déclaration de guerre de l'Angleterre des mains de son ambassadeur. La cause du conflit était bien celle qui m'était apparue dans la conversation de janvier.

Au cours de cette conversation, Hitler était revenu sur une proposition qu'avait fait naître l'accord de Munich. L'entretien avait lui-même sa cause dans les objections faites par la Pologne à la déclaration d'indépendance de l'Ukraine carpatique qui faisait auparavant partie de la Tchécoslovaquie. Assez significativement, elle eût voulu voir la Hongrie annexer ce territoire et se dressait contre l'engagement pris par Hitler à Munich, en conséquence de la garantie donnée au reste de la Tchécoslovaquie.

A Berchtesgaden, la proposition allemande visait avant tout au retour de Dantzig, les intérêts économiques polonais dans cette ville devant être convenablement garantis. Simultanément, Hitler réclamait le droit de construire à travers le Corridor une autostrade et une voie ferrée, jouissant du droit d'exterritorialité, pour relier directement le Reich à la Prusse-Orientale. En contrepartie, il offrait une garantie formelle de la frontière polono-allemande et un renouvellement du pacte de non-agression du 26 janvier 1934, qui avait été sa première grande initiative en matière de politique étrangère.

Dès la veille, à Munich, Ribbentrop avait assiégé Beck, au véritable sens du mot, avec cette obstination qui lui était propre et que beaucoup d'observateurs (et de victimes) qualifiaient assez justement de pénétrante insistance. Il voulait lui faire accepter ces propositions, tout au moins en principe. Mais Beck avait refusé avec une opiniâtreté qui ne le cédait en rien à celle de son adversaire. Il s'était montré particulièrement intransigeant au sujet de Dantzig. A l'entendre, il aurait fallu prendre la solution inverse, c'est-à-dire qu'il voulait seulement garantir les intérêts économiques allemands dans la ville sans envisager un seul instant une éventuelle réincorporation au Reich. Il répondait à tout par la même phrase : « Je ne peux en aucun cas exiger cela de l'opinion publique polonaise. »

Cette discussion s'était répétée devant la grande baie vitrée du Berghof. Beck avait, cette fois, habillé son refus de mots beaucoup plus protocolaires, mais à la façon dont il avait accepté d'examiner l'ensemble des questions, il était facile de comprendre qu'un « non » final était inéluctable.

Ces oppositions me parurent naturellement encore plus manifestes à Varsovie, à la fin de janvier, à cause de l'apparence amicale de la réception. Redoublant d'énergie, Ribbentrop essaya une nouvelle fois de faire accepter par Beck les propositions allemandes, mais il récolta le même et complet échec ; les formes souples et voilées dont le ministre polonais sut envelopper son refus ne le rendirent pas moins catégorique. Ce fut la dernière grande tentative faite pour parvenir à une entente avec la Pologne par des voies pacifiques.

Le contraste entre la forme et le fond me sembla encore plus accusé qu'à Paris et à Varsovie dans les conversations qui eurent lieu au début de la matinée du fatal 15 mars 1939 et que je considère personnellement comme le tout premier début du commencement de la fin. Le Dr Hácha, président de l'Etat tchèque, et Chvalkovský, son ministre des Affaires étrangères, furent reçus par Hitler, à la chancellerie, un peu après 1 heure du matin. Le mystérieux entretien qui aboutit à la proclamation d'un protectorat allemand sur la Bohême et la Moravie, et dont les détails ont tant intrigué le monde à l'époque et par la suite, se tint dans une pièce de la nouvelle chancellerie, à peine achevée, dont les énormes dimensions ne justifiaient nullement le nom de cabinet de travail qui lui était affecté. C'était une salle haute, aux boiseries brunes. Le bureau de Hitler était installé à l'une des extrémités. Dans le coin opposé avait été aménagé un espace carré où des canapés et des fauteuils profonds entouraient une table ronde et basse. Devant la fenêtre s'étendait une longue table qui n'accusait cependant aucune lourdeur. Le centre restait dégagé et était recouvert par un tapis très épais, également brun. La salle n'était éclairée que par quelques lampadaires en bronze qui, à cause des boiseries et du tapis sombre, la laissaient dans une demi-obscurité permettant à peine de deviner les tableaux et un petit buste de Frédéric le Grand posé sur la table, constituant un cadre en harmonie avec les scènes tragiques qui se déroulèrent cette nuit-là.

Le petit vieillard aux yeux sombres, au visage rouge d'émotion, qui, suivi par le ministre des Affaires étrangères tchèque, y fut introduit un peu après 1 heure du matin était le successeur de Beneš : le président Hácha. Il avait fait de son mieux pour empêcher la

Tchécoslovaquie, devenue toute petite, de donner le moindre sujet de mécontentement à sa voisine géante, l'Allemagne, qui l'enveloppait sur trois côtés. A Berlin, j'avais assisté à plusieurs entretiens où Chvalkovský lisait presque les désirs de Ribbentrop dans ses yeux pour éviter de le froisser. Dans le domaine économique, il s'était déclaré prêt à accepter une union douanière et des tarifs préférentiels, ainsi qu'à faire toutes les concessions imaginables dans le domaine politique. Le petit ministre des Affaires étrangères à la peau brune avait même dit un jour à Ribbentrop, avec un fort accent bohémien, et avec une insistance touchante qui trahissait son angoisse : « Et en politique étrangère nous pourrions nous appuyer sur vous, monsieur le ministre, si vous nous le permettiez. »

Mais rien n'avait servi. Les Tchèques faisaient sur Hitler l'effet de l'étoffe rouge sur le taureau. A l'époque, j'attribuai le fait à son passé autrichien ; aujourd'hui, cette haine insensée cadrerait mieux avec la théorie selon laquelle il aurait eu lui-même du sang tchèque. Dès le début de janvier j'avais entendu dire que Hitler était décidé à liquider cet Etat. J'en fus outré car j'avais traduit moi-même à plusieurs reprises, au cours de la crise des Sudètes, les phrases par lesquelles Hitler affirmait à Chamberlain qu'il n'aurait plus, par la suite, d'autres revendications territoriales. Les mots du palais des Sports : « Nous ne voulons aucun Tchèque » retentissaient toujours à mes oreilles. Dans l'appartement privé de Munich, Hitler et Chamberlain s'étaient mutuellement assurés : « Nous sommes résolus à traiter également les autres questions par la méthode des consultations réciproques. »

Puisqu'il était possible de bafouer celui qui était le champion de la paix en face de l'Allemagne, à savoir le Premier ministre Chamberlain – honoré dans le monde entier, et même en Allemagne, comme j'avais pu m'en rendre compte personnellement –, et de le rendre ridicule aux yeux de l'univers en reniant tous les engagements oraux ou écrits, en les lui jetant aux pieds dans un geste de défi, la catastrophe ne pouvait plus être lointaine. Mon attention était naturellement aiguisée par le fait que je connaissais les intentions véritables de Hitler et je compris aussitôt à quoi tendait la campagne de presse déclenchée contre ce qui survivait de la Tchécoslovaquie, ainsi que les déclarations d'indépendance de la Slovaquie et de l'Ukraine carpatique. Aussi ne fus-je pas autrement surpris d'apprendre, quelques jours avant le 13 mars, que l'entrée des troupes allemandes sur le territoire tchèque s'effectuerait aux premières heures du 15.

Hácha et Chvalkovský avaient, eux aussi, vu venir le malheur. Ils firent une ultime tentative pour essayer de sauver leur pays en sollicitant une entrevue avec le Führer. Celui-ci s'était déjà déclaré prêt à les laisser venir à Berlin. Toujours selon les règles du petit jeu des contrastes dont j'ai parlé, ils avaient été reçus à l'Anhalter Bahnhof avec tous les honneurs réservés aux chefs d'Etat. En arrivant à la chancellerie, ils avaient vu, rangée dans la cour d'honneur, une compagnie de la Leibstandarte dont la clique avait aussitôt battu aux champs et le pauvre Hácha avait dû – lamentablement – passer devant elle.

Mais après ces apparences trompeuses, les réalités, rendues encore plus brutales par le contraste, s'étaient manifestées dans le cabinet de travail à demi obscur de Hitler. Ce ne fut pas un tête-à-tête, loin de là ; l'assistance était même relativement nombreuse. Mais Hitler mis à part, il ne s'agissait que de figurants, même dans le cas de Goering et de Ribbentrop. Hácha et Chvalkovský n'étaient eux aussi que des figurants.

J'avais déjà assisté à des conversations qui avaient duré plus de trois quarts d'heure comme celle-là. J'avais déjà vu Hitler beaucoup plus déchaîné qu'il le fut au cours de cette entrevue avec les Tchèques. Mais jamais je n'avais eu à noter des mots si lourds de conséquences.

En fait, il n'y eut pas de conversation au véritable sens du mot. Ce fut plutôt un vaste réquisitoire contre les Tchèques. Hitler répéta, sans rien y ajouter, la « liste des péchés » qu'il avait si abondamment exploitée devant les Anglais et les Français au cours de la crise précédente. Le régime régnant dans le pays, affirma-t-il, était toujours celui de Beneš ; rien n'avait été fait pour le modifier. L'esprit de Beneš continuait à vivre sous la surface de la nouvelle Tchécoslovaquie. Cela ne voulait pas dire qu'on éprouvait de la méfiance pour Hácha, pas du tout ; en Allemagne on était convaincu de sa bonne foi. Il était donc nécessaire pour la sécurité du Reich que celui-ci étendît son protectorat sur tout ce qui restait de la Tchécoslovaquie afin d'y veiller au respect de ses droits.

Hitler prononça ces paroles sur un ton très passionné à certains moments. Il lui était absolument impossible de conserver son calme en parlant des Tchèques et de Beneš. Il n'eut pas cependant avec Hácha ces scènes tumultueuses que la presse étrangère a rapportées alors et ultérieurement. Personnellement, comme je l'ai dit, j'avais déjà vu Hitler beaucoup plus excité, notamment lors de l'entretien avec sir Horace Wilson, à la fin de septembre 1938.

Hácha et Chvalkoský étaient comme pétrifiés sur leurs sièges. Seuls leurs yeux restaient vivants. Ce dut être pour eux un choc extraordinaire que d'apprendre, par la bouche de Hitler, que leur pays cessait d'exister. Ils étaient encore partis de Prague avec l'espoir de pouvoir négocier. A la gare d'Anhalt, avant même que Hácha eût passé, sous un brusque grain de neige, devant la compagnie « d'honneur », Mastny, l'ambassadeur tchèque à Berlin, lui avait appris que des troupes allemandes avaient déjà franchi la frontière tchèque à Ostrau. Puis, Hácha avait dû attendre longtemps à l'hôtel Adlon l'heure de la réception à la chancellerie, où il arriva finalement un peu après 1 heure du matin.

En dépit de toute cette fièvre, le vieil homme se conduisit encore d'une manière étonnante au cours de son entrevue avec Hitler. « Rien ne peut empêcher l'entrée des troupes allemandes, dit celui-ci. Si vous voulez éviter toute effusion de sang, le mieux est de téléphoner immédiatement à Prague pour dire à votre ministre de la Guerre que les troupes tchèques ne doivent pas résister. » Ce fut par ces mots que Hitler termina la sensationnelle entrevue.

Mais la liaison téléphonique avec Prague était interrompue. Ribbentrop, devenu extrêmement nerveux, me chargea de « voir ce qui avait encore flanché ». Je mis tout sens dessus dessous au ministère des Postes et je finis par apprendre que la ligne allemande était parfaitement en ordre mais que Prague ne répondait pas. « Appelez tout de suite le ministre des Postes en personne, de ma part ! » cria Ribbentrop, rouge de colère. Je poursuivis fiévreusement mes efforts, sachant fort bien que si la liaison n'était pas rétablie avec Prague, il pourrait en coûter de nombreuses vies humaines, car il y aurait des combats entre les troupes tchèques et allemandes.

Dans l'intervalle, Goering s'entretenait avec Hácha dans une autre pièce de la nouvelle chancellerie. On annonça soudain que Prague répondait. Je me précipitai alors dans cette pièce pour établir la communication. Ils étaient assis tous les deux devant la table et paraissaient causer sans la moindre excitation. Lorsque Hácha entendit qu'il pouvait parler à Prague, il se rendit aussitôt au téléphone. Je demeurai encore un moment dans la pièce pour vérifier que la communication était bien établie. Je fis bien, car à peine une minute plus tard elle était déjà coupée. Je sortis « pour aller tirer immédiatement du lit le ministre des Postes », comme m'en avait chargé Ribbentrop en signalant hargneusement que ces « messieurs les ministres dormaient dans de pareilles circonstances, alors que nous travaillons si durement ici » ! J'avais à peine recommencé à sonner que, par la porte ouverte sur le couloir, j'entendis la voix de Goering qui appelait Morell, le médecin particulier de Hitler. « Hácha vient d'avoir une faiblesse, dit Goering, l'air très ému. Pourvu qu'il ne lui arrive rien ! » Puis il ajouta, un peu pensivement : « Ce fut vraiment une bien pénible journée pour un si vieil homme ! »

« S'il arrive vraiment un accident à Hácha, pensai-je entre deux coups de téléphone pour avoir la communication avec Prague, on dira demain dans le monde entier qu'il a été tué cette nuit à la chancellerie. » Je fus bien vite arraché à ces sombres pensées par le central téléphonique des Affaires étrangères où « tout le monde serait immédiatement renvoyé si la communication n'était pas établie avant une heure », comme avait menacé Ribbentrop. Ce central téléphonique m'annonça qu'on pouvait enfin parler à Prague.

Je rentrai dans la chambre où se tenaient Hácha et Goering. Quand j'y pénétrai ils ne causaient plus qu'à voix basse. Hácha ne conservait plus de trace de son évanouissement, tout au moins en apparence. La seringue de Morell paraissait l'avoir complètement remis d'aplomb.

Le président et Chvalkovský se mirent en conversation avec Prague. Je restai encore une minute sur place, puis sortis avec Goering en les entendant parler tchèque. La communication ne devait pas être bien bonne car Chvalkovský, qui parla le premier, dut articuler très clairement et très lentement.

Je me préoccupai dans l'intervalle, au secrétariat, du texte de la déclaration qui ne comportait que quelques lignes : « Lors de la rencontre (entre Hitler et Hácha) a été examinée en toute franchise la très grave situation qui s'est développée au cours des dernières semaines sur ce qui était jusqu'ici le territoire de l'Etat tchécoslovaque.

On est tombé d'accord des deux côtés pour déclarer que le but de tous les efforts doit être de maintenir le calme, l'ordre et la paix dans cette partie de l'Europe centrale. Le président de l'Etat tchécoslovaque a déclaré que, pour servir ce but et aboutir à une pacification définitive, il remettait avec confiance le sort du peuple tchèque et de son pays entre les mains du Führer du Reich allemand. Le Führer a accepté et déclaré qu'il prendrait le peuple tchèque sous la protection du Reich, tout en lui permettant de poursuivre le développement autonome de sa vie nationale, conformément à son caractère propre. »

Le 15 mars, à 3 h 55 du matin, ce texte qui avait été rédigé à l'avance par Hitler fut signé par lui, par Hácha, par Ribbentrop et par Chvalkovský. Bien peu de ceux qui, épuisés d'émotion et de fatigue, quittèrent peu après le grand bâtiment gris de la Wilhelmstrasse comprirent que cette fin de la Tchécoslovaquie était également l'amorce de la *Finis Germaniae*.

« L'opinion publique mondiale vient de subir le plus rude coup qui lui ait été encore porté, jusqu'ici, même par le régime actuel de l'Allemagne. » Je traduisis cela pour Hitler, quelques jours plus tard, dans un discours que Chamberlain avait prononcé le 17 mars à Birmingham. « M. Hitler m'a répété à Godesberg de la manière la plus formelle ce qu'il m'avait déjà déclaré à Berchtesgaden, à savoir que c'était là (le territoire des Sudètes) la dernière de ses ambitions territoriales en Europe, et qu'il n'avait aucune intention d'introduire dans le Reich des sujets n'appartenant pas à la race allemande. » Je me rappelais fort bien ces mots de Hitler que j'avais moi-même traduits à Chamberlain. Celui-ci poursuivait ainsi, dans son discours de Birmingham : « M. Hitler a même confirmé ce passage de la conversation dans son discours du palais des Sports. » Le ministre anglais citait les paroles prononcées à cette occasion : « L'Etat tchèque ne m'intéresse plus et je le lui garantis ! Nous ne voulons pas de Tchèques ! »

Mais Chamberlain poussait encore plus loin ce règlement de comptes. Il cita l'article 6 de l'accord de Munich, également signé par Hitler : « La fixation définitive des frontières (de la Tchécoslovaquie) sera effectuée par la commission internationale. » Chamberlain soulignait tout spécialement le mot « définitive ». Puis il indiquait que Hitler avait signé avec lui, Chamberlain, la déclaration anglo-allemande où l'on lisait : « Nous sommes résolus à traiter également selon la méthode de la consultation réciproque les autres questions concernant nos deux pays. »

« Peut-on encore ajouter foi à n'importe laquelle des promesses de Hitler après qu'il eut renié des assurances si solennellement et si fréquemment données ? » demandait encore Chamberlain. Je ne sais pas si ma traduction est jamais venue sous les yeux de Hitler. Quant au peuple allemand on ne lui disait pas alors ces sortes de choses. Mais le dictateur, même sans lire le discours, dut parfaitement se rendre compte qu'il avait à tout jamais perdu la confiance du monde.

« Hitler m'a joué, il m'a tourné en ridicule ! » dit alors Daladier à l'ambassadeur allemand à Paris. Il ne s'en tint pas aux mots. « Le temps des discours est fini ! » déclara-t-il à la Chambre lorsqu'il se fit accorder des pouvoirs spéciaux pour mettre le pays en état de défense. Des tractations commencèrent aussitôt entre la France et l'Angleterre pour assurer la protection de la Pologne et de la Roumanie contre l'Allemagne. L'Europe venait d'entrer en mouvement.

« Poursuivre le plan relatif à Dantzig, c'est avoir la guerre avec la Pologne », déclara l'ambassadeur polonais Lipski, le 26 mars 1939, au cours d'un entretien avec Ribbentrop, où il rejeta définitivement les propositions allemandes pour la solution des questions polonaises, y compris celle de l'autostrade exterritoriale. Ribbentrop lui répondit d'un ton tranchant : « Si la Pologne viole le territoire de Dantzig, nous considérerons le fait à l'égal d'une violation de la frontière allemande. » Peu de temps après, arriva un télégramme de Moltke, notre ambassadeur à Varsovie, auquel Beck avait déclaré que si Ribbentrop qualifiait de *casus belli* une action de force de la part de la Pologne sur Dantzig, il considérait lui que toute tentative de la part de l'Allemagne pour modifier unilatéralement le statut de Dantzig serait également considérée comme un *casus belli* par la Pologne.

A la fin de mars, je traduisis pour Hitler une déclaration de Chamberlain. Je savais que, cette fois, il lirait certainement mon texte. Il disait : « J'ai fait connaître à la Chambre des communes que le gouvernement de Sa Majesté se sentirait obligé d'apporter tout l'appui en son pouvoir au gouvernement polonais, au cas d'une action qui menacerait nettement l'indépendance polonaise et à laquelle il jugerait d'un intérêt vital de s'opposer par les armes. Le gouvernement britannique a donné une assurance à cet égard au gouvernement polonais. Je peux ajouter que le gouvernement français m'a autorisé à déclarer qu'il prendra en cette conjoncture la même position que le gouvernement britannique. Les Dominions ont été dûment mis au courant. » Ainsi, moins de quinze jours après l'entrée « triomphale » de Hitler au Hradschin de Prague, la scène où le drame allemand allait se jouer, à la fin d'août, était déjà préparée.

Le regroupement des partis qui allaient se trouver face à face et les armes à la main en septembre commença d'avoir des répercussions sur mon activité dès les semaines qui suivirent. Les amis et les ennemis se considérèrent comme tels à partir de ces jours-là. Entre les deux camps demeurèrent les hésitants et les temporisateurs qui allèrent faire des visites non seulement

à Berlin, mais aussi dans les capitales des démocraties
occidentales.

Le 14 avril au soir, je rejoignis Goering à Rome. Le
lendemain, dans le grand et froid cabinet de travail du
palais de Venise, il expliqua la nécessité de l'action allemande contre la Tchécoslovaquie à l'Italien visiblement
préoccupé, et souligna les avantages de la nouvelle situation, particulièrement dans le domaine des armements,
à cause de l'acquisition des usines Skoda.

Il lança des paroles violentes contre l'Angleterre, et
plus violentes encore contre la Pologne. Mussolini garda
une expression préoccupée, tout en essayant de dissimuler, sous de grands mots, l'inquiétude qu'il éprouvait
manifestement à entendre Goering faire des allusions de
plus en plus téméraires à l'avenir. Ciano se tut, comme
toujours, en présence de Mussolini ; cependant, il
exprima prudemment ses objections au cours d'un dîner
en tête à tête, mais en ma présence, au Club militaire.

« Ce qui m'inquiéta le plus, écrit Ciano dans son
Journal à la date du 16 avril 1939, ce fut le ton auquel
Goering se laissa aller pour parler des rapports avec la
Pologne : ses expressions ne rappelaient que trop celles
qui avaient été employées quelques mois auparavant
contre l'Autriche, puis contre la Tchécoslovaquie. Mais
les Allemands se leurrent s'ils croient pouvoir agir de
la même façon à l'égard des Polonais. Ceux-ci ne dépo-
seront les armes qu'après s'être farouchement battus. »

Pendant notre séjour à Rome, l'arrivée d'une nombreuse délégation albanaise, en pittoresques costumes,
vint nous rappeler le coup de force exécuté le Vendredi
saint, 7 avril 1939, contre l'Albanie. L'ambassadeur d'Italie à Berlin l'avait annoncé à Hitler peu de temps après
l'entrée des Allemands à Prague. J'avais alors compris, de
ses déclarations, que Mussolini avait absolument besoin,
pour des questions de prestige, d'obtenir également un
succès après ceux que son collègue en dictature venait de

remporter sur l'Autriche et la Tchécoslovaquie. Au cours de l'entretien avec l'ambassadeur italien, Hitler s'était montré encore plus réservé que Mussolini envers Goering, cette fois, à Rome. Hitler avait cru, de prime abord, que le Duce allait agir contre la France et l'avait mis en garde contre des actes précipités. Cela m'avait montré que la réaction des puissances occidentales au coup de main sur Prague l'inquiétait, et que, tout au moins à ce moment, il ne désirait pas de nouvelles complications.

Un deuxième événement important se produisit pendant notre séjour à Rome. Egalement effrayée par l'invasion de la Tchécoslovaquie, l'Amérique s'enclencha de nouveau dans les discussions européennes.

« Trois nations en Europe et une quatrième en Afrique ont perdu leur indépendance. » C'est avec ces mots que Roosevelt s'adressa à Hitler et Mussolini par l'intermédiaire d'un message personnel. Cordell Hull l'a confirmé depuis dans ses *Mémoires*, mais dès ce moment il était bien évident qu'il s'agissait de l'Autriche, de la Tchécoslovaquie et de l'Abyssinie. « Une grande partie du territoire d'une autre nation indépendante, en Extrême-Orient, a été occupée par un pays voisin », continuait Roosevelt, résumant en ces quelques mots les événements menaçants du passé. « Des rapports, que nous souhaitons inexacts, indiquent que de nouvelles agressions sont préparées contre des peuples indépendants. » C'était une allusion fort claire à la Pologne ; c'est en tout cas ce que comprit immédiatement Goering quand je lui traduisis l'appel de Roosevelt. « Etes-vous prêts, demandait celui-ci à Hitler et à Mussolini, à donner l'assurance que vos forces militaires n'attaqueront pas ou n'envahiront pas le territoire ou les possessions des nations indépendantes énumérées ci-après ? » Suivait une liste d'une trentaine de noms de pays européens ou extra-européens. Roosevelt proposait que cette assurance fût donnée pour un délai de dix à vingt-cinq ans, et qu'elle pût être également donnée mutuellement entre les pays énumérés. En outre, il offrait la médiation américaine pour régler toutes les difficultés européennes autour d'un tapis vert.

Dans un long discours au Reichstag, le 28 avril, peu après notre retour à Berlin, Hitler répondit à Roosevelt : « Je me suis donné la peine de vérifier auprès des Etats désignés s'ils se sentaient menacés, et si la question que nous pose M. Roosevelt a été provoquée par eux ou tout au moins a rencontré leur assentiment préalable. Toutes les réponses ont été négatives et conçues quelquefois en termes très vifs. »

« Complètement négatif et conçu en termes très vifs » fut aussi le discours rageur du dictateur rendu furieux par la réaction qu'avait soulevée son aventure de Prague. « Si l'Angleterre défend maintenant, dans sa presse et officiellement, la thèse selon laquelle il faut à tout prix se dresser contre l'Allemagne, et cherche à la réaliser pratiquement par la politique bien connue de l'encerclement, elle fait disparaître la condition fondamentale de l'accord naval. Je me suis décidé à le dire aujourd'hui au gouvernement britannique. » Les lauriers diplomatiques cueillis par Ribbentrop en 1935 se fanaient donc. « Je considère que l'accord conclu en son temps entre le maréchal Piłsudski et moi-même a été répudié unilatéralement ct que, par conséquent, il n'existe plus. Je l'ai fait savoir au gouvernement polonais. » Telle fut la rageuse réponse de Hitler à la garantie donnée à la Pologne par l'Angleterre et par la France.

Le Service des traductions des Affaires étrangères eut encore, cette fois-là, une nuit très agitée, car le discours fut, dans un geste de provocation, envoyé à l'ambassadeur américain en lui faisant connaître qu'il constituait la réponse à l'appel de Roosevelt.

Entre les deux fronts qui se délimitaient de plus en plus nettement restaient les hésitants, ceux qui n'avaient pas encore choisi. En faisait partie le ministre roumain des Affaires étrangères Gafencu, qui arriva à Berlin le 19 avril et s'entendit adresser les plus vifs reproches de la part de Ribbentrop pour avoir accepté, en une minute d'angoisse née de l'occupation de Prague et de l'invasion de l'Albanie, une déclaration de garantie par l'Angleterre. De Berlin il se rendit à Londres et à Paris.

Une autre de ces « silhouettes hésitantes » fut le prince régent Paul de Yougoslavie[4], qui séjourna à Berlin au début de juin. Sur cet homme très cultivé, passionné d'art, qui n'avait accepté « qu'à son très grand regret », comme il le dit bien souvent en ma présence, la succession du roi Alexandre assassiné, Hitler essaya d'agir principalement par le spectacle de la force militaire allemande. « Il faut inviter le plus possible de ces pleutres civils et démocrates, car je désire leur mettre sous les yeux l'armée la plus moderne qui existe dans le monde », avait dit Hitler à Ribbentrop à l'occasion de son cinquantième anniversaire. C'est d'après ce principe, qui, du reste, n'avait pas eu de succès auprès de Gafencu, qu'il essaya d'impressionner le prince Paul en juin, mais sans beaucoup plus de résultat. Ce fut également vrai pour les conversations avec Kiosseivanov, président du Conseil bulgare, dont j'avais fait la connaissance à Sofia dès 1938.

L'échec fut aussi complet avec le secrétaire général des Affaires étrangères turques, Numan Memenencioglu, qui eut une longue discussion avec Ribbentrop, un peu plus tard, en juillet, dans la propriété de campagne de celui-ci à Bad Freienwalde. Avec une insistance opiniâtre, le

---

4. Le prince Paul de Yougoslavie (1893-1976) devient régent du royaume, à la mort du roi Alexandre, assassiné à Marseille en octobre 1934, l'héritier du trône Pierre II étant encore mineur.

ministre allemand le harcela pour qu'il préparât l'adhésion de la Turquie à l'Axe et réclamât la participation de l'Allemagne à l'accord de Montreux au sujet des Détroits. Numan Memenencioglu réussit à se dérober constamment avec une adresse vraiment admirable, presque acrobatique. Après des heures et des heures d'efforts, l'obstiné Ribbentrop lui-même, intérieurement furieux, se vit contraint de renoncer.

En outre, j'avais participé, à la fin de mai et au début de juin, aux courtes tractations entre Ribbentrop et les ministres des Affaires étrangères d'Estonie, de Lettonie et du Danemark qui avaient abouti à la signature, à Berlin, de pactes de non-agression entre ces pays et l'Allemagne. Ils étaient une conséquence indirecte de l'appel de Roosevelt.

Etant donné la contre-action exercée par les démocraties occidentales sur ces « gaillards peu sûrs », les liens avec l'Italie furent encore renforcés. Le 4 mai au soir, je partis avec Ribbentrop et une petite délégation pour Milan où les ministres des Affaires étrangères d'Allemagne et d'Italie se mirent d'accord, au cours d'une longue conversation, sur une alliance formelle. A l'article 1er, les parties contractantes s'engageaient à « rester en contact permanent l'une avec l'autre, pour se mettre d'accord sur tous leurs intérêts communs ou sur les questions concernant la situation générale en Europe ». L'article 3 déclarait : « Si l'une d'elles se trouve entraînée dans des opérations de guerre avec une tierce puissance, l'autre partie contractante se portera immédiatement à son aide en tant qu'alliée et lui prêtera le concours de toutes ses forces terrestres, navales et aériennes. » Par l'article 5, les deux pays s'engageaient « à ne conclure d'armistice ou de paix au cours d'une guerre menée en commun qu'en complet accord entre eux ».

Ce prétendu « pacte d'Acier » ne fut signé que le 22 mai, à Berlin, dans le grand salon de la nouvelle chancellerie, avec une solennité extraordinaire, par Ribbentrop et Ciano, en présence de Hitler. Telle était la menaçante réponse faite par celui-ci aux mesures de défense prises par l'Angleterre et par la France, mesures consistant en un développement de leur collaboration mutuelle, dans les promesses d'assistance faites à la Pologne et à la Roumanie, dans les pleins pouvoirs donnés par le Parlement français au président Daladier pour accroître les moyens de défense du pays, et dans l'établissement du service militaire obligatoire en Angleterre à la date du 27 avril 1939.

Les fronts continuaient donc à se préciser. A ce moment, l'Italie s'était définitivement liée à l'Allemagne. Comme à Rome lors de l'entretien avec Goering, je constatai de nouveau chez Ciano, à Berlin, une certaine réserve qui était une sorte de crainte devant son propre courage. Au cours de ses conversations avec Ribbentrop et Hitler, le ministre italien souligna d'une manière frappante l'intérêt qu'avaient les alliés à disposer d'une période de paix s'étendant au moins sur trois ans.

L'été venu, la tension en Europe s'accrut quasi quotidiennement. Presque tous les pays commencèrent plus ou moins ouvertement leurs préparatifs de guerre. L'air et les journaux étaient pleins de discours menaçants, avertisseurs ou provocants. Lorsque les conversations entre Ribbentrop et le secrétaire d'Etat turc se furent terminées sans résultat, à la fin de juillet, je décidai, pris du sombre pressentiment que j'aurais sans doute beaucoup à faire au cours du mois suivant, de prendre quelques jours de vacances à Norderney. Je venais à peine de découvrir, après plusieurs jours de recherches, un logement dans cette station balnéaire surpeuplée que la Wilhelmstrasse s'annonçait déjà au téléphone. « Nous regrettons infiniment, mais il faut que vous interrompiez votre permission, m'annonça une voix amie. L'avion spécial des Affaires étrangères est déjà parti. Veuillez être à l'aérodrome dans deux heures environ. »

Ponctuel comme toujours, le vieil *Amyy* fit le tour de l'île avant d'atterrir. Le chef de bord, un de mes homonymes, ne savait pas, lui non plus, quelle serait notre première destination. « Je ne le saurai qu'après avoir repris l'air », m'annonça-t-il mystérieusement. Nous nous dirigeâmes juste vers l'angle opposé du Reich, vers Salzbourg. J'étais convoqué pour une visite inattendue de Ciano qui arriva le 11 août. De même que toute sa délégation, il était en proie à une agitation très vive.

« Vous pouvez m'en croire, me déclara l'ambassadeur italien Attolico (à l'Osterreicher Hof de Salzbourg), l'Angleterre et la France sont décidées à aller jusqu'à la guerre si l'Allemagne s'attaque à la Pologne comme elle s'est attaquée à la Tchécoslovaquie. » Je me déclarai immédiatement d'accord. « Vous prêchez un converti. Si votre ministre des Affaires étrangères soutient ce point de vue au cours de sa conversation avec Hitler, vous pouvez être assuré que je traduirai ses paroles avec la plus grande conviction et en y mettant la plus grande force de persuasion possible », lui répondis-je. « Vous allez avoir encore beaucoup à faire ces jours-ci, répliqua Attolico, et il vous faudra traduire à Hitler ce que je viens de vous exposer, car c'est uniquement dans ce dessein que Mussolini lui a envoyé Ciano. »

Nous nous rendîmes d'abord au château Fuschl, une des propriétés de Ribbentrop, situé dans un paysage admirable, au bord du lac du même nom, à quelques kilomètres de Salzbourg. Ciano essaya de s'acquitter de sa mission. Il parla avec une application d'ange, mit en garde, calma, et souligna les faiblesses de l'Italie. Rien n'y fit. Ribbentrop se trouvait dans un état d'excitation presque pathologique, comme un chien de chasse attendant impatiemment d'être découplé par son maître sur le gibier. Il se livra à des attaques exagérées contre l'Angleterre, la France et la Pologne, fit des déclarations ridicules sur la force allemande et se montra absolument intraitable.

Dans la soirée, il y eut encore une manifestation de ce contraste existant entre la gravité de la situation et la frivolité des apparences, contraste qui ne cessa de s'accuser, presque jusqu'à la dernière semaine d'août, dans les rencontres de cette année lourde de destin, grosse de la décision d'être ou de ne pas être. Après avoir parlé de la guerre et de la paix à Fuschl, nous fîmes avec Ciano une excursion à Saint-Wolfgang. Nous dînâmes à l'auberge du Cheval blanc, au milieu d'une fête populaire, parmi les estivants de cette célèbre station qui ne se doutaient de rien, exactement comme après la conclusion de la signature de l'alliance militaire à Milan, quelques semaines plus tôt, nous avions assisté à la *Villa d'Este*, au bord du lac de Côme, à une fête bruyante et très élégante donnée par les Italiens, et qui était en contraste marqué avec les nuages d'orage qui montaient sur l'Europe.

Le lendemain nous allâmes chez Hitler. L'atmosphère était à la tempête dans le grand salon de conversation du Berghof. Exactement comme Ribbentrop la veille, Hitler était complètement orienté vers la guerre, et sa résolution se manifestait d'une façon autrement vigoureuse que chez son ministre. Celui-ci n'avait, encore une fois, exprimé que la « voix de son maître » ; on s'en aperçut immédiatement à l'identité des arguments employés par Hitler. « Tout cela est la faute des Anglais » fut le leitmotiv. « Les Polonais ont besoin d'une bonne leçon ; les démocraties sont plus faibles que l'Allemagne et ne se battront pas » fut le refrain. La supériorité militaire et technique du Reich constituait la base fondamentale des déclarations du dictateur allemand.

En cette première journée, Ciano attaqua Hitler très vigoureusement. Comme il le dit dans son *Journal*, il devait avoir reçu des instructions précises du Duce pour

montrer à Hitler toute la « folie » d'une entreprise belli-
queuse. Plus d'une fois il démontra, avec toute l'insistance
dont il était capable, que la guerre contre la Pologne ne
pourrait être localisée. Cette fois, les démocraties occidentales participeraient certainement aux hostilités.

L'autre thème qu'il développa, manifestement sur les
instructions du Duce, fut la faiblesse et l'impréparation
de l'Italie. Il expliqua qu'elle ne pouvait soutenir des hostilités que pendant quelques mois. Son stock de matières
premières l'empêchait, à lui seul, de faire davantage. Ses
propos ne laissèrent, au reste, rien à désirer en clarté.

Finalement, il déposa un projet de communiqué qui
proposait de remettre à des négociations internationales
le règlement des questions mettant en danger la paix
de l'Europe. Ribbentrop, la veille, avait vigoureusement
repoussé ce communiqué et présenté un texte qui se
bornait à souligner « l'union impressionnante des deux
pays ».

Ciano fut encore reçu le lendemain au Berghof. Ce
fut alors que Hitler prononça cette phrase que j'entends
encore aujourd'hui : « Je suis persuadé, dur comme fer,
que ni l'Angleterre ni la France n'entreront dans un
conflit général. » Ce jour-là, Ciano ne suivit plus les instructions de Mussolini pour démontrer à Hitler la folie
d'une entreprise guerrière contre la Pologne. Il ne parla
plus de l'impossibilité pour l'Italie de participer sérieusement à des hostilités. Il capitula complètement et déclara
pour terminer : « Vous avez eu déjà si souvent raison,
alors que nous pensions différemment, que j'estime fort
possible que vous voyiez cette fois encore les choses plus
justement que nous. »

Je fus profondément déçu par ce retournement et Attolico, auquel j'en parlai, se fit beaucoup de soucis avec les
autres Italiens sur les conséquences que pouvait avoir
cette attitude de Ciano. Bien entendu, dans ces conditions, il ne fut plus du tout question du communiqué

de presse. Ciano négligea, de même, de rappeler que, conformément à son traité d'alliance, l'Italie était en droit de discuter avec l'Allemagne de l'attitude à prendre au sujet de la question polonaise.

Le même jour, c'est-à-dire le 13 août, dans l'après-midi, Ciano quitta l'aérodrome de Salzbourg. « Je reviens à Rome rempli d'horreur pour l'Allemagne, pour son Führer, pour ses façons de faire… » écrit-il dans son *Journal*. Quant à moi, je ne reçus naturellement aucun avion spécial pour me ramener à ma villégiature sur les bords de la mer du Nord. Je rentrai à Norderney le lendemain après-midi, encore heureux que Ribbentrop m'eût laissé poursuivre ma permission.

Mais la Wilhelmstrasse ne tarda pas à me rappeler à Berlin. « Malheureusement, il te faut une nouvelle fois interrompre ton repos ! » m'annonça un ami. Je lui demandai, un peu agacé, ce qu'il y avait encore de cassé, mais il ne voulut pas me répondre. « Tu pourras probablement te baigner de nouveau dans la mer du Nord dans quelques jours… » – ce fut tout ce que je pus lui arracher.

Le chef de bord Schmidt, qui arriva deux heures plus tard à Norderney, ignorait encore où nous allions nous rendre. « J'ai uniquement pour mission de vous ramener à Berlin. Je n'en sais pas plus ! » me dit-il, alors que, assis à ses côtés au deuxième poste de pilotage, je survolais les îles de la Frise.

L'événement sensationnel m'attendait dans une enveloppe scellée sur la table de mon bureau. C'était l'ordre d'accompagner Ribbentrop à… Moscou, pour assister à un entretien avec Staline non pas en qualité d'interprète puisque je ne parle pas le russe, mais pour remplir le rôle auxiliaire dont j'ai déjà parlé, en prenant des notes sur les négociations et sur les accords éventuellement réalisés. C'était vraiment la dernière des choses auxquelles je m'attendais. C'est un devoir pour un interprète (et même une habitude) de ne jamais rester coi, mais je n'aurais certainement trouvé aucun mot sur le moment pour exprimer ma surprise. J'avais bien entendu dire, dans le cercle de mes amis, que Hitler faisait depuis quelque temps les yeux doux à l'Union soviétique en vue d'un rapprochement. Hewel[5], le futur ambassadeur, alors agent de liaison de Ribbentrop auprès de Hitler, m'avait même raconté que ce dernier s'était exprimé presque avec enthousiasme au sujet de Staline, un jour qu'on avait projeté au cinéma privé de Hitler les actualités russes montrant le dictateur d'URSS faire des gestes amicaux à ses soldats, au cours d'une revue. Mais je n'avais pas attaché de signification directe à tous ces indices et la surprise fut aussi grande pour moi que pour l'Allemagne et le monde. « La lugubre nouvelle se répandit dans le monde comme une explosion », écrit Churchill dans ses *Mémoires* pour caractériser le point de vue britannique.

Après le premier choc, cette nouvelle sensationnelle n'eut pas tout d'abord un effet « sinistre » chez mes amis et connaissances de Berlin, qui m'envièrent naturellement d'aller faire ce voyage dans la « planète lointaine ». Bien au contraire, il régna alors à Berlin et sans doute dans toute l'Allemagne, tout au moins dans le grand public, comme un sentiment de soulagement. On crut qu'un rapprochement germano-soviétique, que cette visite de Ribbentrop permettait d'augurer, écarterait le danger menaçant de la guerre ; l'impression générale était que l'encerclement de l'Allemagne était rompu, que l'Angleterre et la France ne se hasarderaient plus à faire la guerre pour la Pologne, alors qu'elles n'avaient pas eu recours aux armes dans une situation autrement favorable, l'année précédente.

---

5. Walther Hewel (1904-1945) entre en 1938 à la Wilhelmstrasse. Tout sauf un diplomate de carrière, ce proche de Hitler travaille à la nazification du ministère. Il représente Ribbentrop auprès du quartier général du Führer.

Le mardi 22 août, à 21 heures, je partis donc avec Ribbentrop et une nombreuse délégation dans un avion quadrimoteur Condor FW 200, en direction de Moscou. Nous atterrîmes à Königsberg un peu avant minuit pour y passer la nuit. Mais il ne fut pas question de se reposer, car Ribbentrop prépara ses conversations avec Staline, remplit de nombreuses pages avec des notes dont les lettres devenaient de plus en plus hautes, et, à mesure que la nuit s'avança, téléphona à Berlin et à Berchtesgaden, réclamant les documents les plus invraisemblables, tenant tout le monde en haleine.

Nous autres, les jeunes, utilisâmes les répits que nous laissa cette activité désordonnée de l'homme d'Etat pour enterrer la paix au bar du Park-Hôtel où nous étions logés. Car, contrairement au grand public allemand, nous n'étions nullement rassurés par la perspective d'un accord avec les Russes. Personnellement, je connaissais trop bien ma « clientèle » pour ignorer qu'à se sentir couvert sur ses arrières par Staline, Hitler agirait encore plus témérairement, avec encore moins de retenue, dans sa politique étrangère.

Nous nous envolâmes à 7 heures, après une nuit blanche, survolant aussitôt les interminables plaines russes aux forêts géantes, aux villages très espacés, et aux fermes perdues dont les sombres toits de chaume suffisaient à montrer que nous n'étions plus au-dessus de l'Allemagne où les nombreux toits de tuiles rouges et le vert des champs bien cultivés sautaient tout de suite aux yeux. Les lignes de chemin de fer qui servent de points de repère aux passagers aériens expérimentés avaient également un autre aspect. Sur le reste du paysage, elles se détachaient en blanc et non en noir.

Nous atteignîmes la capitale soviétique après quatre heures de vol. L'esprit tendu, nous contemplâmes la grande ville qui, d'en haut, avec son océan de maisons, ressemblait exactement à Berlin ou à Londres. Toute la délégation, Ribbentrop compris, regardait, comme captivée par un charme, à travers les vitres de la carlingue. Le grand moment de l'atterrissage sur l'« autre planète » était arrivé.

Ma première impression, après être sorti de l'avion, me fut donnée par la vue d'un écriteau d'aérodrome. Je lus « Moscou » en français, et je vis flotter de chaque côté, en accord confiant, le drapeau à la croix gammée et celui à la faucille et au marteau. En avant se trouvait Potemkine, premier commissaire du peuple, adjoint aux Affaires étrangères, dont le nom me parut justement un symbole de l'irréalité de toute la scène. Ce M. Potemkine était venu nous saluer à la tête d'une délégation de hauts fonctionnaires russes, en même temps que Rosso, l'ambassadeur italien que j'avais connu à Genève, et le comte von der Schulenburg[6], ambassadeur d'Allemagne, accompagné de son personnel.

Nous partîmes vers la ville dans des autos russes très confortables qui ressemblaient à des Buicks américaines. « Les dictateurs paraissent avoir de l'inclination pour les grandes voies pompeuses », pensai-je incidemment, comme nous nous engagions sur une artère extrêmement large, toute droite, tout à fait semblable à notre axe est-ouest de Berlin. Cet axe moscovite me parut alors aussi dénudé, aussi vide que l'est aujourd'hui, sans doute en conséquence de notre visite de cette époque à la capitale soviétique, sa réplique berlinoise dans le Tiergarten.

Toute la délégation fut logée à l'ambassade d'Allemagne ou chez quelques membres de celle-ci. Après un bref déjeuner, Ribbentrop partit aussitôt pour rencontrer

---

6. Le comte Friedrich von der Schulenburg (1875-1944) représente l'Allemagne à Moscou de 1934 à 1941. Dans l'esprit de Bismarck, ce diplomate de tradition défend la ligne d'une entente entre Berlin et Moscou. Il est exécuté en décembre 1944 pour avoir participé à la conspiration du 20 juillet.

Molotov[7] au Kremlin. Tout cela se fit manifestement très vite. J'aurais dû l'accompagner, mais mes bagages contenant ma tenue noire, estimée nécessaire même à Moscou, avaient pris une mauvaise direction au sortir de l'aérodrome et avaient été conduits à une autre maison de l'ambassade.

Je profitai de l'occasion pour voir Moscou en compagnie de la femme de mon hôte qui parlait le russe à la perfection. De longues et larges rues, des places avec des églises, des tramways surchargés, des foules sur les trottoirs des avenues principales, une circulation automobile assez dense, au premier coup d'œil c'était une ressemblance presque décevante avec les autres grandes villes d'Europe. Mais, en regardant de plus près, je constatai des différences très sensibles. L'entrain que j'avais l'habitude de voir sur tous les visages, à Berlin, Paris ou Londres, paraissait ici faire complètement défaut. Les hommes avaient un air grave, presque absent. Au cours de ma promenade qui dura plusieurs heures, il m'arriva bien rarement d'apercevoir un visage souriant.

De même que le sourire sur les visages, les couleurs me semblaient faire défaut dans les costumes des Moscovites. Impossible d'apercevoir ces vêtements bariolés qui animent le spectacle des rues berlinoises au fort de l'été. C'était tout au plus si quelques coiffures blanches mettaient un peu de vie dans le gris des visages et des costumes. Quoique presque tout le monde fût habillé très proprement et correctement et que je n'aperçusse personne en vêtements misérables ou en haillons, il me parut néanmoins qu'un sombre nuage gris pesait sur les hommes et sur les maisons, ce qui, pour ces dernières,

---

7. Viatcheslav Mikhaïlovitch Molotov (1890-1986) fait partie, à la fin des années 1930, du cercle rapproché de Staline. Il est notamment étroitement associé aux purges de 1937. Staline le nomme en 1939 commissaire du peuple aux Affaires étrangères, poste dans lequel il reste jusqu'en 1949.

s'expliquait du fait qu'elles n'avaient pas été recrépites ou repeintes depuis fort longtemps. Beaucoup de ces maisons avaient l'aspect de celles qu'on apercevait autour de la Schlesischen Bahnhof, à Berlin, immédiatement après la Première Guerre mondiale et la révolution de 1918.

Quelques bâtiments nouveaux, de style américain, aux nombreux étages, où étaient logés les ministères, faisaient impression. J'utilisai également le célèbre métro de Moscou, avec le même étonnement admiratif qui s'exprime dans les récits de tous les visiteurs occidentaux. Son parcours était assez réduit mais du point de vue de l'aménagement des gares (construites en marbre, avec un éclairage prestigieux), du confort et de la propreté de ses wagons ultramodernes avec leurs remarquables installations d'aération, il éclipsait tout ce que j'avais vu précédemment à Berlin, Londres, Paris et Madrid. Avec des visages impassibles, les Moscovites qui m'entouraient m'examinaient attentivement, car ils reconnaissaient tout de suite à mes vêtements et surtout à mes chaussures de cuir, comme me l'expliqua ma compagne, que j'étais étranger. Si j'avais porté mes espadrilles de plage de Norderney, j'eusse un peu moins attiré l'attention, car les chaussures en toile à voile blanche ou grise semblaient alors être fort en vogue.

Je m'étais mis dans la tête de commettre un acte de capitaliste dans la capitale communiste et d'acheter quelque chose. Mais je n'y parvins pas. Dans les quelques boutiques exposant encore des objets dans leurs vitrines, le contingent de la journée était depuis longtemps vendu et les rayons étaient aussi vides alors, avant le début de la guerre, qu'ils le furent à Berlin quelques années plus tard. Les réponses que ma compagne obtint des commerçants russes n'étaient qu'une paraphrase du « nous n'en avons plus et ne comptons plus en recevoir » qu'on entendait partout à Berlin à la fin de la guerre.

Je rentrai à l'ambassade à la fin de l'après-midi et Ribbentrop arriva peu de temps après du Kremlin. Il s'exprima avec le plus grand enthousiasme sur Molotov et sur Staline qui semblait s'être joint ultérieurement à l'entretien. « Cela marche magnifiquement avec les Russes, s'écria-t-il plusieurs fois au cours d'un rapide dîner. Nous serons certainement d'accord ce soir même. »

Il avait déjà été vraisemblablement question de la ligne de démarcation, devenue fameuse, entre les zones d'influence russe et allemande, qui traversait la Pologne, amorçant un nouveau partage de celle-ci, car Ribbentrop fit envoyer de l'ambassade une question à Hitler pour savoir s'il approuvait l'inclusion des ports baltes de Libau et Windau dans la zone soviétique. Moins d'une demi-heure plus tard la réponse affirmative de Hitler était là. A cause de l'urgence la question avait été posée par téléphone.

Immédiatement après avoir absorbé le dîner à la hâte, Ribbentrop repartit pour le Kremlin avec Schulenburg et le Dr Gaus, chef de la section juridique. A mon grand regret je ne fus pas emmené, car le conseiller d'ambassade Hilger qui servait d'interprète pour le russe fut également chargé de prendre les notes. « Je ne voudrais pas que votre brusque apparition introduisît un nouveau visage dans le cercle des négociateurs », m'expliqua Ribbentrop. Ainsi donc, à cause de la mauvaise orientation donnée à mes bagages dans l'après-midi, j'eus le regret de ne pas faire la connaissance de Staline. Je vis Molotov de très près, lorsqu'il vint à Berlin en 1940, ce qui me donna l'occasion de reprendre mes anciennes fonctions de rédacteur du procès-verbal.

J'appris cependant les résultats des conversations du Kremlin le soir même, lorsque Ribbentrop et ses compagnons rentrèrent à l'ambassade dans un grand enthousiasme, et lorsque le ministre allemand se mit à parler sur un ton délirant, à qui voulait l'entendre, de Staline et des « hommes au puissant visage », de son cercle de collaborateurs, ainsi que des détails des conversations. Il semblait particulièrement satisfait de la délimitation des zones d'intérêt de l'Allemagne et de la Russie en Europe orientale, qui resta secrète encore longtemps après. Au cours de la nuit même, j'eus sous les yeux le procès-verbal secret, sur ce point, qui avait été signé par Ribbentrop et par Molotov. « En cas d'une redistribution territoriale et politique », disait la formule d'introduction, significative dans la situation politique du moment, la Finlande, l'Estonie et la Lettonie entreraient dans la « zone d'influence » russe. Pour le « territoire polonais », la ligne de démarcation devait « suivre à peu près le cours de la Narew, de la Vistule et du San ». La question de savoir si un Etat polonais indépendant était à maintenir serait discutée ultérieurement entre les deux parties. Je lus avec plus d'émotion : « En ce qui concerne l'Europe du Sud-Est, le côté soviétique souligne tout particulièrement l'intérêt qu'il manifeste à la Bessarabie. Du côté allemand, on proclame un désintéressement politique total pour cette région. » Il était impossible d'exprimer plus nettement les intentions des deux partenaires et je sus, dès lors, que ce n'était pas à tort que nous avions célébré les funérailles de la paix, la veille au soir, à Königsberg.

Ribbentrop et ses compagnons décrivirent alors avec emballement la petite fête improvisée par Staline, après la signature de l'accord. « Comme un bon père de famille », il s'était personnellement inquiété du bien-être de ses hôtes. Il avait même amicalement honoré d'un toast le photographe de Ribbentrop, car, selon la coutume russe, les toasts s'étaient alors succédé sans arrêt. Le premier avait été porté à Hitler par Staline qui l'avait formulé en ces mots : « Je sais combien le peuple allemand aime son Führer. Je veux donc boire à sa santé ! »

Je pris également de l'intérêt à ce que me racontèrent d'autres témoins sur les déclarations de Staline au sujet des questions alors pendantes. « Tout est la faute de l'Angleterre » avait été naturellement le refrain de Ribbentrop. Staline avait fait chorus et ajouté quelques remarques sur la faiblesse militaire des Anglais, tout en déclarant qu'ils lutteraient ardemment et habilement. Staline semblait estimer plus haut que Ribbentrop la force de la France. Au sujet de l'Italie, il demanda, question qui a pris de l'intérêt par suite des développements ultérieurs, si elle n'avait pas annexé l'Albanie avec des arrière-pensées sur la Grèce. Il s'exprima très durement à cette époque sur le Japon. Comme Ribbentrop lui offrait la médiation allemande, Staline ne la refusa pas mais répondit à sa manière concise : « Je connais mieux les Asiatiques que vous, il faut savoir les empoigner assez vigoureusement à l'occasion ! »

« Les deux parties contractantes s'engagent à renoncer vis-à-vis l'une de l'autre à tout emploi de la force, à toute action agressive, à toute attaque », disait l'article 1er du « traité de non-agression entre l'Allemagne et l'Union des Républiques soviétiques socialistes » que Ribbentrop, rayonnant, nous montra, aux premières heures du lendemain, revêtu de sa signature et de celle de Molotov.

Pour ceux qui, comme moi, ont vu de près, dans la coulisse, la naissance de ce traité germano-russe, une réflexion faite par Staline à Churchill au Kremlin, en août 1942, est extrêmement intéressante. « Nous avions alors l'impression, déclara-t-il, d'après les *Mémoires* du ministre britannique, que les gouvernements anglais et français n'étaient pas résolus à sauter le pas de la guerre si la Pologne était attaquée, mais qu'ils espéraient effrayer Hitler par la constitution d'un front diplomatique Angleterre, France et Russie. Mais nous étions convaincus que Hitler ne se laisserait pas effrayer. » Churchill rapporte ce propos en liaison avec les négociations que menait alors depuis plusieurs semaines, à Moscou, une commission franco-britannique, dans l'intention d'enrôler la Russie dans le « front diplomatique » contre l'Allemagne. Nous n'aperçûmes pas les membres de cette commission pendant notre séjour, mais ils étaient en même temps que nous dans la capitale soviétique et durent peu après s'en retourner bredouilles.

Nous-mêmes nous nous envolâmes le 24 août à 13 heures pour Berlin, c'est-à-dire après être restés à peine vingt-quatre heures à Moscou. Ribbentrop avait incontestablement établi un record de vitesse, même d'après les étalons de mesure actuels. Par cette action brusquée, Hitler et Staline venaient de faire mat la France et l'Angleterre dans cette manche de la partie diplomatique.

Je pus encore, avant de partir, aller voir la place Rouge et le mausolée de Lénine. Une longue file de paysans russes attendaient patiemment de pouvoir contempler le cireux prédécesseur de Staline dans son cercueil de verre. Par leur attitude et leur expression, ces Russes me firent l'effet de pèlerins recueillis. « Pour la population paysanne il est impossible d'aller à Moscou sans voir Lénine », me dit un membre de l'ambassade. La haute muraille du Kremlin et le Kremlin lui-même avec ses nombreuses tours au-dessus desquelles j'avais vu, la veille au soir, briller les grosses étoiles rouges produisaient un effet fort impressionnant.

Notre délégation était si nombreuse qu'il fallut deux avions Condor pour la transporter. L'un devait conduire directement Ribbentrop à Berchtesgaden, chez Hitler, l'autre aller à Berlin. Quant à moi, « le seul flemmard qui n'avait absolument rien eu à faire et avait été pourtant là », comme me le dit Ribbentrop au moment du départ, je m'assurai une place dans le second appareil qui s'envola une heure après le premier. Il y eut un atterrissage intermédiaire à Königsberg et je crus que cet intervalle serait encore respecté. Aussi considérai-je en toute tranquillité d'âme l'appareil de Ribbentrop qui s'envolait. Mais le deuxième Condor décolla aussitôt après. J'ai été photographié bien souvent au cours de mon activité en Europe, mais j'ai toujours regretté de ne pas l'avoir été à ce moment, alors que, pétrifié, je regardais mon avion s'éloigner. C'eût été certainement une étude d'expression unique.

En raison d'une brève incursion au restaurant de l'aéroport, je n'avais pas entendu dire que les deux appareils seraient escortés par des chasseurs (!), car des avions de la Lufthansa avaient été plusieurs fois canonnés par les Polonais au cours des derniers jours. La tension polono-allemande était donc devenue plus vive dans l'intervalle. « La liaison ferroviaire avec le Reich a cessé aujourd'hui même », me dit un des assistants quand je m'informai du prochain train. Je me précipitai à la tour de contrôle. « Courez aussi vite que vous pourrez à l'autre extrémité du terrain, me dit-on ; un appareil de réserve doit partir à vide pour Berlin d'un moment à l'autre. » Je pris mes jambes à mon cou, gesticulant comme un fou en direction de l'avion dont les moteurs étaient déjà en route. A mon grand soulagement je vis que le pilote diminuait le régime, la petite porte à l'arrière du Ju 52 s'ouvrit, le radio aida à me hisser et je tombai, à bout de souffle, sur le fauteuil le plus proche. Nous partîmes immédiatement. « Pourrais-je voir vos papiers, me dit le pilote, car dans les circonstances présentes on ne saurait être trop prudent… » Lui aussi me parla des bombardements de l'artillerie polonaise. « Nous ne sommes pas aussi précieux que ceux-là, dit-il en faisant allusion à Ribbentrop et à sa délégation, et on ne nous donne pas de chasseurs. Mais nous allons prendre un grand tour sur la Baltique et les Polonais ne nous auront pas. Toutefois, s'ils viennent avec des chasseurs, ils pourront nous forcer à atterrir. » Par mesure de précaution je préparai les papiers qui ne devaient pas tomber entre les mains des Polonais, et me tins prêt à les déchirer. Mais il ne se passa rien et j'arrivai à Berlin, soulagé, une demi-heure après Ribbentrop. Celui-ci avait été dirigé sur la capitale, car Hitler était en route pour s'y rendre. Mon absence aurait pu avoir, pour moi, de très graves conséquences.

Avec la plus grande netteté, l'épisode me montra combien nous étions déjà près d'une guerre entre l'Allemagne et la Pologne. Les ondes et les journaux étaient de nouveau remplis d'injures et d'accusations ; on sentait littéralement que la catastrophe approchait à grands pas. Au cours de mon absence, un de mes collègues avait accompagné l'ambassadeur d'Angleterre à Berchtesgaden. Le jour même où Ribbentrop traitait à Moscou, celui-ci remit à Hitler une lettre personnelle de Chamberlain dans laquelle le Premier ministre disait entre autres : « On déclare dans certains milieux de Berlin que, par suite de l'annonce d'un accord germano-soviétique, une intervention de la Grande-Bretagne en faveur de la Pologne n'est plus concevable. On ne saurait imaginer plus grave erreur. Quel que puisse être l'accord germano-soviétique, il ne pourra absolument rien changer aux obligations de la Grande-Bretagne envers la Pologne, obligations que le gouvernement britannique a indiquées à plusieurs reprises d'une manière non équivoque, et qu'il est résolu à remplir pleinement et sans restriction. » Chamberlain avait encore ajouté à cet avertissement : « On a affirmé que si le gouvernement britannique avait fait plus clairement connaître sa position en 1914, la grande catastrophe eût pu être évitée. Que ce soit ou non exact, le gouvernement britannique est bien décidé à ne pas laisser se renouveler un si tragique malentendu. »

C'était suffisamment clair, mais le vieux Chamberlain, qui était devenu un autre homme depuis l'entrée de Hitler à Prague, très douloureuse déception pour lui, s'exprimait encore plus nettement dans les phrases suivantes :

« Si la nécessité doit s'en présenter, le gouvernement britannique est résolu et prêt à engager immédiatement toutes les forces dont il dispose, et il est impossible de prévoir la fin des hostilités dès qu'elles seront déclenchées. Une dangereuse illusion serait de croire que la guerre, une fois commencée, pourrait se terminer prématurément, même si elle enregistrait un succès sur l'un des divers fronts où elle se livrerait. »

Cette menace précise, ne se prêtant à aucun malentendu, Chamberlain l'avait jointe à la proposition d'une négociation pacifique et d'une conclusion d'un armistice dans la guerre des propagandes allemande et polonaise. Il avait déjà indiqué que des pourparlers directs entre l'Allemagne et la Pologne devaient être engagés.

« Etant donné les très lourdes conséquences que pourraient avoir pour l'humanité les actes des dirigeants, j'ai la ferme confiance que Votre Excellence voudra bien étudier très attentivement les considérations exposées dans ma lettre », terminait Chamberlain, dont je trouvais le texte anglais sur mon bureau en rentrant de Moscou.

Hitler répondit par de violentes accusations contre les Polonais. Il se référa aux propositions allemandes relatives à Dantzig et au Corridor et adressa également de vives critiques à l'Angleterre. « L'assurance inconditionnelle, donnée par l'Angleterre à la Pologne, qu'elle lui apporterait son appui en toutes circonstances en cas de conflit, sans tenir compte des causes de ce conflit, ne peut être considérée par les Polonais que comme un encouragement à déclencher une effroyable vague de terreur contre le million et demi d'Allemands vivant sur leur territoire, car ils se considéreront désormais comme couverts par cette lettre de change en blanc. »

« Des barbaries intolérables pour une grande puissance comme l'Allemagne, violation des engagements envers la ville libre de Dantzig, étranglement économique », telles étaient les autres apostrophes de la réponse hitlérienne.

« Je porte donc à la connaissance de Votre Excellence que si les mesures militaires annoncées (par l'Angleterre) sont effectivement prises, j'ordonnerai aussitôt la mobilisation générale de la Wehrmacht. »

Le lendemain matin, 25 août, je fus brusquement appelé à la chancellerie pour traduire à Hitler certains passages marquants des déclarations faites par Chamberlain et Halifax au parlement britannique. Le premier avait parlé de la « désagréable surprise » que le pacte de non-agression germano-soviétique avait constituée pour le gouvernement anglais. Je traduisis : « A Berlin, la nouvelle (de cet accord) est saluée avec un cynisme extraordinaire comme une grande victoire diplomatique, qui écarte tout danger de guerre, car vraisemblablement ni la France ni nous ne nous croirons plus en mesure de remplir nos engagements envers la Pologne. » Les déclarations faites par Halifax devant la Chambre des lords étaient faciles à traduire, car elles étaient presque textuellement les mêmes. Visiblement ces phrases rendirent Hitler pensif, mais il ne dit rien.

Je constatai que la lettre et le discours de Chamberlain avaient fait sur lui une certaine impression, car deux heures plus tard, à 14 heures, l'ambassadeur britannique fut appelé à la chancellerie. Hitler était relativement calme. Il déclara à Henderson qu'il avait réfléchi aux derniers mots prononcés par celui-ci à Berchtesgaden au sujet d'un accord anglo-allemand, et qu'il voulait faire encore une dernière proposition pour un règlement. Il fit une allusion très nette aux déclarations de Chamberlain et d'Halifax que je lui avais traduites dans la matinée puis s'anima de nouveau. « La situation macédonienne qui règne à notre frontière orientale doit disparaître ! » cria-t-il à l'ambassadeur anglais après avoir dévidé un long chapelet d'accusations contre les Polonais, en particulier celle d'avoir tiré sur des avions civils.

Il fallait à tout prix résoudre les questions de Dantzig et du Corridor. « Votre Premier ministre a prononcé hier à la Chambre des communes un discours qui ne changera pas un iota à l'attitude allemande. Le seul résultat de ce discours peut être tout au plus une guerre entre l'Allemagne et l'Angleterre, sanglante et aux effets incalculables ! » Le ton montait encore. « Mais cette fois l'Allemagne n'aura pas à se battre sur deux fronts, car l'accord avec la Russie est inconditionnel et entraîne une modification de la politique étrangère allemande pour très longtemps ! » Pour terminer ce discours accusateur, il ajouta encore cette phrase qui prend un intérêt tout particulier du fait des événements qui suivirent : « L'Allemagne et la Russie ne prendront jamais les armes l'une contre l'autre ! »

Vint alors la proposition, devenue fameuse, d'une garantie accordée à l'existence de l'Empire britannique et même d'une offre de concours « en n'importe quel endroit du globe où un tel concours pourrait être nécessaire ». Une limitation des armements, une garantie des frontières occidentales et autres détails accessoires complétèrent cette offre extraordinaire de Hitler. Il ne fut pas prononcé un seul mot sur l'affaire polonaise, sauf que Hitler déclara : « Le problème polono-allemand doit être et sera réglé. »

Les propositions hitlériennes furent rédigées d'après les notes prises par moi au cours de cet entretien, et je dus aller les remettre le jour même, à l'ambassade d'Angleterre, à Henderson, qui, sur la demande de Hitler, alla les porter personnellement à Londres le 26 août au matin par un avion spécial allemand.

L'ambassadeur anglais s'était éloigné depuis peu quand arriva Attolico. Hitler avait auparavant écrit à Mussolini une lettre dans laquelle il lui faisait entrevoir qu'il serait contraint d'agir avant peu contre la Pologne et demandait à cet effet la « compréhension italienne ».

Il attendit manifestement avec beaucoup d'impatience la réaction du Duce, car il fut extrêmement déçu lorsque Attolico lui déclara qu'une communication lui avait bien été annoncée de Rome mais qu'il ne l'avait pas encore reçue. Hitler tenait tant à une réponse rapide qu'il demanda à Ribbentrop de téléphoner à Ciano. Tout semblait dépendre, pour lui, d'être sûr de la « compréhension italienne » avant d'agir sérieusement contre la Pologne. Mais Ribbentrop revint bredouille au bout d'un certain temps. Il n'avait pu toucher Ciano. Attolico fut congédié peu gracieusement.

Comme on attendait presque aussitôt la visite de l'ambassadeur de France, je restai dans le cabinet de travail de Hitler et fus ainsi témoin de l'effet que produisit sur celui-ci la nouvelle qu'un pacte formel d'assistance mutuelle venait d'être conclu entre l'Angleterre et la Pologne. Je pus lire par-dessus son épaule le papier qui lui fut remis par un fonctionnaire du service de la presse et pus le voir méditer profondément à son bureau, pendant un assez long moment, jusqu'à ce que l'ambassadeur de France fût annoncé.

Coulondre[8] avait succédé à François-Poncet, envoyé à Rome quelque temps après la conférence de Munich. Je le connaissais depuis plus de dix ans ; il avait été directeur de la section des accords commerciaux au ministère des Affaires étrangères et nous nous étions rencontrés en d'innombrables séances, au cours des négociations économiques franco-allemandes. Ce Méridional élégant m'était toujours apparu comme un « homme de bonne volonté », ayant à cœur les intérêts de son pays qu'il défendait avec habileté et prudence ; mais il savait aussi regarder au-delà des frontières de la France. Dans ces

---

8. Avant sa nomination à Berlin, Robert Coulondre (1885-1959) a représenté pendant près de deux ans la France à Moscou. Il a laissé de très intéressants *Mémoires* : *De Staline à Hitler. Souvenirs de deux ambassades*.

tractations économiques, il avait recherché avec conviction et adresse une entente avec l'Allemagne, comme condition préalable à tout apaisement en Europe. Je m'étais considérablement réjoui de le voir venir à Berlin comme ambassadeur, non seulement parce que je le tenais personnellement en haute estime, mais aussi parce que je savais, par expérience, qu'il possédait toutes les qualités diplomatiques nécessaires pour éviter une catastrophe, à l'époque critique de 1938-1939, si cette catastrophe était évitable.

En cet entretien du 25 août 1939, Coulondre se conduisit tout à fait comme François-Poncet dans la mémorable conversation avec Hitler lors de la crise des Sudètes, un an auparavant, où sa maîtrise d'homme d'Etat et sa grande habileté de diplomate avaient tant suscité mon admiration en un moment décisif. Hitler lui fit à peu près les mêmes déclarations qu'il avait faites quatre heures plus tôt à Henderson. Il s'emporta contre les Polonais, qualifiant leurs provocations d'intolérables. Même le danger d'une guerre avec l'Angleterre et la France ne le ferait pas s'écarter du devoir qu'il avait de protéger les intérêts allemands.

Il serait particulièrement regrettable de voir l'Allemagne et la France se combattre de nouveau puisque, par suite de sa renonciation formelle à l'Alsace-Lorraine, il n'y avait plus la moindre cause de conflit entre les deux pays voisins. Hitler avait fait remettre à Henderson le texte de ses déclarations ; il pria simplement Coulondre de bien vouloir transmettre ses vues à Daladier, personnellement.

Au cours de cet entretien, il ne s'échauffa qu'en parlant de la Pologne et trouva des mots de chaud regret au sujet d'une guerre éventuelle entre la France et l'Allemagne. Au reste, j'eus l'impression que, par moments, il avait l'esprit absent et développait son argumentation selon un ordre préétabli, déjà répété avec Henderson. Ses pensées

semblaient accaparées par un autre sujet et il avait manifestement hâte de mettre fin à la conversation.

Mais quand, parvenu à la fin de son exposé, il se souleva à demi de son siège pour signifier que cette fin était
arrivée, Coulondre ne se laissa pas congédier ainsi. Avec
gravité, il demanda à Hitler de pouvoir lui répondre
immédiatement ; et exactement comme l'avait fait
François-Poncet un an plus tôt, il lui parla d'une façon
émouvante. Ses propos culminèrent dans ces phrases que
je me suis bien souvent rappelées par la suite : « Dans
une situation aussi critique que celle d'aujourd'hui, monsieur le chancelier, ce qu'il y a de plus dangereux ce
sont les malentendus. Pour créer toute la clarté désirable, je vous donne donc ma parole d'honneur d'officier
français que l'armée française combattra aux côtés de la
Pologne, si ce pays est attaqué. » Il poursuivit d'une voix
plus forte : « Mais je peux aussi vous donner ma parole
d'honneur que le gouvernement français est prêt jusqu'au
dernier moment à tout faire pour sauvegarder la paix
et pour exercer une action modératrice sur Varsovie. »
Hitler répliqua : « Pourquoi alors avez-vous remis des
pouvoirs en blanc à la Pologne ? »

Comme Coulondre s'apprêtait à répondre, Hitler sauta
sur ses pieds et se lança de nouveau dans une violente
diatribe contre les Polonais. « Il m'est très pénible d'être
obligé de faire la guerre à la France, mais la décision ne
dépend pas de moi ! » prononça-t-il en tendant ostensiblement la main à Coulondre pour l'empêcher de
reprendre la parole et l'inviter ainsi à sortir. L'entretien
avait à peine duré une demi-heure.

Déjà, le visiteur suivant attendait à la porte. C'était
Attolico qui apportait la réponse tant désirée de Mussolini à l'avertissement fait par Hitler qu'il allait agir par la
force contre la Pologne.

« C'est l'un des moments les plus pénibles de ma
vie, écrivait Mussolini, que d'être obligé de vous faire

connaître que l'Italie n'est pas prête à faire la guerre. »
Cette lettre produisit l'effet d'une bombe. On eût dit
que Hitler n'avait pas compris les déclarations pourtant
nettes, articulées quelques jours auparavant à Berchtesgaden par Ciano, sur les faiblesses et le manque de
préparation de son pays. Il fut profondément déçu et
blessé par ce brusque abandon auquel il ne paraissait
pas s'attendre.

« D'après ce qui m'a été déclaré par les chefs responsables des forces armées, écrivait encore Mussolini, les
stocks d'essence de l'aviation italienne sont si bas qu'ils
suffiraient à peine pour trois semaines d'hostilités. Il en
est de même pour les approvisionnements de l'armée et
pour beaucoup d'autres matières premières. Seul le chef
de la Flotte a pu me dire qu'il n'avait constaté aucune
négligence coupable et que la flotte était prête à combattre, avec des approvisionnements suffisants. Je vous
demande de comprendre ma situation ! »

Le visage glacial, Hitler congédia le représentant
de Mussolini en se bornant à lui déclarer qu'il allait
immédiatement répondre à la lettre. « Les Italiens se
conduisent exactement comme en 1914[9] ! » dit Hitler
aussitôt après qu'Attolico se fut éloigné ; et au cours des
heures suivantes, les couloirs de la chancellerie s'em-
plirent de commentaires défavorables sur l'attitude du
« déloyal partenaire de l'Axe ».

Je demeurai sur place après cet entretien, car de nouveaux visiteurs pouvaient venir d'un instant à l'autre. J'y
restai également, presque de jour et de nuit, au cours
des journées qui suivirent, car les conversations entre
Hitler et les ambassadeurs se précipitèrent comme en ce
25 août. Il me fut donc possible de suivre, en quelque

---

9. Allusion à la décision de l'Italie de rester neutre en août 1914
alors qu'elle était liée par un traité d'alliance à l'Allemagne et à
l'Autriche-Hongrie dans le cadre de la Triplice.

sorte de la coulisse, tout ce qui n'était pas les entretiens diplomatiques. Dans les bureaux adjacents et dans les couloirs de la chancellerie, c'était l'agitation des grandes crises. Déjà l'élément militaire imprimait son cachet au tableau général.

A peine venais-je de reconduire Attolico et de prendre congé de lui que je vis passer Keitel, marchant à grands pas et se dirigeant vers Hitler. Alors que je m'interrogeais encore pour savoir auquel des groupes du hall j'allais me joindre, Keitel se précipita brusquement hors du bureau du dictateur. Je l'entendis parler à son aide de camp avec la plus vive animation et compris ces mots : « Il faut immédiatement contremander l'ordre de mise en marche. »

Ainsi donc les nouvelles auxquelles, dans la fièvre de mon travail, je n'avais prêté que peu d'attention étaient exactes. La Wehrmacht avait effectivement reçu un ordre de mise en marche. J'appris des détails en bavardant dans le hall avec des officiers auxquels je me mêlai et qui, tous, voulaient savoir si j'allais de nouveau réunir ma « classe ». « Si vous m'annoncez que l'ordre de mise en marche a été contremandé, répliquai-je, alors il n'est pas impossible que j'aie à rouvrir ma classe de Munich. »

« S'il faut rappeler à temps les troupes qui exécutent les mouvements préparatoires, dit un major, ça va produire une jolie confusion ! On doit jurer sur tous les tons, le long des routes conduisant à la frontière… » Puis il ajouta : « Tout cela, c'est votre faute à vous, les diplomates. Vous auriez mieux fait de bien réfléchir à votre affaire avant de nous lancer en avant si tout doit encore changer. » C'était une âpre critique, mais bien méritée, au « diplomate » Hitler, car le ministre des Affaires étrangères n'était pas autorisé à dire son mot pour des décisions de cet ordre dans le IIIe Reich, et encore moins les diplomates méprisés de la Wilhelmstrasse.

Le soir même de ce 25 août, Hitler répondit par un mot froid et bref à la lettre de Mussolini. Il lui demandait des renseignements sur les approvisionnements et les armes dont l'Italie avait besoin pour faire la guerre. Dès le lendemain nous traduisîmes la réponse apportée par Attolico. Elle donnait des chiffres si élevés qu'ils ne pouvaient être satisfaits par l'Allemagne, et il fut aussitôt évident qu'il s'agissait purement et simplement d'une manœuvre de dérobement. Des mots très durs partirent de nouveau à l'adresse des Italiens… mais pas de Mussolini.

Il nous fallut cependant traduire encore une lettre de Hitler à celui-ci. Il priait son allié de tenir strictement secrète sa décision de garder la neutralité et de faire semblant de se livrer à des préparatifs militaires afin d'inquiéter les puissances occidentales. Attolico apporta la réponse, quelques heures plus tard : Mussolini se déclarait d'accord sur tous les points.

Au cours des jours suivants se poursuivirent presque sans arrêt des négociations orales ou écrites avec les ambassadeurs berlinois ou avec les hommes d'Etat de Londres, de Paris et de Rome. Ce fut une sorte de conférence à distance entre les capitales européennes, à l'aide du téléphone et du télégraphe, où j'eus autant à faire comme interprète que l'année précédente, à Munich, où les interlocuteurs étaient réunis autour de la même table.

« Si la Pologne est attaquée, il serait inconciliable avec l'honneur de la France de ne pas remplir ses engagements », écrivit Daladier dans une lettre remise par Coulondre. « Est-ce que la France n'agirait pas de la même façon, répliqua Hitler, si Marseille, par exemple, étant restée un certain temps séparée du pays, son retour à la France était encore retardé ? »

Je traduisis ceci à Hitler peu après, quand arriva la réponse britannique à l'offre de grande envergure faite à la Grande-Bretagne : « Tout dépend du genre de règlement (avec la Pologne) et des méthodes par lesquelles ce règlement sera exécuté. » « Sur ces points, les propositions du chancelier allemand restent complètement muettes », déclarait plus loin le gouvernement britannique, en affirmant de nouveau sa résolution de remplir ses obligations envers la Pologne. Les Anglais refusaient d'examiner l'offre de Hitler au sujet de l'Empire britannique par ces mots : « Le gouvernement britannique ne peut en aucun cas, à cause d'un avantage offert à la Grande-Bretagne, donner son accord à un règlement qui met en question l'indépendance d'un Etat auquel il a justement garanti cette indépendance » ; et ils proposaient « comme mesure prochaine l'ouverture de négociations directes entre les gouvernements allemand et polonais », pour lesquelles ils avaient déjà reçu « certaines assurances de la part du gouvernement polonais ». La note se terminait par ces phrases sans ambiguïté : « Un règlement équitable de ces questions entre l'Allemagne et la Pologne peut ouvrir la voie vers la paix mondiale. Un échec réduirait à néant les espoirs d'une entente entre l'Allemagne et la Grande-Bretagne ; de plus, il précipiterait les deux pays ainsi que le monde entier dans une guerre. Ce serait un malheur tel que l'Histoire n'en offrirait aucun parallèle. »

Cette note fut remise par Henderson dans la soirée du 28 août. Hitler eut une réaction étonnamment calme. Il parut prendre quelque intérêt à la proposition anglaise.

Jusque fort avant dans la nuit, nous traduisîmes sa réponse. Elle était fort volumineuse : « Mauvais traitements barbares qui crient vers le ciel, persécution des groupes nationaux allemands en Pologne allant jusqu'à l'assassinat de particuliers et aux déplacements de populations dans des conditions atroces, situation qui est intolérable pour une grande puissance. »

Telles furent quelques-unes des expressions employées qui permettent de reconnaître le ton du document. « Ces circonstances ont contraint l'Allemagne, après être restée longtemps une spectatrice passive, à prendre les mesures nécessaires pour protéger les intérêts allemands équitables. Les revendications du gouvernement allemand concordent avec la nécessité d'une révision des clauses du traité de Versailles relatives à cette région, nécessité qui a toujours été reconnue : elles comprennent le retour de Dantzig et du Corridor à l'Allemagne, la sécurité pour l'existence des groupes nationaux allemands qui resteront en territoire polonais. »

Hitler non plus ne manquait pas de clarté : « Dans ces conditions, le gouvernement allemand accepte les offres de médiation du gouvernement britannique, en ce sens que celui-ci s'arrangera pour qu'un négociateur polonais muni des pleins pouvoirs soit envoyé à Berlin. Il compte que ce négociateur arrivera mercredi 30 août 1939, et présentera aussitôt des propositions. »

Henderson lut attentivement le document au cours d'une nouvelle entrevue avec Hitler le lendemain. « Il sonne comme un ultimatum, affirma-t-il, à cause de la brièveté du délai accordé au négociateur polonais pour venir à Berlin. Il n'est accordé aux Polonais qu'un délai d'à peine vingt-quatre heures. »

Hitler combattit cette remarque pertinente de Henderson avec les mêmes arguments spécieux qu'il avait opposés à Godesberg au mémorandum sur la question des Sudètes. « Le temps est court, déclara-t-il, parce qu'on risque de voir de nouvelles provocations déclencher irrémédiablement des hostilités. » De fait, le danger de voir une explosion se produire grandissait presque d'heure en heure, à cause des incidents constants.

Attolico reparut chez Hitler peu de temps après. Mussolini annonçait que le gouvernement britannique lui avait fait connaître à diverses reprises qu'il était prêt à négocier. Je sentis nettement qu'il voulait faire ainsi les premiers pas pour l'amorce d'une nouvelle conférence.

Hitler eut manifestement la même idée. Mais il n'était disposé en aucune manière à accepter une médiation de la « déloyale » Italie. Sur un ton très froid, il répondit à Attolico qu'il était lui-même directement en contact avec les Anglais et qu'il avait déjà accepté de recevoir un négociateur polonais.

Le lendemain, 30 août, il régna un calme relatif, après qu'aux premières heures l'ambassade anglaise eut fait parvenir à Ribbentrop une communication où le gouvernement britannique estimait « déraisonnable » de supposer qu'il pouvait s'arranger pour que le représentant polonais arrivât le jour même à Berlin. La pause fut mise à profit pour mettre au point les propositions bien connues de Hitler au sujet du règlement des questions de Dantzig et du Corridor. En les lisant, je n'en crus pas mes yeux. Je m'imaginai revenu à Genève, car ces propositions prévoyaient un plébiscite dans le Corridor, sous le contrôle d'une commission internationale comprenant des représentants de l'Angleterre, de la France, de l'Italie et de l'Union soviétique ; elles laissaient Gdynia à la Pologne, n'accordaient que Dantzig à l'Allemagne et concédaient une autostrade et une voie ferrée internationales à travers la zone éventuellement redevenue allemande. Lesdites propositions s'inspiraient d'un esprit qui avait peu de points en commun avec les méthodes nationales-socialistes et les idées émises par Hitler au cours des innombrables entretiens précédents. C'était vraiment un projet portant la marque de la Société des Nations.

Ce 30 août, un peu avant minuit, c'est-à-dire juste avant le moment où expirait l'ultimatum allemand sur l'envoi d'un plénipotentiaire polonais, l'ambassade britannique appela la Wilhelmstrasse à l'improviste. Henderson voulait remettre à Ribbentrop la réponse du gouvernement britannique au quasi-ultimatum envoyé la veille sous forme de mémorandum. La conversation qui suivit fut la plus orageuse que j'aie connue au cours de mes vingt-trois années d'interprète. L'atmosphère était lourdement chargée. Les nerfs des deux interlocuteurs avaient été tendus à l'extrême par les longues négociations des journées précédentes. Ribbentrop venait d'arriver de la chancellerie et se trouvait, manifestement, dans un état d'excitation presque fébrile. « Que va-t-il bien pouvoir en sortir ? » me demandai-je rapidement lorsque le ministre des Affaires étrangères allemand, le visage pâle, les lèvres étroitement serrées, les yeux vacillants, se laissa tomber devant Henderson à la petite table de l'ancien cabinet de travail de Bismarck, au 76 de la Wilhelmstrasse. Il avait accueilli Henderson avec une expression glacée et une politesse rigide, puis l'avait invité à s'asseoir. L'entretien eut lieu partiellement en allemand, car Henderson aimait à parler cette langue quoiqu'il ne la possédât pas d'une manière remarquable, et quoique, dans des circonstances aussi critiques, il se fût exprimé plus facilement et plus clairement en anglais. Il avait déjà manifesté plusieurs fois une disposition à se servir de l'allemand dans une intention amicale et je présume qu'il le fit encore cette nuit-là.

Il répéta d'abord les nouvelles qui nous avaient été transmises par écrit, de l'ambassade, dans le courant de la journée, à commencer par la déclaration qu'il était « déraisonnable » d'attendre du gouvernement britannique qu'il pût faire arriver un plénipotentiaire polonais à Berlin dans les vingt-quatre heures. Ribbentrop intervint alors pour la première fois. « Le délai est écoulé, dit-il avec un calme artificiel. Où est le Polonais que votre gouvernement voulait envoyer ? »

En outre, Henderson transmit une communication personnelle de Chamberlain à Hitler, d'après laquelle les Anglais avaient fait des représentations à Varsovie pour faire cesser les incidents de frontière. Il cita le conseil donné aux Polonais de se tenir partout sur la réserve et demanda que les Allemands fissent de même. « Les provocateurs, ce sont les Polonais et non pas nous ! répliqua Ribbentrop en s'échauffant. En vous adressant à nous, vous frappez à la mauvaise porte. »

Lorsque Henderson exposa le désir de son gouvernement de voir le Reich recourir à la procédure normale pour ses négociations avec les Polonais, c'est-à-dire remettre les propositions allemandes à l'ambassadeur polonais à Berlin, Ribbentrop s'emporta pour la première fois. « Il ne peut plus en être question, après tout ce qu'il s'est passé ! s'écria-t-il. Nous demandons que vienne à Berlin un plénipotentiaire habilité à négocier avec nous au nom de son gouvernement. »

Henderson commença à son tour à perdre graduellement le calme britannique typique qui caractérisait ordinairement son attitude. Le sang lui monta au visage, ses mains se mirent à trembler quand il lut la réponse officielle au mémorandum de Hitler. La note passait assez vite sur les propositions relatives aux rapports anglo-allemands. Elle se concentrait sur le conflit polonais. Pour éviter des incidents, les deux parties étaient invitées à s'abstenir d'effectuer des mouvements agressifs de troupes pendant la durée des pourparlers.

Lors de la lecture des divers points, Ribbentrop interrompit Henderson à différentes reprises. « C'est une impudence inouïe ! » s'écria-t-il, furieux, en entendant cette proposition. Il se croisa alors les bras sur la poitrine, regarda Henderson d'un air provocant. « Avez-vous encore quelque chose à dire ? » lui cria-t-il après certaines de ces interruptions, pour l'inviter de cette manière assez peu ordinaire à poursuivre sa lecture.

Henderson fit déborder le vase en ajoutant oralement que le gouvernement britannique possédait des renseignements selon lesquels les Allemands exécutaient des sabotages en Pologne. « C'est un abominable mensonge du gouvernement polonais ! s'écria Ribbentrop au comble de la colère. Tout ce que je peux vous dire, monsieur Henderson, c'est que la situation est sacrément grave ! »

Les nerfs de l'ambassadeur britannique l'abandonnèrent à son tour. Levant un index accusateur, il cria lui aussi : « Vous venez de dire "sacrément" ! Ce n'est pas le langage d'un homme d'Etat dans une situation aussi sérieuse ! »

Ribbentrop eut littéralement le souffle coupé. Un de ces « lâches » diplomates, un ambassadeur, et par surcroît un « arrogant » Anglais avait osé le reprendre comme un écolier fautif ! Il se leva d'un bond. « Que venez-vous de dire ? » hurla-t-il. Henderson aussi s'était levé. Les deux hommes se mesurèrent, les regards flamboyants.

D'après les usages diplomatiques, j'aurais dû quitter mon siège également. Mais, bien franchement, j'ignorais ce que devait faire un interprète si les interlocuteurs passaient des paroles aux actes, comme je le crus un instant. Je restai donc tranquillement assis, faisant semblant d'écrire des notes. J'entendais au-dessus de moi la respiration haletante des deux coqs de combat. « Le minimum de ce qui peut arriver maintenant, pensai-je à part moi, c'est que le ministre du Reich flanque à la porte l'ambassadeur de Sa Majesté britannique. » L'expérience d'interprète vous donne peu à peu le sens des situations ridicules. Mais cette scène n'avait rien de comique en soi ; pour moi, l'unique spectateur, elle était extraordinairement pénible.

Par bonheur, ils n'en vinrent pas aux mains. Je traçai encore quelques gribouillages sur mon bloc, entendis à droite et à gauche deux ou trois respirations profondes, puis Ribbentrop en premier, Henderson ensuite, se rassirent à la table. Je levai la tête et vis, sur les visages détendus des deux « duellistes », que l'orage était passé.

La conversation se poursuivit pendant un moment sur un ton relativement calme. Puis Ribbentrop tira un papier de sa poche ; ce papier contenait la proposition genre

« Société des Nations » pour le règlement du conflit polonais qui avait été préparée dans la journée et m'avait fait une impression si étrange, si peu nationale-socialiste… Il le lut en allemand à Henderson, sans se presser particulièrement, comme on l'a souvent affirmé par la suite. Bien au contraire, il ajouta quelques explications sur certains points. Mais ce fut alors que se produisit la surprise.

Henderson demanda si ce texte pouvait lui être remis pour qu'il pût le transmettre à son gouvernement. Cela va de soi dans les habitudes internationales. Je m'étonnai presque de l'entendre poser la question et m'attendis à voir Ribbentrop lui remettre sans plus tarder le document.

Mais je n'en crus pas mes oreilles quand j'entendis Ribbentrop répondre avec un sourire un peu gêné : « Non, je ne peux pas vous remettre ces propositions. » Henderson crut également avoir mal compris et renouvela sa question. Ribbentrop refusa de nouveau. Il jeta le papier sur la table et déclara : « Il est en quelque sorte périmé puisque le négociateur polonais n'est pas arrivé. »

Je m'émus à mon tour. Je compris brusquement le jeu que jouaient Hitler et Ribbentrop. En cette heure de minuit du 30 août, il m'apparut clairement que cette proposition généreuse n'était qu'un leurre et ne devait jamais être réalisée. En refusant de la remettre à Henderson, on voulait manifestement éviter qu'elle fût retransmise par le gouvernement britannique aux Polonais, qui eussent pu l'accepter ! J'ai rarement regretté comme ce soir-là de ne pouvoir, comme interprète, intervenir dans la discussion. Dire quelque chose de personnel, pour un interprète c'est un péché mortel, car cela fausse complètement la discussion, chacune des parties s'imaginant naturellement que c'est l'autre qui s'exprime par sa bouche. Il ne me restait donc qu'à regarder, en serrant les dents, comment on escamotait sous mes yeux une possibilité de paix. C'était sans doute de cela que Hitler avait précédemment parlé avec Ribbentrop à la chancellerie.

Je fis cependant une dernière tentative désespérée pour mettre Henderson en possession du document. Je le regardai fixement, en le suppliant d'une façon muette de demander que le texte allemand fût traduit en anglais. Ribbentrop eût difficilement pu s'y refuser et j'étais décidé à traduire assez lentement pour que Henderson pût prendre toutes les notes nécessaires. Mais l'ambassadeur britannique ne réagit point à mon invitation silencieuse. Il ne me resta donc plus, à la fin de l'entretien, qu'à tirer un épais trait rouge à l'endroit où j'avais noté sur mon bloc les déclarations de Ribbentrop, pour bien indiquer que c'était à ce moment-là que les dés, décidant de la guerre ou de la paix, étaient tombés.

L'intention que je prêtai à Hitler en cette nuit historique, par l'exécution de cette manœuvre originale, était exacte, ainsi qu'il le confirma plus tard en ma présence avec une netteté qui ne saurait être surpassée : « J'avais besoin d'un alibi, surtout devant le peuple allemand, pour lui montrer que j'avais fait tout ce qui était possible pour maintenir la paix. C'est pourquoi je fis cette proposition grandiose sur le règlement des questions de Dantzig et du Corridor. »

Le lendemain, 31 août, je me rendis, à la fin de l'après-midi, à l'un des plus courts entretiens auxquels il m'ait été donné d'assister. L'ambassadeur polonais Lipski parut chez Ribbentrop et remit une brève communication d'après laquelle le gouvernement polonais avait accepté la suggestion britannique de pourparlers directs avec le gouvernement allemand, et annonçait à celui-ci qu'il lui ferait parvenir une réponse à ses propositions. « Avez-vous les pleins pouvoirs vous permettant de traiter immédiatement avec nous ? » demanda Ribbentrop. « Non », répondit l'ambassadeur. « Alors il est complètement inutile de nous entretenir plus longuement ! » répliqua le ministre et l'entrevue éclair se trouva terminée.

Immédiatement auparavant, Attolico était encore venu trouver Ribbentrop pour lui offrir la médiation de Mussolini. Le ministre des Affaires étrangères du Reich ne possédait évidemment, lui non plus, aucun pouvoir car il répondit qu'il lui fallait d'abord consulter Hitler. Lorsque Attolico revint une demi-heure après chercher la réponse, elle était négative. L'initiative appartenait à la France et à l'Angleterre, qui avaient reçu communication des propositions allemandes.

L'agitation était redevenue extrême dans les couloirs de la chancellerie. J'y demeurai pour être prêt à de nouveaux entretiens et j'appris ainsi, le soir du 31, que Hitler avait donné définitivement l'ordre de commencer les opérations contre la Pologne. La frontière devait être franchie à 5 h 45 le lendemain matin.

« Par ordre du Führer et commandant suprême, la Wehrmacht a pris en charge la défense active du Reich. Afin de remplir la mission qui leur a été confiée, de mettre fin aux violences polonaises, les troupes de l'armée allemande ont franchi ce matin à l'aube toutes les frontières avec la Pologne pour passer à la contre-attaque. Simultanément, des escadres de la Luftwaffe ont pris l'air pour aller détruire des objectifs militaires en Pologne. La marine assure la protection de la Baltique. »

Tel fut le premier communiqué militaire de la Seconde Guerre mondiale, publié le 1er septembre 1939.

« Cette nuit, la Pologne a pour la première fois fait tirer des troupes régulières sur notre propre territoire ! » gronda la voix rauque de Hitler, dans la matinée du 1er septembre au Reichstag, retransmise par la radio. « J'ai repris cette tunique (celle du soldat) qui m'est la plus sainte et la plus chère, dit-il ; je ne la quitterai plus qu'après la victoire, ou je ne verrai pas cette fin ! »

Le soir même, en dépit de l'atmosphère de guerre, la diplomatie se remit au travail. Les ambassadeurs français et anglais demandèrent à être reçus sans délai et simultanément par le ministre des Affaires étrangères. Ribbentrop refusa de les recevoir ensemble. Il assigna 9 h 30 à l'ambassadeur britannique et 10 heures à l'ambassadeur français.

« Par son action, le gouvernement allemand a créé une situation dans laquelle les gouvernements du Royaume-Uni et de la République française se voient obligés de remplir leurs obligations d'assistance envers la Pologne. Si le gouvernement de Sa Majesté ne reçoit donc du gouvernement allemand aucune assurance satisfaisante que le gouvernement allemand arrête ses opérations agressives et qu'il est prêt à retirer ses troupes du territoire polonais, le gouvernement de Sa Majesté remplira sans hésiter ses obligations envers la Pologne. » C'est ce que je traduisis du document que Henderson remit à Ribbentrop. Celui-ci fit comme s'il ne comprenait pas du tout l'anglais et, par ailleurs, conserva un calme parfait. Apparemment il s'était suffisamment affronté avec Henderson la veille au soir. Manifestement il n'était pas autorisé à faire la moindre réponse ; il se borna à déclarer qu'il allait transmettre cette communication à Hitler.

Coulondre vint presque aussitôt remettre une note en français à peu près semblable. Il me fallut également la traduire, car Ribbentrop avait également brusquement oublié le français. Comme son collègue anglais, Coulondre demanda une réponse immédiate, ce à quoi le ministre se borna encore à répondre qu'il allait transmettre à Hitler.

« La mobilisation générale est ordonnée en Angleterre » – « Mobilisation en France », annoncèrent le lendemain, 2 septembre, les radios française et britannique.

Dans cette même matinée, Attolico accourut à la Wilhelmstrasse. « Mussolini a proposé à Londres et à Paris, annonça-t-il hors d'haleine, d'inviter l'Allemagne et la Pologne à conclure immédiatement un armistice. » Les troupes devaient rester sur les points qu'elles avaient atteints. Une conférence internationale se réunirait alors pour résoudre la question polonaise et d'autres revendications allemandes.

Une demi-heure plus tard il fut reçu par Ribbentrop. Celui-ci ne lui posa qu'une seule question : « Est-ce que les notes remises hier soir par l'Angleterre et par la France sont des ultimatums ou non ? Dans le cas de l'affirmative, il ne peut être question un seul instant d'accepter la proposition italienne. »

Aujourd'hui encore, je revois Attolico, qui n'était plus tout jeune, sortir de chez Ribbentrop et descendre rapidement l'escalier pour aller s'informer auprès de Henderson et de Coulondre. Dans mon opinion, ces notes étaient bien des ultimatums et je ne croyais pas que j'allais avoir à reprendre ma « classe » par l'intervention « à moins cinq » de Mussolini. Mais à ma grande surprise, Attolico revint au bout d'une demi-heure, toujours hors d'haleine, toujours courant. « Non, les notes n'étaient pas des ultimatums mais simplement des avertissements. » Elles aussi, les puissances occidentales, employaient donc des ultimatums qui n'en étaient pas, comme Hitler l'avait fait l'année précédente et encore quelques jours auparavant.

Attolico parut encore une fois dans l'après-midi chez Ribbentrop et, après cet entretien, je répondis par un « peut-être » aux questions angoissées de mes confrères pour savoir s'il y aurait une « classe ». Je n'ai jamais pu exactement savoir comment Hitler réagit à cette proposition. Mais dans la soirée, nous apprîmes que le gouvernement britannique en restait, de toute façon, à l'évacuation par les troupes allemandes des territoires polonais occupés.

A 20 heures, je fus rappelé à la chancellerie où un Attolico effondré annonça à Hitler que le gouvernement britannique n'acceptait pas la proposition de Mussolini si les territoires polonais n'étaient pas évacués. Il ajouta que le gouvernement français semblait avoir longuement hésité pour savoir s'il accepterait, mais qu'il s'était finalement rallié au point de vue anglais.

Après minuit, l'ambassade britannique appela la chancellerie. Henderson venait de recevoir de Londres l'ordre de faire le lendemain, à 9 heures, une communication de la part du gouvernement anglais, et demandait à être reçu par Ribbentrop aux Affaires étrangères à cette heure. Il était évident que cette communication ne contenait rien d'agréable, qu'il devait probablement s'agir d'un ultimatum en bonne et due forme ; aussi Ribbentrop ne manifesta-t-il pas le moindre empressement pour recevoir personnellement l'ambassadeur. Je me trouvais par hasard auprès de lui. « Au fait, vous pouvez parfaitement le recevoir à ma place, me dit-il. Faites donc demander aux Anglais si cela leur conviendrait, car le ministre des Affaires étrangères n'est pas libre à 9 heures. » Cela convenait aux Anglais. Je fus donc chargé de recevoir Henderson cinq heures plus tard, car quatre heures avaient sonné dans l'intervalle.

Le dimanche 3 septembre 1939, je m'éveillai si tard, à cause des journées exténuantes que j'avais derrière moi, que je ne pus atteindre les Affaires étrangères en temps utile que grâce à un taxi. En traversant la Wilhelmplatz, je pus voir Henderson franchir le portail historique portant le numéro 76 de la Wilhelmstrasse. J'utilisai une entrée latérale et arrivai exactement à 9 heures dans le cabinet de travail de Ribbentrop pour recevoir l'ambassadeur. L'huissier me l'annonça à la seconde précise. Il entra avec un visage très grave, me tendit la main, mais n'accepta pas l'invitation que je lui fis de prendre place à la petite table située dans l'angle de la pièce. Il resta solennellement au centre.

« Je suis malheureusement chargé par mon gouvernement de remettre un ultimatum au gouvernement allemand », commença-t-il d'une voix émue. Et il lut alors, moi devant lui, le document britannique bien connu. « Plus de vingt-quatre heures se sont écoulées depuis qu'une réponse immédiate à l'avertissement du 1er septembre a été réclamée, et les attaques contre la Pologne ont encore été intensifiées depuis. Si le gouvernement de Sa Majesté ne reçoit pas avant 11 heures, heure d'été britannique, des assurances satisfaisantes sur la cessation de toutes les actions agressives contre la Pologne et sur le retrait des troupes allemandes du territoire de ce pays, l'état de guerre existera à partir de ce moment entre la Grande-Bretagne et l'Allemagne. »

Après ces mots, Henderson me tendit le document lourd de destinée et prit congé. « Il m'est vraiment pénible, me dit-il, d'avoir été obligé de remettre ce document justement à vous, car vous vous êtes montré toujours très serviable. » Je lui exprimai également mes regrets et adressai encore quelques mots sortant du cœur à l'ambassadeur britannique, que j'avais toujours, comme je l'ai dit, extraordinairement estimé.

Puis, l'ultimatum dans ma serviette, je me rendis à la chancellerie où tout le monde attendait ma venue avec impatience. La plupart des membres du cabinet et les principaux personnages du Parti s'étaient rassemblés dans la pièce précédant le cabinet de travail de Hitler. L'assistance était assez compacte, de sorte que j'eus de la peine à me frayer un chemin. « Qu'y a-t-il de nouveau ? » me demandèrent plusieurs voix où vibrait une certaine angoisse. Je répondis, en haussant les épaules : « Il n'y aura pas de classe… » et j'entrai dans la pièce suivante où Hitler était assis à son bureau, tandis que Ribbentrop se tenait à sa droite, près de la fenêtre. Tous les deux tournèrent vivement les yeux en m'entendant entrer. Je m'arrêtai à quelque distance du bureau de Hitler, et je lui traduisis à voix lente l'ultimatum du gouvernement britannique. Quand j'eus fini, un silence profond s'établit, exactement comme après le « coup de grosse caisse », lors de la nuit de Godesberg.

Hitler restait comme pétrifié, regardant droit devant lui. Il n'était pas décontenancé, comme on l'a affirmé par la suite ; il n'eut pas de crise de rage, comme d'autres l'ont dit. Il resta complètement silencieux et immobile à sa place. Au bout d'un moment, qui me parut une éternité, il se tourna vers Ribbentrop qui était resté comme figé, à la fenêtre. « Et maintenant ? » demanda Hitler à son ministre des Affaires étrangères, avec un éclair de fureur dans les yeux, comme s'il voulait exprimer que Ribbentrop l'avait faussement informé sur la réaction des Anglais. Ribbentrop répondit à voix basse : « Je présume qu'au cours des heures prochaines, les Français vont nous apporter un ultimatum équivalent. »

Comme ma mission était terminée, je me retirai et dis aux gens qui attendaient dans l'antichambre : « Les Anglais viennent de nous remettre un ultimatum. Dans deux heures l'état de guerre existera entre l'Angleterre et l'Allemagne. » Egalement, à cette nouvelle, un profond silence s'établit. Goering se tourna vers moi et dit : « Si nous perdons cette guerre, que le Ciel ait pitié de nous ! » Goebbels était dans un coin, abattu, replié sur lui-même ; il avait l'air, littéralement, d'un barbet qu'on vient de doucher. Partout je vis des visages consternés, même chez les membres du Parti les plus modestes qui se trouvaient dans la salle.

Peu de temps après, Coulondre remit à Ribbentrop un ultimatum semblable qui se terminait à 17 heures.

Dans la soirée, je quittai Berlin, obscurci, par le train spécial des Affaires étrangères, en direction de l'Est. Par une curieuse ironie du sort, ce train partit de la même rampe de chargement, à la gare des marchandises d'Anhalt, où j'étais monté, en 1917, comme simple soldat dans un wagon de marchandises.

VIII

Guerre éclair et rencontres d'hommes d'Etat
(1940)

Le 3 septembre 1939 au soir, lorsque, mort de fatigue à la suite du surmenage des semaines précédentes, je sombrai dans le sommeil en partant vers l'endroit inconnu où était établi le quartier général, je crus pour la première fois que mon activité d'interprète allait prendre fin. Le langage des armes, que les nations allaient désormais employer entre elles, n'a pas besoin d'être traduit. Je ne tardai cependant pas à m'apercevoir que je m'étais complètement trompé.

Bien au contraire, après la brève pause de la campagne de Pologne, j'eus autant à travailler, autant à parcourir l'Europe au cours de l'année suivante, que je l'avais fait dans les années où la politique étrangère régnait en maîtresse. Entre Hitler et Mussolini j'eus deux fois à opérer au Brenner, une à Munich et une autre encore à Florence. Ribbentrop et Ciano discutèrent en ma présence à Rome, à Berlin et à Carlsbad. Je traduisis dans le wagon-restaurant historique de Compiègne lors de l'armistice avec la France ; j'assistai à la conversation entre Hitler, Pétain et Laval à Montoire ; je fus de la rencontre entre Hitler et Franco à la frontière espagnole ; je participai aux entretiens de Berlin entre Hitler, Ribbentrop et Serrano Súñer[1], ministre espagnol des Affaires étrangères ; je traduisis ceux de Sumner Welles[2], envoyé de Roosevelt, avec Hitler, Goering, Ribbentrop et Hess à Berlin ; je pris des notes sur les propos de Hitler et de Molotov, en novembre 1940, également à Berlin. A cela s'ajoutèrent les visites du roi Léopold de Belgique[3], du roi Boris de Bulgarie[4], du prince Paul de Yougoslavie, du prince régent Horthy[5] et du maréchal Antonescu, nouveau chef d'Etat de Roumanie. Pour terminer, j'assistai à une entrevue fort orageuse entre Hitler et l'amiral français Darlan, à Noël 1940, aux environs de Paris. Je ne soupçonnais absolument rien de ce programme chargé et en quelque sorte essoufflant lorsque je pris mon service le 4 septembre au matin, en Poméranie, tout près de la frontière polonaise.

Je ne m'y trouvais pas, naturellement, en qualité d'interprète, mais en tant que membre du cabinet du ministre. Je n'appartenais plus depuis quelques mois au service des traductions où j'avais fait mon entrée aux Affaires étrangères en 1923. Pour être certain que je le servirais, lui et personne d'autre, comme interprète, Ribbentrop m'avait

---

1. Beau-frère du Caudillo, Ramón Serrano Súñer (1901-2003) fut l'un des plus hauts dignitaires franquistes au début du régime. Il occupe le portefeuille de l'Intérieur avant de devenir ministre des Affaires étrangères, poste qu'il conserve jusqu'en 1942, son départ marquant la défaite de la ligne germanophile.

2. Sumner Welles (1892-1960) occupe la fonction de sous-secrétaire d'Etat, ce qui fait de lui le numéro deux de la diplomatie américaine.

3. Léopold III (1901-1983), roi des Belges de 1934 à 1951, est revenu, après la réoccupation de la Rhénanie en mars 1936, à une politique de stricte neutralité, rompant ainsi les liens qui avaient uni la France à la Belgique.

4. Boris III (1894-1943) a succédé, le 3 octobre 1918, à son père Ferdinand Ier sur le trône de Bulgarie. Depuis 1938, celle-ci est entrée dans la sphère d'influence allemande.

5. Dernier grand amiral de la flotte austro-hongroise, Miklós Horthy (1868-1957) est devenu, en mars 1920, le régent d'un royaume hongrois sans roi après les échecs du roi Charles à remonter sur le trône, puis la mort de ce dernier.

fait affecter à son cabinet au début de 1939. Il veillait jalousement à ce qu'aucun autre ministre et aucun autre service ne s'occupât de politique étrangère, et refusait donc de me mettre à la disposition d'autres autorités, comme la Wilhelmstrasse l'avait toujours fait avant lui. « Je ne peux malheureusement pas éloigner le Dr Schmidt de mon cabinet », répondait-il, par une excuse assez cousue de fil blanc, à mon grand regret, chaque fois que quelqu'un, suivant l'ancienne habitude, demandait aux Affaires étrangères d'emprunter mes services. Au cabinet du ministre j'étais « à la chaîne », je regrettais ma liberté perdue et l'obligation où j'étais de m'occuper de paperasses. Il me passa bien entendu bon nombre de choses confidentielles entre les mains, mais cela ne m'intéressait pas autrement, parce que j'apprenais des choses beaucoup plus importantes au cours des conversations entre les grands personnages et entrais aussi en contact personnel avec les hommes d'Etat. Je m'intéressais d'autant moins aux secrets que, à mon avis, c'étaient eux qui me couraient après et non moi après eux, ce qui fut en effet le cas, dans la pratique. Mon travail de bureau perdait ainsi le dernier charme qu'il pouvait avoir.

Je n'étais donc pas un « véritable » bureaucrate au quartier général allemand. Mais ce n'était pas non plus un véritable quartier général comme on apprend à les connaître dans les récits historiques et les livres de classe. Au début de la Seconde Guerre mondiale, le Grand Quartier général consistait en trois trains appelés : train du Führer, train de l'OKW et train spécial « Heinrich », dans lesquels étaient logées toutes les personnalités civiles ayant à faire avec le quartier général, c'est-à-dire avant tout Ribbentrop, Himmler (d'où « Heinrich ») et Lammers[6]. Ce train « Heinrich » était en outre

---

6. Hans Lammers (1879-1962) est le chef de la chancellerie du Reich sans interruption de 1933 à 1945, une position stratégique qui

une exposition ambulante sur le développement des chemins de fer. Depuis les vieux wagons de gala « où Charlemagne avait voyagé » jusqu'au wagon-salon aux formes aérodynamiques de Ribbentrop, il comprenait à peu près tous les modèles de véhicules ayant jamais roulé sur les voies allemandes. « C'est un train fou ! » observa un jour Hitler en regardant passer le « Heinrich » avec ses wagons-salons grand-ducaux, hauts et courts, son wagon ultramoderne des transmissions, qui était en liaison avec le monde entier, et les vieux wagons-restaurants en bois où l'on travaillait de jour et malheureusement aussi de nuit. Dans le cours ultérieur de la guerre, par suite des dissentiments constants entre Himmler, Ribbentrop et Lammers, ce train devint impossible. Si les trois « frères ennemis » avaient dû voyager dans le même convoi au cours des années suivantes, celui-ci aurait sûrement fait explosion sous la tension intérieure, s'il ne s'était, au préalable, séparé selon les diverses voies, politiques et géographiques, suivies par les trois hommes. Mais, dans les premiers temps, ils marchaient encore sensiblement dans la même direction, allaient même se rendre visite le soir dans leurs wagons-salons et paraissaient n'avoir qu'une âme et qu'un cœur.

Le petit groupe de fonctionnaires des Affaires étrangères qui dut accompagner Ribbentrop habitait dans un wagon-lit de la Compagnie de l'Europe centrale et travaillait dans un des wagons-restaurants en bois précités. Les accumulateurs étaient si usés que, dès que le train s'arrêtait seulement une demi-heure, la lumière s'éteignait lentement mais sûrement, de sorte qu'il fallait la remplacer par des bougies fichées dans des goulots de bouteilles vides. « Comme dans les abris », disaient les rares initiés à la guerre. « Comme au *Savarin* » (le

---

lui permet d'exercer une grande influence sur l'appareil du pouvoir nazi.

restaurant de luxe situé derrière l'Eden-Hôtel à Berlin), disaient la plupart des « sales pacifistes » ainsi que Ribbentrop appelait fréquemment ses diplomates.

Le ministre nous dérangeait peu. Il restait dans le cabinet de travail de son wagon-salon et « dirigeait ». Cela consistait surtout en conversations téléphoniques de plusieurs heures avec la Wilhelmstrasse, au cours desquelles il s'échauffait et criait de telle sorte qu'on l'entendait très loin sur la voie où nous étions le plus souvent garés.

Il me tenait en haleine du matin au soir avec diverses missions, car j'étais alors le seul fonctionnaire supérieur du cabinet. Je devais entretenir le service routinier avec le ministère, et très souvent, à cette occasion, faire jouer mes qualités d'interprète. « Dites-le à ce veau ! » traduisais-je au téléphone à l'intention du digne *Geheimrat* de Berlin, dans le langage employé ordinairement au ministère quand il s'agissait d'une réprimande venant du ministre. Du wagon de celui-ci, surchauffé par le soleil, pleuvaient les « couards », « flemmards », « propres à rien », « qui ne semblent pas se douter qu'il y a la guerre ». Je traduisais tout cela oralement et par écrit. Mais c'était très fatigant.

Tous les matins je franchissais les ballasts en trébuchant, pour gagner le train du Führer situé à quelques centaines de mètres du nôtre. Je portais une grosse carte d'état-major roulée sous le bras et avais pour mission d'aller m'informer de la situation militaire dans le wagon du commandement. Lorsque je me trouvais fort embarrassé devant la grande carte où s'étalaient les fronts les plus récents, il se trouvait toujours un breveté d'état-major, connu aux jours de crise à la chancellerie, pour me tracer la situation avec art sur ma carte, en bleu et en rouge, avec des pointes de flèche aiguës ou émoussées (quand l'offensive avait été repoussée), tout en me donnant les explications désirables. En revenant vers le « Heinrich », je me redressais à chaque pas, à chaque traverse de la voie, et entrais dans le cabinet de travail du ministre des Affaires étrangères, prêt à lui faire sur la situation une conférence dans toutes les règles, comme on venait de m'en faire une cinq minutes auparavant. Que Ribbentrop en retenait-il ? Je l'ignore. En revanche mes collègues paraissaient fort impressionnés lorsque je ramassais du plat de la main des régions entières, marquais avec les doigts écartés les pointes offensives, ou indiquais de la paume les zones encerclées. Pendant quelque temps on ne m'appela plus que « Napoléon ». Mais mes lauriers de grand capitaine furent prompts à se flétrir. Un colonel de l'état-major vint s'établir comme officier de liaison permanent auprès de notre petit groupe. Il me fallut de nouveau borner mon activité aux coups de téléphone avec Berlin, avec distribution d'« imbéciles », ou aux envois de notes brèves aux « flemmards » et aux « crétins » de la capitale.

Ce quartier général constitua longtemps un objectif idéal pour les attaques aériennes, sur la voie latérale d'une toute petite gare-frontière dont j'ai malheureusement oublié le nom. Au reste, une batterie lourde de DCA s'installa dans le lointain pour assurer notre défense. Par ailleurs, le « Heinrich » possédait sa défense autonome sous la forme de trois petits canons en miniature montés sur des plates-formes à chaque extrémité du train. Les garçons de bureau du service des Affaires étrangères avaient été entraînés à les servir. Un beau soir, l'un d'eux tira un coup par bévue, en faisant l'exercice, ce qui déclencha, le lendemain, une enquête très sérieuse.

Dans la seconde moitié de septembre un puissant orage s'abattit sur moi, ce qui était inévitable dans l'atmosphère surchauffée du « Heinrich ». La cause en fut un incident qui a pris une certaine importance internationale dans les discussions d'après la guerre : l'entrée des troupes soviétiques en Pologne, le 18 septembre 1939.

Une fois de plus, Ribbentrop nous avait tenus en haleine jusqu'à 2 heures du matin. Il s'agissait d'une question de la plus haute importance pour l'issue de la guerre, à savoir si c'était lui ou Goebbels qui devait diriger la propagande à l'étranger, question qui se prolongea durant toutes les hostilités, même aux jours critiques, absorba un temps considérable et (par suite du conflit permanent avec Goebbels) consomma une grande partie de la force nerveuse de Ribbentrop. A 5 heures du matin, on m'annonça, par téléphone, l'entrée des Russes en Pologne, pour que je l'apprisse au ministre. Je lui apportai à 8 heures cette nouvelle que nous-mêmes, du côté allemand, attendions avec une certaine impatience, et il se mit hors de lui parce que je ne l'avais pas réveillé à 5 heures. « Les deux armées, l'allemande et la russe, foncent maintenant l'une vers l'autre à toute vitesse, hurla-t-il, et il y aura peut-être des chocs parce que vous avez été trop paresseux pour me réveiller plus tôt ! »

J'essayai vainement de le calmer en lui rappelant qu'une ligne de démarcation avait déjà été tracée et que les autorités militaires des deux camps se trouvaient déjà en contact. Rien n'y fit. Ribbentrop était en train de se raser, il avait le visage plein de savon, et n'était vêtu que d'un petit caleçon. Même les hommes d'Etat des grandes puissances victorieuses font un effet comique quand ils sont dans cette tenue, qu'ils foudroient l'air dans tous les sens avec leur lame de rasoir et crient à un subordonné : « Vous avez interféré avec l'histoire mondiale ! Vous êtes encore trop jeune pour cela ! »

Toute cette affaire n'avait pas le plus petit rapport avec la guerre mondiale, elle en avait seulement avec la guerre intestine que se livraient Goebbels et Ribbentrop, ainsi que je l'appris peu de temps après, car c'était Goebbels et non le chef du service de la presse aux Affaires étrangères, un de mes homonymes, comme l'aurait voulu Ribbentrop, qui avait communiqué la nouvelle de l'entrée des Russes en Pologne à la presse internationale de Berlin.

Après tout juste trois semaines d'une existence factice dans un train, entre deux rails, notre ambiance se modifia du jour au lendemain. Le quartier général fut transporté pour quelques jours dans le luxueux Casino-Hôtel de Zoppot, au bord de la Baltique, près de Dantzig, où la vieille loi des contrastes reprit ses droits. Elle se manifesta sous une nouvelle forme, car en prenant notre déjeuner sur la terrasse, nous pûmes observer le bombardement du point d'appui polonais de Hela, situé de l'autre côté de la baie de Dantzig, par les pièces de 280 des vieux cuirassés *Schlesien* et *Schleswig-Holstein*, qui, avec leurs cheminées élevées et leurs hautes superstructures, paraissaient sortir de quelque ancien tableau de bataille navale, impression que renforçaient les gerbes soulevées par les projectiles des batteries polonaises qui ripostaient. Leurs canons ne portaient pas jusqu'à notre hôtel, sans quoi il ne serait rien resté debout des splendides constructions. Exactement à midi, le « combat naval » s'interrompait, les deux cuirassés regagnaient Neufahrwasser et l'opération recommençait le lendemain matin.

Le 20 septembre 1939, Hitler prononça un grand discours dans l'historique Artushof de la belle ville de Dantzig. « Je foule pour la première fois un sol dont les colons allemands ont pris possession un demi-siècle avant que les premiers Blancs s'installassent dans le New York d'aujourd'hui. Ce sol est devenu allemand un demi-siècle plus tôt et il est resté allemand. A jamais – vous pouvez tous en être sûrs ! – il le restera désormais ! » commença-t-il après avoir été frénétiquement accueilli par les habitants de la ville. Ce fut la première et unique fois où je pus entendre un discours de Hitler de bout en bout, sans avoir à m'en occuper techniquement comme interprète. Je pris beaucoup d'intérêt à entendre exposer au public des faits que j'avais personnellement vécus.

« J'ai préparé la nouvelle proposition », expliqua Hitler en faisant allusion à son plan pour le règlement de la question polonaise. « Je l'ai fait communiquer à l'ambassadeur britannique, le soir du premier jour. Il lui a été lu phrase par phrase. En outre, mon ministre des Affaires étrangères lui a donné des explications supplémentaires. » Je revis nettement la scène entre Ribbentrop et Henderson pendant l'orageuse discussion où les « explications supplémentaires » s'étaient presque transformées en pugilat. Mais j'eus beau tendre attentivement l'oreille, le discours de Hitler ne fit même pas allusion au fait que Henderson avait, cette nuit-là, réclamé le texte de ces propositions et qu'il lui avait été refusé.

« La Pologne a choisi le combat, elle a eu son combat... Depuis, il s'est à peine écoulé dix-huit jours. Jamais encore dans l'histoire on n'a pu citer avec plus de raison la vieille formule : avec l'homme, le cheval et le chariot elle a vaincu le seigneur ! » proclama Hitler d'un ton triomphant pour résumer la guerre éclair contre la Pologne. Au reste il était conscient de sa victoire en même temps qu'« inflexible », qualificatif que la presse allemande donna ultérieurement à son discours.

« Même si elle (la guerre) devait durer trois ans, on n'entendrait pas plus le mot capitulation à la fin de la troisième, que de la quatrième, de la cinquième, de la sixième ou de la septième année ! » l'entendis-je déclarer en m'effrayant intérieurement du long délai qu'il paraissait accepter. Il poursuivit encore très longtemps sur ce ton catégorique, arrogant. Je reconnus que je n'aurais plus provisoirement à servir d'interprète au cours d'une conversation entre Chamberlain et lui, comme le lui avait suggéré, à l'instigation de Goering, un négociant suédois du nom de Dahlerus[7], après le début de la guerre.

---

7. Homme d'affaires suédois, Birger Dahlerus (1891-1957) entreprend, à la demande de Goering, une démarche auprès de lord Halifax

Le 26 septembre 1939 nous revînmes tous à Berlin, et Ribbentrop partit le lendemain en avion pour Moscou. Cette fois je restai derrière pour me préparer aux événements. Ils ne se firent pas longtemps attendre. Ciano arriva à Berlin le 1er octobre et eut deux longues conversations avec Hitler à la chancellerie, ainsi qu'une autre avec Ribbentrop revenu entre-temps de Russie. Ces très longs entretiens n'apportèrent rien de positif mais le représentant de l'« infidèle » Italie fut traité de très haut par Hitler et surtout par Ribbentrop. Cela se manifesta moins chez le premier car il était si plein de jactance à cause de sa victoire éclair de Pologne qu'il en raconta les différentes phases pendant des heures sans oublier le chiffre des prisonniers et du butin. Bien des fois, pendant ce récit, je vis passer sur le visage de Ciano le sentiment qu'exprimait ce refrain berlinois chanté avant 1933 par Willy Prager[8] : « Nous ne tenons pas à en savoir tant. » Ce n'était pas la première fois, et ce ne fut pas la dernière, que des visiteurs de Hitler et de Ribbentrop éprouvèrent ce sentiment.

Ribbentrop aussi débordait d'orgueil, ce n'était pas à cause de la campagne de Pologne mais de son succès diplomatique de Moscou. Comme je l'avais constaté moi-même lors de la première visite dans la capitale soviétique, il parlait des Russes avec un enthousiasme délirant aux Italiens qui « ne tenaient pas à en savoir tant ». Un soir, par exemple, à un dîner dans sa villa de Dahlem, où la conversation avait été si fréquemment coupée par des silences glacés de l'hôte que Ciano s'était presque uniquement entretenu avec moi, il fit à un certain moment la remarque suivante : « A Moscou, chez Staline, dans

afin de parvenir *in extremis* à un accord entre Londres et Berlin qui permettrait d'éviter la guerre. Cette mission, qui a fait couler beaucoup d'encre, se solde par un échec.

8. Willy Prager fut un célèbre comédien et chanteur de cabaret allemand.

le milieu des "hommes aux visages durs", il s'était senti aussi à l'aise que parmi les vieux compagnons du Parti. » Il avait déjà fait cette réflexion devant moi à la chancellerie, en présence de membres réellement anciens du Parti qui considéraient avec mépris Ribbentrop, entré juste avant l'arrivée au pouvoir, et s'était attiré de vives critiques.

Quand je traduisis les paroles de Ribbentrop à Ciano, il baissa les yeux sur son assiette, sans dire mot et sans sourciller. Evidemment, un « allié » ne pouvait exprimer son mécontentement à l'autre. Ribbentrop manquait fréquemment de tact diplomatique et, cette fois encore, il se conduisit en véritable enfant terrible. « Les Russes du Kremlin m'ont rappelé en partie la garde d'honneur du Duce au palais de Venise », ajouta-t-il ingénument, ce qui fit encore plus baisser la tête à Ciano sur son assiette ; et, pendant le reste de la soirée, le gendre de Mussolini ne parla plus qu'à moi.

Ce ne fut pas seulement à l'occasion de ce dîner catastrophique, mais assez fréquemment encore, que j'eus l'occasion de m'entretenir personnellement avec Ciano. J'appris ainsi à connaître, en dehors de l'homme qui se conduisait si arrogamment et même parfois avec un tel manque d'éducation dans les manifestations officielles, un Ciano estimable qui jugeait les événements avec beaucoup de perspicacité, de bon sens, et ne s'en laissait pas conter par les grands mots de Hitler et de Ribbentrop. Il était alors venu à Berlin pour essayer de réchauffer les rapports germano-italiens dont on avait bien perçu le refroidissement à Rome. Mais dans le jugement sceptique qu'il portait sur nos succès initiaux, il n'avait rien abandonné de l'opinion que lui-même et son entourage m'avaient plusieurs fois exprimée à Salzbourg, au mois d'août : si la France et l'Angleterre entrent en guerre, une fin rapide deviendra impossible et l'issue ultime plus que douteuse.

Ciano eut à peine quitté Berlin que le service des traductions connut des journées extrêmement chargées, comme cela devait se produire au cours de la guerre dans les occasions les plus diverses. Je n'appartenais plus nominalement à cette section fort importante et fort occupée des Affaires étrangères ; je ne la dirigeais pas mais je fus alors, pour des raisons faciles à comprendre, rendu responsable de tout ce qui concernait les langues étrangères. Je fus donc heureux de trouver le remarquable instrument de précision que le *Geheimrat* Gautier avait su créer au cours des années, et auquel on pouvait, en toute tranquillité d'esprit, confier les traductions les plus difficiles. Je dois faire observer que je possédais moi-même toute autorité envers ceux qui adressaient des demandes dans le domaine linguistique. Hitler et Ribbentrop eux-mêmes se soumettaient chaque fois que je leur expliquais les conditions techniques à remplir pour mener à bien une tâche déterminée.

Quand il s'agissait de transmettre à la radio un discours ou une communication « en trente langues », le travail linguistique, dans les grandes comme dans les petites occasions, était toujours effectué par les techniciens de cette section extraordinairement importante du ministère, gens ignorés de l'extérieur et assez mal vus à l'intérieur, parce que d'origines assez mélangées.

Pendant la guerre, le service des traductions se trouva constituer par sa composition une Société des Nations au petit pied. Il y avait des Anglais, des Français, des Italiens, des Espagnols, des Portugais, des Yougoslaves, des Bulgares, d'autres encore. Par la suite, il eut des succursales à Paris et dans d'autres villes d'Europe. Quand il s'agissait d'une affaire importante, il mettait en jeu environ 150 personnes.

Pour conserver le secret, le procédé était analogue à celui que les Américains employèrent en 1948 lors de la réforme monétaire, en faisant travailler les techniciens allemands sous surveillance, dans un endroit inconnu. Ce système fut appliqué pour la première fois au service des traductions dans le début d'octobre 1939. Deux étages de l'hôtel Adlon, devenu vide, furent loués et hermétiquement séparés du monde extérieur. Là vivait et travaillait la « petite Société des Nations », pendant quelques jours, comme dans une île perdue au milieu de la grande ville. Les téléphones étaient coupés, les accès aux étages surveillés, et des policiers vigilants s'assuraient, en dessous des fenêtres, que l'île restait bien une île.

Ce fut dans ces conditions pleines de mystère que le grand discours prononcé par Hitler au Krolloper, le 6 octobre 1939, fut traduit en plusieurs langues. Sa première partie était justement du type auquel on peut appliquer la formule : « Nous ne tenons pas à en savoir tant. » Une histoire complète de la campagne de Pologne, un exposé des tentatives allemandes de compromis, des attaques contre l'Angleterre et les « ploutocraties occidentales », l'assemblage ordinaire de détails techniques, de données numériques, de déclamations lyriques, de tirades haineuses, telle était sa partie principale.

Mais la « petite Société des Nations, » qui à cause de sa composition permettait souvent de prévoir fort exactement ce que serait la réaction du monde extérieur, attacha beaucoup d'importance à la conclusion de ce discours. « Des clartés sur les buts de la politique étrangère de tous les pays européens » – « aucun motif de réclamer de nouvelles révisions en dehors du retour à l'Allemagne de ses anciennes colonies, cette dernière demande n'ayant pas un caractère d'ultimatum » – « réorganisation des marchés et règlement définitif de la question monétaire » – « réduction des armements à un niveau raisonnable et économiquement supportable » – « un statut européen, apportant à tous les peuples le sentiment de la sécurité, du calme et, partant, de la paix », tels furent les points principaux qui attirèrent notre attention au service des traductions.

Cependant, l'écho à l'étranger resta complètement muet, tout au moins parmi les dirigeants politiques. Après les expériences de mars et d'août 1939, la parole de Hitler ne possédait plus le moindre crédit. (Hitler) comptait fermement que le gouvernement de Sa Majesté accepterait de bonne grâce la décision obtenue par lui en Pologne et qu'une offre de paix permettrait à M. Chamberlain et à ses vieux collègues, qui avaient sauvé leur honneur par la déclaration de guerre, de sortir de la situation fâcheuse dans laquelle les avaient précipités les éléments bellicistes du Parlement. L'idée ne lui vint pas un instant que M. Chamberlain tout comme le reste de l'Empire et du Commonwealth britanniques étaient maintenant décidés « à avoir sa peau ou à perdre la leur » écrit Churchill dans ses *Mémoires* au sujet de la réaction à l'offensive de paix de Hitler.

« La situation ne réclame plus aucun éclaircissement. L'Angleterre et la France ont repoussé la main pacifique du Führer. Elles ont lancé le gant et l'Allemagne l'a relevé ! » déclara Ribbentrop dans une communication du 21 octobre 1939 qui fut traduite au service. La guerre de Pologne avait été gagnée, mais l'offensive de paix avait échoué.

Ciano accusa la mauvaise réception qui lui avait été faite à Berlin par ses alliés au début d'octobre dans un discours public prononcé devant la Chambre italienne au milieu de décembre. Le service des traductions eut de nouveau à travailler fiévreusement mais cette fois sans isolement et uniquement dans la section italo-allemande.

Ciano exposa que, selon le pacte d'Acier, c'est-à-dire le traité d'alliance entre l'Allemagne et l'Italie signé l'année précédente à Berlin, avec tant de solennité, après la rencontre de Milan, les deux pays eussent dû rester constamment en étroit contact pour préserver la paix en Europe au cours d'un délai de trois à cinq ans. Pour obtenir ce résultat, aucune question diplomatique susceptible de faire surgir une nouvelle crise n'eût dû être présentée. Le pacte d'Acier avait été conclu dans l'esprit du pacte anti-Komintern et n'avait nullement laissé entrevoir qu'un accord pourrait survenir entre l'Allemagne et la Russie soviétique, accord de la possibilité duquel l'Italie n'avait été informée qu'au moment même où Ribbentrop avait pris l'avion pour Moscou. « L'ambassadeur britannique m'a félicité pour mon discours », écrit Ciano dans son *Journal*. A Berlin, Ribbentrop s'emporta en lisant la traduction fidèle faite par notre service.

Ces violentes critiques de Ciano contre l'attitude de Hitler furent complétées par une lettre de Mussolini qui fut remise à Berlin le 4 janvier 1940 et fut peu de temps après traduite par notre service. Mussolini essayait de pousser Hitler à un accord avec les puissances occidentales et donnait à lire entre les lignes qu'il était prêt à jouer le rôle de médiateur. Comme condition préalable, il envisageait la reconnaissance d'un Etat polonais indépendant. Il indiquait en outre à Hitler que les grands empires s'écroulaient par manque de cohésion intérieure plutôt que sous les assauts extérieurs. L'Angleterre et la France n'amèneraient certainement pas l'Allemagne à capituler, mais celle-ci ne mettrait pas non plus les démocraties à genoux : « Le croire serait se faire des illusions. »

Je reconnus pour la première fois, dans cette lettre, la tendance qui ne devait cesser de s'accuser par la suite dans les conversations entre Mussolini et Hitler : compromis avec l'Ouest, guerre à la Russie soviétique. « Je me crois tenu d'ajouter qu'un nouveau développement de vos relations avec Moscou aurait des répercussions catastrophiques en Italie, où l'opinion est unanimement antibolchevique, particulièrement parmi les masses fascistes, absolue, dure comme du granit, immuable. »

C'était une réponse plus que claire aux phrases délirantes de Ribbentrop sur les « hommes aux visages durs » du Kremlin. « La solution du problème de votre espace vital est en Russie et nulle part ailleurs. »

J'ignore la façon dont Hitler prit cette lettre de Mussolini. Il n'en fut certainement pas réjoui car il fit attendre sa réponse pendant deux mois. Ce fut seulement au début de mars que j'accompagnai Ribbentrop à Rome où il alla la porter.

Avant de partir, j'assistai au curieux intermède causé par la visite d'un envoyé de Roosevelt, le secrétaire d'Etat Sumner Welles, du département des Affaires étrangères. Bien évidemment, le voyage en Europe de cet Américain, qui, en dehors de Berlin, devait également visiter Londres, Paris et Rome, et y négocier avec les gouvernements, donna naissance à toutes sortes de bruits sensationnels et fit envisager d'innombrables combinaisons.

En Allemagne, les espoirs de paix grandirent dans les masses, quoique la presse ne soufflât pour ainsi dire mot du secrétaire d'Etat américain. Hitler était parfaitement renseigné sur le désir de paix du peuple allemand et cette simple raison l'avait conduit à n'accepter qu'à contrecœur la rencontre avec Sumner Welles. Par ailleurs, ni lui, ni Ribbentrop, ni le ministère des Affaires étrangères n'apercevaient nettement le but que poursuivait cet étrange visiteur.

Il en résulta que Hitler aussi bien que Goering et Ribbentrop se tinrent sur la défensive au cours des longues conversations qu'ils eurent avec lui au début de mars. Ils cherchèrent, avec plus ou moins d'habileté, à lui montrer combien l'Allemagne était forte, supérieure, résolue à combattre, et évitèrent anxieusement de montrer la moindre disposition à accepter un compromis, ce qui eût pu être interprété comme un signe de faiblesse ainsi que le pensait alors (et ultérieurement) Hitler dans son complexe inconscient d'infériorité.

Sumner Welles me fit l'impression d'être extraordinairement adroit, mais non pas de posséder la véritable souplesse diplomatique. Grand et élancé, il dressait sa silhouette aristocratique comme un bloc de glace en face de ses interlocuteurs allemands et prononçait au début de chaque entretien la formule stéréotypée par laquelle il délimitait l'étendue de sa mission : « L'Amérique s'intéresse à la création d'un état de paix permanent en Europe et non pas à l'établissement d'un armistice limité dans le temps. Le gouvernement américain m'a envoyé ici pour voir les possibilités qui se présentent d'y parvenir. Mais je n'ai aucune proposition à formuler et ne peux accepter aucun engagement pour les États-Unis. » René Massigli[9], l'actuel ambassadeur français à Londres, que Sumner Welles me rappela alors, avait eu au cours de la deuxième décennie du siècle une mission analogue au cours de négociations franco-allemandes, et avait ouvert la séance par ces mots : « Je ne suis qu'un crayon avec deux oreilles. »

Même si Hitler avait été avide d'amorcer des pourparlers de paix, l'attitude froide et réservée de l'envoyé américain ne l'y eût pas précisément encouragé. Mais comme on était, du côté allemand, dans des dispositions exactement inverses, ces conversations de Berlin qui soulevèrent tant d'intérêt ne furent au fond qu'une audition de disques de phonographe. La comparaison s'applique particulièrement bien aux Allemands car tous, Hitler, Goering, Ribbentrop, Hess, répétèrent presque textuellement la même chose, ce qui me frappa d'autant plus en qualité d'interprète que ma tâche en fut

---

9. René Massigli (1888-1988) se signale au Quai d'Orsay par son opposition à la politique d'apaisement. Après les accords de Munich, il est nommé ambassadeur à Ankara, ce qui doit se comprendre comme un éloignement du centre du pouvoir.

considérablement simplifiée. Seuls le ton et l'accompagnement changèrent en chaque occasion. Le plus remarquable fut que ce fut justement le « diplomate », parmi
ces nationaux-socialistes éminents, qui se comporta avec
le moins de diplomatie. Ce que Sumner Welles écrit dans
son livre sur « le fait le plus étonnant de toute ma mission », sa réception par Ribbentrop qui l'accueillit « sans
même la trace d'un sourire et sans un mot de courtoisie »
et brusquement ne comprit plus un traître mot d'anglais,
est parfaitement exact. A mon avis, celui qui se comporta
avec le plus d'habileté et le plus de naturel, en cette
occasion comme en beaucoup d'autres, ce fut Goering,
au Carinhall.

Il n'y a plus aucun intérêt aujourd'hui à revenir sur les
détails de ces contacts entre le « crayon avec oreilles »
et les « disques de phonographe ». Ils ne furent, en tout
cas, nullement en rapport avec les immenses espoirs de
paix qu'ils firent naître alors en Allemagne, comme me
le montrèrent les questions inquiètes que me posèrent
incessamment mes amis et connaissances.

Sumner Welles était amical et ouvert dans les rapports
personnels. Au cours du long trajet vers le Carinhall, il me
raconta des choses très intéressantes sur ses expériences
en Amérique du Sud. « J'y ai souvent assisté à des conférences, me dit-il, où il y avait des interprètes d'anglais
et d'espagnol. Je suis donc capable d'en apprécier un de
votre qualité. » Lorsque Sumner Welles quitta Berlin le
3 mars 1940, j'eus l'impression que la dernière chance
de voir mettre fin pacifiquement à la guerre venait de
disparaître. Cordell Hull, alors ministre américain des
Affaires étrangères, donne une indication intéressante
sur les arrière-plans de cette mission assez énigmatique :
« Le Président me déclara expressément que Welles était
allé le voir secrètement en diverses occasions et lui avait
demandé à être envoyé en mission spéciale à l'étranger. »
Cordell Hull était opposé à son départ parce qu'il devait

« éveiller de fausses espérances », mais son veto ne réussit pas à l'empêcher.

Quelques jours après cette visite américaine, j'accompagnai Ribbentrop à Rome, comme je l'ai dit, avec une nombreuse délégation, pour porter la réponse de Hitler à la lettre écrite en janvier par Mussolini. Cette réponse aussi bien que les propos que tint Ribbentrop devant Mussolini, au palais de Venise, avaient pour sens que l'Allemagne était inflexiblement orientée vers la guerre et la décision par les armes, et que la place de l'Italie était aux côtés de l'Allemagne. Ribbentrop fit également des allusions précises à une ouverture imminente de la lutte contre les puissances occidentales. « Dans quelques mois, l'armée française sera détruite et les quelques Anglais qui se trouveront encore sur le continent seront des prisonniers », expliqua-t-il à Mussolini. Celui-ci écouta tout d'abord d'un air très songeur les descriptions assez outrées de Ribbentrop sur les forces allemandes et sur la nécessité d'un règlement belliqueux. Mais, à ma grande surprise, il déclara, presque sans transition, qu'il était également d'avis que le fascisme devait être aux côtés du national-socialisme en guerre.

Le lendemain, au cours d'un deuxième entretien, Mussolini se trouva lui aussi soudainement converti à la guerre. Il était prêt à intervenir aux côtés de l'Allemagne, déclara-t-il à mon grand étonnement ; il se réservait seulement le moment de le faire. Ribbentrop fut visiblement satisfait car il était venu à Rome dans l'incertitude la plus complète sur l'état d'esprit qu'il allait rencontrer chez l'« infidèle » partenaire de l'Axe. Il estima donc le moment venu pour avancer la proposition d'une rencontre au Brenner entre Hitler et Mussolini dont le dictateur allemand l'avait muni à toute éventualité. Mussolini accepta avec enthousiasme.

Le grand événement de ce voyage, pour moi et pour la plupart des membres de notre délégation, fut la réception par le pape, qui eut lieu un jour plus tard. Mussolini s'en était montré particulièrement heureux car il s'était toujours déclaré partisan, au cours de ses conversations avec Hitler et Ribbentrop, d'une réconciliation de Hitler avec l'Eglise catholique, et s'était fréquemment cité en exemple.

Trois automobiles pontificales nous conduisirent dans la Cité du Vatican. La garde suisse faisait la haie à l'intérieur du palais, avec ses casques et ses hallebardes antiques. Toute la réception eut ce caractère particulièrement cérémonieux qui est réservé aux grandes circonstances. Pie XII, l'ancien nonce Pacelli qui avait représenté le Saint-Siège à Berlin dans la deuxième décennie du siècle, eut un long entretien en allemand avec Ribbentrop. Il adressa ensuite quelques mots très aimables à notre délégation, parlant en termes particulièrement chaleureux de son séjour à Berlin. Il ne nous donna pas sa bénédiction apostolique au départ, mais nous exprima ses bons vœux pour nous et pour notre pays. Aucun des hommes d'Etat que j'ai connus au cours de ma longue carrière ne m'a produit une aussi profonde impression, en un temps aussi bref et uniquement par son apparence et son attitude, que Sa Sainteté Pie XII. La haute silhouette élancée, au fin visage spiritualisé, qui se trouvait devant nous dans la robe blanche me parut une créature n'appartenant plus complètement à ce monde. Ses paroles empreintes de sérénité avaient vraiment une résonance presque supraterrestre, extrêmement prenantes et convaincantes dans leur simplicité.

J'ignore ce que Ribbentrop déclara au pape en particulier, car je n'assistai pas à l'entretien. En tout cas, il se montra lui-même fort impressionné et assez satisfait après celui-ci, alors qu'il s'exprima très durement sur le cardinal Maglione[10], secrétaire d'Etat, auquel il rendit visite en sortant de chez le pape. « S'il avait continué à parler sur ce ton, nous déclara-t-il, je me serais levé et aurais pris la porte. J'avais déjà tendu la main vers ma casquette. »

Le 13 mars au soir, nous étions de retour à Berlin, mais quelques jours plus tard nous reprenions la route du Sud pour la rencontre du Brenner, fixée au 18 mars 1940. Ce fut la première de toute une série de conversations qui eurent lieu périodiquement pendant la guerre au même endroit. La quatrième fois, Hitler et Mussolini s'assirent seul à seul en face l'un de l'autre.

Ces conférences du Brenner, sur lesquelles les yeux du monde entier se fixèrent, car elles précédèrent souvent de nouveaux événements, se tinrent à la vieille gare-frontière bien connue de tous les Allemands se rendant en Italie, à 1 400 mètres d'altitude, à 300 mètres de la frontière allemande. Au mois de mars 1940, la neige y était encore très épaisse lorsque le train spécial de Hitler s'arrêta sur la voie de gauche. Le train spécial de Mussolini était arrêté en face. Le dictateur italien et Ciano reçurent Hitler et Ribbentrop sur le quai et les conduisirent dans le wagon-salon de Mussolini où les conversations commencèrent aussitôt.

Pendant ce temps, tout le trafic du Brenner fut arrêté, qu'il s'agît d'express internationaux ou d'urgents transports de charbon. Les deux dictateurs bloquaient tout passage. Ces entretiens ne furent jamais des conversations au véritable sens du mot. Il vaudrait mieux les appeler des monologues de Hitler, pour bien préciser, car le dictateur allemand absorbait presque sans exception de 80 à 90 pour 100 du temps, et c'était seulement tout

---

10. Le cardinal Luigi Maglione (1877-1944) est choisi par Pie XII pour diriger la diplomatie vaticane. Il reste à ce poste jusqu'à sa mort en août 1944.

à fait à la fin que Mussolini pouvait prononcer quelques mots. Il en résulta immédiatement que les rapports entre les deux hommes, si amicaux qu'ils me parussent du point de vue personnel (jusqu'à l'entrevue de Feltre, près de Belluno, le 20 juillet 1943, qui précéda de peu la chute de Mussolini), ne furent pas ceux de deux partenaires égaux ; dès ce moment Hitler avait pris toute la direction pour lui seul, et Mussolini se trouvait réduit au rôle d'un associé de moindre importance.

Plein d'assurance, Hitler fit à l'Italien attentif, et presque admiratif, une relation exacte de ses succès militaires en Pologne et de ses préparatifs pour la grande explication avec l'Occident. Les chiffres s'accumulèrent sur les chiffres : effectifs, pertes, réserves ; Hitler avait tout dans la tête, de même que des détails étonnants sur l'artillerie, les chars, l'armement de l'infanterie, alors qu'il paraissait moins intéressé par l'aviation et par la marine. Il s'entendit si bien à accabler Mussolini sous les nombres et les faits que les gros yeux bruns de l'Italien, stupéfait, paraissaient prêts à sortir de leurs orbites, comme ceux d'un petit garçon auquel on montre un nouveau jouet.

Ce qui me frappa le plus, ce fut de constater que Hitler évitait de donner tout renseignement précis sur ses prochains projets militaires dont je connaissais certains détails. Je savais que tous les préparatifs pour une offensive à l'Ouest étaient achevés, que cette offensive avait été plusieurs fois ordonnée, mais constamment ajournée. Je savais, en outre, qu'on préparait une opération contre le Danemark et la Norvège qui fut effectivement exécutée le 9 avril, soit trois semaines plus tard. Rien de tout cela ne fut mentionné. Hitler n'avait aucune confiance dans les Italiens. Il s'était forgé une théorie d'après laquelle ils étaient responsables de l'explosion de la Seconde Guerre mondiale. « La maison royale anglaise avait appris, par la maison royale italienne, que l'Italie ne participerait pas à la guerre ; c'est alors que les Anglais ont cru pouvoir conclure leur alliance avec la Pologne sans trop de risques, d'où la guerre ! » l'ai-je entendu dire plus d'une fois.

Les quelques minutes qui restèrent à Mussolini pour exprimer sa propre opinion, il les utilisa, à ma grande surprise, et aussi comme je pus le vérifier par la suite, à la stupeur de son interlocuteur, pour affirmer en mots très vigoureux sa résolution d'intervenir dans la guerre aux côtés de Hitler.

« Au fond, il (Mussolini) se plaint de ce que Hitler ait été seul à parler », écrit Ciano, à la date de cette rencontre, dans le *Journal* qui nous est connu aujourd'hui. « Mussolini s'était proposé de parler de beaucoup de choses, et, au lieu de cela, il lui a fallu se taire presque constamment... » écrit-il encore ; et il ajoute significativement : « Cela ne s'accorde pas du tout avec ses habitudes dictatoriales ni avec le fait qu'il est le *decano dei dittatori* (le doyen des dictateurs). »

Les raisons qui conduisirent Mussolini à changer d'attitude ne sont pas parfaitement claires. D'après mes observations, il est incontestable qu'il se laissa « fasciner », comme l'a dit une fois Ciano, par les propos de Hitler en cet entretien du Brenner. A cela s'ajoutait le fait que peu de temps auparavant, les Alliés, avec une maladresse vraiment incompréhensible aujourd'hui, avaient coupé les importations de charbon en Italie par la voie maritime au départ des ports de Hollande, atteignant ainsi non seulement l'orgueil de Mussolini, mais mettant Hitler en situation d'effectuer désormais ces livraisons de charbon par la voie de terre.

Les deux trains spéciaux quittèrent la petite gare du Brenner au bout de trois heures et le trafic normal put reprendre. Pendant le retour, je dictai un compte rendu de la conversation, que Ciano était encore venu me demander avec insistance de la part du Duce au départ de notre convoi. Mais comme à Berchtesgaden pour Chamberlain, il y eut des difficultés au sujet de ce document. Hitler lui-même défendit qu'il fût donné aux Italiens. « On ne sait jamais, me dit-il, qui pourra en prendre connaissance de leur côté et quel diplomate allié parviendra ainsi à en avoir communication. » Au cours des jours suivants, Mussolini fit réclamer le papier à plusieurs reprises par l'ambassadeur allemand, de sorte que Hitler finit par se décider à l'envoyer. Comme très souvent en pareille occasion, il rédigea personnellement un résumé à l'adresse de Mussolini.

En de telles occasions, Hitler ne changeait jamais rien aux déclarations faites par les étrangers. Il ne modifiait pas non plus les siennes mais en biffait des passages, de sorte que ce qui restait de mon texte ne contenait jamais rien de faux, mais se trouvait raccourci sensiblement quelquefois sur des points assez importants. Pour beaucoup de mes comptes rendus il y eut ainsi deux versions, l'une pour l'usage intérieur, l'autre pour l'usage extérieur. Toutes les deux portaient ma signature et je n'aurais pu le plus souvent les distinguer qu'en les comparant à l'original. Les historiens de l'avenir devront donc prendre garde et vérifier, pour les documents et photocopies se trouvant aux mains des Alliés, s'il s'agit des versions abrégées par Hitler pour son interlocuteur, des minutes corrigées par Ribbentrop destinées aux archives (enregistrées pour la plupart sur microfilm), ou des véritables originaux tels que je les avais dictés directement d'après mes notes. Dans les cas où ils n'étaient pas à remettre aux interlocuteurs, mes comptes rendus n'intéressaient aucunement Hitler, tandis que Ribbentrop les lisait presque tous très attentivement.

Les Italiens s'aperçurent que le compte rendu de l'entretien du Brenner, du 18 mars 1940, avait été abrégé par Hitler, comme nous le constatons aujourd'hui à la lecture du *Journal* de Ciano qui écrit, à la date du 1er avril 1940 : « Mackensen rapporte de Berlin le compte rendu du Brenner. Il n'est pas rédigé dans le style sténographique habituel à Schmidt : il s'agit d'une version sensiblement raccourcie. »

A peine trois semaines après le monologue du Brenner, le 7 avril, je reçus de Ribbentrop l'ordre de remettre notre service des traductions cosmopolite en isolement à l'hôtel Adlon. « Le gouvernement allemand est parvenu, sur la foi de renseignements indiscutables, à la conviction que l'Angleterre et la France envisagent d'occuper par surprise, au cours des tout prochains jours, certaines régions des Etats scandinaves. » Telles furent les phrases que nous eûmes à traduire dans la nuit du 8 au 9 avril 1940 dans le mémorandum allemand adressé à la Norvège et au Danemark et qui précéda immédiatement l'occupation fameuse de ces pays.

Cette nuit-là, en traduisant avec des sentiments fort amers ce document qui annonçait la violation par l'Allemagne de la neutralité des pays scandinaves, je pensai que l'intention prêtée à l'Angleterre et à la France n'était qu'un simple prétexte. Ce que j'ignorais à l'époque, on le lit aujourd'hui dans les *Mémoires* de Churchill. « Le 5 avril, le cabinet britannique ratifiait les décisions du Comité suprême de guerre, et l'Amirauté fut autorisée à miner les chenaux norvégiens le 8 avril. Comme la pose de nos champs de mines dans les eaux norvégiennes était capable de déclencher une riposte allemande, il fut aussi décidé d'un commun accord qu'une brigade britannique et un contingent français seraient envoyés à Narvik pour nettoyer le port et s'avancer vers la frontière suédoise. D'autres forces occuperaient Stavanger, Bergen et Trondheim en vue d'empêcher l'ennemi de s'emparer de ces bases. »

Au cours de la même nuit, nous traduisîmes également le mémorandum en italien, à l'intention du « doyen des dictateurs ». Hitler y joignit un mot très bref. Ce fut le premier renseignement sur l'opération qu'il envoya à son collègue.

Un mois plus tard, dans l'après-midi du 9 mai, je fus convoqué à l'improviste par Ribbentrop en même temps que les chefs des sections de la presse et de la radio. « Demain matin l'offensive contre l'Ouest commencera sur toute la ligne, de la Suisse à la mer du Nord », nous déclara-t-il, puis il nous répartit les tâches techniques qu'il avait à remplir. Je fus chargé de remettre à l'isolement le service des traductions pour la préparation, en langues étrangères, d'un nouveau mémorandum allemand et d'une déclaration de Ribbentrop à la presse.

En prenant congé, le ministre nous dit : « Si la nouvelle de l'offensive imminente vient à être connue prématurément par la faute d'un membre de vos service, le Führer vous fera fusiller. Je ne pourrai rien pour vous sauver. »

Cette fois, le service des traductions ne se réunit pas à l'hôtel Adlon qui parut trop dangereux, mais dans les salons d'apparat de l'ancien palais du président du Reich, salons que Ribbentrop avait fait moderniser entre-temps à coups de millions, car il y habitait désormais officiellement. Il m'indiqua lui-même de réunir les divers groupes du service, sans attirer l'attention, dans certaines pièces du ministère des Affaires étrangères, puis de les conduire moi-même dans le palais par des couloirs tortueux et un escalier dérobé, de manière qu'aucun d'eux ne sût exactement où il se trouvait. « Afin que personne ne puisse jeter un papier à un complice dans la rue », ajouta le ministre devenu brusquement détective amateur.

Il en fut ainsi fait. La nuit même, les somptueuses salles du palais, avec leurs lustres précieux, leurs lampadaires en or, leurs meubles de luxe, leurs tableaux de maîtres, leurs Gobelins et leurs épais tapis, se transformèrent en grandes salles de travail, comme on n'en voit que dans les films américains. Les spécialistes des différentes langues se réunirent dans les coins ; bientôt les machines à écrire enregistrèrent ici en anglais, là en français, plus loin en italien, là-bas encore en espagnol, les phrases lourdes de sens du mémorandum adressé aux gouvernements belge et hollandais : « Le gouvernement du Reich n'est pas disposé à attendre passivement l'attaque de l'Angleterre et de la France dans ce combat pour son existence qu'elles ont imposé à l'Allemagne, ni à laisser porter la guerre en territoire allemand à travers la Belgique et les Pays-Bas. Il a donc donné l'ordre aux troupes allemandes d'assurer la neutralité de ces pays par tous les moyens militaires dont dispose le Reich. » Telle était la façon dont Hitler interprétait la défense de la neutralité.

Il y eut une grosse surexcitation au milieu de la nuit, lorsqu'il fut annoncé à Ribbentrop que l'attaché militaire de Hollande venait de transmettre à son gouvernement l'annonce de l'invasion imminente. « Quelqu'un de votre service a peut-être conservé une liaison avec le monde extérieur ?, me demanda nerveusement le ministre. Parcourez rapidement les salles et vérifiez avec précision que tous vos traducteurs sont bien là ! » Tandis que j'effectuais ma ronde, il envoya encore son aide de camp de police pour accomplir la même besogne. « Allez donc compter vous-même, lui avait-il dit ; Schmidt sait certainement parler, mais j'ignore s'il sait aussi bien compter. » Il ne manquait personne à la « petite Société des Nations ».

Un véritable drame se joua encore dans le cœur de Ribbentrop aux premières heures de l'aube. Goebbels avait lu à la radio la proclamation dont le ministre des Affaires étrangères voulait lui-même donner connaissance. « Tout mon service de la radio, le directeur compris, est renvoyé sur-le-champ pour incapacité ! » s'écria-t-il blanc de rage, dans l'ancien cabinet de travail de Bismarck, tandis qu'on entendait, à l'arrière-plan, sortir des haut-parleurs la voix bien timbrée de son ennemi mortel qui lisait les phrases si pesantes au livre du destin.

Au petit matin, le fameux mémorandum fut encore remis, sous les éclats de voix de Ribbentrop, au malheureux ambassadeur de Belgique et à l'envoyé hollandais. Puis, devant la presse, le ministre, sans se rendre compte du ridicule, déclara que nous avions prévenu une nouvelle agression, « un acte de désespoir par lequel les maîtres actuels de l'Angleterre et de la France essayent de sauver l'existence menacée de leurs cabinets ». De sorte que, pour un observateur impartial, la direction allemande de la politique étrangère put paraître dans un complet état de désarroi mental.

Au cours des semaines suivantes, les événements militaires se succédèrent littéralement comme des éclairs. En très peu de jours, la Hollande fut occupée, l'armée belge, commandée par le roi Léopold, capitula, les Anglais réussirent à s'échapper de Dunkerque et les Français furent refoulés par le raz de marée allemand. Bruxelles et Paris, indemnes, furent occupées après que leurs gouvernements, fort raisonnablement, eurent déclaré ces deux capitales villes ouvertes.

Ribbentrop établit son « quartier de campagne » dans le célèbre hôtel de luxe du château d'Ardenne, à Dinant. On ne pouvait s'empêcher de nourrir des sentiments bien mélancoliques en voyant cet hôtel naguère encore fameux disparaître graduellement sous les mauvaises herbes, et en logeant dans des appartements de luxe où il n'y avait plus ni lumière, ni eau, ni domestiques.

Le 10 juin, Ciano tendit à François-Poncet la déclaration de guerre de l'Italie. Mussolini se hâtait « d'intervenir dans la guerre aux côtés de Hitler ».

« Vous vous doutez probablement, demanda Ciano à l'ambassadeur français en le recevant, pourquoi je vous ai fait appeler. » « Je ne me suis jamais cru particulièrement intelligent, répondit François-Poncet, qui même en cette heure grave ne perdit pas son goût du sarcasme, mais mon entendement va assez loin pour deviner que vous voulez me remettre une déclaration de guerre. » Cette histoire circula rapidement parmi nous lorsque des collègues italiens nous l'eurent rapportée, sans dissimuler le plaisir que leur causait l'esprit de repartie de François-Poncet.

Le 17 juin, le ministère des Affaires étrangères espagnol nous annonça que le gouvernement de Bordeaux avait prié l'ambassadeur d'Espagne de transmettre une demande d'armistice au gouvernement allemand.

L'après-midi même nous partîmes en avion avec Hitler et Ribbentrop pour Munich où, le lendemain, eut lieu un bref entretien entre le premier et Mussolini, au « Führerbau » de la Königsplatz, dans les mêmes pièces où s'était tenue, en 1938, la conférence avec Chamberlain et Daladier.

Hitler était manifestement pacifique. Il se déclara partisan de ne pas imposer à la France des conditions trop dures. Comme Mussolini voulait exiger la livraison de la flotte française, Hitler s'y refusa énergiquement : « Si nous formulons une telle condition, dit-il en guise d'explication, toute la flotte française passera aux Anglais ! »

Mussolini réclama également des négociations d'armistice communes. De nouveau Hitler refusa tout net. « Je ne veux pas alourdir nos pourparlers par l'animosité franco-italienne », dit-il plus tard à Ribbentrop.

Je constatai avec surprise que l'état d'esprit de Hitler envers l'Angleterre paraissait également avoir changé. Il se demanda brusquement s'il serait bon de détruire l'Empire britannique, « car, quoi qu'il en soit, il constitue encore un élément d'ordre capital dans le monde », expliqua-t-il à Mussolini interloqué. « On pourrait créer un Etat juif à Madagascar ! » répondit-il à celui-ci qui lui demandait ce qu'il envisageait au sujet de l'empire colonial français.

Il est intéressant de comparer à cet égard le jugement porté par Churchill sur la situation trois jours auparavant, le 14-15 juin, et adressé à Roosevelt, jugement qu'il a publié dans le deuxième volume de ses *Mémoires* : « Une déclaration par laquelle les Etats-Unis proclameraient leur résolution d'entrer dans la guerre en cas de nécessité pourrait sauver la France. Faute de cela, la résistance française peut s'effondrer d'ici quelques jours et nous n'aurons plus à compter que sur nous-mêmes. Le gouvernement actuel et moi-même n'hésiterions pas un seul instant à faire passer la flotte de l'autre côté de l'Atlantique au cas où la résistance de notre pays serait brisée ; mais la lutte peut prendre une tournure telle que les ministres actuels n'aient plus en main les leviers de commande et que des conditions de paix très avantageuses puissent être obtenues pour les îles Britanniques, au prix d'une intégration dans l'Empire hitlérien comme Etat vassal. Un gouvernement germanophile serait certainement mis sur pied pour négocier la paix et il pourrait présenter, à une nation accablée ou affamée, des arguments presque irrésistibles en faveur d'une entière soumission aux volontés nazies. Le sort de la flotte britannique, j'ai déjà eu l'occasion de vous le faire observer, présente une importance capitale pour l'avenir des Etats-Unis ; en effet, si elle se trouvait jointe aux flottes du Japon, de la France et de l'Italie, ainsi qu'aux grandes ressources de l'industrie allemande, une puissance navale d'une supériorité écrasante serait concentrée entre les mains de Hitler... Si nous sombrons, vous pouvez vous trouver en présence d'un bloc des États-Unis d'Europe sous contrôle nazi, bloc qui formerait un ensemble infiniment plus peuplé, infiniment plus puissant et infiniment mieux armé que le Nouveau Monde... »

Immédiatement après la conversation de Munich, nous revînmes en avion à la frontière franco-belge. Dans l'après-midi du 20 juin, je fus convoqué au quartier général de Hitler, installé dans un petit village français de l'Est. On me remit le texte des conditions d'armistice, en vue de sa traduction qui devait être remise le lendemain à Rethondes à une délégation française. Par précaution, j'avais fait venir un traducteur du service de Berlin, par l'avion-courrier, et le petit groupe italien qui depuis quelque temps devait constamment rester à proximité de Hitler, pour pouvoir traduire à tout moment une lettre à Mussolini. Ce groupe avait été choisi de manière que ses membres pussent également traduire en français. Avec ce service des traductions en miniature, je travaillai dans la nuit du 20 au 21 dans la petite église du village, à la lueur des chandelles. Je fus saisi par cette atmosphère étrange qui régnait devant l'autel voilé, dans la nef emplie d'ombres, tandis que dans un coin on entendait traduire à mi-voix, en phrases françaises, les conditions à imposer à la France avec, comme accompagnement, le claquement assourdi des machines à écrire. Quel contraste avec les salles abondamment illuminées du palais de Ribbentrop, dans la Wilhelmstrasse, où nous traduisions, peu de temps auparavant, en de multiples langues et avec accompagnement des multiplicatrices, les documents d'une guerre qui trouvait un de ses aboutissements ici, dans la petite église silencieuse !

« Le gouvernement français ordonne la cessation des hostilités contre le Reich allemand, sur le territoire français, ainsi que dans les possessions, colonies, protectorats, territoires sous mandat et sur les mers. Il ordonne que les troupes françaises déjà encerclées par les troupes allemandes déposent immédiatement les armes. » Tel était l'article 1er de ce document historique. « Le territoire français situé au nord et à l'ouest de la ligne tracée sur la carte annexée sera occupé par les troupes allemandes » ;

« démobilisation et désarmement » ; « voies et moyens de communication » ; « défense d'émettre pour les stations radiophoniques et radiotélégraphiques » ; « rapatriement des populations », entendait-on successivement.

« Le gouvernement allemand déclare solennellement au gouvernement français qu'il n'a pas l'intention d'utiliser, pendant la guerre, à ses propres fins, la flotte de guerre française. Il déclare en outre solennellement et formellement qu'il n'a pas l'intention de formuler de revendications à l'égard de la flotte de guerre française lors de la conclusion de la paix. » Telle était la conclusion de l'entretien que Hitler avait eu quelques jours auparavant avec Mussolini au sujet de cette flotte.

Mais au cours de cette nuit-là nous eûmes également à traduire d'autres conditions de plus mauvais augure. « Le gouvernement français est tenu de livrer sur demande tous les ressortissants allemands désignés par le gouvernement du Reich qui se trouveraient en France. » Ma pensée s'envola vers mon ancien collègue Jacob, dont j'avais entendu la voix à l'émetteur de Strasbourg, comme liseur de nouvelles, pendant un certain temps après son passage en France. « Pourvu qu'il ait pu quitter à temps ce pays ! » pensai-je. Mon espoir devait être réalisé, car, par la suite, j'entendis de nouveau sa voix que je connaissais si bien dans le programme allemand de l'émetteur à ondes courtes de Boston.

« Les membres des forces armées françaises qui sont prisonniers de guerre de l'armée allemande resteront prisonniers de guerre jusqu'à la conclusion de la paix. » En traduisant cet article 20 des conditions d'armistice, je revis avec une netteté qui me fit mal toute la détresse de ceux qui avaient croupi dans une longue captivité après la Première Guerre mondiale.

De temps à autre, Keitel et même parfois Hitler lui-même venaient nous trouver dans notre église pour s'assurer que nous serions prêts à temps ou pour apporter encore quelque correction au texte allemand. La salle où l'on relisait une dernière fois les conditions d'armistice que nous étions déjà en train de traduire devait se trouver tout près. Nous ne reçûmes la dernière page qu'après minuit et quand l'aube pointa, nous avions terminé notre tâche et tenions un exemplaire prêt pour être remis aux Français.

Je revins rapidement au château d'Ardenne pour prendre un peu de repos après cette nuit fatigante, les négociations d'armistice devant commencer le jour même, 21 juin 1940, à 15 heures. Mais je n'en eus pas beaucoup le temps. Une ordonnance vint m'éveiller au bout de deux heures. Il me fallut partir immédiatement en voiture avec Ribbentrop pour Compiègne, car la brume interdisait les vols. Comme un pompier appelé pour combattre un grand incendie, je sautai dans mon uniforme et me précipitai au-dehors où l'auto m'attendait déjà avec le ministre impatient. « Allez aussi vite que vous le pourrez ! dit Ribbentrop au chauffeur. L'interprète ne peut pas arriver en retard aux négociations d'armistice. »

Nous fonçâmes donc à 120 kilomètres-heure « sans craindre les dégâts », sur les routes du nord de la France, excellentes Dieu soit loué !, passant devant les champs de bataille de la Première Guerre mondiale, à travers des villages et des villes où la seconde avait, de nouveau, laissé les traces tragiques de son passage. C'était la première fois, depuis 1918, que je revoyais les effets de la guerre. Ce n'était pas une redécouverte agréable. L'heure de l'histoire semblait avoir fait un bond en arrière et les espoirs auxquels je m'étais abandonné en travaillant au cours des années 1920 pour Stresemann, Briand et Austen Chamberlain, auxquels je m'étais encore raccroché une dernière fois en 1938, à Munich, paraissaient désormais à tout jamais flétris. Et cependant ils se ranimaient un peu en ce parcours à travers une région détruite par la nouvelle guerre, car c'était vers des négociations d'armistice que je me dirigeais. L'effusion de sang s'arrêterait cet après-midi, tout au moins entre la France et l'Allemagne. « Peut-être est-ce l'aube d'une meilleure paix », pensai-je lorsque, notre train d'enfer nous ayant mis en avance, nous nous arrêtâmes à 14 heures sur une petite hauteur avant Compiègne pour déjeuner d'un sandwich et d'une bouteille d'eau minérale.

Ainsi revigorés, nous entrâmes dans la forêt historique où, dans la célèbre clairière, le fameux wagon-restaurant où avait été signé l'armistice avec l'Allemagne, le 11 novembre 1918, était tout baigné de soleil. J'avais souvent vu ce wagon à Paris où il était exposé comme curiosité historique, au cours des années 1920, et je n'avais certes pas imaginé alors que je m'y trouverais un jour aux côtés des vainqueurs devant une délégation française.

Un peu après 15 heures, je me rendis tout seul dans le wagon encore vide. Dans le grand compartiment oblong où les voyageurs déjeunaient avant 1914, une table très simple et très longue avait été installée. Des deux côtés avaient été disposées cinq ou six chaises pour les délégations. Ma place était marquée au bout de la table, de sorte que je pouvais très bien voir et entendre Français et Allemands.

Hitler entra bientôt après avec Goering, Raeder[11], Brauchitsch[12], Keitel, Ribbentrop et Hess, et ils prirent place

---

11. L'amiral Erich Raeder (1873-1960) commande la Kriegsmarine jusqu'en 1943. Il atteint en 1939 le rang le plus élevé de la hiérarchie navale, celui de grand amiral. En désaccord avec la politique de Hitler, il démissionne en 1943. Il est remplacé à la tête de la Kriegsmarine par l'amiral Karl Dönitz.

12. Le général Walther von Brauchitsch (1881-1948) commande l'armée de terre allemande au début de la Seconde Guerre mondiale. Il a succédé au général von Fritsch en février 1938. Hitler le relève de ce poste en décembre 1941 après l'échec de la Wehrmacht devant Moscou.

à ma droite. Au bout de quelques minutes les Français parurent à leur tour : le général Huntziger[13], l'ambassadeur Noël, le vice-amiral Le Luc et le général de l'Air Bergeret. Hitler se leva sans mot dire, imité par ses compagnons. Une brève inclination des deux côtés. Puis les deux délégations s'assirent à la table et les négociations commencèrent.

Keitel lut le préambule des conditions d'armistice. « Après une héroïque résistance, la France a été vaincue. L'Allemagne n'envisage donc pas de donner aux conditions d'armistice ou aux négociations un caractère outrageant pour un adversaire aussi valeureux », dis-je aux Français, lisant, après Keitel, le texte que nous avions préparé dans la nuit. « Le but des demandes allemandes est d'empêcher une reprise des hostilités, d'offrir à l'Allemagne toute sécurité pour poursuivre contre l'Angleterre la guerre qui lui est imposée, ainsi que de créer les conditions nécessaires à une paix nouvelle qui consisterait essentiellement à réparer les injustices faites à l'Allemagne elle-même par la force. »

Lorsque j'eus terminé la lecture du texte français, Hitler et ses compagnons se levèrent de nouveau. Les Français les imitèrent. Une nouvelle inclination des deux côtés, et les Allemands sortirent du wagon. Le premier acte du drame de Compiègne avait duré exactement douze minutes. Pendant ce temps, Français et Allemands étaient restés en face les uns des autres, les visages figés, comme s'ils avaient été des statues de cire.

Seul Keitel resta avec moi. Quelques officiers allemands entrèrent alors et le deuxième acte commença. Le texte, en allemand et en français, des conditions

---

13. A la tête de la 2ᵉ armée, le général Charles Huntziger (1880-1941) échoue à arrêter la percée allemande de Sedan en mai 1940. Il signe donc à Rethondes l'armistice du 22 juin suivant. Entré dans le gouvernement de Vichy, il meurt en 1941 dans un accident d'avion.

d'armistice fut remis aux Français par Keitel. Ils les lurent attentivement et demandèrent qu'un certain temps de réflexion leur fût accordé. Tous quittèrent alors le wagon. Une petite tente avait été dressée pour eux à la lisière du bois, alors que nous autres, Allemands, nous contentions d'une simple clairière. Au bout d'un certain temps, les Français envoyèrent quelqu'un prévenir qu'ils désiraient reprendre les pourparlers. Dans le wagon, ils expliquèrent qu'il leur fallait d'abord transmettre les conditions à leur gouvernement à Bordeaux avant de pouvoir prendre position à leur sujet, et à plus forte raison les signer.

« C'est complètement impossible, expliqua Keitel. Vous devez signer immédiatement !

— En 1918, les délégués allemands furent autorisés à prendre contact avec leur gouvernement à Berlin, répliqua Huntziger. Nous vous demandons de nous accorder la même possibilité. »

Vives allées et venues du côté allemand. « Est-ce qu'il est techniquement possible d'établir une liaison téléphonique avec Bordeaux ? » demanda Keitel à l'officier assis auprès de lui. Celui-ci ne le savait pas car jusqu'alors, la guerre régnant, les deux pays s'étaient trouvés séparés par un front de fer et d'acier. Mais il se révéla qu'il existait une possibilité de parler avec Bordeaux par une ligne improvisée. Keitel se déclara alors disposé à laisser les Français téléphoner. On négocia encore pendant deux heures jusqu'à ce qu'une ordonnance vînt enfin annoncer que la communication pouvait être établie.

Un câble fut tendu jusqu'au wagon à travers la clairière, et un téléphone installé dans l'ancienne cuisine du wagon-restaurant.

« Dans cinq minutes nous aurons Bordeaux à l'appareil », annonça un officier des transmissions. La délégation allemande se leva et quitta le wagon pour laisser les Français téléphoner tranquillement avec leur gouvernement.

Moi-même, je reçus l'ordre d'écouter les conversations dans une voiture des transmissions stationnée sous le bois.

Devant cette voiture, un caporal s'était constitué en central téléphonique, directement sur le sol, avec un simple appareil de campagne entouré par deux ou trois accumulateurs ou batteries de piles sèches. Il criait sans arrêt quelque chose que je ne comprenais pas. Puis j'eus une lueur. Ce soldat parlait en français. A son accent ce devait être un compatriote de Berlin. « Ici Compiègne ! » finis-je par déchiffrer. « Ici Compiègne ! » répéta-t-il au moins une vingtaine de fois en progressant à pas de géant dans l'emploi de la langue française. Il tressaillit tout à coup. On avait dû lui répondre. « Oui, mademoiselle, je vous donne la délégation française... » dit-il, toujours avec son accent berlinois mais cependant suffisamment compréhensible. J'eus, de nouveau, le sentiment d'un extraordinaire contraste. Devant moi, au centre d'une forêt de France, au milieu d'une nouvelle guerre, quelqu'un téléphonait à une « mademoiselle » à Bordeaux comme si c'était la chose la plus naturelle du monde. Aujourd'hui, alors que la guerre n'est terminée que depuis quelques années, il est difficile de s'imaginer combien cette scène dans la forêt de Compiègne put me paraître irréelle.

Je me coiffai rapidement du casque d'écoute car j'étais repris par la réalité. « Oui, ici le général Weygand... » entendis-je à très grande distance mais cependant très perceptiblement ; c'était la voix du commandant en chef français qui parlait de Bordeaux.

« Ici Huntziger ! dit-on clairement dans la cuisine du wagon que je pouvais apercevoir à travers les branches. Je vous téléphone du wagon – une légère hésitation – que vous connaissez bien. (Weygand avait assisté aux négociations d'armistice de 1918 en qualité de chef d'état-major de Foch.)

— Avez-vous les conditions ? demanda Weygand avec un peu d'impatience.

— Oui ! répondit Huntziger.

— Et quelles sont-elles ? interrogea rapidement son interlocuteur.

— Les conditions sont dures, mais il n'y a rien contre l'honneur… » répondit le chef de la délégation française.

Il y eut encore de fréquentes conversations analogues au cours des heures suivantes entre Compiègne et Bordeaux. Entre-temps, on continuait à négocier dans le wagon.

Les pourparlers durèrent jusqu'au soir. Keitel s'impatienta, mais il y avait encore des questions techniques à régler. Les conversations furent remises au lendemain 10 heures et durèrent encore presque toute la journée. Keitel devint de plus en plus nerveux. Vers 18 heures, au cours d'une pause, je me rendis dans la tente des Français et leur remis… un ultimatum de Keitel. « Si un accord n'est pas obtenu d'ici une heure (ai-je lu, exactement comme Henderson avait lu devant moi l'ultimatum britannique, le 3 septembre 1939), les pourparlers seront rompus et la délégation reconduite dans les lignes françaises. »

Emotion chez les Français, nouveaux coups de téléphone avec Bordeaux où Weygand, qui semblait venir d'un Conseil des ministres siégeant à proximité, parlait de nouveau. Finalement, le gouvernement français accorda à Huntziger l'autorisation de signer qu'il avait formellement réclamée, à plusieurs reprises, sans doute pour se couvrir.

Le 22 juin 1940, à 18 h 50, les conditions de l'armistice franco-allemand furent signées par Keitel et par Huntziger en présence des délégations. Quelques-uns des Français avaient les yeux pleins de larmes.

Ceux-ci se retirèrent ensuite. Il ne resta plus dans le wagon historique que Keitel, Huntziger et moi. « Je tiens à vous exprimer, de soldat à soldat, dit le premier au second, toute la compassion que j'éprouve pour les instants si durs que vous venez de vivre en tant que Français. Puisse votre douleur être adoucie par la connaissance que les troupes françaises se sont battues vaillamment, ce que je vous confirme expressément. » Puis le Français et l'Allemand restèrent un moment silencieux l'un en face de l'autre, tous les deux avaient les larmes aux yeux. « Quant à vous, mon général, reprit Keitel, vous avez défendu les intérêts de votre pays avec la plus grande dignité au cours de ces pénibles négociations… » et il tendit la main à Huntziger.

Je reconduisis encore le général français jusqu'à l'extérieur du wagon ; je fus le dernier Allemand à me séparer de lui et de sa délégation. J'étais profondément frappé par l'attitude que les Français surent conserver tout au long de cette situation extraordinairement délicate.

Aujourd'hui, tous les détails et toutes mes émotions de ce mémorable jour de juin 1940 me sont encore très présents à la mémoire. La seule raison pour laquelle j'ai regretté de ne pas assister comme interprète aux négociations pour la capitulation, à Reims et à Berlin, en 1945, fut d'avoir été ainsi dans l'impossibilité de faire une comparaison entre les attitudes des vainqueurs et des vaincus aux deux époques.

Hitler rentra en triomphateur à Berlin le 6 juillet 1940. Dès le lendemain, un dimanche, il eut un entretien avec Ciano à la chancellerie. Il avait perdu ce calme raisonnable qu'il avait manifesté lors des conversations avec Mussolini, à Munich, un peu avant l'armistice, et aussi lors de la rédaction des clauses de cet armistice. Il était redevenu le dictateur arrogant, sûr de lui, ne pensant qu'à la guerre, tel que je l'avais vu immédiatement avant le début des hostilités, et en particulier lors de la rencontre avec Ciano, en août de l'année précédente, lorsqu'il était convaincu, « dur comme fer », que ni l'Angleterre ni la France ne prendraient part à la guerre.

Le Ciano qui se trouvait en face de lui était complètement transformé. Il semblait avoir abandonné ses anciens scrupules au sujet des puissances occidentales. La victoire éclair remportée sur les armées françaises et britanniques avait visiblement produit un profond effet. Les Italiens passèrent alors d'un extrême à l'autre, tout au moins pendant un certain temps. Ciano se comportait comme si la guerre eût été déjà complètement gagnée. Il n'avait pas assez de mots pour formuler toutes les revendications directes ou indirectes de son pays. Il voulait annexer Nice, la Corse et Malte, prendre Tunis et la plus grande partie de l'Algérie sous le protectorat italien, occuper des points stratégiques en Syrie, en Transjordanie, en Palestine, au Liban. En Egypte et au Soudan, l'Italie comptait se substituer purement et simplement à l'Angleterre. L'Afrique-Equatoriale française, le Somaliland et Djibouti devaient également devenir italiens. Ciano n'éprouvait pas la moindre gêne à formuler ses désirs. Hitler ne descendit pas dans le détail de ces revendications et se contenta de tenir un long monologue de victoire.

A la suite de cet entretien, Ciano fit un voyage en France occupée. Nous le retrouvâmes le 10 juillet, à Munich, où, avec le comte Teleki[14], président du Conseil des ministres hongrois, et le comte Csáky, son ministre des Affaires étrangères, il fut reçu par Hitler et Ribbentrop au « Führerbau ». Au cours de l'entretien, il fut parlé des différends entre la Hongrie et la Roumanie. Ceux-ci furent réglés un mois plus tard au cours de ce qui fut appelé la « deuxième conférence d'arbitrage » de Vienne, laquelle eut lieu au château du Belvédère.

---

14. Déjà chef du gouvernement hongrois de juillet 1920 à avril 1921, le comte Pál Teleki (1879-1941) redevient Premier ministre en janvier 1939 et le reste jusqu'à sa mort le 3 avril 1941. Dans ses fonctions, il s'emploie à résister aux exigences allemandes.

« Le Führer compte faire à l'Angleterre une offre de paix grandiose, me dit Ribbentrop quelques jours plus tard à Berlin. Quand Lloyd George entendra cela, il voudra vraisemblablement nous sauter au cou ! » Il devait avoir parlé très longuement et très en détail de cette offre de paix avec Hitler ; il paraissait très assuré de l'effet qu'elle produirait sur les Anglais. « Je ne serais pas étonné, dit-il en terminant, de nous voir bientôt tous réunis autour d'une table de conférence. » Je me souvins de ce que Hitler, à Munich, avait dit en juin à Mussolini au sujet du manque de réaction qu'il venait d'avoir contre les prétentions exagérées des Italiens, et je commençai à espérer légèrement qu'il allait, en cette heure de victoire, se conduire en grand homme d'Etat et jeter les bases d'une paix durable en accordant aux vaincus des conditions généreuses. « Veillez à ce que cette offre soit aussi rapidement que possible traduite en bon anglais ! » me dit encore Ribbentrop en me quittant.

J'y étais tout disposé s'il s'agissait de mettre fin à l'effusion de sang. On m'avait appris que les adversaires de l'Allemagne avaient fréquemment donné à la radio une traduction inexacte et arbitraire des déclarations allemandes. Je résolus de parer à ce danger en faisant diffuser immédiatement par nos propres émetteurs le texte anglais du discours annoncé de Hitler. Après quelques tâtonnements, nous mîmes sur pied un système qui, dès cette première occasion, souleva une certaine sensation en Amérique, encore neutre à l'époque.

Le 19 juillet après-midi, tandis que Hitler parlait au Reichstag, j'étais assis dans une petite cabine de l'auditorium de Berlin. J'avais devant moi le texte anglais de son discours. Un de mes confrères avait pris place à côté de moi ; l'écouteur aux oreilles, il suivait ce qui se disait au Reichstag et m'indiquait de la pointe d'un crayon sur mon texte l'endroit exact où Hitler était parvenu. Quand il commença à parler, je me tus tout d'abord pour lui donner un « handicap » de deux ou trois phrases. Les antennes transmirent alors en Angleterre et en Amérique ses paroles allemandes de sorte que les auditeurs entendirent d'abord le discours original. Puis, j'appuyai sur un bouton, ce qui brancha mon microphone sur le circuit, et je me mis à lire le texte anglais. Je parlais plus vite que l'orateur du Reichstag qui était souvent arrêté par des applaudissements ou des approbations. Dès que le crayon de mon confrère m'indiquait que je l'avais rattrapé, je pressais de nouveau sur le bouton. La voix de Hitler se retrouvait librement transmise, puis je me rebranchais et le processus recommençait. De cette façon, tout le monde parlant anglais se trouva, au moment où Hitler descendit de la tribune, en possession d'une traduction complète qui avait l'avantage d'être considérée comme juste par nous.

Le succès de cette technique fut extraordinaire en Amérique où ma traduction fut retransmise par un nombre étonnamment considérable d'émetteurs. Beaucoup de journaux s'étonnèrent, parce que, en branchant sur l'original allemand, on eut plusieurs fois, en Amérique, l'impression qu'il s'agissait d'une traduction instantanée. D'autres s'interrogèrent sans fin au sujet de la technique employée. Le *Times* déclara (faussement) que la radio anglaise utilisait ce procédé depuis longtemps.

Autant je fus satisfait du succès technique, autant je fus déçu par le discours lui-même. Il était infiniment trop long, traitait les circonstances favorables à l'Allemagne avec une ampleur telle que beaucoup d'Allemands pensèrent : « Nous ne tenons pas à en savoir tant », sans parler des étrangers qui écoutaient avec des sentiments réservés ou hostiles. C'est en vain que j'avais cherché cette offre de paix grandiose, annoncée par Ribbentrop, à la suite de laquelle « Lloyd George nous sauterait au cou ». Elle se bornait à quelques passages à haute résonance mais de peu de substance. « En cette heure je me sens obligé, devant ma conscience, d'adresser encore une fois un appel de raison à l'Angleterre. Je crois pouvoir le faire parce que je ne parle pas en vaincu qui implore, mais en vainqueur qui ne parle que pour la raison. Je ne vois aucun motif qui puisse nous obliger à poursuivre cette lutte ! » Rien de plus. Pas la plus petite indication concrète. J'avais déjà souvent remarqué que la précision n'était pas le fort de Hitler, mais il me paraissait inconcevable qu'il pût s'imaginer obtenir quelque chose des Anglais, si positifs, par un verbiage qui ne voulait rien dire et qui n'était qu'un assemblage de formules théâtrales.

Je pensai alors que Hitler avait dû être conduit par quelque motif à modifier ses projets entre le moment où Ribbentrop m'avait parlé et celui où il prononça son discours. Mais je ne trouvai d'autre explication que son raidissement et sa colère devant l'attitude de refus prise par la presse britannique dès que des bruits annonçant une offre de paix avaient commencé à circuler. Je supposais que ces déclarations de presse émanaient du gouvernement britannique. Je les interprétais comme l'indice d'une certaine lassitude que tous les peuples belligérants manifestèrent dès le début de la Seconde Guerre mondiale, beaucoup plus nettement que dans la première, et qui, par une offre séduisante de Hitler, eût pu produire en Angleterre des conséquences très dangereuses pour la poursuite des hostilités, ainsi que Churchill l'indique indirectement dans le télégramme du 14-15 juin 1940 au président Roosevelt cité plus haut.

Par pur dépit, Hitler renonça donc à faire une offre généreuse qui eût été capable de compromettre la résistance britannique. En lisant, dans l'étroite cabine de l'auditorium, le texte anglais tel qu'il m'était parvenu du service des traductions, je dus constater avec un regret de plus en plus grand que l'offre de paix si tapageusement annoncée par Ribbentrop s'était transformée en un discours arrogant, provocant, qui devait au contraire renforcer la volonté de résistance britannique. Je pus me faire, par la suite, une excellente idée de la réaction soulevée par ce discours en Angleterre, en observant dans mon propre pays celle que causa le discours de Roosevelt, prononcé en 1943, à l'occasion de la conférence de Casablanca, lorsque le président des Etats-Unis, à la grande surprise de son ministre des Affaires étrangères, formula l'exigence inattendue d'une capitulation sans conditions, donnant une nouvelle impulsion à la volonté de résistance allemande, au lieu de lui injecter un poison mortel en proposant des pourparlers.

Au cours des conversations où je servis d'interprète pendant les semaines suivantes à Berchtesgaden, Vienne et Rome, parurent deux nouveaux thèmes qui devaient pendant longtemps tenir un rôle important dans mon activité : l'Europe du Sud-Est et l'Espagne.

Les rapports entre la Hongrie et la Roumanie n'avaient cessé de se tendre de mois en mois, et Hitler, qui voulait à tout prix éviter des complications dans les Balkans, intervint personnellement. Le 28 août, il convoqua Ciano et Ribbentrop à l'Obersalzberg pour les charger de régler les différends entre les deux pays par un arbitrage. La conversation se termina rapidement et se borna à remettre aux deux ministres des Affaires étrangères le soin de résoudre ces problèmes. Je notai cependant avec intérêt la raison pour laquelle Hitler voulait empêcher un conflit entre les deux pays balkaniques. « Je dois à tout prix m'assurer les importations de pétrole de la Roumanie pour la poursuite de mes opérations », dit-il à Ciano.

« Seul le mauvais temps nous a empêchés jusqu'ici d'agir énergiquement contre les îles Britanniques, déclara-t-il encore au cours de l'entretien. Il nous faut au moins quinze jours de temps favorable à l'aviation pour pouvoir mettre la flotte anglaise hors de combat et dégager la voie en vue d'un débarquement. »

Le 30 août, je me retrouvai dans le cabinet doré, la petite salle ronde du Belvédère, à Vienne, où l'arbitrage prononcé par Ciano et Ribbentrop devait être annoncé. Comme la première fois, il s'agissait de fixer une nouvelle frontière. Les crayons des deux ministres n'étaient pas entrés directement en action, mais le nouveau tracé entre la Hongrie et la Roumanie, traversant la Transylvanie (où la situation ethnographique était extraordinairement compliquée), précédemment roumaine et alors rendue par moitié à la Hongrie qui avait possédé tout le pays avant 1914, était aussi discutable que l'épais trait de crayon artificiellement dessiné l'année précédente, dans la même salle, entre la Hongrie et la Tchécoslovaquie.

Ribbentrop était assis à ma droite, puis venaient Ciano et le ministre plénipotentiaire Vitetti ; à gauche, j'avais Manoilescu, le ministre des Affaires étrangères roumain, et le ministre plénipotentiaire Valer Pop ; en face se trouvaient les Hongrois, Teleki et Csáky. Lorsque j'étalai sur la table la carte de la Transylvanie où avait été portée la nouvelle frontière, mon voisin de gauche, le ministre roumain, s'évanouit. Le nouveau tracé venait de faire sa première victime. Ce ne devait pas être la dernière.

« L'Allemagne et l'Italie assurent à partir d'aujourd'hui la garantie de l'intégrité et de l'inviolabilité du territoire roumain », dis-je en lisant les notes qui furent échangées entre les ministres des Affaires étrangères allemand et roumain, après qu'un médecin eut ranimé mon voisin. Ce fut la fameuse garantie allemande, donnée à la Roumanie, contre laquelle Molotov devait réagir si vigoureusement quelques mois plus tard à Berlin.

Le lendemain, Ciano et Ribbentrop partirent pour la chasse.

La question de l'Espagne fut évoquée trois semaines plus tard, les 19 et 20 septembre, au palais de Venise, entre Mussolini et Ribbentrop. Ce dernier exposa les choses de telle façon qu'on pouvait s'attendre avec quelque certitude à voir l'Espagne intervenir avant peu dans le conflit. Il exagéra nettement, comme lorsqu'il déclara qu'un débarquement en Angleterre était imminent et serait aisé. « Quelques divisions suffisent (dit-il à Mussolini qui l'écoutait d'un air incrédule et amusé) pour démolir de fond en comble le système de défense anglais. » C'était là une de ces remarques caractéristiques de Ribbentrop comme j'en eus à traduire par centaines. J'eus peu à peu l'impression que ses interlocuteurs ne le prenaient plus au sérieux.

Nous rentrâmes à Berlin le 23 septembre. Dès le lendemain, l'Espagne s'y présenta en la personne de Serrano Súñer, beau-frère de Franco, qui était alors ministre de l'Intérieur et devint ministre des Affaires étrangères quelques mois plus tard. Les conversations avec lui montrèrent aussitôt avec netteté que les déclarations faites à Rome par Ribbentrop étaient très exagérées. On avait naturellement le désir, du côté allemand, de lier plus étroitement l'Espagne à l'Axe. Je savais aussi qu'il existait des projets pour la prise de Gibraltar et que ces projets ne pouvaient se réaliser que si l'Espagne autorisait les troupes allemandes à traverser son territoire. Mais il n'y fut fait que de vagues allusions au cours de ces conversations de Berlin, même le 25 septembre lorsque l'Espagnol fut reçu par Hitler.

Je revois encore avec précision une scène remarquable qui se passa dans le cabinet de travail de Ribbentrop. Près de la fenêtre, donnant sur le vieux parc derrière la Wilhelmstrasse, se trouvait, sur un chevalet, une carte de l'empire colonial français d'Afrique. Súñer et Ribbentrop étaient arrêtés à la contempler. « Je vous en prie, servez-vous ! » aurais-je pu résumer les mots sonores prononcés par le second. Et l'Espagnol se servait ! En Algérie il prenait Oran, il voulait avoir tout le Maroc et un grand morceau du Sahara. Il avait besoin de l'Afrique-Occidentale pour « arrondir » la colonie du Rio de Oro. Ribbentrop était prêt à lui vendre toute la marchandise qui ne lui appartenait pas. Pour lui, aucun prix ne pourrait suffisamment payer le concours espagnol.

Il est, au reste, intéressant de noter que Franco a déclaré officiellement, il y a quelque temps, que Churchill lui avait offert des territoires français de l'Afrique du Nord en échange d'un concours analogue. « En ce qui concerne M. Churchill et moi-même, je peux déclarer que nous n'avons jamais donné de telles assurances », a répliqué Eden le 22 juin 1949, à la Chambre des communes, devant une question du député Stokes, appartenant au Labour Party.

Au cours de la conversation avec Serrano Súñer, Ribbentrop réclama simplement pour sa part des avantages économiques au Maroc, des points d'appui pour sous-marins au Rio de Oro et dans l'île de Fernando Poo, située au large du Cameroun. Mais en face de la générosité de l'Allemand, l'Espagnol fit preuve de beaucoup de mesquinerie. Il prit une expression réservée en ce qui concernait le Maroc ; l'installation des points d'appui pour sous-marins lui paraissait assez facilement réalisable, sans qu'il donnât toutefois de précisions. Mais il opposa un refus catégorique au sujet de Fernando Poo « pour des raisons historiques » et « à cause de l'opinion publique espagnole ».

Cela fit passer le premier souffle d'air frais dans l'amitié jusque-là si chaude entre Franco et Hitler. Le refroidissement ne se produisit qu'à la fin d'octobre, dans le Midi ensoleillé, à la frontière franco-espagnole, lorsque les deux dictateurs se parlèrent personnellement et… ne s'entendirent pas.

Dans le *Journal* de Ciano, à la date du 1er octobre 1940, on lit que Serrano Súñer se plaignit à lui, « en mots amers », du manque de tact avec lequel les Allemands traitaient l'Espagne. En revanche, Hitler et Ribbentrop dirent de lui que c'était « un jésuite sournois ». La cordiale amitié qui, incontestablement, a toujours uni le peuple allemand au peuple espagnol ne s'exprima pas dans tous les domaines.

« Le Japon reconnaît et respecte la direction de l'Allemagne et de l'Italie pour la création d'un ordre nouveau en Europe. » Tel fut l'article 1ᵉʳ du pacte tripartite (entre l'Allemagne, l'Italie et le Japon) que je lus le 27 septembre dans la grande salle de réception de la nouvelle chancellerie, aménagée comme pour un film à grand spectacle, avant qu'il fût signé solennellement en allemand, en italien et en japonais par les représentants des trois pays : Ribbentrop, Ciano et l'ambassadeur Kurusu.

« L'Allemagne et l'Italie reconnaissent et respectent la direction du Japon pour la création d'un ordre nouveau dans la grande Asie orientale », disait l'article 2.

« … Elles prennent en outre l'obligation de se soutenir mutuellement avec toutes leurs ressources politiques, économiques et militaires, au cas où l'une des trois parties contractantes serait attaquée par une puissance ne participant pas actuellement à la guerre européenne ou au conflit sino-japonais », disait l'article 3, rédigé à l'intention de l'Amérique.

« C'est une alliance militaire entre les trois plus puissants Etats de la terre », dit Ribbentrop. Puis les ministres des Affaires étrangères apposèrent leurs signatures, tandis que le Japonais traçait la sienne, au pinceau, de haut en bas, au-dessous du document. Immédiatement au-dessus de ces paraphes on lisait : « Fait en trois exemplaires à Berlin le 27 septembre 1940 – an XVIII de l'ère fasciste – 27ᵉ jour du 9ᵉ mois de la 15ᵉ année Syowa. »

Une semaine plus tard, le 4 octobre 1940, le trafic international au col du Brenner fut de nouveau arrêté pendant trois heures. Hitler discourait dans le wagon-salon du Duce, sur la voie de droite. Le thème principal était la France qu'il désirait engager d'une façon ou d'une autre contre l'Angleterre. Assez symptomatiquement, l'Espagne resta complètement à l'arrière-plan. Ce n'était pas tant dû au « courant d'air frais » de la visite de Serrano Súñer, mais à des considérations tactiques sur lesquelles mon attention ne fut attirée que quelques jours plus tard. Egalement, la lutte contre l'Angleterre en Méditerranée tint une grande place dans ce monologue hitlérien du Brenner. J'eus l'impression que le débarquement dans les îles Britanniques allait être abandonné au profit d'une offensive dans la région méditerranéenne. Mussolini écoutait, hautement intéressé, assis devant sa table. Il se réjouissait visiblement d'être incorporé, tout au moins dans les grandes lignes, aux plans d'avenir de Hitler. Cela n'arrivait pas souvent. Cette fois encore, il eut peu l'occasion de participer personnellement à l'entretien. Le flot de paroles de Hitler s'arrêta à 14 h 30, et le trafic international put recommencer à s'écouler.

« Rendez-vous vite à la gare, on va sonner l'alerte aérienne ! » m'annonça-t-on du central téléphonique des Affaires étrangères dans la soirée du 20 octobre 1940. J'étais sur le point d'entreprendre un grand voyage qui devait me faire parcourir en quelques jours plus de 6 000 kilomètres, me conduire à Hendaye jusqu'à la frontière franco-espagnole, à Florence ensuite en faisant un vaste détour par Mannheim, et me ramener enfin à Berlin. A cette époque, les bombardements de la capitale par les Anglais étaient vraiment innocents. Ils ne causaient que peu de dommages et très peu de pertes, mais ils duraient à peu près toute la nuit, l'attaque s'effectuant par vagues successives de deux ou trois appareils. Le seul véritable succès était de priver 4 millions d'hommes de leur sommeil.

Au moment où je montais dans notre train spécial, à la Lehrter Bahnhof, les Anglais étaient déjà là. Nous restâmes tranquillement dans nos compartiments et nous réveillâmes aussi tranquillement le lendemain matin à Hanovre. Au cours de la nuit suivante, nous nous arrêtâmes en Belgique, dans une toute petite gare, au voisinage d'un tunnel où le train devait s'abriter en cas de bombardement. C'était un système excellent mais qui ne fonctionnait pas toujours. C'est ainsi qu'une fois, une locomotive trop faible réussit bien à entrer sous le tunnel, mais non pas à y entraîner le convoi, qui resta pendant toute l'attaque enveloppé d'un dégagement de vapeur fort peu discret ; et les Anglais, méprisants, poursuivirent leur route, « estimant une usine à gaz plus importante que le ministre des Affaires étrangères du Reich », comme le déclara un des plus jeunes d'entre nous.

Nous fîmes un grand tour par Paris et arrivâmes le lendemain soir dans le centre de la France. Hitler y était également arrivé avec son train spécial. Il eut, dans son wagon-salon, un court entretien avec Laval, alors vice-président du Conseil. C'était la première fois que j'avais à travailler pour celui-ci depuis les conversations de 1931 à la chancellerie de Berlin et celle de Cracovie en 1935. Il me salua très amicalement, éprouvant un soulagement manifeste en apercevant au moins un visage connu, et, dans le cours de son entretien avec Hitler, fit appel à mon témoignage pour démontrer que dès 1931 il s'efforçait d'opérer un rapprochement entre son pays et l'Allemagne. Dans cette conversation de Montoire qui se déroula dans une atmosphère assez amicale, en présence de Ribbentrop, il n'apparut aucun élément nouveau. Elle servit presque exclusivement à préparer une rencontre avec le maréchal Pétain qui eut lieu deux jours plus tard au même endroit.

A la nuit venue, nous poursuivîmes notre route en direction de la frontière espagnole où les deux trains spéciaux arrivèrent le lendemain après-midi. Comme au Brenner, l'entrevue devait se dérouler dans le train, à l'intérieur du wagon-salon de Hitler, à la petite gare-frontière où j'étais passé officiellement pour la dernière fois en 1928, en me rendant avec Stresemann à Madrid, quand la Société des Nations s'y était réunie. Le train spécial de Franco, qui devait venir sur la voie parallèle à grand écartement des rails, comme en Espagne, avait une bonne heure de retard. Mais comme il faisait un soleil magnifique, les esprits n'en furent nullement abattus. Hitler et Ribbentrop restèrent à bavarder sur le quai.

« Nous ne pouvons remettre aux Espagnols aucun engagement écrit concernant des attributions de colonies françaises, dit le premier au second. S'ils recevaient le moindre bout de papier sur cette délicate question, les Français finiraient certainement par l'apprendre, étant donné l'indiscrétion bien connue des Latins. » Puis, il énonça une raison intéressante : « Mais je veux essayer, dans l'entretien avec Pétain, de jeter les Français dans une guerre active contre l'Angleterre. Je ne peux donc exiger d'eux de semblables cessions de territoires, sans compter que, si un tel accord avec les Espagnols était connu, l'Empire français passerait probablement en bloc à de Gaulle. » Ces quelques phrases prononcées sur le quai de la gare d'Hendaye me montrèrent, mieux que de longs mémoires, tous les problèmes qu'allait comporter la rencontre imminente des dictateurs, et me dévoilèrent une des raisons qui en causèrent l'échec.

Le train espagnol parut vers 15 heures sur le pont international de la Bidassoa. Musique militaire, défilé devant la compagnie d'honneur, bref, cérémonial habituel d'une rencontre dictatoriale. Puis s'engagèrent aussitôt les conversations, si lourdes de conséquences, qui devaient mettre fin à la sympathie existant entre Hitler et Franco.

Celui-ci, petit et gros, la peau foncée, avec des yeux noirs très vifs, s'assit dans le wagon-salon allemand. Sur les images que j'avais vues de lui, il m'avait toujours paru plus grand et moins gros. Je me pris à penser que s'il portait un burnous, on le prendrait tout à fait pour un Arabe... Je fus également frappé par sa manière hésitante et réservée de parler et de discuter. Je compris bien vite qu'en négociateur prudent il ne tenait pas à se lier.

Hitler dépeignit tout d'abord la situation allemande sous les plus brillantes couleurs. « L'Angleterre est déjà définitivement vaincue, dit-il pour terminer la partie de son discours qui parlait des chances de la victoire allemande. Tout simplement elle n'est pas encore disposée à reconnaître le fait. »

Puis il fut question de Gibraltar. Si les Anglais pouvaient en être chassés, la Méditerranée et l'Afrique leur seraient interdites.

Hitler abattit alors son jeu. Il proposa à Franco de conclure une alliance immédiate et lui demanda d'entrer en guerre en 1941. Le 10 janvier, Gibraltar serait enlevé par les mêmes équipes spéciales qui s'étaient emparées du fort d'Eben-Emael, près de Liège, grâce à un procédé entièrement nouveau, dans un temps étonnamment court. Les méthodes d'attaque allemandes, où l'utilisation des angles morts jouait un rôle capital, avaient reçu entre-temps de tels perfectionnements techniques que le succès de l'opération ne pouvait être mis en doute. Comme je l'avais entendu dire, des détachements allemands s'entraînaient déjà dans le sud de la France à l'attaque de Gibraltar, sur un modèle exactement reconstitué.

Sans grands détours, Hitler offrit Gibraltar à l'Espagne ainsi que, par une formule vague, des territoires coloniaux en Afrique.

Tout d'abord Franco resta silencieux. Il était tassé sur lui-même. Son visage impénétrable ne me permit pas de voir s'il était déconcerté par la proposition ou s'il préparait simplement sa réponse en toute tranquillité. Il accomplit alors une manœuvre de dérobement, comme son confrère italien au début de la guerre. La situation alimentaire était très mauvaise en Espagne. Le pays avait besoin de blé : plus de 100 000 tonnes. L'Allemagne était-elle en état de les fournir ? demanda-t-il avec l'air, à ce qu'il me sembla, d'être aux aguets. L'Espagne avait également besoin d'armes modernes. De l'artillerie lourde était nécessaire contre Gibraltar. Franco énonça un nombre de canons très élevé qu'il désirait obtenir de l'Allemagne. En outre, il lui faudrait défendre sa longue ligne de côtes contre les attaques de la marine britannique. Il manquait aussi d'artillerie antiaérienne. Comment l'Espagne empêcherait-elle la capture des Canaries qui était à prévoir ? D'autre part, l'orgueil espagnol n'accepterait pas de se faire offrir Gibraltar en cadeau après sa conquête par des soldats étrangers. La forteresse devait être enlevée par l'armée ibérique elle-même.

En profane, je fus fort intéressé d'entendre Franco répliquer à une déclaration de Hitler qu'avec Gibraltar comme tête de pont, l'Afrique pouvait être débarrassée des Anglais grâce à des troupes blindées. « C'est très possible jusqu'à la bordure du grand désert, dit-il, mais l'Afrique centrale restera protégée par la ceinture désertique contre toutes les grandes attaques terrestres, exactement comme une île par la mer. J'ai beaucoup combattu en Afrique et j'en suis certain. »

Même l'espoir démesuré, presque poussé à la certitude, qu'avait Hitler de pouvoir vaincre l'Angleterre se vit mettre une sourdine. Franco pensait que les îles Britanniques pouvaient peut-être être conquises. Mais, dans ce cas, le gouvernement et la flotte poursuivraient la lutte à partir du Canada, avec l'appui américain.

Tandis que Franco continuait à parler d'une voix calme, douce, monotone et chantante, rappelant celle des muezzins, Hitler commença à devenir de plus en plus inquiet. L'entretien lui portait manifestement sur les nerfs. Il se leva même à un moment en déclarant qu'il était inutile de continuer à discuter, mais se rassit aussitôt et reprit ses tentatives pour faire changer d'avis Franco. Celui-ci se déclara prêt à conclure un traité, mais à des conditions telles relatives au ravitaillement, à l'armement ainsi qu'au moment de son intervention active que cet accord n'était plus qu'une façade derrière laquelle il n'y avait rien.

Les pourparlers furent interrompus. Ribbentrop et Súñer poursuivirent la conversation dans le train des Affaires étrangères. Le pénétrant Espagnol, devenu dans l'intervalle ministre de la Politique extérieure, ne manqua pas de constater le changement qui s'était produit dans l'attitude allemande, changement dont Hitler avait parlé à Ribbentrop sur le quai de la gare avant l'arrivée de Franco. « L'Espagne recevra des territoires de l'empire colonial français. » Telle était à peu près la formule qui avait été employée lors du voyage de Súñer à Berlin. « L'Espagne recevra des territoires de l'empire colonial français, dans la mesure où des compensations pourront être trouvées pour la France dans l'empire colonial britannique. » Telle fut la formule que Ribbentrop offrit comme concession ultime à la gare d'Hendaye. Avec sa logique impeccable, l'Espagnol rétorqua que son pays pouvait ne rien recevoir du tout s'il n'était pas possible de trouver cette compensation pour les Français.

Un dîner fut offert dans le grand wagon-restaurant amené spécialement d'Allemagne et qui constituait avec sa longue table et son éclairage indirect une luxueuse salle à manger. Franco et Hitler exprimèrent le désir de partir aussitôt après, en laissant le soin aux deux ministres des Affaires étrangères de trouver une formule d'accord au cours de la nuit. Mais, après le dîner, les deux dictateurs voulurent s'entretenir encore une fois sérieusement au moment des adieux. Le départ des trains s'en trouva reculé de deux heures ; cependant Hitler et Franco ne parvinrent pas à rapprocher leurs vues. Bien au contraire, un refroidissement très sensible de leurs sentiments respectifs s'était produit.

Ribbentrop se chargea de démolir ce qui pouvait encore subsister de l'entente germano-espagnole. Il s'y employa de toutes ses forces jusqu'au lendemain matin, en face de son interlocuteur de plus en plus réticent, essayant de lui imposer, pour le traité, des formules que celui-ci ne cessait de repousser. Finalement, Ribbentrop renvoya les Espagnols à Saint-Sébastien, comme des écoliers, pour préparer un *pensum*. « Il faut que le texte soit ici à 8 heures, dit-il en précepteur sévère. Je dois partir, car nous rencontrons le maréchal Pétain demain. »

Mais les écoliers ne reparurent pas le lendemain. Ils envoyèrent leur *pensum* par Espinosa de los Monteros, sous-secrétaire d'Etat aux Affaires étrangères, homme aimable et doux qui avait été jadis ambassadeur à Berlin et parlait allemand comme un Viennois, ayant été élevé dans la capitale autrichienne. Le précepteur jugea le devoir « insuffisant ». Un peu avant notre départ d'Hendaye, il fut encore mis sur pied une formule prévoyant une entrée en guerre de l'Espagne, après consultation préalable, mais sans aucune réserve relativement aux livraisons de vivres et d'armes. Le charmant Espagnol promit, dans son agréable allemand de Vienne, de présenter ce projet à Franco et de faire connaître sa réponse en Allemagne.

Ecumant de rage, Ribbentrop gagna avec moi le plus proche aérodrome, à Bordeaux. Nous dûmes, comme quand nous étions allés à Compiègne, mener un train d'enfer afin d'arriver à temps à Montoire pour la conversation avec Pétain. Ribbentrop jura tout le long

du parcours contre ce « jésuite » de Súñer et contre ce
« sale ingrat » de Franco « qui nous devait tout et maintenant ne voulait plus rien savoir ». Les compresseurs
eux-mêmes semblaient cracher des injures comme le
ministre.

Nous volâmes ensuite jusqu'à Tours par un temps
très mauvais. Le brouillard eût certainement empêché
tout autre que le capitaine Bauer d'atterrir. Mais il nous
amena sains et saufs au sol et nous étions auprès de
Hitler quand le maréchal Pétain se présenta.

En ce 24 octobre 1940, dans la nuit commençante,
sous la lumière indécise des falots éclairant le quai de
la petite gare, il était difficile, au premier regard, de
distinguer le vainqueur du vaincu. Bien droit, malgré
son grand âge, dans sa tenue toute simple, Pétain eut
presque un geste de souverain en tendant la main au
dictateur, tout en le fixant d'un œil inquisiteur, glacial et
pénétrant. Je savais toute la considération dont il jouissait auprès de Hitler, de Goering et de beaucoup d'autres
hautes personnalités nationales-socialistes. Il incarnait
pour la plupart des Allemands les vertus militaires françaises, et ce sentiment pesa manifestement sur l'attitude
qu'eut Hitler pour l'accueillir. Il ne fut pas plus le triomphateur, enflé de ses victoires, que représentent certaines
de ses photographies de 1940 qu'un caporal intimidé par
la présence d'un maréchal, comme l'ont prétendu, à tort,
certaines publications françaises parues dans l'intervalle.
Il se comporta sans morgue et aussi sans raideur.

Les deux hommes se serrèrent silencieusement la main
sans qu'un sourire vînt éclairer leur visage. En leurs personnes, la France et l'Allemagne semblaient s'affronter.
Tous les assistants, y compris les sentinelles présentant
les armes, sentirent passer le souffle de l'Histoire.

D'un geste, Hitler invita le maréchal à monter dans
son wagon-salon. Je m'assis moi-même devant Pétain et

me trouvai admirablement placé pour l'observer tout au long de l'entretien. Ses traits, qui m'étaient apparus un peu pâles sur le quai, avaient légèrement rosi, on percevait nettement l'émotion et la tension intérieure sous son masque d'impassibilité. Ribbentrop, témoin muet et, en quelque sorte, toléré, ainsi que Laval, portant son inévitable cravate blanche, assistèrent à la conversation. Le ministre français ne cessa de scruter alternativement le visage de Hitler et celui de Ribbentrop pendant ma traduction. Je parlai assez fort, quelqu'un m'ayant dit que le maréchal était dur d'oreille.

Hitler commença par ce préambule : « Je regrette, Monsieur le Maréchal, que nous nous rencontrions dans de pareilles circonstances. Personnellement, je le sais, vous n'avez pas voulu cette guerre, déclarée par un gouvernement français aux ordres de l'Angleterre, et n'en portez point la responsabilité. » « La France a été vaincue », et Pétain n'eut pas de réaction quand je lui traduisis ces paroles. « Je suis certain de vaincre également l'Angleterre bientôt », continua Hitler, en haussant graduellement le ton pour aboutir à un véritable hymne de haine contre ce pays qui avait non seulement repoussé à différentes reprises la main qu'il lui avait tendue, mais qui avait constamment poussé au conflit, se mêlant de choses qui ne le regardaient nullement.

« Nous avons déjà gagné la guerre, dit Hitler en répétant ses propos d'Hendaye. L'Angleterre est battue, il faudra bien, tôt ou tard, qu'elle en convienne. » Puis il ajouta : « Il est évident que quelqu'un doit payer les frais de cette guerre perdue. Ce ne peut être que la France ou l'Angleterre. Si c'est cette dernière, la France pourra reprendre en Europe la place qui lui revient et conserver pleinement sa situation de puissance coloniale. »

La formule était si vague, conformément à son habitude, qu'elle ne pouvait que déplaire à l'esprit français, amoureux de précision et de logique. J'eus l'impression qu'elle produisait un effet plutôt défavorable tant sur Pétain que sur Laval.

Hitler souligna ensuite ce qu'il croyait être la magnanimité dont il avait fait preuve lors des négociations d'armistice. « Les conditions sont dures, mais il n'y a rien contre l'honneur », avait dit le général Huntziger à Compiègne. « La France a conservé ses colonies et sa flotte. »

Pétain observait toujours le silence, mais à l'attention avec laquelle il écoutait ma traduction, je me rendais bien compte qu'il suivait les déclarations de Hitler avec le plus vif intérêt, sous son apparence glaciale, presque absente. Laval, en revanche, manifestait plus de nervosité, essayant de deviner les pensées des deux hommes.

« L'énergie avec laquelle la flotte française s'est défendue à Mers el-Kébir, sans reculer devant de graves pertes en hommes et en matériel, a fortement impressionné l'Allemagne », prononça Hitler, qui aborda alors le problème crucial : « La France continuera-t-elle à défendre son empire colonial contre toute attaque, comme à Dakar ? Est-elle prête à reconquérir les territoires passés à la dissidence du général de Gaulle ? »

Pétain ne répondit pas. Hitler redemanda avec insistance ce que ferait la France si l'Angleterre l'attaquait de nouveau. Le maréchal déclara alors que son pays avait trop souffert, moralement et matériellement, pour se lancer dans un nouveau conflit.

Hitler en fut manifestement irrité. « Si la France ne veut pas se défendre elle-même et nourrit encore des sympathies pour les Anglais, s'écria-t-il d'un ton hostile, elle perdra son empire colonial à la fin de la guerre et se verra imposer des conditions de paix aussi dures qu'à l'Angleterre.

— Jamais une paix de représailles n'a eu de valeur durable dans l'Histoire, répliqua le maréchal d'un ton glacé.

— Je ne veux pas de paix de représailles, et suis prêt, au contraire, à favoriser la France, s'exclama Hitler. Ce que je veux, c'est une paix basée sur une entente mutuelle, garantissant la paix européenne pour plusieurs siècles ! Mais je ne le puis que si la France est décidée à m'aider à battre les Anglais. » C'était l'unique façon d'accélérer la défaite, d'ailleurs inéluctable, de la Grande-Bretagne.

Pétain saisit habilement l'occasion de se dérober en demandant comment Hitler envisageait le traité de paix définitif « pour que la France connût clairement son destin et que les deux millions de prisonniers pussent revenir le plus tôt possible dans leurs familles ».

Ce fut au tour de Hitler d'éluder. Le traité de paix définitif ne pouvait être envisagé qu'après la défaite ultime de l'Angleterre. Pétain fit observer que, dans ces conditions, il fallait au moins prendre des mesures pour assurer un retour prochain des prisonniers. D'autre part, la séparation de la France en deux zones créait une situation intolérable, des assouplissements étaient à apporter aux règles de franchissement de la ligne de démarcation. Enfin, la charge causée par les frais d'occupation était écrasante, il serait indispensable de la réduire.

Je m'attendais à voir Hitler, devant l'attitude négative du maréchal français, rejeter sur-le-champ toutes ces demandes. Il n'en fit rien cependant, peut-être par estime pour son interlocuteur, peut-être parce qu'il n'avait pas abandonné l'espoir d'entraîner quand même la France dans un conflit avec l'Angleterre. Il se lança dans des généralités, faisant l'éloge des soldats français dont il avait admiré la bravoure au cours de la Première Guerre mondiale, bravoure qui ne s'était pas démentie cette fois, vantant la valeur des artisans et les qualités des paysans français. Il exprima son enthousiasme pour la beauté architecturale de Paris auquel il venait de faire, peu auparavant, une visite tenue secrète. Il déclara que les prisonniers se comportaient très bien et se faisaient apprécier en Allemagne par leur application et leur adresse. Les bons rapports qu'ils avaient noués avec la population allemande étaient, prononça-t-il, de très bon augure pour une collaboration entre les deux peuples.

Ce fut alors que le mot de « collaboration », appelé à tant de retentissement, fut prononcé pour la première fois après l'armistice dans des discussions franco-allemandes. Si les deux pays tombaient d'accord à ce sujet, la France pouvait espérer des concessions sur tous les points soulevés par le Maréchal.

Laval en profita pour parler de la bonne volonté que la France était disposée à manifester pour collaborer avec l'Allemagne dans tous les domaines autres que militaires. Le peuple français aimait la paix. Il avait été entraîné contre son gré dans cette guerre et ne s'était pas réellement battu, comme le démontrait le grand nombre de prisonniers. Il rappela les efforts déployés par lui depuis plusieurs années pour opérer un rapprochement entre les deux pays, répétant ses déclarations de l'avant-veille à Hitler, qui, lui-même, refit presque textuellement l'exposé qu'il avait fait à cette occasion.

Comme l'entretien tirait à sa fin, Pétain intervint en faveur des départements du Nord, rattachés, assez significativement, au gouvernement militaire de la Belgique. Il en réclama le retour à la France, dans l'intérêt des populations. Il fut moins net en ce qui concernait l'Alsace et la Lorraine, désirant seulement, à ce qu'il me sembla, sonder les intentions de Hitler à ce sujet.

Le dictateur se borna à lui répondre qu'il avait besoin de réfléchir à toutes ces questions et qu'il lui ferait connaître, par écrit, sa position. J'ignorais alors qu'il avait déjà décidé, en esprit, d'incorporer ces départements du Nord, avec Calais et Dunkerque, à une Belgique suivant dans le sillage de l'Allemagne. Il dupa également, par la suite, Jacques Doriot, lors de la constitution d'un gouvernement français fantôme, en répondant, à une question de celui-ci, qu'il n'avait aucune visée au sujet de ces départements.

Pétain écouta tout en silence. Pas une seule fois il n'eut un mot aimable pour Hitler ou pour l'Allemagne. Son attitude donnait l'impression d'une sorte de hauteur paraissant peu de mise dans la situation où se trouvait la France en cet automne de 1940. Je ne pus m'empêcher de penser qu'en venant à cette entrevue, il n'avait d'autre but que de tâter les intentions de Hitler. Ni l'un ni l'autre ne s'étaient livrés, la solution des questions évoquées était remise à une date ultérieure. Tous les deux s'étaient dérobés devant les précisions. Hitler n'avait formulé aucune exigence concrète et laissé seulement entrevoir qu'il était susceptible d'accorder des adoucissements à la France en échange de sa participation aux hostilités contre l'Angleterre, en se gardant bien de toute netteté. Le grand coup préparé par Hitler avait échoué sur la prudence et la réserve des Français. Pétain avait fait nettement grise mine par son laconisme, son mutisme. Aucun progrès n'avait été réalisé, non plus avec Laval.

Je n'ai compris qu'après la guerre l'attitude que le maréchal Pétain avait eue à Montoire en apprenant que le jour même de cette entrevue fameuse, le professeur Rougier[15] discutait en son nom avec Churchill, apportant à celui-ci l'assurance que la France n'entreprendrait jamais rien d'incompatible avec l'honneur contre son ancienne alliée. Aujourd'hui, quand je compare le compte rendu de cet entretien de Londres, autrement plus concret, avec celui de Montoire, et en tenant compte des événements ultérieurs, je suis enclin à conclure que

---

15. Le philosophe Louis Rougier rencontre secrètement lord Halifax le 24 octobre 1940, soit le jour même de l'entrevue de Montoire. Il lui donne l'assurance que jamais la France n'attaquera son ancien allié.

le maréchal Pétain fut le vainqueur diplomatique de Montoire.

Tout au long de l'entrevue, mes sympathies avaient été avec les vaincus à cause des longues relations personnelles que j'avais eues avec des Français. En pareil cas, à ce que je crois, on a l'oreille particulièrement fine pour discerner toute fausse note donnée par le côté adverse. J'eus alors l'impression, et je l'ai toujours aujourd'hui, que la France n'avait aucune raison de se sentir humiliée par l'attitude que ses deux représentants eurent devant les vainqueurs, à Montoire, en ma présence.

Cette impression fut confirmée par le fait que, comme je le constatai le soir même, Hitler parut très déçu par le manque de complaisance des Français. Cet état d'esprit ne cessa de s'aggraver au cours des mois suivants. Il aboutit, au soir de Noël, à une véritable explosion de colère contre l'amiral Darlan, successeur de Laval, au cours d'un « savon » qui dura une heure et eut lieu aux environs de Paris, dans le même wagon-salon où s'était tenue la conversation avec Pétain et Laval à Montoire.

Dans les deux trains spéciaux, celui de Hitler et celui de Ribbentrop, qui nous ramenaient en Allemagne, le moral n'était pas particulièrement élevé car, aussi bien à Hendaye qu'à Montoire, Hitler n'avait rien obtenu de ce qu'il escomptait. Mais une autre surprise désagréable lui était réservée. A peine avions-nous atteint la frontière allemande que nous parvint un rapport de notre ambassadeur de Rome annonçant que les Italiens étaient sur le point d'envahir la Grèce. Hitler fut hors de lui. Il estimait que l'action de Mussolini était tout à fait insensée à cette époque de l'année. « Jamais les Italiens ne pourront obtenir quelque chose contre les Grecs dans les Balkans, sous les pluies de l'automne et la neige de l'hiver... » nous expliqua Ribbentrop, « la voix de son maître », en dînant dans notre wagon le soir. « En outre, il est difficile de prévoir les conséquences que peut entraîner une action militaire dans les Balkans, ajouta-t-il. Le Führer veut empêcher à tout prix Mussolini d'entreprendre cette guerre stupide ! C'est pourquoi nous allons nous rendre immédiatement en Italie, pour parler directement au Duce. »

Dans l'atmosphère tendue qu'avait fait naître la nouvelle de l'agression imminente contre la Grèce, nous pûmes presque sentir physiquement le changement de route que notre convoi opéra vers le sud. « La police accourt sur les lieux du crime... » aurait-on pu très justement dire en style de roman policier.

Le 28 octobre, après avoir traversé dans les Alpes des paysages de neige qui correspondaient à notre humeur, nous stoppâmes à 10 heures du matin dans la gare de Florence abondamment pavoisée. Nous savions déjà que nous arrivions trop tard, car le wagon du service de presse nous avait transmis dès 8 heures la nouvelle que les Italiens avaient attaqué. Hitler fut accueilli par un Mussolini tout en sourires et satisfait de lui-même. Sur le quai même, il annonça dans le ton des communiqués : « Ce matin à l'aube, les troupes italiennes ont victorieusement franchi la frontière gréco-albanaise. » Il se vengeait ainsi des nombreuses opérations que son confrère allemand lui avait toujours annoncées à la dernière minute, en lui envoyant par un avion matinal le prince de Hesse, son messager personnel.

Par extraordinaire, Hitler se comporta très bien. Il se montra beau joueur, *good loser* comme disent les Anglais, et personne ne perçut rien de ses grincements de dents intérieurs, sous les mots aimables qu'il échangea avec Mussolini au palais Pitti.

L'après-midi même, Hitler repartit vers le nord, à travers les Alpes enneigées, l'amertume au cœur, après avoir échoué à Florence comme à Hendaye et à Montoire. Les événements décevants de ce voyage long et agité constituèrent, pour « les longues soirées d'hiver » des années suivantes, un sujet inépuisable d'amers reproches contre les amis ingrats ou peu sûrs et contre les Français « hypocrites ».

Je ne connus pas de repos pendant les derniers mois de 1940. Dans les premiers jours de novembre, Ribbentrop et Ciano se rencontrèrent pour chasser à Schönhof, près de Carlsbad. Je trouvais fort déplacées, en temps de guerre, ces manières de gentilshommes. Le soir, je traduisais les conversations politiques, dans le petit château que Ribbentrop avait « affermé ».

« Nous avons déjà gagné la guerre », répétait le disque de phonographe que je traduisais avec une aversion de plus en plus grande.

Dix jours plus tard, le 12 novembre, Molotov vint à Berlin. Je parlerai plus en détail, au chapitre suivant, des conversations extrêmement importantes et intéressantes que l'envoyé de Staline eut avec Hitler.

Les 18 et 19 novembre, je travaillai à Berchtesgaden, à l'Obersalzberg, où le roi Boris de Bulgarie, puis Ciano et Súñer, furent reçus par Hitler. Le ministre des Affaires étrangères d'Italie et celui d'Espagne eurent encore de longs entretiens, mais sans importance, avec Ribbentrop, au château Fuschl.

Un autre souverain utilisa mes services, le 19 novembre. Le roi Léopold de Belgique, qui séjournait dans son pays comme prisonnier de guerre, eut une entrevue avec Hitler.

Quelques semaines plus tôt, sa sœur, la princesse héritière d'Italie, avait été reçue au Berghof et, au cours d'une libre conversation autour d'une tasse de thé, avait parlé de toute une série de questions italiennes et exposé la situation difficile dans laquelle se trouvait la Belgique, sa patrie. Elle avait surtout parlé de questions humanitaires, comme il est naturel pour une femme. Elle s'intéressa particulièrement au sort des prisonniers belges et intervint avec beaucoup de sentiment et de feu pour qu'ils fussent libérés. Par ailleurs, elle dépeignit la situation alimentaire en Belgique sous les couleurs les plus sombres.

Hitler eut une attitude très évasive. S'il s'était trouvé en présence d'un homme, sa réponse sur les deux points eût été certainement un « non ». Mais il était beaucoup plus amène avec les femmes, particulièrement quand elles étaient jeunes, élégantes, et savaient plaider leur cause avec autant de charme féminin et d'habileté diplomatique que la princesse de Piémont. Elle ne tarda pas à s'apercevoir qu'il se dérobait. « Si vous ne voulez pas discuter de ces choses avec moi, parce que je ne suis qu'une femme et n'entends rien à la politique, dit-elle en vraie fille d'Eve, ne pourriez-vous pas le faire un jour avec mon frère Léopold ? Il ressent très vivement toutes les difficultés que son peuple doit surmonter. Il constituerait pour vous un interlocuteur beaucoup plus intéressant que moi. »

Je vis tout de suite que Hitler ne tenait pas du tout à avoir un tel entretien. Une ride coléreuse me montra qu'il se sentait forcer la main. Il hésita un instant. Puis la ride s'effaça et il se déclara prêt à recevoir le roi Léopold. Mais il le fit sur un ton qui voulait dire : il ne sortira rien de tout cela.

La princesse fut très satisfaite de son succès. Dans la voiture qui la ramenait à Munich, je dus lui récapituler tout l'entretien. Elle désirait, à ce qu'il me sembla, faire un compte rendu très précis à son frère.

Lorsque j'allai chercher le roi Léopold, quelque temps plus tard, à la petite maison des hôtes, en dessous du Berghof, pour le conduire à Hitler, je me demandai s'il avait connu, au préalable, l'initiative de sa sœur. En le voyant avancer à mon côté, haut et élancé, j'eus l'impression d'un grand élève auquel ses parents imposent une désagréable leçon supplémentaire dont il ne comprend nullement la nécessité. Il me parut monter avec une certaine répugnance les célèbres escaliers qu'avec plus d'espoir et d'un pas plus souple non seulement le roi Boris, mais aussi Lloyd George, Chamberlain et le duc de Windsor avaient gravis avant lui.

Hitler l'accueillit avec une amabilité assez glacée. Je remarquai nettement que le roi faisait effort sur lui-même. Lorsqu'il s'assit dans le cabinet de travail, avec un visage où se lisait un curieux mélange de malaise et de tension, j'eus le sentiment qu'il maudissait l'initiative prise par sa sœur.

Hitler essaya d'échauffer un peu l'atmosphère par quelques questions personnelles. Il avait toujours, en ces sortes d'occasion, des mots courtois qui trahissaient son éducation autrichienne. « Je regrette beaucoup les circonstances dans lesquelles vous êtes conduit à venir me faire visite sur le Berghof. Avez-vous quelque désir personnel que je puisse satisfaire ? »

« Je n'ai aucun désir à formuler pour moi-même », répondit Léopold du ton assez dédaigneux d'un monarque prisonnier en face d'un tribun populaire vainqueur, ce qui indiquait qu'il avait à présenter d'autres désirs. Mais il s'efforça de préparer d'abord Hitler, en le remerciant pour ce qu'il avait déjà fait, en particulier pour l'autorisation donnée aux réfugiés belges de regagner leur patrie. Il ajouta ses remerciements personnels pour les facilités qui lui avaient été accordées et plus spécialement pour le retour de ses enfants d'Espagne. Léopold n'était pas un très bon diplomate. Il exprima bien ses remerciements, mais sur un ton qui n'était pas très persuasif.

Hitler se lança dans un de ses longs monologues sur la situation politique. L'entretien prit meilleure tournure que je ne l'avais craint. Au milieu d'une de ses périodes, Hitler demanda assez brusquement comment Léopold s'imaginait les rapports futurs entre l'Allemagne et la Belgique.

Assez habilement le roi répondit par une autre question : la Belgique conserverait-elle son indépendance à la conclusion de la paix ?

Hitler n'aimait pas les questions précises et se déroba en se lançant dans de longues considérations sur l'avenir de l'Europe, mais Léopold ne se laissa pas donner le change. Il demanda une définition précise de l'indépendance belge et ajouta, faisant nettement allusion à l'appui donné aux Flamands par les Allemands, qu'il pensait également à l'indépendance intérieure.

Hitler s'impatienta alors manifestement devant tant d'insistance. Il attaqua l'attitude antérieure de la Belgique avec une certaine vivacité, lui reprocha d'avoir violé ses devoirs de neutralité. A l'avenir la Belgique devrait se régler, politiquement et militairement, sur l'Allemagne.

« Dois-je comprendre que l'indépendance politique de la Belgique sera garantie en contrepartie d'accords politiques et militaires entre elle et le Reich ? » demanda Léopold, élevant aussitôt des doutes sur la possibilité d'une telle solution, à cause de l'amour des Belges pour la liberté qu'il souligna. Il réclama l'indépendance sans contrepartie, se basant sur ce qu'elle était depuis longtemps formellement reconnue par les Anglais, et sur la certitude que les Belges se tourneraient tout naturellement du côté où leur autonomie serait garantie. En ce moment, particulièrement, la radio anglaise ne cessait de travailler le public belge sur ce point extrêmement sensible.

A partir de cet instant, Hitler fut complètement fermé à tous les autres désirs de Léopold. Il était visiblement irrité de ce que le roi des Belges, contrairement à bien d'autres chefs d'Etat, n'acceptât pas avec empressement une offre de collaboration avec l'Allemagne. Ces autres désirs concernaient principalement les prisonniers de guerre. « Nous avons besoin de la main-d'œuvre elle-même, dit Hitler. Bien entendu les officiers resteront en captivité jusqu'à la fin de la guerre. » Léopold fit encore des efforts désespérés pour arracher quelques petites concessions dans le domaine du ravitaillement et de l'administration intérieure. Sur les deux points la réponse fut négative.

Dès lors, la mauvaise humeur fut totale des deux côtés. Léopold devint de plus en plus laconique et j'eus plusieurs fois l'impression qu'il n'écoutait même plus, depuis que tous ses souhaits avaient été repoussés. Le visage fermé, il laissa s'écouler le flot de paroles de Hitler, ne réagissant plus que pour la forme. La conversation se transforma en un de ces bavardages sans signification comme j'en avais déjà tant entendu.

Hitler eût vraisemblablement préféré mettre immédiatement fin à la visite. Mais le programme prévoyait un thé avec le roi et sa suite. Il rompit l'entretien bien longtemps avant le moment prévu, mais reçut Léopold chez lui. Le thé fut servi dans la grande salle fermée par la baie vitrée où, quelques semaines auparavant, la sœur du roi avait sollicité cet entretien avec tant d'espérance, entretien qui n'avait apporté que désagrément au roi et déception à Hitler.

Celui-ci abattit cependant encore une grosse carte pour amener le souverain à ses vues sur une étroite collaboration entre les deux pays. Au cours d'un long monologue sur le nouvel ordre européen, il fit comprendre que la Belgique, si elle s'appuyait sur l'Allemagne, recevrait non seulement une garantie militaire qui la dispenserait d'avoir désormais une armée, mais encore certains agrandissements de territoire dans le nord de la France jusqu'à Dunkerque et à Calais.

J'attachai un soin tout particulier, naturellement, à la traduction de cette indication. Mais le roi resta muet. Avait-il même entendu ? L'entretien l'intéressait-il encore ? Je ne pus m'en rendre exactement compte. En face de moi je n'avais qu'un homme déçu, apathique, qui semblait n'avoir qu'un seul désir : « Que la classe fût bientôt terminée. » Mais ce désir ne connut pas de réalisation rapide, Hitler ayant recommencé à parler, répétant encore pendant longtemps ce qu'il avait déjà dit dans son cabinet de travail et un peu plus tôt.

Les événements ultérieurs montrèrent que mes impressions devaient avoir été justes. Hitler ne revit jamais Léopold. Rien ne changea en Belgique. L'administration ne fut pas modifiée et la situation alimentaire resta aussi mauvaise qu'auparavant. Les prisonniers belges ne furent libérés qu'à la fin de la guerre. Léopold lui-même demeura prisonnier et, avant la fin des hostilités, fut emmené en Allemagne en dépit de ses protestations. Hitler ne lui pardonna jamais de ne pas avoir accepté ses offres à Berchtesgaden. « Il ne vaut pas mieux que les autres rois et princes ! » dit-il occasionnellement, alors qu'avant cette visite il avait souvent eu des mots de louange pour le « roi Léopold qui avait empêché une inutile effusion de sang en 1940 ».

Les notes que j'avais prises au cours de cette entrevue ont joué un certain rôle en Belgique, en 1945, dans les discussions de politique intérieure au sujet du retour du roi sur le trône, sous le nom de « Rapport Schmidt ». Je ne le sus que beaucoup plus tard, par hasard, et constatai que les Alliés n'avaient trouvé apparemment que la partie des notes relatives à l'entretien proprement dit, alors que celles qui se rapportaient à la conversation de l'heure du thé, indubitablement beaucoup plus importantes à cause de l'offre faite par Hitler, semblaient perdues. Je fus bien interrogé par un représentant belge lors des interrogatoires de fonctionnaires allemands en 1945, mais on ne me mit pas mon rapport sous les yeux et on ne me dit pas de quoi il s'agissait au juste. J'aurais pu facilement faire disparaître toutes les obscurités si j'avais été correctement renseigné.

J'appris par la suite que l'exactitude de certaines de mes notations avait été contestée. J'aurais, a-t-on prétendu, rapporté certaines paroles du roi de la façon dont elles plaisaient à Hitler et non pas telles qu'elles avaient été prononcées. C'est une opinion complètement erronée parce que Hitler, normalement, ne voyait jamais mes notes, et parce que je n'avais pas la moindre raison, en 1940, de prendre parti dans la question du retour du roi qui se posa en Belgique en 1945. Dans le cas du roi des Belges, j'eus alors l'impression (que j'ai encore aujourd'hui) qu'il n'avait absolument rien cédé à Hitler, et j'ai rédigé mes notes en conséquence. Il suffit de se donner la peine de lire celles-ci dans l'original allemand, avec l'entendement politique nécessaire.

De Berchtesgaden, je partis avec Ribbentrop pour Vienne où la Hongrie signa le pacte tripartite avec le cérémonial ordinaire, le 20 novembre, au château du Belvédère. Les hiéroglyphes japonais s'ajoutèrent aux signatures et je dus encore lire la formule terminale avec ses complications de dates allemande, fasciste et japonaise.

Deux jours plus tard, nous étions de retour à Berlin où le général Antonescu eut son premier entretien avec Hitler le 22 novembre. Ce Roumain, qui, d'après son aspect, eût fort bien pu être un officier d'état-major prussien quoiqu'il eût été formé en France, devint par la suite l'un des hommes les plus prisés de Hitler. Même Mussolini ne fut jamais aussi bien tenu au courant que le Conducator. Il fut le seul étranger auquel Hitler ait quelquefois demandé un conseil militaire dans une situation difficile.

Antonescu était antibolchevique ou plutôt antislave jusqu'à la moelle des os et dès cette époque, à Berlin, ne faisait pas mystère de ses sentiments. Il fut un adversaire fanatique de l'arbitrage de Vienne qui arracha à la Roumanie la Transylvanie, dont il disait que c'était le

« berceau des Roumains ». Avant l'entretien avec Hitler, il lui avait été bien recommandé de ne pas aborder cette question. Pendant deux heures il ne parla pas d'autre chose que de cette faute de l'arbitrage de Vienne. « Cela m'a toujours imposé », déclara plusieurs fois Hitler en ma présence. Pour moi l'interprète, Antonescu, avec son argumentation à la française, était comme une sorte de réplique de Hitler dans l'art oratoire. Il monologuait exactement comme lui. Le plus souvent il commençait à la création de la Roumanie et présentait tout ce qu'il disait sous le jour de sa haine pour la Hongrie et de la nécessité de recouvrer la Transylvanie. Même cette haine pour la Hongrie le rendait sympathique à Hitler, qui méprisait les Magyars.

La principale raison de la visite d'Antonescu était une manifestation du genre « revue à grand spectacle » à l'occasion de l'adhésion de la Roumanie au pacte tripartite, qui fut suivie, deux jours plus tard, le 24 novembre, par une nouvelle « représentation » dans la grande salle de la nouvelle chancellerie, à l'occasion de l'adhésion de la Slovaquie.

Cette année qui avait été si agitée pour moi se termina de la même façon. La veille de Noël, sans me douter de rien, je traversais la Wilhelmplatz, dans l'après-midi, pour faire quelques achats en vue de la fête. Comme j'allais arriver à la station du métro, un de mes confrères me cria : « Bon voyage. » Etonné, je lui demandai ce qu'il voulait dire. « Ne savez-vous donc pas que vous devez partir aujourd'hui même pour Paris ? » me répondit-il. Je revins en hâte à mon bureau. Mon homonyme, le capitaine aviateur, était déjà au téléphone. « Il faut que nous partions rapidement, me dit-il, si nous voulons arriver au Bourget avant la nuit ! » Une demi-heure plus tard nous étions au-dessus du Havel, le capitaine, le mécanicien, le radio et moi. « C'est une bien mauvaise direction pour le réveillon ! » nous déclarâmes-nous mutuellement, dans notre mauvaise humeur.

Je devais me trouver le lendemain, comme je l'ai déjà dit, dans le wagon-salon fameux, entre Hitler et Darlan, quelque part au nord de Paris. Hitler n'était pas du tout en humeur de Noël. Pendant une demi-heure, les reproches s'abattirent comme grêle sur la tête de l'amiral français. « Pourquoi Laval a-t-il été renvoyé ? » criait le dictateur. « C'est le résultat d'intrigues hostiles aux Allemands dans l'entourage du maréchal Pétain ! »

Hitler se plaignit amèrement du Maréchal. Il avait refusé d'assister au transfert des cendres du duc de Reichstadt, le fils de Napoléon, que Hitler, dans un grand geste, avait fait transporter de Vienne à Paris. Le dictateur avait également appris les raisons du refus de Pétain. Le vieux maréchal avait craint de voir les Allemands saisir l'occasion pour le « kidnapper ». « C'est une indignité de m'attribuer de pareils desseins ! hurlait Hitler, fou de rage, alors que je croyais me montrer si généreux envers la France par ce geste ! »

Darlan eut à peine l'occasion de placer deux ou trois phrases. Ce qu'il dit cependant ne manquait pas d'intérêt. Avant de connaître les conditions d'armistice, il s'était demandé s'il coulerait la flotte française, s'il l'enverrait en Afrique ou en Amérique, ou même s'il la mettrait à la disposition des Anglais. Quand il avait connu les conditions, il avait eu l'impression que la France pouvait avoir encore un rôle à jouer en Europe, et c'était pourquoi il s'était décidé à servir sous Pétain. Par ailleurs, je remarquai, en cette occasion et en d'autres, l'anglophobie très marquée de Darlan.

Hitler mit fin brusquement à l'entretien. Je rentrai à Paris en voiture avec l'amiral et constatai, non sans une certaine satisfaction intime, que toute la scène avait glissé sur le créateur de la Marine française moderne, exactement comme un paquet de mer sur le « ciré » d'un vieux loup de mer. Tout souriant, il me raconta pendant le retour les histoires les plus drôles, tout à fait comme s'il ne s'était rien passé. Cette insouciance m'en imposa.

Le lendemain, après cet orage, je rentrai à Berlin avec « l'autre Schmidt », dans le bon vieil *Amyy* qu'une peinture de guerre avait, entre-temps, rendu presque méconnaissable. Ce fut un Noël original en conclusion d'une année mouvementée. L'activité diplomatique de 1940 fut le dernier éclat jeté par la politique étrangère national-socialiste avant la fin. Au cours des années suivantes, les thèmes de politique extérieure passèrent graduellement à l'arrière-plan de mon activité d'interprète. Il fallut m'adapter à un nouveau vocabulaire et apprendre à parler de blindés, de canons d'assaut, de vedettes rapides, de modèles d'avions et de types de fortifications. La gravité croissante de la situation repoussa, lentement mais sûrement, les considérations politiques au fond du tableau.

IX

L'Orient entre en scène
(1941)

De même que la marche sur Prague, le 15 mars 1939, fut le tournant décisif de la rupture avec l'Occident, les conversations qui eurent lieu à Berlin entre Hitler et Molotov, en novembre 1940, constituèrent le tournant qui conduisit au déclenchement du fatal conflit avec l'Orient, en 1941. Aux échecs qu'avaient été les entrevues de Hendaye avec Franco et de Montoire avec Pétain s'ajouta l'échec beaucoup plus grave des entretiens avec Molotov, entretiens dont les suites devaient être infiniment plus graves.

Je m'attirai un regard fortement réprobateur de Ribbentrop lorsque, quelques jours avant l'arrivée de l'envoyé du Kremlin, comme on se demandait s'il fallait jouer l'hymne soviétique à son arrivée à la gare d'Anhalt, hymne qui était encore *L'Internationale*, je fis observer en plaisantant qu'une grande partie des spectateurs berlinois reprendraient peut-être les paroles allemandes en chœur, car les temps n'étaient pas encore très éloignés où beaucoup d'entre eux les chantaient. Par précaution, on se contenta donc de faire battre aux champs lorsque le train amenant la délégation soviétique entra le 12 novembre au matin dans la gare d'Anhalt plus décorée de verdure et de fleurs que de drapeaux portant la faucille et le marteau. La cérémonie d'accueil fut exactement la même qu'au cours de toutes les autres visites officielles : poignées de main, présentations, défilé devant la compagnie d'honneur et transport en voitures découvertes jusqu'au château de Bellevue, dans le Tiergarten. Je ne fus frappé que par une seule différence en conduisant « mon » Russe dans les rues de Berlin : la population resta complètement silencieuse et réservée, comme elle aurait peut-être fait lors d'autres visites, si les autorités du Parti n'avaient pas organisé à l'avance les brigades d'applaudissements, surtout dans la « Via Spontana » comme nous autres jeunes appelions la Wilhelmstrasse en ces occasions.

On ne perdit pas de temps en formalités. Les entretiens commencèrent aussitôt après l'arrivée des Russes. Il y eut quelques rounds entre Ribbentrop et Molotov avant la montée sur le ring des « poids lourds » : Hitler et Molotov. Mais dans les deux cas il ne s'agissait pas de démonstrations vides, avec des phrases et des échanges d'amabilités sans substance, comme j'eus si fréquemment à le noter au cours d'autres rencontres. A Berlin, en ce mois de novembre 1940, les représentants de l'Allemagne et ceux de l'Union soviétique boxèrent durement, en grands champions, selon toutes les règles de l'art diplomatique. Il n'y eut pas, il est vrai, de *knock-out*, mais à la fin de ces deux journées, si capitales pour le destin des deux pays, quand leurs représentants descendirent de l'arène, la paix entre eux était assez « groggy ».

Ribbentrop avait depuis longtemps abandonné l'historique cabinet de travail de Bismarck, au 76 de la Wilhelmstrasse. Il ne s'y sentait sans doute pas bien chez lui. On avait dépouillé, au prix de dépenses gigantesques, le vieux palais du président du Reich de son caractère historique pour lui donner, comme je l'ai déjà dit, une

« froide splendeur ». C'est dans le nouveau cabinet de travail du ministre des Affaires étrangères, resté relativement confortable par rapport aux autres pièces aménagées dans le style d'Hollywood, que le 12 novembre, vers midi, le président du Conseil des commissaires du peuple de l'Union soviétique et le commissaire du peuple à l'Extérieur, Molotov, s'assirent à la table ronde en face du ministre des Affaires étrangères du *Grossdeutsches Reich*. Du côté russe, était encore présent Dekanosov[1], remplaçant du commissaire aux Affaires étrangères, au sujet des affaires allemandes, dont le nom a été souvent cité depuis 1945. L'interprète était un jeune membre de l'ambassade soviétique à Berlin, le « petit Pavlov », comme on l'appelait, dont j'ai vu bien souvent l'image à côté de celles de Staline et de Molotov dans les conférences d'après guerre où il servait également d'interprète d'anglais. Du côté allemand, la traduction fut encore assurée par le conseiller d'ambassade Hilger. Quant à moi, j'étais uniquement chargé de prendre des notes. Je pus tout observer et tout entendre en parfaite tranquillité pendant toute la durée des pourparlers.

Ribbentrop se montra sous son meilleur jour aux « hommes aux durs visages ». Ciano se serait presque certainement frotté les yeux d'étonnement si le ministre allemand lui avait adressé d'aussi beaux sourires qu'au ministre soviétique.

Molotov ne répondait qu'à de longs intervalles à ce déploiement d'amabilités. Alors, un sourire glacé paraissait sur son intelligent visage de joueur d'échecs. Ce Russe de taille moyenne, un peu trapu, dont les yeux vifs s'agitaient derrière son pince-nez à l'ancienne mode, ne cessait de me rappeler mon professeur de mathématiques.

---

1. Ancien lieutenant de Beria, Vladimir Dekanosov (1898-1953) passe en mai 1939 aux Affaires étrangères. Il est nommé ambassadeur à Berlin en novembre 1940, peu après la visite de Molotov.

Ce n'était pas seulement par l'aspect. Même dans son argumentation et dans sa façon de s'exprimer, Molotov avait quelque chose d'une précision arithmétique et d'une logique irréfutable. Dans ses mathématiques diplomatiques, il s'interdisait toutes les fioritures et se tournait fréquemment, avec un air de reproche comme devant une classe, vers Ribbentrop et par la suite vers Hitler, qui se perdaient en généralités et en formules vagues.

Dekanosov suivait la conversation avec une attention concentrée, sans s'y mêler d'aucune façon et en conservant un visage d'une impassibilité absolue.

« Aucune puissance terrestre ne peut plus rien empêcher au fait que le commencement de la fin est désormais venu pour l'Empire britannique... » commença Ribbentrop en amorçant la discussion par le défilé de disques habituels. Il devait avoir choisi ce jour-là une aiguille particulièrement dure, car les oreilles me faisaient déjà mal au bout de quelques mesures. Molotov ironisa, par la suite, sur le ton grandiloquent de Ribbentrop en parlant de « l'Angleterre, que vous supposez avoir déjà vaincue ».

« L'Angleterre est vaincue ! Ce n'est plus qu'une question de temps avant qu'elle consente à admettre sa défaite... » poursuivit Ribbentrop. « Si les Britanniques ne veulent pas admettre immédiatement cette défaite, ils seront certainement contraints de demander la paix l'année prochaine... Etant donné l'extraordinaire puissance de leur position, les pays de l'Axe ne se préoccupent plus de la façon dont ils peuvent gagner la guerre, mais plutôt de la façon de terminer au plus vite une guerre déjà gagnée... », et cela continua encore sur ce ton vraiment inimitable, au véritable sens du mot. « Que peut bien penser Molotov ? » me demandai-je en le regardant écouter attentivement, toujours impassible, les paroles russes de Hilger.

Après ces vigoureux accords de l'ouverture, Ribbentrop fit cependant entendre la mélodie plus modeste des sujets qui allaient être discutés au cours de ces conversations. Il s'agissait tout d'abord du Japon. En ce mois de novembre 1940, Ribbentrop recommandait encore très chaudement un rapprochement nippo-soviétique, alors que quatre mois plus tard, Hitler et lui, lors de l'entretien avec le ministre japonais des Affaires étrangères Matsuoka que j'eus à traduire, devaient faire un demi-tour complet et lui déconseiller avec des formules aussi puissantes toute espèce de rapprochement avec les Russes. Je compris ainsi que Hitler prit entre novembre 1940 et mars 1941 sa décision fatale d'attaquer la Russie, décision qui devait sceller le sort de l'Allemagne.

Un autre sujet fut abordé par Ribbentrop devant Molotov. Je l'appellerai, par raison de commodité, le « motif du Sud ». « Tout s'oriente vers le Sud », dit le ministre allemand en prenant son air d'homme d'Etat réservé aux grandes circonstances. « Le Japon s'est déjà orienté vers le Sud et il lui faudra des siècles pour consolider ses acquisitions territoriales. » Je notai ici combien ce « motif du Sud » se mariait étrangement au thème du Japon, car si celui-ci en avait pour des siècles à s'occuper dans le Sud, il ne pouvait pas constituer une menace pour la Russie. « L'Allemagne elle-même recherchera son espace vital dans le Sud, c'est-à-dire en Afrique centrale, dans la région des anciennes colonies allemandes. » Le motif du Sud prenait ici un son rassurant, rendu nécessaire à cause de *Mein Kampf* qui indiquait, avec tant de force, l'Est comme direction d'expansion. « L'Allemagne a fixé la limite de ses zones d'influence en face de la Russie », ajouta Ribbentrop comme pour tranquilliser son interlocuteur. Puis il revint vers le Sud. « L'expansion italienne s'oriente également vers le Sud, vers les côtes africaines de la Méditerranée. » Et il arriva ainsi au point où il voulait en venir. « Est-ce que la Russie, elle aussi, ne s'orienterait pas vers le Sud pour atteindre cet accès naturel à la mer libre qui a tant d'importance pour elle ? » Je compris parfaitement qu'en cet instant on essayait, du côté allemand, de détourner la poussée séculaire des Russes vers l'Ouest et la mer libre dans une autre direction, c'est-à-dire vers le Sud, afin d'épargner au « nouvel ordre européen » de Hitler le souci qui, pour notre Europe, actuellement en gestation, s'est révélé le principal.

« De quelle mer voulez-vous parler quand vous pensez à l'accès à la mer libre ? » demanda Molotov avec une mine innocente. Ribbentrop fut un peu désarçonné par cette interruption. Ce fut seulement après de longues périphrases sur « les grands bouleversements qui se produiront partout dans le monde après la guerre », sur « le nouvel ordre des choses dans l'Empire britannique », c'est-à-dire sur le démembrement de celui-ci, qu'il arriva enfin à parler du « golfe Persique et de l'océan Indien », en faisant une allusion très nette à l'Inde.

Molotov conserva un visage impénétrable. Il n'insista pas du tout sur cette indication, tout au moins à Berlin. Mais le 26 novembre, après son retour en Russie, l'ambassadeur allemand à Moscou envoya un télégramme d'après lequel Molotov se déclarait en mesure d'adhérer à un pacte à quatre « sous condition que la région située au sud de Batoum et de Bakou en direction générale du golfe Persique fût reconnue comme centre des aspirations soviétiques ». Mais il y avait encore quatre autres conditions.

Ribbentrop aborda ensuite la question des Détroits. Il voulait substituer à l'accord de Montreux une convention entre la Russie, la Turquie, l'Italie et l'Allemagne.

Le quatrième thème de l'ouverture jouée par Ribbentrop fut l'adhésion de la Russie au pacte tripartite. « Ne pouvons-nous pas envisager, entre les trois puissances du pacte à trois et la Russie, quelque arrangement par lequel la Russie se déclarerait d'accord avec le but du pacte à trois, qui est d'empêcher l'extension de la guerre et de rétablir rapidement la paix ? »

Ribbentrop envisagea une nouvelle visite à Moscou pour discuter cette question. « Peut-être la présence des ministres des Affaires étrangères d'Italie et du Japon serait-elle utile ? Autant que je le sache, ils seraient disposés tous les deux à se rendre à Moscou. »

Finalement, Ribbentrop jeta encore la Chine dans le débat. Il insinua, sous une forme très prudente, qu'il eût volontiers servi de médiateur entre Tchang Kaï-chek et le Japon. « Je n'ai absolument pas offert la médiation de l'Allemagne, mais simplement renseigné le maréchal Tchang Kaï-chek sur le point de vue allemand », ajouta-t-il avec circonspection.

Molotov ménageait visiblement ses forces en vue du combat principal. Il n'insista nullement sur les déclarations faites par Ribbentrop, qui, d'ailleurs, n'avait pas choisi ses sujets entièrement au hasard, mais s'était contenté de reprendre les questions principales que les Russes avaient abordées avec notre ambassadeur à Moscou, le plus souvent pour se plaindre et pour critiquer.

Le Molotov aux formules précises posa simplement quelques questions. « Que signifie exactement la grande Asie orientale ? » voulut-il savoir. « Cette conception n'a rien à voir avec les zones d'influence capitales de la Russie », se hâta de répondre Ribbentrop. « Mais les zones d'influence doivent être définies avec la plus grande précision », riposta le mathématicien russe. « Nous voulons avant tout nous entendre avec l'Allemagne, souligna-t-il, et seulement après avec le Japon et l'Italie, ajouta-t-il aussitôt, dès que nous serons exactement informés sur la signification, le caractère et les objectifs du pacte à trois. »

Le gong retentit. Il annonçait l'heure du déjeuner et le round préliminaire se trouva ainsi terminé.

Dans l'après-midi, les poids lourds montèrent sur le ring et le premier round s'engagea entre Hitler et Molotov. Le cercle des assistants était le même. Hilger et Pavlov assuraient la traduction.

Hitler s'efforça tout d'abord de répondre à certains reproches formulés par les Russes au sujet de l'attitude allemande, tels qu'il les connaissait par les entretiens précédents de l'ambassadeur avec Molotov et que celui-ci reprit lui-même par la suite. « L'Allemagne est en guerre, la Russie ne l'est pas », dit Hitler. Beaucoup des mesures prises par l'Allemagne lui avaient été imposées par les nécessités du conflit. C'était ainsi que, dans leur lutte contre les Anglais, les Allemands avaient été obligés de pousser jusque dans des régions très éloignées où ne les attirait aucun intérêt politique ou économique.

Hitler parla ensuite, comme il en avait l'habitude, en termes très vagues et très généraux, des intérêts non politiques mais économiques de l'Allemagne, dans le domaine des matières premières en particulier. Cela s'appliquait aussi bien aux Balkans qu'à l'Asie. Il reconnut le droit pour la Russie d'aspirer à un débouché sur la mer libre, sans toutefois faire entendre le « motif du Sud » de Ribbentrop ; se prononça avec le vif assentiment de Molotov pour la collaboration germano-russe, et appela au combat contre les Etats-Unis qui, « non pas en 1945 mais au plus tôt en 1970 ou 1980, menaceraient sérieusement la liberté des autres nations ».

En face de Hitler, Molotov ne resta pas silencieux et observateur comme devant Ribbentrop, mais se montra très actif à sa manière. Il voulait en savoir, sur les questions intéressant la Russie, beaucoup plus que Hitler ne lui en disait. Les points sur les *i* lui importaient au plus haut point.

Avec un léger reproche dans la voix, il répondit que Hitler avait fait des déclarations générales auxquelles, dans l'ensemble, il pouvait se rallier. Mais il passa aussitôt à des questions de détail très précises, prenant le taureau par les cornes. « Est-ce que l'accord germano-soviétique de 1939, concernant la Finlande, était toujours valable ? » demanda-t-il à brûle-pourpoint. « Que comporte exactement le nouvel ordre en Europe et en Asie, et quel rôle y est réservé à l'URSS ? » poursuivit-il. « Quelle est la situation à l'égard de la Roumanie, de la Bulgarie et de la Turquie ; comment les intérêts russes dans les Balkans et dans la mer Noire sont-ils préservés ? Puis-je avoir des renseignements sur les limites de la grande Asie orientale, et que dit exactement le pacte à trois ? » Toutes ces questions s'abattirent comme grêle sur Hitler. Jamais encore un visiteur étranger ne lui avait ainsi parlé en ma présence.

Je me souvins de la colère qu'il avait éprouvée, en mai 1936, en recevant le questionnaire d'Eden, auquel il n'avait fait aucune réponse. Je me demandai comment il allait réagir aux questions de Molotov.

Il ne sauta pas sur ses pieds et ne courut pas vers la porte, comme en septembre 1938 lorsque sir Horace Wilson lui avait remis la lettre de Chamberlain. Il ne déclara pas non plus qu'il était inutile de discuter plus avant, comme il l'avait fait encore trois semaines auparavant devant Franco, à Hendaye. Il fut la douceur et la courtoisie incarnées.

« Le pacte à trois doit régler les rapports en Europe d'après les intérêts naturels des peuples européens », dit-il presque comme en s'excusant. « C'est pourquoi l'Allemagne s'adresse maintenant à l'Union soviétique pour qu'elle puisse faire connaître les régions qui l'intéressent. » Aucun règlement n'interviendrait, en tout cas, sans la collaboration de la Russie non seulement en Europe, mais aussi en Asie où elle pourrait participer à la délimitation de la grande Asie orientale en faisant valoir ses propres revendications. « L'Allemagne ne joue ici qu'un rôle d'intermédiaire. En aucun cas la Russie ne sera placée devant des faits accomplis. » Au reste il s'agissait de s'opposer à toute tentative de l'Amérique pour prendre des hypothèques sur l'Europe. « Les Etats-Unis n'ont rien à faire en Europe, ni en Afrique, ni en Asie. »

Molotov acquiesça avec chaleur à cette dernière déclaration de Hitler. Mais il manifesta moins d'enthousiasme pour les autres. Il voulait avoir des précisions avant de se prononcer sur l'adhésion de la Russie au pacte à trois. « Nous ne pourrons participer en principe au pacte à trois, dit-il froidement, que si nous sommes traités comme des partenaires et non comme un objet complémentaire, mais tout d'abord il faut définir plus précisément l'objectif du pacte, et j'ai besoin d'être exactement renseigné sur les limites de la grande Asie orientale. »

Hitler se déroba aux questions insistantes de Molotov en faisant appel aux Anglais. « Je crois que nous devrions interrompre ici l'entretien, dit-il, parce que nous risquons d'être surpris par l'alerte aérienne. » Au moment de partir, il prit l'engagement de répondre le lendemain aux questions posées.

L'allusion de Hitler à l'alerte aérienne n'était pas une simple échappatoire. Je constatai à diverses reprises, avant et après, qu'il se préoccupait toujours énormément de la sécurité de ses visiteurs officiels. C'est ainsi que, lors de la venue de Serrano Súñer, il avait fait particulièrement renforcer les caves de l'hôtel Adlon où celui-ci devait descendre. Le grand abri profond (aménagé sous la Pariser Platz auprès de cet hôtel), qui nous permit de maintenir un embryon de service aux Affaires étrangères pendant la période des grosses attaques en 1944 et 1945, avait été initialement prévu pour les hôtes officiels du gouvernement.

Les Anglais n'attaquèrent cependant pas la capitale ce soir-là et la réception donnée par Ribbentrop à son confrère russe et à la délégation soviétique, au Kaiserhof, se déroula sans incident.

La conversation reprit le lendemain entre Hitler et Molotov, celui-ci ramenant toujours le débat à des questions concrètes, insistant pour qu'on mît les points sur les *i*. Le premier « échange de coups » eut lieu au sujet de la Finlande. « Nous nous en sommes toujours tenus au protocole secret de Moscou sur la délimitation des zones d'intérêts allemande et russe, en ce qui concerne l'occupation effective de certains territoires, commença Hitler. On ne pourrait pas toujours le dire de la Russie. »

Cette dernière remarque faisait allusion à l'occupation de la Bucovine par les Russes, qui n'avait pas été prévue. « Il en est de même pour la Finlande, poursuivit Hitler ; nous n'y avons aucun intérêt politique. » Mais l'Allemagne avait besoin, pendant la guerre, du nickel et du bois fournis par ce pays, et ne pouvait donc pas permettre qu'il fût entraîné dans des événements militaires susceptibles de provoquer une action des Anglais, une intervention de la Suède, et par conséquent mettre la Baltique en danger. « L'Allemagne livre à l'Angleterre un combat à la vie et à la mort ! dit énergiquement Hitler ; elle ne peut tolérer rien de semblable ! »

« S'il existe une bonne entente entre la Russie et l'Allemagne, répliqua Molotov imperturbablement, la question finlandaise peut être réglée sans guerre. » Et il ajouta incisivement : « Mais il ne doit pas y avoir de troupes allemandes en Finlande, ni de démonstrations politiques contre le gouvernement soviétique. »

« Je n'ai pas à m'occuper de ce deuxième point, répondit Hitler calmement mais fermement, car nous n'y sommes absolument pour rien ! » Et il fit observer sur un ton sarcastique : « D'ailleurs il est facile d'organiser des démonstrations et l'on ne sait jamais exactement quel en est l'instigateur. » Il n'hésitait pas à dire les choses crûment, contrairement à son habitude avec ses interlocuteurs occidentaux.

Au sujet des troupes allemandes qui auraient simplement touché le territoire finlandais en se rendant vers la Norvège septentrionale, il pourrait donner des assurances à Molotov si un accord général sur la question était obtenu.

« En parlant de démonstrations, je voulais parler aussi de l'envoi de délégations en Allemagne, ou de la réception à Berlin de hauts personnages finlandais », dit Molotov. « Le gouvernement soviétique considère comme un devoir de régler définitivement la question finlandaise. » Pour cela, aucune nouvelle convention n'était nécessaire, car l'ancien accord germano-russe avait, d'une façon très claire, inclus la Finlande dans la zone d'influence russe.

« Nous avons besoin de calme en Finlande à cause du nickel et du bois », s'échauffa alors Hitler. « Un conflit dans la Baltique pourrait avoir des conséquences imprévisibles sur les relations germano-russes. »

« Il ne s'agit pas de la Baltique mais uniquement de la Finlande », rétorqua incisivement Molotov.

« Pas de guerre avec la Finlande ! » répéta Hitler.

« Alors vous vous écartez de notre accord de l'an dernier… » répliqua le Russe avec obstination.

Les questions et les réponses se succédaient comme des coups de poing. Le ton ne fut jamais violent mais la discussion fut menée des deux côtés avec une âpreté rare. Ribbentrop se crut même obligé d'intervenir d'une façon conciliante.

Hitler en vint à parler à son tour du « motif du Sud », essayant de transformer la poussée russe vers l'Ouest en une poussée vers le Midi. Il parla « des avoirs à répartir après la faillite de l'Empire britannique ». Il ne désigna pas l'Inde nominativement, mais fit une allusion sans ambiguïté à « une région du Sud purement asiatique que l'Allemagne reconnaissait déjà comme faisant partie de la zone d'influence russe ».

Molotov ne se laissa pas égarer. Il préférait parler de choses concernant plus directement l'Europe. « Vous avez donné à la Roumanie une garantie qui ne nous plaît pas, dit-il en s'adressant à Hitler. Cette garantie vaut-elle également à l'encontre de la Russie ? »

« Elle vaut contre quiconque attaquera la Roumanie », répliqua crûment Hitler ; cependant il ajouta aussitôt d'un ton plus doux : « Mais cette question ne saurait devenir aiguë en ce qui vous concerne. Vous avez conclu un accord avec les Roumains il y a peu de temps. »

« Que diriez-vous, interrogea Molotov, si nous donnions à la Bulgarie une garantie analogue à celle que vous avez donnée à la Roumanie et dans les mêmes conditions, c'est-à-dire en y envoyant une forte mission militaire ? » La Bulgarie était un Etat indépendant qui se trouvait à proximité des Dardanelles et présentait donc une grande importance pour la Russie.

« Si vous voulez donner à la Bulgarie une garantie dans les mêmes conditions que celle donnée par nous à la Roumanie, dit Hitler, je dois d'abord vous demander si la Bulgarie a réclamé une telle garantie, comme la Roumanie l'avait fait. »

Molotov répondit par la négative, mais déclara que la Russie s'entendrait certainement avec la Bulgarie à ce sujet et souligna qu'il ne pouvait être question de s'immiscer dans les affaires intérieures du pays. Il pria alors Hitler de répondre à sa question.

« Il faut que j'en parle d'abord au Duce... » se déroba Hitler. Molotov ne lâcha pas prise et réclama de nouveau une réponse de Hitler « en tant qu'inspirateur de toute la politique allemande ». Hitler ne répondit pas.

A propos de la Bulgarie, la question des Dardanelles fut encore évoquée. Comme Ribbentrop la veille, Hitler voulait également profiter de l'occasion pour procéder à une révision de l'accord de Montreux, tandis que Molotov entendait avoir « une garantie contre une attaque de la mer Noire par les Dardanelles, mais pas seulement sur le papier ». A cet effet, il désirait arriver à une entente directe avec la Turquie, la couverture latérale du Détroit étant assurée par la garantie donnée à la Bulgarie qui devrait recevoir « un accès à la mer Egée ». Quelques jours plus tard, le 26 novembre, l'ambassadeur allemand à Moscou signala que Molotov réclamait « des bases terrestres et navales dans la région du Bosphore et des Dardanelles, sous la forme d'un bail à long terme », et proposait la rédaction d'un protocole « sur les mesures militaires et diplomatiques nécessaires au cas où la Turquie refuserait son adhésion ».

Ainsi furent exposées les questions principales qui intéressaient alors la Russie (et l'intéressent toujours aujourd'hui). On se rendra compte du ton sur lequel fut mené tout l'entretien d'après les quelques exemples que j'ai donnés parmi les plus marquants « échanges de coups » dans le jeu des demandes et des réponses.

En ce deuxième après-midi, Hitler et Molotov se lancèrent encore toute une série de « pointes » sur des sujets tels que Salonique, la Grèce, etc., et, comme Ribbentrop, Hitler se prononça en faveur d'un rapprochement russo-japonais. Les Anglais fournirent encore un prétexte pour terminer ce pénible entretien.

Molotov nous offrit un banquet à l'ambassade de Russie, mais Ribbentrop y vint seul, sans Hitler. Dans les magnifiques salons restés intacts de l'ambassade tsariste, Unter den Linden, sous les yeux de Lénine, pour ainsi dire, dont le buste trônait à la place d'honneur, on nous servit les plus magnifiques produits de la Russie, avant tout du caviar et de la vodka, naturellement. Aucune table de capitaliste, ou plutôt de ploutocrate, comme on traduisait le mot dans le langage du IIIe Reich, n'aurait pu être plus richement servie. Tout était arrangé avec un goût exquis dans ce milieu de la vieille Russie. Nos hôtes se montrèrent extrêmement aimables, de sorte que, en dépit des difficultés de langage, l'ambiance devint très animée. Molotov prononça un toast amical. Juste comme Ribbentrop allait lui répondre, les Anglais s'annoncèrent en trouble-fête dans ces agapes germano-russes. L'alerte préparatoire fut sonnée et chacun se hâta de quitter l'ambassade car la plupart des invités voulaient rentrer chez eux en voiture.

Ribbentrop emmena Molotov dans son abri. Je ne participai pas à cet entretien car j'avais à peine atteint l'hôtel Adlon quand les Anglais arrivèrent ; mais Hilger me raconta le lendemain comment la conversation s'était déroulée.

Comme je m'y attendais, ç'avait été essentiellement une répétition des trois conversations précédentes. Molotov s'était encore un peu plus déboutonné, et avait manifesté de l'intérêt non plus seulement à la Turquie et à la Bulgarie mais encore à la Roumanie, à la Hongrie, à la Yougoslavie, à la Grèce et à la Pologne. Une de ses remarques, sur les intérêts russes en Baltique, avait fait une impression particulièrement forte sur Ribbentrop. Celui-ci et Hitler y revinrent fréquemment par la suite dans des conversations auxquelles j'assistai, avec d'autres visiteurs, pour leur démontrer qu'il était impossible de s'entendre avec l'Union soviétique. Dans l'abri, Molotov avait fait connaître que la Russie ne se désintéressait pas des accès à la Baltique, et avait parlé du Cattégat et du Skagerrak.

Il quitta Berlin le lendemain avec sa délégation. Depuis les entretiens avec Chamberlain lors de la crise des Sudètes, je n'avais plus connu d'explications aussi vives que celles qui s'échangèrent alors entre Hitler et Molotov. Je suis convaincu que c'est au cours de ces journées que Hitler prit la décision d'attaquer la Russie soviétique et c'est aussi la conclusion exprimée par l'ancien secrétaire

d'Etat américain Byrnes[2] dans son livre *Cartes sur table*.
Ce fut la dernière fois que la forme et le fond se répondirent, en quelque sorte, dans ce genre d'entretiens. Tous
ceux auxquels je participai par la suite, jusqu'à la fin de
la guerre, ne furent plus qu'une espèce de jeu d'ombres
sous un ciel politique s'obscurcissant de plus en plus par
l'effet des nuées d'orage qui s'y accumulaient.

Il y eut une seule exception, un seul entretien qui fut
un peu plus qu'un jeu d'ombres, celui que Hitler et Ribbentrop eurent quatre mois plus tard à Berlin avec un
autre envoyé de l'Orient, le ministre japonais des Affaires
étrangères, Matsuoka.

Le nom sonore de ce petit homme d'Etat, qui vint faire
une visite officielle en Allemagne à la fin de mars 1941,
fut pendant quelques jours sur toutes les lèvres des habitants de la capitale. Par hasard, les Berlinois le prononcèrent clairement, sans le déformer, comme ils avaient
coutume de le faire, par exemple au temps de la signature du pacte Kellogg qu'ils surnommèrent « Kellerloch »
(soupirail). J'eus maintes fois à sortir avec Matsuoka en
voiture découverte, à travers les rues de la ville, et je pus
donc observer de très près la réaction de la population.
« C'est le Matsuoka ! » criait-on constamment de la foule
qui s'assemblait soit devant la chancellerie, soit devant le
château Bellevue au Tiergarten. « Fais bien attention que
le petit ne passe pas sous la voiture ! » me cria un jour
un gros Berlinois qui se trouvait parmi les spectateurs.
Matsuoka crut qu'il s'agissait d'une ovation et leva son
haut-de-forme avec une solennité tout asiatique.

Je le connaissais depuis 1931 où il avait dirigé, à
Genève, la délégation nippone chargée de défendre les
intérêts du Japon devant la Société des Nations lors du

---

2. Sénateur, conseiller budgétaire de Roosevelt, James Francis
Byrnes (1882-1972) est nommé en 1941 juge à la Cour suprême.

conflit de Mandchourie. En le revoyant à Berlin, je me souvins aussitôt de la façon dont, de toute la force de ses poumons, il avait crié « *Anarchy in China !* » devant la salle pleine à craquer.

Cette époque de 1931 avait revécu dans mon souvenir lorsque je m'étais rendu, le 26 mars 1941, à la gare d'Anhalt, « avec la tête du Parti et de l'Etat », pour attendre l'arrivée du train spécial amenant Matsuoka. Une telle « gare », mot par lequel nous désignions ces sortes de cérémonies aux Affaires étrangères, constituait toujours une espèce de spectacle de revue à l'avant de la scène diplomatique. Avec tous ses gens en uniforme, et quels uniformes ! couverts d'or ou d'argent, la scène représentait plutôt un studio qu'une réception diplomatique. Un long tapis rouge qui traversait tout le quai attirait les regards. Tout au long, les groupes de personnages étaient répartis, organisés d'après leur ordre de préséance. En avant : « Lui », le ministre des Affaires étrangères du Reich avec l'expression d'une étoile de cinéma, costumé en homme d'Etat des pieds à la tête, tout au moins en apparence et malheureusement seulement en apparence. A côté de lui, le baron von Dörnberg, chef du protocole, haut comme un arbre, qui dirigeait magistralement l'orchestre diplomatique à la manière d'un Furtwängler, veillant que les « solistes » ne manquassent pas leur entrée, et surtout que l'étoile, le RAM (comme on appelait le ministre des Affaires étrangères à cause de la manie d'abréviation qui caractérise la bureaucratie moderne de tous les pays, et à cause du goût pour les formules incompréhensibles), entrât au bon moment sous la lumière des sunlights, à l'instant capital où l'Orient et l'Occident, sous la forme des deux ministres, se serreraient la main, c'est-à-dire à la seconde précise qui suivrait l'arrêt du train.

Pour que cette scène se déroulât exactement comme il était prévu au « scénario », ou plutôt au programme minuté, il fallait qu'une autre condition fût remplie. Il fallait que la portière avant du wagon-salon s'arrêtât avec précision juste au point du quai d'où partait le tapis rouge. Avec un train comportant de douze à quinze wagons, c'est une sorte de tour de force, comme peut le confirmer n'importe quel technicien. Il ne fut cependant pas une seule fois manqué au cours des innombrables réceptions de ce genre auxquelles j'assistai. Pour cela, il était nécessaire de mesurer avec précision la longueur du train à la dernière gare d'arrêt avant l'arrivée à Berlin, de calculer de combien se comprimeraient les tampons des divers wagons pour une force de freinage déterminée, et de mettre au point bon nombre d'autres détails analogues. Cela réussissait toujours cependant, quoique le train s'arrêtât quelquefois si brusquement (comme lors d'une des nombreuses visites de Mussolini) que les têtes des dignitaires étrangers passées aux fenêtres se cognaient contre le cadre de celles-ci, ce qui rendait fort pénibles les sourires prévus juste à ce moment dans le scénario international.

Tout se passa sans incident pour Matsuoka. Son train entra lentement dans la gare et s'arrêta avec la précision du cheveu à la hauteur du tapis. Le représentant de l'Extrême-Orient, qu'on apercevait déjà depuis un certain temps à la portière, descendit les marches du wagon juste au moment fixé. Solennellement le RAM et sa suite s'avancèrent au-devant de lui ; salutations ; présentation des collaborateurs ; éclairs de magnésium des photographes ; projecteurs des tourneurs d'actualités ; foule trépidante ; chœurs d'enfants ; léger arrêt de repos dans la prétendue « chambre des princes » (salon de réception pour les invités officiels à la gare d'Anhalt) ; puis acclamations sur la place de la Gare, musique militaire, hymnes nationaux, défilé devant la compagnie d'honneur des deux ministres qui avaient l'air de Pat et Patachon, alors que leur différence de taille déjà assez comique était rendue encore plus ridicule par la présence constante à leurs côtés du chef du protocole, haut de plus de deux mètres.

Le petit et gentil Japonais, au visage cérémonieux, coupé d'une petite moustache noire, au nez surmonté de lunettes à monture d'or, ressemblait presque à un enfant ayant échappé à ses parents au cours d'une fête. On se sentait presque le désir d'aller le prendre par la main pour le faire sortir doucement de la cohue et du bruit. Combien il était différent, entouré des Allemands à haute stature qui, littéralement, le regardaient de haut en bas, de l'homme que j'avais vu jadis, à Genève à la tribune des orateurs, lancer son « *Anarchy in China !* ».

Dans les rues que nous eûmes à suivre pour nous rendre au château Bellevue, l'enthousiasme de la population avait été « organisé » comme il est habituel dans une dictature. Les régisseurs, des hommes du Parti cette fois, avaient pensé à tout, jusqu'à des milliers de petits drapeaux de papier aux couleurs du Soleil-Levant et qui furent distribués à la dernière minute, par des camions, aux gens assemblés dans la « Via Spontana ». Quelqu'un avait dû découvrir que c'était une coutume charmante, lors des réceptions au Japon, et Berlin avait été japonisé en un clin d'œil. L'« enthousiasme » des Berlinois, au début, ne se distingua en rien de celui de tant d'autres visites officielles, depuis celles de Mussolini jusqu'à celle du führer des Croates, le soi-disant Poglavnik.

L'intérêt devint plus personnel au cours des jours suivants, lorsqu'on commença à mieux connaître le petit Oriental. Avec l'instinct qu'il a pour les situations comiques, le Berlinois reconnut bientôt combien toutes ces cérémonies prenaient un air d'opérette, et, à mesure que la visite se prolongea, une ambiance à la Gilbert et Sullivan[3] se développa dans les rues que suivait Matsuoka.

---

3. Sir William Gilbert (1836-1911) rédigea les livrets de plusieurs opéras-comiques célèbres de l'ère victorienne dont sir Arthur Sullivan composa la musique.

Dès le lendemain de son arrivée eut lieu la première rencontre avec Hitler. Le cérémonial de ces sortes d'entrevues a été souvent décrit. Il ressemble sur beaucoup de points à celui des « gares ». Les accessoires étaient d'ailleurs les mêmes, comme les figurants. La seule chose remarquable était la traversée du hall de la nouvelle chancellerie, qui avait 150 mètres de long et permettait de constater immédiatement si le visiteur était à l'aise sur les « parquets glissants ». A vrai dire, il n'y avait pas de parquet, mais des dalles de marbre rose sombre, mais si polies qu'elles obligeaient à n'avancer qu'à tout petits pas, prudemment mesurés, pour parcourir les 150 mètres au bout desquels s'ouvraient les lourds vantaux de l'antichambre du cabinet de travail de Hitler. Le ministre d'Etat Meissner, grand maître des cérémonies chez celui-ci, y maniait le sceptre, ne laissant arriver que bien peu de personnes jusqu'à ce sanctuaire. Toutes les autres, même celles qui étaient revêtues des plus magnifiques uniformes, étaient détournées par ses subordonnés, poliment mais fermement, vers des antichambres ou des couloirs où elles se trouvaient en quelque sorte isolées et triées.

Ainsi, ce 27 mars 1941, en dehors de Hitler et de Matsuoka, il n'y avait que Ribbentrop et les deux ambassadeurs : Ott de Tokyo, Oshima de Berlin, lorsque la conversation commença. Au reste, Hitler avait au tout dernier moment reculé l'heure de la rencontre, car il avait justement reçu la nouvelle que le gouvernement yougoslave de Zwetkowitch et du prince régent Paul avait été renversé par un coup d'Etat, et que l'état de siège avait été proclamé à Belgrade.

J'avais assisté quelques jours plus tôt, à Vienne au château du Belvédère, à l'adhésion de la Yougoslavie au pacte à trois, qui s'était faite selon le cérémonial accoutumé. Il avait fallu une assez forte pression allemande pour amener les Yougoslaves à apposer leur signature au bas du document dont la date était si curieusement rédigée. Des gens bien informés avaient prévenu qu'il ne fallait pas exagérer cette pression, car le gouvernement était capable de ne pas résister à l'épreuve devant son opinion publique. Le ministre allemand, Heeren, surtout, s'était prononcé contre une signature prématurée de ce pacte par la Yougoslavie. Mais, comme si souvent, le vent avait emporté les conseils de ces « diplomates timorés ». La pression s'était accrue, Zwetkowitch avait signé à Vienne (après la cérémonie, je parvins à boire un « Slibowitch » avec Zwetkowitch, gagnant ainsi le pari que j'avais gagé de réaliser cette rime balkanique…) et la calamité s'était produite quelques jours plus tard, comme les « timorés » l'avaient annoncé.

Tandis que Hitler, écumant de rage, donnait l'ordre d'attaquer la Yougoslavie, Ribbentrop avait commencé à parler avec Matsuoka. Il joua au visiteur, comme à l'ordinaire, le vieux disque de l'énorme supériorité militaire allemande. Depuis la visite de Molotov il mettait cependant une aiguille beaucoup plus douce. Le refrain de la guerre déjà gagnée avait été remplacé par l'affirmation que toute tentative faite par l'Angleterre pour débarquer et prendre pied sur le continent serait réduite à néant. Par ailleurs, l'Allemagne avait une gigantesque armée de réserve « qui pouvait paraître à tout moment et en tout lieu où le Führer estimait sa présence nécessaire ».

Celui qui avait l'oreille fine, plus particulièrement celui qui connaissait les projets d'agression déjà arrêtés dans l'esprit de Hitler contre l'Union soviétique, pouvait entendre résonner dans ces mots, pour la première fois, le motif russe qui retentit sous les variations les plus extrêmes, tout au long des palabres avec Matsuoka, à côté d'un autre déjà ancien mais sensiblement modifié : le « motif du Sud » qui consistait à lancer le Japon sur l'Angleterre en Extrême-Orient et fut le thème principal des entretiens.

« Tout à fait entre nous, monsieur Matsuoka, dit Ribbentrop à la fin de cette conversation préliminaire, je puis vous dire que les rapports actuels de l'Allemagne avec l'Union soviétique sont corrects, mais pas particulièrement amicaux. » C'était formuler d'une manière très adoucie ce que j'avais pu constater moi-même lors du séjour de Molotov à Berlin. « Après la visite de Molotov, poursuivit Ribbentrop en se faisant encore plus clair, où nous avons offert à la Russie de participer au pacte à trois, les Russes nous ont posé des conditions inacceptables. Nous devions sacrifier nos intérêts en Finlande, leur abandonner de fortes positions d'influence dans les Balkans, et leur reconnaître des points d'appui dans les Dardanelles. Mais le Führer ne peut y consentir. »

Matsuoka conserva son expression impassible d'Asiatique, ne laissant absolument rien entrevoir de ce que ces curieuses révélations lui donnaient à penser.

Par la suite des conversations, Hitler et Ribbentrop revinrent constamment sur ce point, car ils tenaient manifestement à détruire chez le Japonais l'idée que l'Allemagne et l'Union soviétique vivaient en bonne entente, pour l'empêcher de travailler encore à une amélioration des relations russo-japonaises. Un tel rapprochement, étant donné l'explication projetée avec la Russie soviétique, n'eût plus cadré du tout avec le tableau politique tel que l'imaginait l'Allemagne.

J'observai avec beaucoup d'intérêt que ces déclarations sur le conflit imminent avec l'URSS devinrent de plus en plus nettes, sans toutefois aller jusqu'à appeler la chose par son véritable nom.

Ce fut ainsi que Ribbentrop se plaignit ouvertement, à un autre propos, de l'attitude de plus en plus inamicale adoptée par les Soviets envers l'Allemagne, et qu'il jeta encore un autre argument dans le débat : « Depuis que sir Stafford Cripps[4] est devenu ambassadeur à Moscou, les rapports entre l'Union soviétique et l'Angleterre sont secrètement devenus très étroits. Quelquefois même cela se manifeste ouvertement », déclara Ribbentrop à Matsuoka attentif ; puis il continua sur ce ton quelque peu arrogant qu'il prenait souvent : « Je connais personnellement Staline et je ne le crois pas enclin aux aventures mais, bien entendu, il me serait impossible d'affirmer quelque chose de précis à cet égard. » Il arriva ainsi au point où il voulait en venir dès le début et qu'il aborda avec une franchise qui me surprit.

« Si l'Union soviétique devait prendre un jour une attitude considérée comme une menace par l'Allemagne, alors le Führer écraserait la Russie ! »

A ces mots, même les yeux impénétrables de Matsuoka jetèrent un éclair, tant il fut étonné des perspectives qui s'ouvraient devant lui. Il prit ensuite une expression si préoccupée que Ribbentrop se crut sans doute obligé de le rasséréner et de lui administrer un calmant.

« L'Allemagne est absolument certaine, dit-il, en appuyant sur chaque mot, qu'une guerre contre l'Union soviétique se terminerait par la victoire complète des armes allemandes et par une destruction totale de l'armée ainsi que de l'Etat russes ! »

Au regard effrayé de Matsuoka, Ribbentrop dut s'apercevoir qu'il s'était trompé de pilule et qu'il était allé trop loin dans ses révélations. Il ajouta donc rapidement : « Mais je ne crois pas que Staline suive jamais une politique imprudente. »

Puis le « motif du Sud » joua de nouveau. « La meilleure façon d'atteindre le but que se propose le pacte à trois, empêcher l'élargissement de la guerre, c'est-à-dire

---

4. Se situant sur la gauche de l'échiquier britannique, Stafford Cripps (1889-1952) est nommé en 1940 par Churchill ambassadeur en Union soviétique. A son retour de Moscou, en 1942, il entre dans le War Cabinet.

en tenir, par la crainte, les Etats-Unis en dehors, dit Ribbentrop, serait que les cosignataires se missent d'accord
sur la façon de vaincre décisivement l'Angleterre... » et
il lia cette allusion transparente à l'invitation, pour le
Japon, de s'emparer de Singapour.

La conversation fut interrompue en ce point. Un messager vint chercher Ribbentrop en vue d'un entretien
avec Hitler au cours duquel la guerre contre la Yougoslavie fut décidée.

Je profitai de la pause pour échanger quelques mots
avec Matsuoka. Je lui racontai avec quel intérêt j'avais
suivi ses efforts pour régler la question de Mandchourie,
et combien je me souvenais encore vivement de la sortie
de la délégation japonaise, hors de la salle des séances
de la Société des Nations.

« Mais oui, me répondit-il, je n'ai pas opéré alors avec
beaucoup de bonheur. Si nous étions restés à la Société
des Nations et si le point de vue japonais avait pu être
partagé par les pays membres, ma mission aurait été un
succès. Aussi ai-je considéré notre départ de la Société
des Nations comme un échec. »

Je lui aurais bien répondu : « Il n'y a pas eu que le
départ du Japon qui fut un échec », mais c'était une opinion personnelle qui eût été déplacée dans un tel entretien.

La conversation avec Hitler, reculée à cause de la
crise yougoslave, eut lieu ce même 27 mars 1941, dans
l'après-midi. Hitler posa encore au grand vainqueur,
parla des succès des sous-marins et de la maîtrise de la
Luftwaffe. « Je vous conseille, dit-il à Matsuoka, de vous
rendre compte par vous-mêmes des bien faibles dégâts
occasionnés à Berlin par les Anglais et de les comparer
aux énormes dévastations que nous avons infligées à
Londres. Vous pourrez alors vous faire une idée de notre
supériorité aérienne. » Contrairement à son ministre des
Affaires étrangères, devenu plus réservé, il continua à

soutenir le point de vue que l'Angleterre avait déjà perdu la guerre.

« Il s'agit simplement maintenant que l'Angleterre soit assez intelligente pour reconnaître sa défaite. Nous verrons alors s'écrouler les personnalités du gouvernement britannique qui sont responsables de cette politique insensée de la Grande-Bretagne ! »

L'Angleterre n'avait plus que deux espoirs. Le premier était celui du concours américain « mais, en admettant même qu'il parvienne jusqu'aux îles Britanniques, il sera trop faible et arrivera trop tard ». Le second était l'intervention de la Russie soviétique.

Hitler aboutissait ainsi à l'un des deux principaux thèmes. Il le traita dans le même sens que Ribbentrop mais en enfonçant moins les portes que son conseiller diplomatique. Il n'utilisa qu'occasionnellement, et comme par routine, les mêmes formules que lui. Elles furent d'ailleurs reprises ultérieurement par Goering avec cette uniformité stéréotypée qui m'avait tant frappé, en particulier lors de la visite de Sumner Welles.

Sur le second thème, le « motif du Sud », Hitler fit observer qu'il lui paraissait extrêmement désirable de maintenir l'Amérique en dehors du conflit. Ce point lui tenait évidemment à cœur car il y revint plusieurs fois au cours de ses entretiens avec Matsuoka. L'un des moyens les plus propres à atteindre ce but serait d'attaquer résolument l'Angleterre, c'est-à-dire pour le Japon de s'emparer de Singapour. Une telle occasion ne se représenterait pas de sitôt. Aussi le Japon devait-il s'engager rapidement. « Et dans une telle entreprise il n'avait rien à redouter de la part de la Russie, à cause de la puissance de l'armée allemande. »

Toutes ces indications furent entourées d'un brillant feu d'artifice de rhétorique avec lequel Hitler se grisait lui-même de la situation politique et militaire. Il jonglait avec les effectifs et paraissait posséder tous les détails de l'armement et de la stratégie dans la tête.

Le petit Matsuoka restait silencieux en face de lui. Jusque-là, il n'avait pas encore pu placer un seul mot, partageant en cela le sort de bien d'autres interlocuteurs du dictateur allemand.

Mais celui-ci se tut finalement, croyant avoir sans doute bien préparé le terrain, et il regarda le Japonais d'un air engageant. Lentement et avec circonspection les mots commencèrent à tomber des lèvres de Matsuoka. Il parlait en anglais, langue qu'il possédait excellemment grâce à ses longs séjours en Amérique. Il se déroba devant l'allusion à Singapour faite par Hitler. Personnellement, il se déclarait convaincu de la justesse de l'argumentation allemande, « mais pour le moment je ne peux prendre aucun engagement ferme au nom du Japon », ajouta-t-il avec une certaine énergie.

La déception éprouvée par Hitler en entendant ces paroles se peignit clairement sur son visage. Comme pour s'excuser, Matsuoka déclara qu'il était partisan, lui-même, d'une action rapide, mais qu'il ne parvenait pas à faire prévaloir sa façon de voir dans son pays. Suivit alors un exposé d'une étonnante franchise, tout à fait inhabituel en cette sorte d'entretiens, sur l'opposition que sa politique énergique rencontrait au Japon. Cette opposition venait des intellectuels, des Japonais élevés en Amérique ou en Angleterre, dont la pureté des traditions avait été corrompue par le contact avec le monde occidental. L'économie, la Cour, tout semblait s'être conjuré pour gêner Matsuoka. En prenant mes notes, j'avais l'impression d'entendre un éditorial de Goebbels, en langue anglaise, sur la situation intérieure allemande.

Ces déclarations de Matsuoka m'eussent paru encore plus piquantes si j'avais su ce que nous savons aujourd'hui, c'est-à-dire que presque au même moment, un autre envoyé japonais rencontrait le président Roosevelt, le

14 mars 1941, et se plaignait semblablement de Matsuoka. C'était l'ambassadeur nippon à Washington, Nomura, qui déclarait ouvertement que son ministre des Affaires étrangères ne parlait si haut que pour pouvoir mieux agir à l'intérieur et parce qu'il était poussé par l'ambition personnelle. Mais le Japon ne pouvait se laisser entraîner dans des projets aussi téméraires que ceux de Matsuoka. La situation en Europe devenait de plus en plus « désastreuse » ; il fallait donc que le Japon et les Etats-Unis collaborassent pour sauvegarder la paix !

Au sujet du voyage à Berlin de Matsuoka, Nomura déclara qu'il s'agissait simplement d'une politesse faite au gouvernement allemand et qu'il ne fallait pas prendre trop au sérieux les déclarations belliqueuses proférées par lui dans la capitale du Reich. Cordell Hull, alors ministre américain des Affaires étrangères, nous dit cependant qu'il ne fut pas complètement satisfait par ces explications. « Vous devez comprendre, dit-il à Nomura, que cette façon qu'a Matsuoka de faire les yeux doux à l'Axe, ses tapageuses déclarations en se rendant à Berlin, et la concentration de forces navales et aériennes aux environs de l'Indochine et de la Thaïlande, font ici, en Amérique, une très mauvaise impression. »

Ces intéressantes conversations se déroulaient, comme je l'ai dit, sans que nous en fussions informés, à peu près au moment où Matsuoka causait avec Hitler à la chancellerie.

En dépit de sa réaction décevante à l'invitation d'attaquer Singapour, le ministre nippon ne nous annonça pas moins que cette opération avait été l'objet d'études précises de la part des militaires et que ceux-ci estimaient à trois mois le temps nécessaire pour l'exécution. Par prudence, il comptait, lui, sur six mois. Mais ces longs délais asiatiques constituèrent une nouvelle déception pour l'impatient Hitler.

Ainsi, l'entrevue ne donna aucun résultat concret sur le point qui intéressait au plus haut degré l'Allemagne, c'est-à-dire la participation du Japon à la guerre contre l'Angleterre. Ribbentrop essaya encore à plusieurs reprises d'obtenir quelque engagement de la part de Matsuoka, mais la prudence asiatique l'emporta sur l'obstination westphalienne du ministre.

Au cours de son séjour à Berlin le Japonais alla également voir Goering au Carinhall, où il entendit exactement les mêmes choses que chez Hitler et Ribbentrop, quoique, peut-être, sous une forme un peu plus habile.

Le Carinhall s'était encore développé dans l'intervalle. Dans ses couloirs, on avait souvent l'impression de se trouver dans une galerie de musée. Le petit homme de l'Extrême-Orient paraissait encore plus minuscule et plus fragile dans le cabinet de travail de Goering, meublé de sièges puissants et d'un bureau massif, et encore plus, naturellement, dans la grande salle aux énormes poutres. Dans la somptueuse salle à manger dont tout un côté était une verrière géante, on s'étonnait presque que Matsuoka, à moitié englouti par son siège, pût contempler l'immense et fabuleuse table, couverte de la plus magnifique argenterie et d'abondantes corbeilles de fleurs. Cette ambiance semblait exercer sur lui un effet presque écrasant. Perdu dans ses rêves, il contemplait longuement le paysage de neige qui s'étendait devant l'énorme fenêtre. En regardant les arbres couverts de flocons, dressant leur silhouette tourmentée sur le ciel gris de mars, il me dit : « Cela me rappelle les images que nous aimons au Japon. Ce spectacle merveilleux me donne la nostalgie. Il me fait aussi penser à mon nom, car Matsuoka signifie à peu près "montagne des pins". »

M. « Montagne des Pins » examina aussi avec un vif intérêt la décoration florale de la table. Jamais encore, au cours d'une visite officielle, je n'avais vu hôte s'occuper avec autant de dilection de ces choses.

Il manifesta encore d'autres traits de caractère. Il me déclara, en particulier, qu'il se trouvait extraordinairement bien au château de Bellevue, dans le Tiergarten, parce qu'il était situé au centre de la ville au milieu d'un grand parc « où l'on pouvait même entendre les oiseaux chanter ».

« J'ai souvent inquiété les sentinelles placées autour de la maison, me dit-il ingénument, en sortant en vêtement de nuit, sur ma terrasse, pour écouter les oiseaux. » Il m'arriva quelquefois de sourire un peu de ce ministre des Affaires étrangères du Japon qu'on s'attendait, à Berlin, à voir se ruer impétueusement sur Singapour.

Mais il ne fut pas seulement silencieux et rêveur en cet après-midi passé chez Goering. D'une manière assez inattendue, il se pencha vers moi, pour ne pas être entendu des autres convives, et me dit : « Savez-vous qu'on raconte à l'étranger qu'il – et il indiquait notre hôte d'un geste de la tête – est un peu fou ?... »

Je connaissais naturellement l'histoire, mais je pris le visage étonné que prescrit le code diplomatique en pareil cas, et que dans les caricatures on exprime ordinairement par plusieurs points d'interrogation placés au-dessus de la tête du personnage. Ces points d'interrogation durent être particulièrement perceptibles, car il se rapprocha encore un peu plus, et reprit : « Oui, oui, c'est exact... Il y aurait même des preuves qu'il a séjourné dans une maison de santé... » et pour renforcer cette déclaration il se mit à frapper sa paume gauche avec deux doigts minuscules, ce qui, au Japon, se fait couramment paraît-il au cours d'une argumentation difficile.

Je gardai le silence, un peu « interdit », en faisant effort sur moi-même pour conserver mon sérieux. De pareils propos, exprimés par l'invité d'honneur dans cette atmosphère de grand luxe, au sujet de l'hôte assis à l'autre bord de la table, heureusement démesurément large, n'eussent été vraiment à leur place que dans un film de Walt Disney, avec accompagnement de saxophone. Mon silence ou, peut-être, l'expression de douleur que donnèrent à mon visage mes efforts pour ne pas éclater de rire éveillèrent probablement la compassion dans le cœur du bon « M. Montagne des Pins », car il chercha à adoucir ma peine : « Mais il n'y a pas à ajouter foi à de tels propos ; beaucoup de gens disent la même chose de moi au Japon. Ils disent : *Matsuoka is crazy*, Matsuoka est fou ! »

Dans de telles situations un malheur arrive rarement seul, et le hasard voulut qu'au moment où l'ambassadeur du lointain Extrême-Orient prononçait ces paroles importantes, un silence se fit dans la conversation générale, ainsi qu'il arrive fréquemment, parce que personne ne sait plus que dire à son voisin. Et dans ce silence, les mots *Matsuoka is crazy*, prononcés avec véhémence, eurent beaucoup de résonance.

Je fus naturellement immédiatement assailli de questions. Qu'avait-il dit ? Il me fallut allier la science de l'interprète à l'art diplomatique. J'expliquai en souriant que nous parlions de la sortie du Fils du Soleil-Levant hors de la salle de la Société des Nations, ce qui me soulagea car j'eus enfin une raison plausible pour rire.

Bien entendu, Goering conduisit Matsuoka dans tous les coins de la maison. Plein d'orgueil, comme à un petit camarade de jeux, il montra les trésors qu'il avait rassemblés : tableaux, Gobelins, objets d'art antiques, statues et meubles anciens. Il ne lui fit grâce d'aucun recoin, depuis le sous-sol où, naguère, il avait fait la démonstration des appareils de massage d'Elizabeth Arden devant la duchesse de Windsor, et où était installée maintenant une magnifique piscine (« Pourvu qu'aucun de ces messieurs aux si beaux uniformes ne tombe dedans, me dit Matsuoka, mi-plaisant, mi-sérieux, le carreau est tellement glissant ! »), jusqu'aux combles où était installé le train miniature. « L'installation a 100 mètres carrés de surface », déclara Goering en montant au poste de manœuvre et en faisant circuler les express à travers les voies et les aiguilles. Tout avait été monté comme dans un véritable chemin de fer. Cette fois, le duc de Windsor n'aurait pas eu à s'avancer sur la pointe des pieds pour aller réparer les conséquences d'un accident. « Les voies ont une longueur de 600 mètres, il y a 40 aiguilles et signaux électriques », annonça le grand garçon au petit qui considérait ce jouet prestigieux en silence et avec une certaine réserve.

Au cours des jours suivants il y eut encore, comme je l'ai dit, quelques conversations avec Ribbentrop. Les sujets furent les mêmes que précédemment et les résultats aussi. La seule chose intéressante fut que Ribbentrop se trouva obligé de rassurer constamment Matsuoka, celui-ci signalant qu'une attaque de l'Angleterre, par le Japon, entraînerait fort probablement les Etats-Unis dans la guerre.

« Nous n'attachons pas le plus petit intérêt à une guerre contre les Etats-Unis », dit Ribbentrop. Mais cela ne rassura pas complètement le Japonais. Il revenait toujours sur le fait que les Anglo-Saxons devaient être considérés comme un facteur de puissance unique.

Matsuoka se rendit à Rome et s'arrêta encore brièvement à Berlin au retour. Il eut de nouveaux entretiens avec Hitler et Ribbentrop qui ne donnèrent rien de particulier et ne transformèrent pas en succès l'échec subi par Hitler dans ses efforts pour lancer immédiatement le Japon contre l'Angleterre. Lorsqu'il prit congé de Hitler, le dernier jour, je dus encore traduire : « En rentrant au Japon, vous ne pourrez pas annoncer à votre empereur que l'hypothèse d'un conflit entre l'Allemagne et l'Union soviétique est entièrement à exclure. »

Je me rendis parfaitement compte sur le moment de la portée de ces paroles et je les répétai deux fois, lentement, pour être bien sûr que Matsuoka les avait

comprises. Il me regarda avec un air très grave et inter-
rogateur. J'eus l'impression qu'il saisissait ce que Hitler
voulait dire.

J'en fus cependant moins sûr quelques jours plus tard
quand j'entendis parler du traité de neutralité conclu
avec Staline par Matsuoka, en passant par Moscou. Mais
il se décida peut-être à ce geste parce qu'il avait vu, à
Berlin, combien la situation était critique entre les deux
pays, et pour se couvrir en cas de conflit armé.

Nous fûmes très frappés par une scène qui se déroula
lorsque notre hôte japonais quitta Moscou. Contrairement à son habitude, Staline se rendit à la gare et se
montra fort démonstratif, après le départ du train, envers
le comte von der Schulenburg, notre ambassadeur. Il lui
mit la main sur l'épaule et déclara : « Il faut que nous
restions amis et vous devez tout mettre en œuvre pour
cela ! » Quelques minutes plus tard, Staline s'adressa au
colonel Krebs, adjoint à l'attaché militaire allemand, et
lui dit également : « Nous resterons les amis de votre
pays… dans tous les cas. »

Comme nous le savons aujourd'hui, on essaya également du côté anglais d'agir sur le Japon tandis que
Matsuoka était à Moscou. Churchill fit parvenir à celui-ci
une note où il le mettait en garde contre une entrée
en guerre dans le camp de l'Axe. Les puissances anglo-
saxonnes, déclarait cette note, confirmant pleinement
ce qu'avait dit Matsuoka à Berlin, agiraient en commun
dans toutes les circonstances. La victoire finale leur était
assurée. Exactement comme Hitler à Berlin, Churchill
essaya d'impressionner Matsuoka par des chiffres et des
faits. L'Angleterre et l'Amérique produisaient 90 millions
de tonnes d'acier par an, l'Axe moins de la moitié, et le
Japon seulement 10 pour 100, énonçait-il.

Pendant que Matsuoka était en Europe, les Américains,
aidés par certains milieux nippons, essayèrent d'écarter
le Japon de l'Axe. Les Etats-Unis se déclarèrent prêts à

servir de médiateurs entre lui et la Chine et à reconnaître l'indépendance du Mandchoukouo. C'était à cause de la Mandchourie que Matsuoka avait si tapageusement quitté la Société des Nations, en 1931, en criant « *Anarchy in China* ». Les Américains étaient donc disposés à tirer un trait sur le passé et à satisfaire les désirs japonais.

Après ces conversations importantes avec le ministre nippon, au cours desquelles la catastrophe en marche s'était clairement annoncée, je connus de nouveau pendant quelques semaines ce travail superficiel, banal, dont les formes grandioses juraient si fort avec le vide qu'il représentait. Il eut pour arrière-plan la guerre des Balkans et les préparatifs de l'attaque de la Russie que je savais en cours depuis quelque temps.

Au début de mai 1941, je partis assez précipitamment avec Ribbentrop pour Rome, afin d'aller porter au Duce des explications sur l'extraordinaire départ en avion de Hess[5] pour l'Angleterre. « Si seulement il pouvait tomber à la mer ! » avait dit Hitler en ma présence un peu avant notre départ, lorsque la nouvelle avait éclaté comme une bombe au Berghof. Mais quand nous arrivâmes à Rome, Hess était parvenu en Angleterre. « Il est fou », déclara Ribbentrop à Mussolini, en attachant à ce mot son véritable sens, contrairement à Matsuoka. « Saviez-vous déjà que nous étions gouvernés par des fous ? » me demanda, à mon retour à Berlin, un vieil ouvrier qui m'aidait à tenir en ordre mon jardin.

Le 2 juin, je servis encore d'interprète pendant « un arrêt du trafic » de plusieurs heures au Brenner. « Les

---

5. Le 10 mai 1941, alors que l'Allemagne s'apprête à envahir l'URSS, Rudolf Hess (1894-1987), le représentant de Hitler à la tête du NSDAP et numéro trois du régime après Goering, part secrètement en avion pour l'Angleterre dans l'espoir de négocier la paix avec les dirigeants britanniques. Au lieu de cela, il est interné. Les raisons de cet incroyable voyage ont fait couler beaucoup d'encre.

sous-marins allemands contraindront l'Angleterre à capituler ! » disait cette fois le disque hitlérien. Il n'y eut pas
le plus petit mot sur les projets relatifs à la Russie. Je fus
vivement impressionné par ce mutisme de Hitler au sujet
d'intentions sur lesquelles j'avais été assez bien renseigné
moi-même dans l'intervalle.

Il eut plus de confiance en Antonescu car il le mit
au courant le 12 juin, au « Führerbau » de Munich,
de l'action imminente contre l'Union soviétique, allant
presque jusqu'à lui indiquer le jour du départ de l'attaque. Le Roumain en fut enchanté : « J'y participerai
naturellement dès le premier jour. Tant qu'il s'agit de
marcher contre les Slaves, vous pouvez compter sur les
Roumains ! » dit-il, après que Hitler lui eut promis la
Bessarabie et d'autres provinces russes.

Le 15 juin, il y eut encore une grande « réception »
au pacte à trois. Il s'agissait d'admettre la Croatie et la
cérémonie eut lieu dans la salle du Sénat, au palais des
Doges, à Venise. La ville des lagunes et le vieux palais où
l'on respirait encore une atmosphère d'histoire séculaire,
bien que les objets les plus précieux eussent été enlevés
pour être mis à l'abri, constituaient un cadre de légende
qui jurait avec l'admission théâtrale de ce petit Etat sans
importance.

Puis le décor changea dramatiquement. Quelques
jours après cette cérémonie dans la splendeur de Venise,
de ses palais chargés de souvenirs et de ses canaux pittoresques qui brillaient aux rayons du soleil d'été, je
me trouvais, le 22 juin 1941, un peu avant 4 heures
d'une aube grise, dans le cabinet de travail de Ribbentrop à la Wilhelmstrasse. Nous attendions l'ambassadeur
soviétique Dekanosov. Dans l'après-midi de la veille, un
samedi, il avait fait téléphoner toutes les deux heures
aux Affaires étrangères pour annoncer qu'il avait une
communication urgente à faire. Il lui avait été répété,

comme c'était presque toujours le cas à la veille des grands événements, que le ministre n'était pas à Berlin. A 2 heures du matin, Ribbentrop fit enfin savoir qu'il avait lui-même quelque chose à communiquer à Dekanosov et qu'il l'attendrait le dimanche 22 juin, à 4 heures du matin.

Jamais encore je n'avais vu Ribbentrop aussi agité qu'il le fut au cours des cinq minutes qui précédèrent l'arrivée de Dekanosov. Il arpentait la pièce à grands pas, comme un fauve en cage. « Le Führer a parfaitement raison d'attaquer maintenant la Russie ! » répétait-il sans cesse, beaucoup plus pour lui que pour moi, comme s'il cherchait à se rassurer. « Les Russes nous auraient certainement attaqués si nous ne l'avions pas fait nous-mêmes. » Plusieurs fois encore il parcourut son bureau, au comble de la surexcitation, les yeux flamboyants, en répétant ces paroles.

J'attribuai alors cette attitude au fait qu'il se considérait comme le créateur de l'entente germano-russe, et qu'il lui était extrêmement pénible de démolir son ouvrage en cette aube lugubre. Aujourd'hui, j'inclinerai plutôt à penser que, plus ou moins consciemment, en ce 22 juin 1941, il pressentit la catastrophe qui allait découler de la démarche restant à faire vis-à-vis de l'ambassadeur soviétique.

Dekanosov fut introduit dans le bureau exactement à la minute fixée. Ne se doutant manifestement de rien, il tendit la main à Ribbentrop et, après que nous nous fûmes assis autour de la table, il se mit en devoir de remplir sa mission, aidé par le « petit Pavlov », consistant à poser quelques questions de la part du gouvernement soviétique.

Il n'alla pas très loin ; Ribbentrop lui coupa la parole. « Il ne s'agit plus de cela… » déclara celui-ci avec un visage figé. « L'attitude inamicale du gouvernement soviétique et la grave menace qu'aperçoit le Reich dans

les concentrations de troupes russes à la frontière allemande ont contraint l'Allemagne à prendre des contre-
mesures militaires. » Il ne prononça pas le mot de guerre,
ni celui de déclaration de guerre. Peut-être les trouvait-il
trop « ploutocratiques », peut-être Hitler lui avait-il dit de
les éviter. « Depuis ce matin ces contre-mesures ont été
prises dans le domaine militaire. » Une liste brève, mais
poivrée, de reproches fut alors débitée à Dekanosov. Le
pacte que la Russie avait conclu avec la Yougoslavie, peu
de temps avant l'ouverture du conflit entre ce pays et
l'Allemagne, y tenait une place particulière. « Je regrette
de ne pouvoir rien ajouter, dit Ribbentrop, tout spécialement parce que je suis arrivé moi-même à la conclusion
qu'en dépit de mes vigoureux efforts, je ne suis nullement parvenu à établir des rapports raisonnables entre
nos deux pays. »

Dekanosov s'était rapidement remis. Lui aussi « regret-
tait énormément » que les choses eussent pris ce cours.
« Cela tient aux idées complètement erronées du gouvernement allemand », traduisit Pavlov, tandis que je
prenais des notes. « Dans ces conditions, il ne reste qu'à
prendre, avec le chef du protocole des Affaires étrangères, les mesures nécessaires pour assurer le départ de
mon ambassade. » Dekanosov se leva, s'inclina rapidement, et sortit du bureau avec Pavlov. En partant, il ne
tendit pas la main à Ribbentrop.

« Comment la campagne de Russie a-t-elle commencé
pour Napoléon ? » me demandai-je en déplorant l'insuf-
fisance de mes connaissances historiques et tout en télé-
phonant, après cette entrevue si grave de conséquences,
afin de faire cesser l'isolement du service des traductions
qui avait encore duré toute une nuit mémorable dans le
vieux palais de Hindenburg.

Au cours des semaines suivantes, les événements
militaires sur le front russe absorbèrent complètement

l'attention, de sorte que je connus une période de répit. Mais je ne tardai pas à avoir encore beaucoup à faire. Tout d'abord, les entretiens de Hitler se déroulèrent à son quartier général, à Rastenburg, en Prusse-Orientale. Au début d'août, il eut avec Antonescu des conversations presque uniquement militaires, au cours desquelles j'eus à employer pour la première fois le vocabulaire technique dont j'ai parlé. Au cours de la seconde quinzaine du même mois, Mussolini vint faire au front une visite que je rapporterai plus loin. En octobre, Ciano reparut. Un peu plus tard, le Dr Tiso[6], président de l'Etat slovaque, fut reçu. Il fut assez curieux de voir Hitler saluer amicalement ce prêtre catholique qui, petit et rond, se présentait à l'homme qu'on ne pouvait pas précisément considérer comme un ami de l'Eglise catholique. Mais quand il s'agissait d'obtenir quelque chose pour sa Slovaquie, Tiso fût allé trouver le diable lui-même. « Quand je me suis un peu échauffé, nous dit-il un jour, je mange une demi-livre de jambon… Cela me calme les nerfs. »

J'eus encore beaucoup de besogne en novembre. Hitler convoqua de nombreux hommes d'Etat des pays alors soumis à l'influence de l'Allemagne pour célébrer, les 24 et 25 novembre, la conclusion du pacte anti-Komintern de 1936, au cours de la plus grande manifestation qu'eût encore connue la grande salle de réception de la nouvelle chancellerie. Ciano, Antonescu, Serrano Súñer, les ministres des Affaires étrangères de Hongrie, de Bulgarie, de Croatie, de Finlande et du Danemark se trouvèrent le 25 après-midi face à un public de choix et le dos à une magnifique tapisserie des Gobelins, au bord d'une table particulièrement longue, brillante comme un

---

6. Mgr Jozef Tiszo (1897-1947) est nommé en octobre 1938 chef du gouvernement slovaque dans ce qui reste de la Tchécoslovaquie après les accords de Munich. Sous la pression de Hitler, il proclame le 14 mars 1939 l'indépendance de la Slovaquie et reste à la tête de cet Etat satellite de l'Allemagne jusqu'en avril 1945.

miroir et surchargée de microphones. L'un après l'autre ils prononcèrent des phrases sonores et creuses. Ce fut, pour Hitler, une grande revue de ses alliés et vassaux. Il les reçut un par un afin de leur inoculer un peu de courage. A la fin de cette journée, j'étais un tantinet enroué.

Au début de décembre, je me rendis avec Goering à Paris. A Saint-Florentin-Vergigny, petite ville située au sud-est de la capitale française, il eut une conversation avec le maréchal Pétain, encore vieilli et beaucoup plus fermé qu'à Montoire. Je ne sus jamais pourquoi cette conversation avait eu lieu.

Des événements capitaux se déroulèrent en dehors de cette agitation stérile que mon poste d'interprète me permit d'observer au quartier général et à Berlin. Dans la nuit du 7 au 8 décembre 1941, le poste de la section de la presse du ministère des Affaires étrangères capta la nouvelle de l'attaque des Japonais contre Pearl Harbor. Un deuxième renseignement étant venu la confirmer, elle fut communiquée à Ribbentrop. Il s'emporta considérablement parce qu'on l'avait réveillé pour une nouvelle qui n'était pas contrôlée. « Il s'agit probablement d'un nouveau tour de la propagande adverse et ma section de presse est tombée dans le panneau », dit-il, à ce qu'il me fut rapporté le lendemain matin, tout en recommandant d'essayer encore de se renseigner, afin de pouvoir lui apporter un compte rendu précis dans la matinée.

Le lendemain, toutes les confirmations désirables étaient là. Hitler et Ribbentrop furent surpris par les Japonais, exactement comme ils surprenaient eux-mêmes Mussolini en ne lui annonçant leurs opérations qu'à la toute dernière minute.

« Cela paraît une habitude chez les dictateurs et chez les empereurs. » Tel fut le commentaire de nous autres, les « folliculaires »…

Le lundi 8 décembre, la déclaration de guerre au Japon fut approuvée par le Sénat et la Chambre des représentants américains. Cordell Hull écrit dans ses *Mémoires* : « Nous (Roosevelt et quelques membres du cabinet, le dimanche 7 décembre, à 20 h 30, à la Maison-Blanche) discutâmes pour savoir s'il nous fallait déclarer la guerre aux autres membres de l'Axe. Mais nous pensâmes que l'Allemagne en prendrait l'initiative. De l'échange des télégrammes entre Berlin et Tokyo, nous avions déduit qu'il existait un accord précis sur ce point entre les deux gouvernements. Nous décidâmes donc de laisser à Hitler et à Mussolini l'initiative de la déclaration de guerre. »

Les Américains n'eurent pas longtemps à attendre. Par ailleurs, je n'ai connaissance d'aucun accord, avec le Japon, ayant pu contraindre Hitler à déclarer de lui-même la guerre à l'Amérique. D'après certains propos de Ribbentrop, j'eus l'impression que le dictateur voulut, pour des raisons de prestige, devancer Roosevelt.

Le 11 décembre, vers midi, je me retrouvais, comme six mois auparavant, dans le cabinet de travail de Ribbentrop. Nous attendions le chargé d'affaires des Etats-Unis. Quand celui-ci entra, il ne lui fut pas offert de siège. Ribbentrop, debout, lui lut une déclaration où les Etats-Unis étaient accusés d'avoir violé leurs devoirs de neutres et agi offensivement contre des sous-marins allemands. « Après des violations de neutralité initiales, le gouvernement des Etats-Unis en est venu aux hostilités ouvertes contre l'Allemagne. Dans ces conditions créées par le président Roosevelt, l'Allemagne se considère à partir d'aujourd'hui comme en état de guerre avec les Etats-Unis d'Amérique. » Alors, d'un grand geste, Ribbentrop tendit le document au chargé d'affaires qui, manifestement, était fort peiné de cette situation, puis lui indiqua par une sèche inclination que l'audience était terminée.

J'accompagnai jusqu'à la porte le diplomate américain, qui nous était fort sympathique au ministère, lui donnai la main et lui souris. Le chef du protocole l'attendait déjà à l'extérieur. A ma grande satisfaction, il adopta la même attitude que moi et fit tous ses efforts pour rendre ces instants moins pénibles à l'Américain.

Par deux fois, l'Orient était venu nous parler à Berlin au cours de cette année et par deux fois, dans ce bureau de Ribbentrop, j'avais vécu les premiers moments d'une guerre en rapport direct ou indirect avec l'Orient. Il m'arriva rarement de sortir du ministère plus déprimé qu'après ces déclarations de guerre. Moi aussi, je sousestimais l'Amérique à cette époque et je ne croyais pas que des hostilités entre les Etats-Unis et le Japon, séparés par les milliers de milles du Grand Océan, pussent avoir une fin aussi rapide que ce fut le cas. Ma première réaction fut de penser : « La guerre va maintenant s'éterniser. » Mais la deuxième fut qu'en tout cas il n'y avait plus de victoire possible pour l'Allemagne, qui, comme au cours du premier conflit mondial, allait désormais avoir à mener la fatale guerre sur deux fronts. Malgré ce pressentiment, je ne m'imaginais pas encore à cette époque l'étendue de la catastrophe vers laquelle courait le Reich sous la conduite de Hitler.

X

Jeu d'ombres sur arrière-plan sombre
(1942-1943)

Peu de temps après cette aube mémorable du 22 juin 1941, où Ribbentrop avait annoncé les « contre-mesures militaires » à l'ambassadeur russe Dekanosov, et où commença la guerre contre la Russie, aux si vastes conséquences, mon activité d'interprète se modifia quelque peu. Désormais je fus de moins en moins employé dans les châteaux ou aux tables de banquet, et de plus en plus au quartier général de Hitler, dans l'Est. Il estimait sa présence si indispensable parmi ses conseillers militaires que ce fut désormais en ce lieu qu'il convoqua les visiteurs étrangers. Le trafic du Brenner ne fut plus jamais arrêté.

Ce Grand Quartier général où se déroulèrent, à partir de ce moment, la plupart des conversations, était dissimulé dans une forêt épaisse aux environs de Rastenburg, en Prusse-Orientale. Il faisait penser aux vieux contes de sorcières et ce n'était pas sans raison qu'il était désigné par le nom conventionnel de *Wolfsschanze* (« la tanière du loup »).

Les locaux hébergeant Hitler et les militaires étaient installés au milieu de cette forêt à plusieurs kilomètres de toute agglomération humaine. Il s'agissait d'une douzaine de confortables maisonnettes, pour la plupart en pierre, revêtues intérieurement de bois, relativement élégantes mais aménagées sans le moindre luxe. L'ensemble était naturellement pourvu des moyens les plus perfectionnés de la téléphonie et de la radio. Il y avait également un mess où l'on pouvait voir, en dehors des actualités les plus récentes, des films américains et anglais, strictement interdits dans le reste de l'Allemagne, qui aidaient à rompre la monotonie de l'existence sylvestre.

L'atmosphère de ce camp, dans la sombre forêt prussienne, était assez déprimante pour ceux qui arrivaient des paysages ensoleillés. Même quand le soleil brillait, la lumière électrique restait le plus souvent allumée dans les pièces de Hitler, sous l'ombre des grands arbres. Il ne sortait que très rarement, comme si la pénombre du sous-bois lui eût été encore trop vive, et les gens de son entourage ne quittaient pour ainsi dire pas la forêt. « C'est effroyable d'avoir constamment ces arbres autour de soi, se plaignit un jour à moi le fonctionnaire chargé de la liaison avec les Affaires étrangères, et de ne jamais pouvoir accéder vraiment à l'air libre. » Je comprenais trop bien cette atmosphère déprimante du quartier général. Moi-même je respirais plus largement lorsque je pouvais, en accompagnant les visiteurs étrangers, sortir de la forêt où je ne passais guère plus d'un jour ou deux d'affilée. Et je plaignais de tout mon cœur ceux que leur service attachait à Hitler et à son entourage pendant des semaines et des mois, comme des prisonniers. La plupart d'entre eux eussent volontiers échangé leur existence artificielle et sombre pour celle du front.

La situation empira lorsque le danger croissant des bombardements aériens obligea à se concentrer dans les abris au-dessus du sol qui, avec leurs murs de 7 mètres sans ouverture, leur bariolage en gris et en vert, paraissaient des monstres antédiluviens tapis sous les grands arbres. D'étroits corridors s'enfonçaient comme des galeries de mines dans ces « montagnes synthétiques », ainsi que les qualifia un jour très justement le ministre roumain des Affaires étrangères, Mihai Antonescu[1]. Les pièces étaient très petites. On s'y sentait toujours à l'étroit. L'humidité émanant des masses de béton, la lumière électrique allumée en permanence, le ronronnement constant des ventilateurs conféraient un caractère d'irréalité à cette ambiance où un Hitler devenant de plus en plus pâle et bouffi recevait ses visiteurs étrangers. L'ensemble donnait l'impression de constituer le repaire fabuleux de quelque légendaire esprit du mal.

Les observateurs, auxquels restait étranger le sombre monde des légendes, pouvaient se croire transportés dans quelque Hollywood. « La forêt enchantée de Viviane et de Merlin sera démontée demain matin, me dit un jour un camarade facétieux, et après-demain nous commencerons les aventures d'Antoine et de Cléopâtre, les Pyramides sont déjà là. »

Si le genre de mes activités avait changé au cours de l'année, une chose était restée immuable : la soudaineté avec laquelle on m'envoyait en voyage sans préavis. « Il faut que vous partiez immédiatement pour le quartier général », me disait ordinairement une voix au téléphone de mon bureau. « L'avion-courrier quitte l'aérodrome de Staaken dans une heure. » Ces avions-courriers étaient d'affreux appareils ne possédant aucune commodité. Bien souvent, on s'asseyait sur des caisses ou des ballots, plus tard on put disposer de quelques bancs en bois primitifs. Il y avait de violents courants d'air, on y respirait l'odeur de l'essence et le bruit était assourdissant. Au poste de

---

1. Vice-Premier ministre du gouvernement du maréchal Antonescu, Mihai Antonescu (1904-1946), sans lien de parenté avec le précédent, se concentre d'abord sur les affaires militaires. Longtemps favorable à l'alliance allemande, il évolue après Stalingrad et cherche alors à se rapprocher des Alliés.

pilotage se trouvaient le plus souvent des membres de la Luftwaffe qui se préoccupaient beaucoup moins du confort de leurs passagers que de leur désir d'arriver le plus tôt possible à destination par la ligne droite. Ils suivaient exactement la route tracée au crayon sur leur carte, insoucieux des orages et des grains de grêle, de sorte que les plus aguerris des passagers étaient malades.

Ma « rapidité de circulation » s'accrut considérablement à partir de 1941. Je venais à peine d'arriver pour la première fois au quartier général qu'on m'annonça que je partais le lendemain avec Hitler pour l'Ukraine où il devait rencontrer Antonescu, afin de lui remettre quelque décoration et de causer avec lui de la situation militaire. Nous prîmes le petit déjeuner et le déjeuner en Prusse-Orientale. Mais, entre les deux, nous étions allés de Rastenburg à Berditchev, nous avions remis la décoration, nous avions eu une conversation politique, et assisté à une discussion sur la situation devant Rundstedt[2].

J'établis également des records de distance, pour un interprète. Ce fut ainsi que je couvris 6 000 kilomètres en quelques jours, dans la seconde quinzaine d'août, cette fois-là avec Mussolini et en direction de l'Est, contrairement à mes grands voyages de 1940. Par suite du manque de personnel qui se manifestait aussi chez nous, aux Affaires étrangères, j'eus plusieurs fois à seconder mon ami le chef du protocole, car les deux genres d'activité s'accordaient très bien le plus souvent.

Cette fois encore je fus prévenu si tardivement qu'il me fallut me lancer à 100 kilomètres à l'heure sur l'autostrade de Berlin à Munich et gagner ensuite le Brenner par un petit train spécial. Je devais, en qualité de soi-disant chef du service d'honneur, accueillir Mussolini à la

---

2. Fait maréchal après la campagne de France où il a eu la charge de l'exécution du plan Manstein, Gerd von Rundstedt (1875-1953) commande en juin 1941 le groupe d'armées Sud à la tête duquel il envahit l'Ukraine et la Crimée.

frontière et l'accompagner ensuite durant tout le voyage jusqu'au moment où, une semaine plus tard, j'en « referais livraison » à Tarvis, à la frontière de la Carinthie.

Du Brenner nous gagnâmes directement la sombre forêt de Prusse-Orientale, partîmes le lendemain pour Brest-Litovsk avec Hitler, revînmes en Prusse, puis fîmes route pendant la nuit, à bord du train spécial italien, pour rejoindre le quartier général Sud, dans le voisinage de Cracovie. Le lendemain, sous une escorte de chasseurs, nous volâmes jusqu'à Ouman, en Ukraine. Puis, toute la journée, sur des routes détrempées, dans des voitures tout-terrain rappelant ces baquets qui vous secouent dans les foires, nous cherchâmes une division italienne que Mussolini voulait inspecter. Nous la découvrîmes finalement et revînmes rapidement pour rentrer en avion à Cracovie. Les trains spéciaux y furent mis à l'abri des bombardements dans de véritables tubes de béton. Dans la soirée, je repartis avec Mussolini pour Vienne et Tarvis où, comme je l'ai dit, je me séparai de lui. Les trois wagons du « service d'honneur » revinrent à Salzbourg au cours de la nuit même, et je repartis à 3 heures du matin par l'autostrade pour gagner Berlin par Munich. J'arrivai dans la capitale à une heure de l'après-midi, exactement une semaine après l'avoir quittée, juste à temps pour prendre connaissance d'une convocation fixée à 2 heures de l'après-midi.

Il est bien évident que ce rythme ne laissait pas de place pour une conversation sérieuse, d'autant plus que les deux dictateurs ne voyageaient pas dans le même train. Ils ne se rencontraient que dans les avions, les voitures et lors des brèves haltes dans les quartiers généraux. Ces réunions n'étaient donc que des jeux d'ombres pour tromper le monde extérieur sur ce qui n'existait pas en réalité. Encore moins que lors des entretiens du Brenner, Mussolini avait la possibilité d'exprimer son opinion. Quand les deux dictateurs se trouvaient réunis pour une heure, par hasard, Hitler faisait jouer le disque préféré du moment sur nos perspectives de victoire, sur la force de notre situation, sur les faiblesses de la Russie et de l'Angleterre, ainsi que sur l'inévitable triomphe final. Il accablait son visiteur de chiffres et de détails techniques, lui faisait exposer la situation militaire par Kluge[3] ou Rundstedt, et le conduisait devant les nouveaux canons géants. D'après mes observations, le résultat était toujours, c'était curieux, un raffermissement du moral de Mussolini ou des autres personnages auxquels il faisait suivre ce programme plus ou moins réduit. Mais, dès cette époque, je doutais que ces cures morales pussent avoir un effet bien durable. Je constatais bien souvent, dès le voyage de retour, que la confiance avait déjà baissé et je m'imaginais facilement que le visiteur, revenu dans son pays, verrait les choses avec tout le pessimisme que commandait, depuis 1941, l'aggravation continuelle de la situation générale.

Ces entrevues nécessitaient également un nombre infini de préparatifs techniques. Tout était fixé à l'heure, voire à la minute près. La direction des chemins de fer tenait compte pour ses tableaux d'itinéraires des « arrêts pour le rasage » qu'il fallait accorder chaque jour au train spécial de Mussolini, pour permettre à celui-ci de se faire la barbe. Il fallait un grand nombre de locomotives qui commençaient à se faire rares, de personnel et de gardes. Dans les états-majors en arrière du front qui avaient la malchance de recevoir une de ces visites, on perdait du temps à préparer les rapports et les exposés alors que tant d'autres besognes urgentes attendaient. Tout cela n'était qu'une effroyable marche à vide qui se

---

3. Issu d'une longue lignée d'officiers prussiens, le maréchal Günther von Kluge (1882-1944) s'est illustré dans les campagnes de Pologne et de France. En décembre 1941, après l'échec de la Wehrmacht devant Moscou, il remplace le maréchal Bock à la tête du groupe d'armées Centre. Compromis dans le complot du 20 juillet 1944, il se suicide.

traduisait à l'extérieur par des communiqués stéréotypés sur la « camaraderie », la « communauté des destins », « la poursuite de la guerre jusqu'à la victoire finale », le « nouvel ordre européen » et autres clichés analogues, comme on en trouvera des exemples dans les communications faites à l'occasion de la visite de Mussolini, le 29 août 1941.

J'eus très souvent l'impression que toutes ces entrevues n'avaient d'autre but que la publication d'un de ces communiqués qui devaient en imposer au public allemand et surtout à l'étranger. Lors de leur rédaction, il y eut bien souvent des incidents ridicules.

Je me rappelle, en particulier, qu'en revenant vers Tarvis, nous nous arrêtâmes à une gare après Vienne, où notre train fut relié par un câble téléphonique volant au réseau général. Je reçus alors une communication pour Mussolini. Elle était lapidaire et tenait en une phrase : « Le ministre des Affaires étrangères du Reich a retiré le communiqué. » Le train se remit aussitôt en marche et la liaison fut coupée. J'avais pu constater avec quelle peine ce communiqué final avait pu être mis sur pied, aussi n'en avais-je pas cru mes oreilles en recevant cette commission. Mais les Italiens eurent encore beaucoup plus peur que moi, car ils savaient combien Mussolini s'était échauffé en recevant divers télégrammes formulés dans le style de Ribbentrop. Je proposai de téléphoner de la prochaine station. Théoriquement, nous eussions pu également nous renseigner en marche, par la TSF. Mais comme il fallait d'abord chiffrer un télégramme, afin qu'il ne fût pas intercepté, le transmettre à un poste de Berlin qui le retransmettrait au train de Hitler ou à celui de Ribbentrop également en marche, où il faudrait encore le déchiffrer, il me paraissait plus simple d'attendre la prochaine liaison téléphonique.

Mais les Italiens n'osèrent pas. Ils allèrent tout de suite trouver leur Duce avec ma nouvelle. Celui-ci explosa, en bon Italien. « Faites immédiatement arrêter le train !, me dit-il dans l'agitation la plus vive. Je ne quitterai pas le sol allemand avant d'avoir porté remède à cette insolence de Ribbentrop ! »

J'eus l'impression qu'il avait envie de tirer lui-même le signal d'alarme. « Nous nous arrêterons à la prochaine gare et vous téléphonerez ! » m'ordonna-t-il en prenant une attitude de César. Je lui expliquai que je ne pouvais parler distinctement que sur le grand réseau et qu'il nous fallait absolument attendre jusqu'à la station prévue.

J'y découvris qu'il s'était passé les faits suivants que je ne rapporte ici que pour bien caractériser le « jeu d'ombres » de cette année-là. Lorsque Mussolini avait quitté le quartier général Sud, les trains spéciaux de Hitler et de Ribbentrop s'étaient également mis en marche. Ribbentrop avait relu le communiqué et constaté que le dernier paragraphe était ainsi rédigé :

« Ont également pris part aux conversations, du côté allemand… le *Generalfeldmarschall* Keitel et le ministre des Affaires étrangères Ribbentrop. » Devenu fou de rage en voyant que le nom de son ennemi (un parmi beaucoup d'autres) Keitel avait été placé avant le sien, il appela aussitôt mon homonyme, le chef de la section de la presse, et le chargea de modifier l'ordre d'énumération. A la prochaine station, Schmidt se précipita dans le train de Hitler et fit part à celui-ci de la plainte de Ribbentrop. Hitler commença à vitupérer son « vaniteux » ministre des Affaires étrangères. Il avait déjà été souvent gêné par les inimitiés de Ribbentrop avec Goebbels, Keitel et autres. Mais, chaque fois, inexplicablement, il avait cédé, de sorte que Ribbentrop en était devenu de plus en plus arrogant. Cette fois encore, Hitler déclara qu'il acceptait de le voir citer en premier.

Satisfait et soulagé, le chef de la presse remonta dans le train de Ribbentrop à la station suivante et rendit compte de son succès. « Qu'a dit le Führer ? » demanda le ministre un peu anxieux, et lorsque Schmidt lui eut raconté, avec précaution, tout le mécontentement qu'il avait soulevé en haut lieu, Ribbentrop déclara soudain : « Je retire ma proposition de modification ! Que tout reste en état... » Comme le communiqué devait être émis et lu à la radio de Berlin, une heure plus tard, il fallait faire très vite. Schmidt décida d'utiliser la TSF. Le renseignement, mutilé, parvint à Berlin et fut renvoyé à notre train spécial où je pus le communiquer à Mussolini. Jeu d'ombres...

L'entretien entre Hitler et Antonescu, qui vint pour la première fois en février 1942 au quartier général de Prusse-Orientale, eut plus de consistance. J'ai déjà dit qu'il faisait toujours remonter ses déclarations politiques à la fondation de la Roumanie. Celle-ci, il la qualifiait « un roc battu depuis des siècles par le flot slave », roc dont « la Transylvanie était la base ». Il manifestait chaque fois, sans prendre la peine de la dissimuler beaucoup, son intention de reconquérir un jour cette région. Hitler se réjouissait sous cape d'entendre ses violentes sorties contre les Hongrois et allait jusqu'à laisser entendre à Antonescu qu'il lui laisserait peut-être un jour les mains libres pour mettre à exécution ses plans de revanche. « L'histoire ne reste pas immobile », avait-il dit lorsque le maréchal roumain s'était plaint avec une vivacité toute particulière de l'« injustice de l'arbitrage de Vienne ». « Peut-être pourrez-vous y tourner une nouvelle page ? » avait-il ajouté d'une manière assez claire et qu'Antonescu avait parfaitement comprise, car il lui rappela souvent, par la suite, cette « promesse » au sujet de la Transylvanie.

Au cours de ces entretiens, Antonescu gardait son franc-parler. Hitler ayant voulu, une fois, rejeter sur les Roumains, avec les Hongrois et les Italiens, la responsabilité de l'effondrement du front qui avait permis l'encerclement de l'armée de Stalingrad, Antonescu protesta très énergiquement. Il critiqua le commandement allemand, donc indirectement Hitler, avec des arguments de vieil officier d'état-major qui me parurent très pertinents.

Car il ne s'en laissait pas conter dans le domaine militaire. Autant qu'il m'était permis d'en juger, je le prenais pour un général très expérimenté. Il arrivait toujours à ces entrevues avec des liasses de renseignements statistiques et de croquis où tous les détails étaient étudiés depuis les pertes (les catégories et les âges étant indiqués par des couleurs différentes) jusqu'aux dépenses de munitions et aux réserves d'artillerie.

Il suivait avec des yeux attentifs et critiques l'exposé de la situation, fait sur les grandes cartes installées dans la pièce où eut lieu ultérieurement l'attentat contre Hitler. Les représentants de l'armée, de la marine et de la Luftwaffe venaient tour à tour faire leur compte rendu que je traduisais en français. On lui donnait chaque fois une vue d'ensemble. Mais quand la situation se mit à empirer, j'entendis plus souvent les officiers chargés de ces comptes rendus employer l'expression « situation conventionnelle », c'est-à-dire qu'ils donnaient à l'hôte étranger une image plus favorable que la réalité. Antonescu, en tant que technicien, se laissa-t-il duper par cette façon de faire ? Rien n'indique le contraire. En tout cas, il ne posait que peu de questions et, à ce que j'observais, repartait toujours du quartier général avec un moral meilleur. Mais il me revint fréquemment de Bucarest qu'en rentrant en Roumanie, ces effets réconfortants des discours de Hitler disparaissaient rapidement, les rapports envoyés par ses propres troupes lui démontrant qu'on lui avait dépeint la situation sous des couleurs trop brillantes au quartier général.

Les rencontres, même quand les communiqués qui les annonçaient étaient datés du « quartier général du

Führer », n'avaient pas toujours lieu dans le cadre austère du camp forestier de la Prusse-Orientale ou des autres PC de Hitler dans l'Est. Là aussi j'observai, jusqu'à la fin de la guerre, de vifs contrastes. Chaque année, au printemps, il y avait une sorte de saison de Salzbourg. Les rencontres toujours signalées au public comme s'étant produites « au quartier général du Führer » avaient lieu alors dans le château de Klessheim, de style baroque, construit jadis par un prince-évêque. On peut dire sans exagération que ce château, surtout depuis la parfaite restauration intérieure qui en a été faite, est un pur joyau d'architecture qui n'avait rien de commun avec ce que la foule s'imagine être un quartier général.

Lors de la « saison de Salzbourg » de 1942, Mussolini et Ciano y séjournèrent les 29 et 30 avril, et eurent des conversations tantôt séparées, tantôt communes, avec Hitler et Ribbentrop, dans les luxueux appartements de l'ancienne résidence épiscopale. A eux aussi, il fut présenté une « situation conventionnelle ».

Lors des conversations séparées je servais d'interprète à Ciano qui ne comprenait pas l'allemand, tandis que Hitler et Mussolini parlaient sans interprète. Comme on le sait, le commandement allemand connut ses premières difficultés en Russie au cours de l'hiver de 1941-1942. Nous avions été arrêtés devant Moscou. Une immense faute avait été commise en ne rassemblant pas en temps utile des vêtements d'hiver pour les troupes. Des collectes furent organisées parmi la population pour recueillir les manteaux fourrés et les skis. De sorte que tous ceux que n'aveuglaient pas les idées préconçues eurent une bien piètre opinion du commandement, qui n'avait pas su prévoir.

Hitler et Ribbentrop durent camoufler cette bévue, et d'autres analogues, au cours de leurs entretiens avec les Italiens. Dans ce dessein, un nouveau disque avait été enregistré que Ribbentrop faisait jouer à pleine force : « Le génie du Führer a vaincu l'hiver russe ! » L'Allemagne allait s'enfoncer dans la Russie du Sud pour priver les Soviets de leurs puits de pétrole et les forcer à capituler. Les Anglais comprendraient alors qu'ils n'avaient rien de mieux à faire qu'« à demander la paix ». « L'Amérique, ce n'est que du bluff ! » – « On ne peut pas avoir confiance dans la France. » Tels étaient les motifs principaux de ce « jeu d'ombres » de Salzbourg, en 1942.

Dans son *Journal*, à la date du 29 avril, Ciano note très justement la situation : « Hitler parle, parle, parle. Mussolini, qui est habitué à parler lui-même, doit presque toujours se taire ici et en souffre. Le deuxième jour, après le repas, alors que tout ce qui pouvait être dit l'avait été, Hitler a discouru sans interruption pendant une heure et quarante minutes, sur la guerre et la paix, la religion et la philosophie, l'art et l'histoire. Mussolini regardait machinalement sa montre ; je m'abandonnais à mes pensées... Le général Jodl livrait un combat épique contre le sommeil sur un divan. Keitel fléchissait, mais il parvenait constamment à redresser la tête. Il était assis trop près de Hitler pour se laisser aller comme il aurait tant aimé le faire. Les pauvres Allemands ! Il leur faut supporter cela tous les jours, et il n'y a certainement pas un mot, pas un geste, pas un silence qu'ils ne connaissent par cœur ! »

En tant qu'interprète, je ne peux que confirmer ce témoignage. Ma tâche était considérablement facilitée par la mise en marche des disques de phonographe saisonniers.

Ciano n'eut pas à languir ainsi pendant le « jeu d'ombres » de Salzbourg, l'année suivante, du 7 au 10 avril 1943. A la grande joie de Hitler et de Ribbentrop, auxquels son attitude de plus en plus critique envers la politique allemande n'avait pas échappé, il fut débarqué par Mussolini et nommé ambassadeur au Vatican, en février 1943. Par la suite, au cours d'un de ces procès politiques qui devinrent alors à la mode, il fut condamné à mort pour l'attitude qu'il avait eue lors du renversement de Mussolini, et fut fusillé en janvier 1944.

Au début d'avril, Mussolini vint avec son nouveau conseiller politique, Bastianini, qui était en tout exactement l'opposé de Ciano, grave, presque lugubre, posé et réservé dans ses déclarations. Les scènes de l'année précédente, si bien décrites par Ciano, se renouvelèrent. Le seul fait intéressant et nouveau fut que, cette fois, Mussolini intervint avec insistance pour recommander une entente avec l'Union soviétique. « Il me paraît impossible de vaincre la Russie, dit-il à peu près. Il vaut donc mieux chercher un compromis à l'Est pour avoir les mains libres à l'Ouest. »

Antonescu, qui vint à Klessheim le 12 avril 1943, deux jours après le départ de Mussolini, était d'un avis radicalement opposé. « Concentrer toutes les forces à l'Est », conseillait-il. Il recommandait donc de conclure la paix avec les puissances occidentales.

Quatre jours plus tard, le 16 avril, arriva Horthy. Je ne sus rien de précis sur ses conversations avec Hitler, parce que non seulement je n'eus pas à servir d'interprète, mais parce que l'amiral refusa de m'avoir même comme « preneur de notes ».

« Je voudrais que vous assistiez aujourd'hui à l'entretien avec Horthy, m'avait dit auparavant Hitler, pour que vous puissiez faire un compte rendu précis. Horthy dénature toujours le sens de mes paroles après coup. » Mais quand le régent de Hongrie entra, il me lança un regard de travers et dit à Hitler : « Je croyais que nous devions parler en tête à tête, sans témoin », ce sur quoi je fus mis à la porte. Je ne m'en plaignis pas ; c'était un travail fastidieux qui m'était épargné.

Deux autres visiteurs vinrent encore avant la fin du mois à Klessheim. Tiso (« Quand je suis énervé je mange une demi-livre de jambon »), de Slovaquie, et Pavelitch[4], le « Poglavnik », c'est-à-dire le führer, des Croates.

---

4. Fondateur de l'organisation nationaliste croate Oustacha, responsable notamment de l'assassinat du roi Alexandre Ier de Yougoslavie,

« Jamais un bourgmestre n'a été reçu avec tant d'honneurs par le chef d'une grande puissance ! » dit-on dans les couloirs, car l'activité des partisans s'était déjà tant développée à cette époque que l'autorité du Poglavnik ne s'étendait guère au-delà des limites de la ville de Zagreb.

A l'été de 1942, le quartier général de Hitler fut momentanément transporté en Ukraine. Il fut installé aux environs de Vinnitsa, dans une grande et sombre forêt, encore. L'atmosphère y était un peu plus gaie que dans l'autre, mais encore bien lugubre pour un homme normal. Les logements et leurs aménagements intérieurs étaient très sensiblement les mêmes qu'en Prusse-Orientale, mais les grands abris n'y existaient pas. A deux heures de trajet, près de Jitomir, Ribbentrop avait fixé son « PC de campagne » car, après le déclenchement de la campagne de Russie, il se crut obligé de rester constamment au voisinage de Hitler. Celui-ci veillait à ce que son ministre ne fût cependant pas trop rapproché « pour qu'il ne vienne pas constamment me troubler avec ses histoires ». C'est ainsi qu'en Prusse-Orientale, Ribbentrop s'était établi assez loin du QG, près d'Angerburg, au château Steinort qui appartenait à la famille Lehndorf, tandis que la plupart de ses collaborateurs devaient se loger à l'autre extrémité du Schwentzaitsee, dans l'hôtel construit à l'occasion des régates sur glace des Jeux olympiques d'hiver. Cet égaillement des services entraînait de très grosses pertes de temps, aussi bien en Prusse-Orientale qu'en Ukraine, parce que Ribbentrop avait l'habitude de convoquer ses subordonnés à tout propos, même hors de propos, et de leur faire faire antichambre pendant des journées entières. C'était non

---

Ante Pavelitch (1889-1959) devient le chef de l'Etat croate sous contrôle allemand et italien. Redouté pour sa cruauté, il persécute les Juifs, les Tziganes et les Serbes.

seulement une perte de temps, mais une perte de travail précieux, ainsi qu'une grosse dépense d'essence.

Les ambassadeurs étrangers étaient également souvent appelés au quartier général. Comme beaucoup d'entre eux ne parlaient pas suffisamment l'allemand, j'eus toute une série de voyages à faire en Ukraine. Un train-couchettes spécial, dit « train de service », avait été créé à cet effet. Il partait chaque soir de la gare de Silésie, à Berlin. En hiver l'heure de départ fut avancée à cause des attaques aériennes. Le lendemain matin on était à Varsovie, vers midi à Brest-Litovsk, le soir à l'ancienne frontière polono-russe. A partir de là, ce train de luxe n'avançait plus qu'à une allure d'escargot à cause de l'activité des partisans et des fréquentes destructions de voies, pour atteindre Vinnitsa le lendemain matin. Les diplomates étrangers devaient descendre dès 3 heures du matin à Berditchev ; en deux heures d'automobile, ils rejoignaient le PC de Ribbentrop qui les recevait à 11 heures, déjeunait avec eux à midi, et les conduisait en avion à Hitler à 13 heures. Une entrevue qui durait une ou deux heures avait lieu vers 15 ou 16 heures. On revenait ensuite au PC de campagne. Après le dîner, on regagnait Berditchev vers minuit pour y prendre le train de service qui en partait à 2 heures du matin et on arrivait le surlendemain sur les 8 heures à la gare de Silésie. Dans ces conditions, un ambassadeur ou un visiteur éminent passaient trois jours et quatre nuits en voyage pour un motif le plus souvent très secondaire et pour une brève conversation avec Hitler. C'est là un exemple caractéristique des méthodes de travail employées par Hitler et par Ribbentrop. En outre, l'ambassadeur était presque toujours, en plus de moi-même, accompagné par un fonctionnaire du protocole. Occasionnellement, comme lors de la remise des lettres de créance du nouvel ambassadeur turc Saffet Arikan, ancien ministre de la Guerre, on accrochait au train un wagon-salon avec le personnel de service, et le ministre Meissner, maître des cérémonies de Hitler, accompagnait l'hôte lui-même.

Au cours de ses conversations avec l'ambassadeur de Turquie, Hitler essaya toujours activement d'entraîner ce pays dans le camp de l'Axe. Il tenta de l'attirer en lui laissant espérer une annexion de territoires russes habités par des populations turques. Mais ni Arikan ni son prédécesseur ne se laissèrent jamais leurrer. Ils déclarèrent toujours que la Turquie avait assez à faire pour développer son propre territoire et ne désirait pas la moindre annexion.

En second lieu, Hitler s'évertua à empêcher la Turquie de passer dans le camp britannique. Les ambassadeurs en nièrent toujours le danger, mais nous étions parfaitement informés, par notre service de renseignements, des efforts faits par les Alliés pour faire participer ce pays activement à la guerre contre l'Allemagne. Nous parvînmes pendant assez longtemps à photographier des documents sur le bureau de l'ambassadeur britannique à Ankara. Ces documents, baptisés du nom convention-nel de « Cicéron », nous fournirent de précieuses indica-tions sur les pourparlers entre les Alliés et les Turcs. Ils m'intéressèrent d'autant plus que les seconds essayaient de se dérober aux sollicitations pressantes des premiers, exactement par les mêmes procédés que Franco avait employés, lors de l'entrevue d'Hendaye, lorsque Hitler avait voulu l'enrôler dans le camp allemand.

A côté de cette activité au quartier général de l'Est, j'eus encore à intervenir, à l'Ouest, en ma qualité de linguiste, lors de deux occasions qui étaient en rapport direct avec les événements militaires.

Je fus envoyé en France en avril et en août 1942, avec une petite délégation du service des traductions, pour essayer d'obtenir des éclaircissements sur des points qui intéressaient les Affaires étrangères, en interrogeant les prisonniers anglais qui avaient participé aux attaques de Saint-Nazaire et de Dieppe. Il s'agissait de se renseigner sur la situation alimentaire et sur le ravitaillement des îles Britanniques, sur l'effet de la propagande radiodiffusée allemande, et sur le moral des populations. La Wehrmacht eut beaucoup de répugnance à laisser les « civils » des Affaires étrangères communiquer avec « ses » prisonniers, et il nous fut expressément défendu de poser la moindre question concernant des sujets militaires.

Nous avions rédigé au préalable un questionnaire par lequel nous proposions, dans les conversations avec les Britanniques, de faire jouer divers complexes afin de tirer des conclusions de leurs réactions ou de leurs réponses. Nous pûmes ainsi établir que la situation alimentaire et la question du ravitaillement n'étaient nullement aussi mauvaises, en dépit de la guerre sous-marine, que le prétendaient certains extrémistes en Allemagne, qui prenaient leurs désirs pour des réalités, et au premier rang desquels se trouvait notre propre ministre. Nous apprîmes que les émissions allemandes en langue anglaise étaient attentivement suivies en Grande-Bretagne et obtînmes des indications sur les heures les plus favorables pour qu'elles fussent écoutées. « Si vous le désirez, vous pourrez vous-même donner des renseignements à votre famille sur votre captivité, par notre radio », déclarâmes-nous aux Anglais qui presque sans exception, malgré la défense sévère qui leur avait été faite de se faire entendre à la radio allemande, étaient prêts à accepter. Nous leur demandâmes à quelle heure les familles écoutaient le plus volontiers nos émissions afin de leur permettre de donner à ce moment leurs renseignements personnels. La plupart répondirent : « Nos gens écoutent d'abord notre propre émission de 9 heures, puis aussitôt après, l'émission allemande de 9 h 30. » Nous leur demandâmes si, en Angleterre, l'on attachait créance à ce que disait la radio allemande. Tous répondirent par la négative. « Mais nous ne croyons pas aveuglément nos propres émissions, la vérité doit probablement se trouver quelque part entre ce que disent les deux radios. »

Au Canada, fait intéressant, la population n'avait pas la possibilité d'écouter nos émissions. Mais comme les soldats canadiens pris à Dieppe demandèrent eux aussi expressément à envoyer un salut à leurs familles, nous leur demandâmes si celles-ci possédaient des récepteurs à ondes courtes pour capter nos émissions dirigées. Ils répondirent négativement, mais signalèrent que les stations locales radiodiffusaient les nouvelles relatives aux prisonniers. Si c'était exact, le moyen était excellent pour dépouiller nos programmes de propagande de la force d'attraction représentée par les déclarations de prisonniers, car, si celles-ci étaient bien retransmises, le texte de propagande ne l'était pas.

Tous les prisonniers produisaient la meilleure impression et se comportaient remarquablement. J'éprouvais des sentiments bien mélancoliques à voir derrière des barbelés ces hommes dont je connaissais si bien la langue et l'histoire et dont les pays avaient toujours éveillé en moi de si vives sympathies. J'ai repensé bien souvent à ces conversations avec les Anglais de Saint-Nazaire et les Canadiens de Dieppe, lorsque je me suis trouvé moi-même derrière des barbelés après 1945 et que j'ai deviné chez mes interrogateurs, particulièrement chez certains Américains des Affaires étrangères, le même sentiment de compassion éprouvé par moi en France envers mes interlocuteurs anglo-saxons. Il va de soi que ma brève expérience des méthodes d'interrogatoire me permit de faire d'intéressantes comparaisons. Je constatai ainsi, non sans une certaine satisfaction, que les *civilians* étaient aussi mal considérés par les militaires américains que nous autres, diplomates, l'étions en 1942 par les militaires allemands.

A Saint-Nazaire et à Dieppe, ce fut avec les simples soldats et les officiers supérieurs qu'il fut le plus facile de causer. Les jeunes lieutenants anglais se montrèrent, en revanche, extrêmement réticents. Ils ne pouvaient cependant s'empêcher de réagir lorsque nous leur répétions que l'Allemagne gagnerait certainement la guerre. « Je dirais la même chose si j'étais à votre place, leur répliquions-nous. Mais je peux, moi, vous expliquer avec précision pourquoi l'Allemagne gagnera la guerre, tandis que vous seriez incapable d'en faire autant pour l'Angleterre. » Le procédé était infaillible. Chaque fois la discussion s'engageait et nous fournissait des indications intéressantes. L'inébranlable conviction qu'ils avaient tous de la victoire anglaise, du simple soldat à l'officier le plus élevé en grade, était vraiment impressionnante, d'autant plus qu'elle était absente de tout fanatisme et même de toute haine contre l'Allemagne, haine qu'on ne pouvait déceler dans aucun geste, dans aucune expression de visage.

Les Canadiens nous offrirent des difficultés presque insurmontables. Non pas à cause de leur réticence, mais parce que ces grands bûcherons au corps sain, qui nous regardaient de leurs yeux bleus et bons, dont le rire découvrait les magnifiques dents blanches, ignoraient à peu près tout de l'Europe et de l'Allemagne. « Avez-vous jamais entendu parler de certains Allemands ? » demandai-je à l'un de ces magnifiques gaillards. Il réfléchit longuement et profondément. « *Yes* » fit-il enfin et il me nomma... « *General Rommel and Lilli Marlen* ».

Du point de vue personnel, il me fut intéressant de constater que dans les deux groupes de Saint-Nazaire et de Dieppe, il se trouva quelqu'un pour me regarder tout à coup fixement et me dire : « Mais vous êtes le Dr Schmidt, qui sert toujours d'interprète... », en ajoutant qu'il avait souvent vu ma photographie à l'occasion des grandes conférences internationales. Dans le cas de

Dieppe, il s'agissait d'un major, fabricant de skis dans le civil, qui était un Franco-Canadien et me parlait en français. « J'ai suivi votre carrière dans la presse, me déclara-t-il, et il fut un temps où j'aurais donné beaucoup d'argent pour pouvoir m'entretenir avec vous. »

Ce major s'évada d'ailleurs huit jours après cet entretien, et écrivit deux mois plus tard un article dans la presse anglaise au sujet de notre conversation. Je fus heureux de ne pas y lire certaines déclarations assez franches que je lui avais faites, dans la supposition qu'il resterait parmi nous comme prisonnier jusqu'à la fin de la guerre. En revanche, il avait pris pour bon argent le thème « nous gagnerons la guerre » que je n'avais développé que pour le faire parler.

Ces interrogatoires permirent également de constater combien les liaisons clandestines entre la France et l'Angleterre étaient alors bien organisées. Je rédigeai chaque fois avec ma délégation, à l'hôtel Bristol, à Paris, un rapport très franc sur les résultats obtenus. Mais, autant que je le sache, aucune suite ne leur fut jamais donnée, parce que les faits rapportés étaient trop en contradiction avec les idées officiellement reçues. Nous travaillions en commun dans une grande salle de l'hôtel. De temps à autre un garçon nous apportait à boire et nous nous arrêtions le plus souvent de dicter tant qu'il était là.

Peu de temps après mon dernier séjour à Paris, en août, un journal de Londres publia un article pour dire que certains ordres, qu'on avait trouvés sur un officier anglais tué aux environs de Dieppe et que notre propagande avait utilisés, avaient été « en réalité falsifiés à Paris par le Dr Schmidt, spécialiste de la langue anglaise aux Affaires étrangères allemandes, avec une équipe de collaborateurs ». En pensant au garçon de l'hôtel Bristol, il n'était pas difficile d'imaginer comment cette nouvelle avait pu prendre corps. J'avoue avoir éprouvé un peu d'orgueil en voyant qu'on prisait mes connaissances linguistiques en Angleterre, au point d'attribuer à ma rédaction des documents véritablement authentiques.

Au cours de ces années de « jeux d'ombres » politiques, mon activité à Berlin fut de plus en plus influencée par la guerre à mesure que les bombardements s'intensifièrent sur la capitale. A l'automne de 1940, j'avais suivi avec beaucoup de douleur les comptes rendus délirants de la presse de Goebbels au sujet des bombardements de Londres, où j'avais tant d'amis, que je connaissais aussi bien que Berlin et que, après tous les séjours que j'y avais faits avant la guerre, je considérais, avec Paris, comme une seconde patrie. « Comment pourrais-je me représenter à mes amis et connaissances après la guerre ? » pensais-je tristement en lisant dans nos journaux les descriptions de « grands incendies », d'« immenses destructions », etc., que Goebbels faisait répandre par ses journaux et que Hitler et Ribbentrop, avec une joie qui me faisait mal, exposaient aux visiteurs étrangers. J'éprouvai une grande joie intérieure en entendant dire à la BBC combien la population londonienne se comportait courageusement lors de ces attaques, et en lisant dans les journaux anglais, dont j'eus la disposition pendant toute la guerre, qu'elle se conduisait avec cette égalité d'âme et cet humour dont les habitants des grandes cités du monde semblent avoir le privilège. Je maudissais le régime hitlérien qui me jetait dans des troubles de conscience, en m'obligeant à être, en temps de guerre, de cœur avec un « ennemi » que je ne parvenais pas à considérer comme tel.

J'ai vécu, à peu d'exceptions près, toutes les grandes attaques aériennes sur Berlin, car le hasard voulut que je fusse toujours chez moi aux moments les plus durs. Lorsque je me trouvais dans la cave avec les autres habitants de la maison, angoissés, quand nous entendions à travers notre protection insuffisante les énormes projectiles s'abattre sur nous en sifflant, et que nous attendions l'explosion, la tête rentrée, en cessant de respirer, lorsque la porte volait à travers la cave, que la lumière s'éteignait, que la maison entière semblait chanceler, quand nous nous dressions tous dans la crainte d'être, l'instant d'après, enterrés sous les décombres, quand nos poumons étaient envahis par la poussière et la fumée, quand l'effroyable bruit des murailles qui s'effondraient nous faisait nous regarder avec terreur, j'éprouvais assez paradoxalement, en plus de la crainte pour mon existence, comme un sentiment d'apaisement. Au cours de ces nuits terribles, je sentais que je pourrais de nouveau affronter les regards de mes amis anglais. L'incendie des quartiers résidentiels de Berlin me semblait égaliser les comptes, tout au moins en ce qui concernait la guerre aérienne. Et ces bombardements de Berlin m'inspiraient encore un autre sentiment, d'orgueil celui-là, pour mes compatriotes berlinois. Si j'avais pu entendre, en 1940, avec une satisfaction étrange, les Londoniens déclarer « *we can take it* », je savais maintenant que nous autres, Berlinois, nous savions « encaisser » aussi bien qu'eux. Et il y avait là, me semblait-il, comme une sorte de solidarité entre les deux grandes villes.

Le ministère des Affaires étrangères fut mis à mal dès 1943. « Le cabinet a été promu par les Anglais jusqu'à l'échelon le plus élevé » raillâmes-nous, lorsque le n° 74 de la Wilhelmstrasse fut détruit par le feu au-dessus du premier étage où nos bureaux étaient installés. Les magnifiques lustres étaient transformés en fontaines les jours de pluie ou de neige ; des seaux pour recueillir l'eau s'étalaient sur les épais tapis ; le froid pénétrait à travers les fenêtres qui avaient reçu des réparations de fortune, nous travaillions en conservant nos manteaux et nos coiffures, mais nous aussi, « *we could take it* ». Quand les choses empirèrent encore, nous fûmes contraints de nous transporter dans notre bureau de secours, pièce de la grandeur d'un compartiment de wagon-lit, où nous avions 1,70 mètre de béton au-dessus de nos têtes, tandis qu'un deuxième groupe allait s'installer dans une pièce semblable à l'abri de l'*Adlon*. « Tout paraît s'être écroulé au-dessus de nous », me répondit au téléphone le fonctionnaire de service à l'abri n° 1, comme je m'informais près de lui du sort de notre « bureau de secours », un jour où les bruits de coulisse et les vibrations du sol avaient été particulièrement intenses.

Ce n'était pas seulement extérieurement que le ministère des Affaires étrangères tombait peu à peu en ruine. Les dégâts infligés à l'édifice par les bombardiers anglais d'abord, américains ensuite, avaient été produits depuis longtemps par Ribbentrop dans les domaines du personnel et de l'organisation. Il n'avait pas la plus petite idée de la façon dont se dirige un service public et il se conduisait « d'après le livre d'images indéchirable à usage des grands enfants politiques », comme nous disions au ministère, pour créer de nouvelles sections, installer de nouveaux services et nommer des « missions spéciales ». Tout cela poussait comme des appendices hétéroclites entés sur les maisons endommagées par les bombes, dans tous les coins de la vieille organisation, finissant par faire de notre ministère une façade sans rien derrière et sans signification, semblable à ces centaines d'édifices brûlés dans Berlin dont les murailles subsistaient encore mais dont les habitants avaient dû descendre dans les caves.

Les anciens fonctionnaires logeaient et travaillaient dans ces ruines symboliques et réelles. Ils essayaient, par une application obstinée, d'éteindre aussi bien les bombes incendiaires lancées du ciel par les Anglo-Saxons, que les brandons jetés par Ribbentrop du « PC de campagne », dans ce qui avait été les Affaires étrangères allemandes de bonne réputation. Dans l'un comme dans l'autre cas, ils parvinrent à éviter bien des dommages, mais, pas plus qu'il ne leur était possible d'arrêter la pluie de bombes, ils ne pouvaient mettre un frein à la catastrophique politique d'amateur de Hitler. Quelques-uns trouvèrent la mort sous les décombres, certains, parmi les meilleurs, succombèrent sous les coups de la justice hitlérienne, et ceux qui survécurent s'entendirent reprocher après la guerre, alors qu'ils avaient fait tout leur devoir comme un véritable service de défense passive, de n'avoir pas réussi à éteindre toutes les bombes incendiaires lancées par Hitler et par Ribbentrop.

Les Affaires étrangères étaient si solidement bâties qu'elles résistèrent longtemps au bombardement de leur ministre. Dès 1940, 150 des plus hauts fonctionnaires furent démis, à la manière des épurations qu'on a vu s'accomplir depuis dans les pays européens du Sud-Est. Mais comme ils étaient tous des spécialistes difficilement remplaçables, il fallut bien, bon gré, mal gré, les laisser en place provisoirement. Par la suite, beaucoup furent « démontés » individuellement. La clef de voûte de l'ancien édifice était constituée par le secrétaire d'Etat baron von Weizsäcker qui jouissait de la considération la plus haute parmi tous les fonctionnaires et tous les diplomates étrangers, et joignait d'extraordinaires talents professionnels à la plus haute intégrité morale. D'un mot, d'un geste ou d'un silence significatif, survenant au bon moment, il savait nous faire connaître sa volonté sous une forme qui ne pouvait être comprise ni par les organes de contrôle de Hitler et de Ribbentrop, ni par ses futurs accusateurs de Nuremberg, parce que les appareils de réception primitifs des premiers n'étaient pas accordés sur l'onde morale d'un Weizsäcker et parce que les autres étaient incapables de s'y accorder, n'ayant jamais vécu sous une dictature. Les yeux de tous les anciens fonctionnaires et d'une partie des nouveaux restaient fixés sur le « *Staats* », comme nous l'appelions. Il constituait l'autorité morale déterminante qui réglait notre attitude d'esprit sous le régime de Ribbentrop, et nous confirmait, à sa manière silencieuse et d'autant plus pénétrante, dans notre tendance naturelle à suivre les façons de penser et les conceptions éthiques de l'Europe occidentale, au bon vieux sens du mot.

Ce ministère des Affaires étrangères de Berlin dirigé par Weizsäcker, avec lequel Ribbentrop, dans son « PC de campagne », ne voulait rien avoir à faire, qu'il récusait et méprisait, demeurait pour moi comme une survivance de cette ancienne Allemagne que j'avais aimée et qui avait été respectée par l'étranger. Là, dans ces trois maisons de la Wilhelmstrasse, bien qu'elles fussent en ruine, je n'éprouvais certes pas le sentiment d'« être un étranger dans mon propre pays ». Là, je pouvais aborder librement avec mes collègues tous les sujets de conversation ; là existait vraiment une communauté de sentiments ; là, on ne se trahissait pas mutuellement, pas plus sous Hitler qu'à n'importe quelle autre époque. Le vieux service des Affaires étrangères s'évertua avec obstination et souplesse à parer les multiples coups que lui portaient Hitler et Ribbentrop, dans l'intention de pouvoir constituer une équipe de sauveteurs compétents, quand surviendrait la catastrophe à laquelle il fallait s'attendre d'une manière certaine.

Comme tous les service des Affaires étrangères, celui de l'Allemagne se détournait de la politique intérieure. Les partis ont beau se déchirer, pour les fonctionnaires de ces services, seuls les intérêts de leur pays demeurent au premier plan. Les gouvernements se constituaient et s'écroulaient, les ministres changeaient, mais pour les diplomates allemands ces bouleversements intérieurs n'apportaient aucun changement à leur mission extérieure. Il était donc parfaitement naturel qu'ils considérassent le gouvernement national-socialiste exactement comme un de ceux qui l'avaient précédé, et ne se laissassent dicter leur attitude que par le souci de continuer

à servir le pays comme auparavant. Les affirmations sur
la pérennité du IIIe Reich ne soulevèrent jamais que des
sourires aux Affaires étrangères.

Aussi un conflit très aigu se déclara-t-il dès qu'il devint
évident que, dans le domaine de la politique extérieure,
les nationaux-socialistes ne servaient pas les intérêts
généraux, mais, bien au contraire, les compromettaient
d'une manière de plus en plus aiguë. Conformément à
ses traditions et à sa formation, le service des Affaires
étrangères s'opposa donc de plus en plus à cette politique extérieure et à ceux qui la dirigeaient, à mesure
qu'elle devint plus téméraire et néfaste. Les diplomates
allemands se rendirent très vite compte des erreurs, des
fautes, du dilettantisme de la politique extérieure du
régime hitlérien ; aussi s'organisa-t-il, dans leur milieu,
une résistance qui alla, selon le tempérament de chacun,
de la forme passive jusqu'à l'opposition déclarée.

En ma qualité de membre déjà ancien du service
– bien que j'occupasse une situation un peu à part,
n'étant qu'un technicien et non un diplomate au véritable sens du mot –, je partageais les conceptions de mes
collègues sur les devoirs qu'ils avaient envers le pays,
d'autant plus qu'elles répondaient à mes convictions personnelles. J'étais relativement très bien informé de tout
ce que faisaient les plus actifs d'entre nous pour essayer
de protéger notre pays contre les funestes conséquences
de la politique de Hitler, et je pus leur apporter une
certaine aide du fait que j'étais parfaitement au courant
des conversations entre les hommes d'Etat.

Ce fut ce qui me permit d'entendre parler, par mes
amis, de l'ordre donné par Halder, à la fin de septembre 1938, aux troupes de Potsdam et de Hof de marcher sur Berlin si la mobilisation était décrétée, ordre
qui fut contremandé par suite de la convocation de la
conférence de Munich. J'appris également que le langage
dénué de toute ambiguïté tenu par les Anglais lors des

événements de 1939, relatés en détail dans un chapitre précédent, était largement attribuable à l'intervention de diplomates allemands de mes amis, à Berlin et à Londres, qui n'avaient cessé d'expliquer aux Britanniques qu'ils ne parviendraient à se faire entendre de Hitler qu'en parlant net, sans périphrases. Je sus encore que Weizsäcker et Attolico collaboraient de plus en plus étroitement pour essayer d'empêcher l'explosion de la guerre. J'en ai donné un exemple probant en relatant les faits qui précédèrent la conférence de Munich. Je partageai les déceptions que ces hommes, vraiment admirables, éprouvèrent en voyant leurs efforts, soutenus non sans de grands risques personnels, échouer contre l'aveuglement et l'entêtement fanatiques de Hitler et contre la faiblesse et l'incompréhension de l'étranger. A cet égard, je vis se dérouler bien des tragédies individuelles, grandes ou petites, pendant la guerre et aussitôt après. On n'en connaîtra toute l'ampleur que lorsque auront été, quelque jour, rapportés avec exactitude et précision tous les événements qui demeurent en dehors du cadre de ce livre. Il a déjà été publié beaucoup de choses, tant en Allemagne qu'à l'étranger, principalement à l'occasion des procès de Nuremberg. Je suis convaincu que l'on ne tardera pas à connaître le rôle que les meilleurs de notre service des Affaires étrangères ont joué sous le régime hitlérien, aussi me bornerai-je à ces brèves indications.

Les bombes ne manquèrent pas de tomber, même dans mon entourage immédiat. D'assez bonne heure, un haut fonctionnaire fut convoqué pour être interrogé par Heydrich, dans des conditions de roman policier, et fut congédié. Il mourut après le 20 juillet 1944. Un autre, un de mes bons amis, fut exilé en Extrême-Orient par Ribbentrop qui devinait son attitude d'opposition, mais ne trouvait rien de concret à lui reprocher. Moi-même, je fus à la même époque et pour des raisons analogues banni de la collaboration directe avec le ministre ; je fus promu, mais rejeté à la direction du cabinet ministériel, de la fraction de Berlin s'entend. « Il vaut mieux vous reposer à Berlin entre les conférences, pour votre activité d'interprète », me dit celui qui était alors le « *Politruk* » de Ribbentrop, le sous-secrétaire d'Etat Martin Luther[5] de mauvais renom, un ancien rédacteur, ultérieurement enfermé dans un camp de concentration pour « trahison » envers Ribbentrop.

Je croyais alors jouir jusqu'à un certain point de la « liberté des fous » et me répandais dans toutes les langues dont je disposais en critiques imagées sur toutes les choses grotesques auxquelles il m'était donné d'assister. Je ne dissimulais nullement ma sympathie pour les coutumes des peuples occidentaux dont je parlais le langage. Jusqu'au printemps de 1945, je me promenai ostensiblement dans la Wilhelmstrasse où foisonnaient les uniformes, chaque fois que je pouvais le faire, c'est-à-dire chaque fois que je n'étais pas en service commandé, dans « l'uniforme » international des fonctionnaires des Affaires étrangères avec un feutre noir et le parapluie (toujours soigneusement roulé) qui nous était strictement interdit, que le vieux Chamberlain avait rendu fameux en Allemagne, et dont j'avais reconnu depuis longtemps et apprécié les remarquables avantages pratiques sous le climat si changeant de l'Europe. J'appris seulement après 1945 que tous ces gestes n'étaient pas restés ignorés comme je l'avais cru, mais avaient été, au contraire, soigneusement enregistrés.

Je causai de cette manière bien du souci à notre section du personnel qui ne cessa de m'exhorter à me

---

5. Sous-secrétaire d'Etat au ministère des Affaires étrangères et proche conseiller de Ribbentrop, Martin Luther (1895-1945) les représenta à la conférence de Wannsee. Malgré l'ordre de les détruire, il conserva la copie des minutes. Retrouvée en 1947, elle reste le seul document attestant des discussions tenues lors de cette conférence qui reste célèbre pour avoir orchestré la Solution finale.

montrer prudent et à me décider d'entrer au Parti sous peine de déclencher un scandale, car mon obstination à m'en abstenir, étant donné les fonctions que je remplissais auprès des plus hautes personnalités nationales-socialistes, pouvait à bon droit être considérée comme une manifestation d'opposition. J'avais résolu de rester « en dehors » au moins jusqu'en 1940. « J'espère que les futures générations de Schmidt seront assez intelligentes pour tirer les conclusions qui s'imposent sur ma façon de penser à l'égard du national-socialisme, en comparant ce millésime facile à se rappeler de mon entrée dans le Parti, avec l'importance de ma "clientèle" parmi les hauts personnages du régime », expliquai-je à mes amis du service. En fait, je parvins à reculer mon inscription jusqu'en 1943. Mais il était grand temps, et je fus bien heureux de m'être enfin résigné à suivre les conseils bien intentionnés de la section du personnel quand déferla la « vague d'épuration » après le 20 juillet 1944.

Tandis que mon activité à Berlin et au quartier général de l'Est se déroulait dans un cadre de plus en plus directement influencé par les événements de guerre, les cérémonies auxquelles j'eus à participer à l'Ouest et au Sud, en ma qualité d'interprète, paraissaient se dérouler exactement de la même manière que précédemment. Mais elles aussi prenaient de plus en plus intérieurement le caractère du théâtre d'ombres de Salzbourg dont j'ai parlé en rapportant les faits du printemps de 1942 et 1943. On continuait à jouer les mêmes disques devant les interlocuteurs étrangers mais le thème changea graduellement : de « nous avons gagné la guerre », il devint « nous la gagnerons » et, finalement, « nous ne pouvons pas la perdre ».

J'entrepris un voyage à Rome avec Goering en janvier 1942. Il était manifestement chargé de tranquilliser Mussolini sur l'arrêt que venaient de subir les opérations devant Moscou. « Cet hiver, il n'y aura plus rien à faire », déclara-t-il au palais de Venise à un Mussolini à l'air méditatif qui passa presque aussitôt aux projets envisageant la conquête de Malte.

J'eus encore à travailler dans le « Führerbau », à Munich. Le 9 novembre, au lendemain du débarquement des Américains en Afrique du Nord, Hitler, Laval, Ciano et Ribbentrop se réunirent dans la salle où s'était tenue la conférence relative aux Sudètes. Hitler parla abondamment, Ciano l'écouta d'un air distrait, Laval ne fut introduit que tout à fait à la fin et ne put prendre qu'une part infime à la conversation. Pour terminer, Keitel entra avec une grande carte, comme en 1938. Cette fois il s'agissait de l'occupation de la partie de la France demeurée libre jusque-là et que Hitler venait d'ordonner, pour riposter au débarquement des Occidentaux en Afrique. Il n'y eut pas de discussion, des ordres furent donnés, ce fut tout.

Le lendemain, 11 novembre, je traduisis à Laval la proclamation que Hitler voulait adresser au peuple français : « Le désir du gouvernement allemand et de ses soldats est, si possible, non seulement de défendre les frontières de la France avec les forces armées françaises, mais surtout de contribuer à mettre les possessions européennes d'Afrique à l'abri de futures attaques de brigandage. » L'occupation de la Corse et de Tunis était annoncée simultanément. Laval, très profondément déprimé, quitta Munich le lendemain. Il avait vainement essayé d'empêcher Hitler d'occuper toute la France.

Il était alors, tant en Allemagne que dans son pays, un personnage assez discuté. Autant qu'il m'a été permis de m'en rendre compte au cours des conversations qu'il eut avec Hitler et Ribbentrop, la méfiance du dictateur allemand à son égard se justifiait par la tactique dilatoire à laquelle il avait constamment recours, afin d'essayer de gagner du temps pour la France. J'étais, comme je l'ai dit, le seul qu'il connût de longue date parmi les

Allemands. Je me suis toujours très volontiers entretenu avec lui parce que je croyais qu'en dépit de toutes ses échappatoires, il était toujours un partisan aussi sincère du rapprochement franco-allemand qu'à l'époque de Brüning, et parce que j'éprouvais une certaine compassion pour lui à cause de la situation extrêmement difficile où il se trouvait constamment. En outre, il ne s'effrayait pas devant Hitler et ne craignait pas d'exprimer fréquemment son opinion sous la forme la plus nette. Il le faisait souvent par des formules fort significatives.

Il n'avait ainsi cessé de réclamer la convocation, même pendant la guerre, d'une conférence des Etats européens pour que ceux-ci pussent discuter de leur action commune et aussi de leurs intérêts communs. Il espérait bien profiter de la circonstance pour améliorer la situation de la France. Je me souviens très nettement, aujourd'hui encore, d'une phrase très pertinente qu'il lança un jour à Hitler à ce sujet : « Vous voulez gagner la guerre pour faire l'Europe, mais faites donc l'Europe pour gagner la guerre ! » Un tel argument restait naturellement sans prise sur le dictateur. Celui-ci n'appréciait nullement les conversations sortant du cadre d'un sujet déterminé, car il ne se sentait pas capable de mener le jeu diplomatique qu'elles eussent exigé. Il fut l'homme des *diktats*, jamais un négociateur. Son manque de souplesse intellectuelle le rendait inaccessible à tout compromis et c'est à cause de cette intransigeance, dont il se vantait sans cesse, qu'il a finalement succombé.

Je repartis pour Rome, avec Goering, à peine trois semaines plus tard. La situation était devenue très menaçante en Afrique et il allait essayer d'amener les Italiens à agir plus énergiquement. Il eut une réunion avec des officiers italiens au cours de laquelle il tempêta, menaça, et se comporta avec un manque absolu de psychologie. Il les heurta de front par ses façons grossières et brutales alors que, à mon avis, ils avaient de moins en moins le désir de faire un effort.

J'eus encore, ultérieurement, à Berlin, à traduire une conversation au sujet de la défense de l'Afrique du Nord, entre Goering et le général français Juin. Ce dernier offrit de défendre la ligne Mareth, à la frontière franco-italienne, avec des troupes françaises, contre les Anglais lancés à la poursuite de Rommel, mais il refusa catégoriquement d'entreprendre cette défense conjointement avec les Allemands. « Aussi longtemps qu'il y aura des prisonniers français en Allemagne, déclara-t-il à Goering, je ne pourrai demander à mes officiers de se battre côte à côte avec l'armée allemande. »

Une nouvelle conférence tripartite eut lieu dans la seconde quinzaine de décembre 1942, au quartier général de Prusse-Orientale. Hitler, Ribbentrop, Goering, Ciano et Laval y participèrent. Ce dernier fut encore très durement traité. Le fait intéressant fut que Ciano poussa une pointe offensive en faveur d'une paix avec la Russie. « On pourrait tout au moins arrêter sur ce front toutes les opérations offensives, déclara-t-il manifestement sur les instructions de Mussolini, et organiser une ligne de défense qu'on pourrait tenir avec des forces relativement peu importantes. » L'Axe devait concentrer tous ses moyens pour combattre à l'Ouest, et, naturellement, tout spécialement en Afrique. Hitler n'accepta pas du tout cette suggestion, mais se contenta d'adresser des reproches à Ciano au sujet de l'attitude des troupes italiennes du front oriental, dont le manque de combativité avait permis aux Russes d'effectuer la percée ayant conduit à Stalingrad. Il va de soi que Laval eut de nouveau à entendre toute la liste des péchés de la France. Ce fut de nouveau, dans la sombre forêt de Rastenburg, une scène du théâtre d'ombres.

A peine un mois plus tard, Roosevelt et Churchill se rencontrèrent à Casablanca. Nous en avions été prévenus un peu auparavant par des renseignements venus d'Espagne. Le texte espagnol fut traduit par le service spécial et un incident désagréable se produisit à cause d'une traduction trop littérale. Le mot Casablanca fut rendu par « maison blanche », ce qu'il signifie en effet, mais ce qui amena le porte-parole des Affaires étrangères à déclarer d'un ton pénétré, au cours d'une conférence de presse, que, comme nous le savions parfaitement, Roosevelt et Churchill allaient très prochainement se réunir à Washington, à la Maison-Blanche ! Le directeur de notre service d'informations fut très péniblement surpris d'apprendre quelques jours plus tard que la conférence avait lieu en Afrique du Nord.

Ce fut avec consternation que je traduisis, quelque temps après, la déclaration si lourde de conséquences relative à la capitulation sans conditions que les Alliés occidentaux formulèrent à Casablanca. Je me rendis immédiatement compte que la position de Hitler allait s'en trouver extraordinairement renforcée devant le peuple allemand, et ses propres alliés ; que l'opposition, qui s'était justement manifestée à la fin de décembre par la bouche de Ciano, allait perdre de sa force. Je compris avec non moins de clarté que cette question de la reddition inconditionnelle portait un coup extrêmement dur à l'opposition intérieure allemande.

Mais ce que j'ignorais encore en ces heures sombres, c'était qu'une résistance assez considérable s'était manifestée dans le camp allié contre cette exigence. « Nous fûmes aussi surpris que M. Churchill, écrit Cordell Hull, dans le chapitre si instructif qu'il a entièrement consacré à la question de la reddition inconditionnelle dans ses *Mémoires*, lorsque le Président (Roosevelt) fit soudainement cette déclaration au cours d'une conférence de presse, devant le Premier ministre britannique, lors de la réunion à Casablanca, en 1943. Le Premier ministre, à ce qu'on m'a rapporté, en demeura tout interdit. » Le ministre des Affaires étrangères américain fut également pris à l'improviste par Roosevelt. « Beaucoup de mes collaborateurs et moi-même, écrit-il dans un passage fort intéressant, étions opposés à ce principe de la reddition inconditionnelle et ce, pour deux raisons : la durée de la guerre risquait de s'en trouver prolongée parce que les puissances de l'Axe se verraient acculées à un combat désespéré. D'un autre côté, l'acceptation de ce principe impliquait logiquement que les vainqueurs seraient contraints d'exercer le pouvoir gouvernemental à la fois centralement et localement au cours de leur avance dans les territoires conquis. Mais ni nous ni nos alliés n'étions préparés à remplir une tâche aussi gigantesque. »

« J'entendis prononcer pour la première fois cette formule (de la capitulation sans conditions) lorsque le président Roosevelt l'annonça à la presse », déclara Churchill le 21 juillet 1949, au cours d'un débat sensationnel à la Chambre des communes, confirmant ainsi l'affirmation de Cordell Hull. « Le Président fit cette annonce sans m'en avoir parlé au préalable. Il est pour moi hors de doute que si le cabinet britannique avait eu à se prononcer sur cette formule, il l'aurait peut-être rejetée, mais comme nous étions liés par une grande alliance avec nos amis loyaux et puissants d'outre-Atlantique, nous devions nous en accommoder. »

Cordell Hull nous apprend encore que le ministre des Affaires étrangères américain et ses collaborateurs, ainsi que Churchill et Eden, n'étaient pas seuls à être opposés à cette formule de la reddition inconditionnelle empruntée par Roosevelt, selon sa propre déclaration, à la guerre de Sécession : les conseillers du général Eisenhower et Staline lui-même n'étaient pas d'accord à ce sujet. Au cours de la conférence qui se tint à Téhéran en décembre 1943, ce dernier dit que le principe de la capitulation sans conditions constituait « une mauvaise tactique à l'égard de l'Allemagne ». Mais Roosevelt s'obstina dans son idée malgré toutes les objections. Il se montra, sur ce point, aussi intransigeant avec ses alliés que Hitler l'était dans les conversations avec ses partenaires de l'Axe.

Par la suite, j'eus bien souvent à traduire aux Italiens et à Antonescu, quand ils conseillaient de conclure la paix avec les puissances occidentales ou avec la Russie, ces paroles de Hitler : « Vous voyez par vous-mêmes que nous ne pouvons nous attendre à rien d'autre qu'à l'exigence d'une reddition inconditionnelle, si nous essayons de nous entendre avec l'un de nos adversaires. » Il déclara aussi fréquemment, à cette époque, à Keitel, à Ribbentrop et à d'autres personnes de son entourage : « Maintenant que l'ennemi nous menace d'une capitulation sans conditions, le peuple allemand me suivra avec une énergie encore plus farouche jusqu'à la victoire finale. »

A la fin de février 1943, peu de temps après la conférence de Casablanca, je me rendis à Rome avec Ribbentrop qui allait expliquer le désastre de Stalingrad. Vint ensuite, en avril, la saison de Salzbourg dont j'ai déjà parlé et, en mai, de nouvelles conversations vides eurent lieu entre Hitler, Laval et Bastianini, successeur de Ciano.

La dernière rencontre qu'eurent Hitler et Mussolini avant l'écroulement de l'Italie fasciste fut mémorable à un certain point de vue. Elle eut lieu au petit château de Feltre, près de Belluno, dans l'Italie du Nord. Le dictateur italien s'entendit sérieusement sermonner par son collègue allemand devant de nombreuses personnes, dont des généraux italiens. En outre arrivèrent des nouvelles exagérées sur le premier bombardement important subi par Rome, qui avait été effectué dans la matinée.

Aussi cette entrevue du 20 juillet 1943 fut-elle l'une des plus déprimantes de toutes celles auxquelles j'ai assisté. Mussolini fut si troublé qu'il me fit réclamer, après son arrivée dans la capitale, les notes que j'avais prises sur la conversation. Il n'avait pas pu suivre celle-ci, nous fut-il déclaré, et il ne pouvait ordonner de prendre les mesures de défense convenues que quand il aurait mon texte sous les yeux. Ces notes lui furent envoyées par un avion spécial, après que Hitler les eut revues à son quartier général de Prusse-Orientale.

Au début d'août, il y eut une rencontre très curieuse entre Ribbentrop et le nouveau ministre italien des Affaires étrangères du cabinet constitué par le maréchal Badoglio[6] après la chute de Mussolini. Elle se fit dans la ville-frontière italienne de Tarvis. Très peu de gens apprirent alors, en Allemagne, que Ribbentrop avait accepté de négocier avec un envoyé de « ce gueux de Badoglio », comme la presse de Goebbels qualifia ultérieurement le nouveau chef du gouvernement allié.

« Il faut laisser en territoire allemand tous nos documents secrets et tous nos codes de déchiffrement », nous déclara notre ministre lorsque nous montâmes dans son train spécial à Velden, sur le Wörthersee, pour nous rendre au rendez-vous. « Nous ne devons pas exclure l'hypothèse que ces bandits méditent de nous enlever sur le sol italien pour nous livrer aux Anglais et aux Américains ! » ajouta-t-il avec la mine la plus sombre. Nous n'emmenâmes donc que peu de collaborateurs. Les autres furent remplacés par des SS, mitraillette au

---

6. Le maréchal Pietro Badoglio (1871-1956) commande l'armée italienne pendant la campagne d'Ethiopie. Déjà hostile à l'entrée de l'Italie dans la guerre, il s'oppose à l'attaque de la Grèce, ce qui lui vaut d'être congédié de son poste de chef de l'état-major. Président du Conseil après la chute de Mussolini, il conclut l'armistice avec les Alliés, non sans avoir commencé par jurer fidélité à l'alliance allemande.

poing, qui, dès l'arrivée à Tarvis, constituèrent une sorte de cordon de sécurité autour du wagon-salon de notre train où eurent lieu les conversations. Guariglia, ministre des Affaires étrangères de Badoglio, qui venait de rentrer d'Ankara où il était ambassadeur, affirma que l'Italie continuerait à combattre, tandis qu'au même moment le nouveau chef d'état-major général, Ambrosio, essayait, de manière assez suspecte, de s'opposer au passage par le Brenner du flot de troupes allemandes « que nous envoyions au secours de l'Italie » comme l'expliqua Ribbentrop. Cette séance du « théâtre d'ombres », où chaque interlocuteur s'efforçait de duper l'autre, dura deux heures. Nous ne fûmes pas arrêtés, mais au moment où notre train quitta la gare de Tarvis, nos collègues italiens du ministère des Affaires étrangères, qui nous faisaient jadis des départs triomphaux en nous saluant à la fasciste, se tinrent cette fois sur le quai dans une attitude analogue au garde-à-vous militaire, tandis qu'un sourire un peu gêné jouait sur leurs lèvres. Cette dernière scène avec nos anciens amis nous fit mieux comprendre que n'importe quoi que le régime fasciste avait cessé d'exister en Italie.

Nos yeux perçurent à cette minute les arrière-plans menaçants de ce « théâtre d'ombres » qui avait occupé la scène politique au cours des deux dernières années. Ces mains qui ne se levaient plus pour nous saluer sur le quai de la petite gare-frontière étaient comme l'annonce fatidique de l'écroulement de l'Italie. Il se produisit en effet peu de temps après, le 8 septembre 1943. Ce fut une nouvelle catastrophe à ajouter à la série déjà longue que venait d'enregistrer la politique de Hitler : capitulation de Stalingrad, le 3 février ; reddition de Tunisie, le 7 mai ; débarquement des Anglo-Saxons en Sicile, le 9 juillet ; chute de Mussolini, le 25 juillet 1943, peu de jours après l'entrevue de Feltre.

Tandis que les nuées sombres n'avaient cessé de s'accumuler à l'horizon militaire, indiquant l'orage prochain, toutes les conversations au cours desquelles j'avais eu à jouer mon rôle d'interprète n'avaient été remplies que par des phrases de plus en plus sonores et vides. Cependant, les événements commençaient déjà à prendre forme dans les circonstances entourant ces conversations, et ils se précisèrent d'une façon encore plus menaçante au cours de l'année suivante.

XI

Les illusions durent jusqu'à la fin
(1944-1945)

Une semaine après la capitulation sans conditions de l'Italie, qui s'était si clairement annoncée dans la curieuse entrevue entre Ribbentrop et Guariglia, se produisit à nouveau un de ces coups de théâtre dont la politique extérieure de Hitler était si nourrie. Mussolini fut libéré le 15 septembre 1943 ; il devint le chef d'une République fasciste, et juste un an après l'entrevue de Feltre que j'avais cru devoir être la dernière entre les deux dictateurs, je devais assister à une nouvelle rencontre entre eux qui effaça, par son caractère dramatique, toutes celles qui avaient précédé, puisqu'elle eut lieu au quartier général de Rastenburg, quelques heures après l'attentat du 20 juillet 1944.

C'est également en cet automne et dans cette forêt de Prusse-Orientale que le drame politique me présenta une dernière fois un de ses rebondissements ridicules, extraordinairement caractéristique des illusions que nourrissait Hitler.

Je m'aperçus à cette époque, par une traduction de certaines fractions du fameux plan Morgenthau[1],

---

1. Henry Morgenthau (1891-1967) fut, à partir de 1934, le secrétaire au Trésor de la présidence Roosevelt. A l'étranger, il est surtout

qu'il existait aussi, dans le camp allié, des fanatiques capables dans leur aveuglement d'élaborer des projets destructeurs. Ce plan fut signé par Roosevelt et par Churchill en septembre 1944, à la deuxième conférence de Québec. Les détails que je connus me parurent absolument comparables à la farouche volonté d'anéantissement de Hitler. Je sais cependant aujourd'hui que le ministre américain des Affaires étrangères s'opposa de toutes ses forces – quel contraste avec son collègue allemand ! – à l'exécution de ce plan meurtrier qu'il appela du nom expressif de *goat pasture plan* parce qu'il devait dépouiller l'Allemagne de toute son industrie et la transformer en « pâture pour les chèvres ». Cordell Hull eut plus de succès, cette fois, que lors de son opposition à la reddition inconditionnelle, et fit échouer le plan dont l'esprit mit cependant beaucoup plus longtemps à se dissiper. Il a consacré entièrement le chapitre CXIII de ses *Mémoires* aux combats qu'il fallut livrer autour de ce projet dressé par le ministre américain des Finances d'alors.

Roosevelt lui-même finit par s'en détacher. « Stimson m'a rapporté que le Président fut manifestement indigné lorsque je lui lus ces phrases (du mémoire de Morgenthau), et qu'il déclara ne pas pouvoir s'imaginer comment il avait pu être amené à parapher ce mémoire. Il l'avait fait évidemment sans beaucoup y réfléchir. »

« Si l'on me présentait ce document (le plan Morgenthau), prononça Churchill le 21 juillet 1949 devant une Chambre des communes fort attentive, je déclarerais certainement que je ne suis pas d'accord et qu'il m'est pénible de l'avoir paraphé. »

Pendant tout le temps où j'ai servi d'interprète à Hitler, je n'ai jamais une seule fois entendu de sa bouche pareil

---

connu pour être le père du plan ici mentionné qui visait à ramener l'Allemagne au niveau d'un État agricole afin de l'empêcher de redevenir une menace militaire.

aveu d'erreurs anciennes, même pas dans le cercle le plus réduit. J'y vois un des traits les plus remarquables qui le séparaient des hommes d'Etat occidentaux.

Au cours de l'année 1944, le « théâtre d'ombres » des illusions hitlériennes continua tout d'abord à se dérouler sous mes yeux comme à l'habitude. J'eus encore plusieurs fois à aller chercher à la frontière, en train spécial, les interlocuteurs du dictateur et à les raccompagner après l'entretien, accomplissant ainsi cette « livraison franco frontière » comme de malicieux amis appelaient mon activité. Elle ne me déplaisait nullement, car, si paradoxal que cela puisse paraître, on dormait à cette époque, en Allemagne, mieux en voyage que chez soi, où chaque nuit les attaques aériennes menaçaient votre sommeil, votre vie et vos biens, et aussi parce que ces allées et venues entre le quartier général et la frontière, avec retour à Berlin, me permettaient de dicter facilement mes comptes rendus au sujet des conversations. Les conditions de vie dans notre pays étaient telles, dès ce moment, qu'on ne pouvait plus avoir d'activité relativement régulière que dans un bureau roulant. C'était chaque fois avec un certain regret que je quittais, à la fin de ces randonnées, le petit compartiment muni d'une couchette où j'avais vécu et travaillé pendant environ une semaine, sans être constamment dérangé par le hurlement des sirènes.

C'est ainsi que j'allai attendre, à la fin d'octobre 1943, le Conseil de régence bulgare, présidé par le prince Cyrille[2], à la frontière germano-hongroise. Au cours des jours suivants, je m'assis deux fois par jour, en qualité d'hôte, à la table de notre wagon-restaurant, en face du

---

2. Frère cadet du roi Boris III de Bulgarie, le prince Cyrille (1895-1945) devient régent du royaume après la mort de son frère survenue le 28 août 1943 dans des conditions mystérieuses.

prince et j'eus de très nombreuses occasions de m'entretenir avec lui. Par sa façon de parler, il me rappelait très vivement son frère, le roi Boris, disparu dans des circonstances si étranges et qui, comme je l'ai rapporté, avait plusieurs fois rencontré Hitler.

A vrai dire, je n'avais pas assisté, la plupart du temps, à ces entretiens, car le roi Boris parlait très couramment l'allemand. Hitler ne paraissait pas tenir non plus à conserver des notes à leur sujet ou ne les estimait pas nécessaires. Je ne m'étais donc trouvé présent qu'accidentellement et avais pu constater comment Boris, en excellent diplomate, savait habilement prendre Hitler. Il se comportait devant lui avec une liberté d'esprit totale, sans montrer la moindre trace de cette retenue, pour ne pas dire de cette timidité, que j'avais si fréquemment notée chez d'autres têtes couronnées comme Victor-Emmanuel[3] et Léopold de Belgique, par exemple. Il s'exprimait sans fard sur les sujets les plus brûlants, comme si c'était la chose la plus naturelle du monde. Cette simplicité constituait d'ailleurs sa grande force. Il lui arriva souvent de mettre dans l'embarras les représentants des Affaires étrangères qui l'accompagnaient dans les trains spéciaux en leur déclarant que pendant une heure il ne serait plus en visite officielle.

« Je vais aller faire une visite à mon collègue de la locomotive », disait-il alors, car il avait reçu en Allemagne, après examen, le brevet de mécanicien de locomotive pour trains express, et conduire ces machines était pour lui comme un sport. Il disparaissait pour ne reparaître qu'au bout d'un certain temps dans son wagon-salon,

---

3. Roi d'Italie depuis l'assassinat de son père Humbert Ier en 1900, Victor-Emmanuel III (1869-1947) appelle en 1922 Benito Mussolini à former le nouveau gouvernement après la marche sur Rome. Hostile à l'Allemagne, il ne peut empêcher la formation de l'Axe. Il fait arrêter Mussolini dès le lendemain de la mise en minorité de ce dernier par le Grand Conseil fasciste.

souriant quoique un peu couvert de suie, au grand soulagement de son accompagnateur allemand.

Grâce à de tels gestes de simplicité bourgeoise, il avait produit une excellente impression sur Hitler et sur l'entourage de celui-ci. On ne faisait confiance au « malin renard » que dans une certaine limite cependant, mais on le trouvait très sympathique pour un monarque. Aussi avait-il pu remporter, auprès du dictateur, un succès rapide et très particulier. Il avait réussi à satisfaire les ambitions territoriales de la Bulgarie sans avoir à tirer l'épée. La Macédoine lui fut promise et il obtint l'accès à la mer Egée. Peut-être même aurait-il pu acquérir Salonique encore. Et pourtant, il eut auprès de lui pendant toute la guerre un envoyé soviétique, car « le peuple bulgare ne fera jamais la guerre à la Russie à qui il est reconnaissant de l'avoir délivré du joug turc », avait-il constamment répondu à Hitler quand celui-ci le sondait sur une éventuelle participation de la Bulgarie aux hostilités. Les événements ultérieurs ont démontré que sa politique, même s'il avait vécu, ne pouvait procurer que des succès provisoires bien qu'éclatants.

Son frère l'avait remplacé et il se trouvait devant Hitler au quartier général de Prusse-Orientale. Il entendit les déclarations optimistes habituelles que j'avais déjà eu à traduire ou à noter des douzaines de fois. J'avais toujours eu l'impression, en écoutant ces déclamations, que le dictateur croyait vraiment ce qu'il disait à ses visiteurs étrangers. Il se soumettait à une sorte d'autosuggestion et pratiquait sur lui-même et sur ses interlocuteurs le système du Dr Coué, transposé dans la politique. La seule différence, c'était que la formule assez courte de Coué : « Je vais mieux, de mieux en mieux, de jour en jour et à tous les points de vue », se transformait en monologues qui duraient des heures et s'agrémentaient d'une foule de détails techniques.

A ce que je pus observer, Hitler partait de quelques principes faux, correspondant à ses espérances, sur lesquels il bâtissait logiquement un raisonnement qui pouvait paraître convaincant à ceux qui ne s'apercevaient pas de l'erreur fondamentale, mais qui s'écroulait, bien entendu, comme un château de cartes dès que les événements démontraient que les principes étaient faux. Le prince Cyrille parut se laisser influencer par ces illusions de Hitler, comme bien d'autres visiteurs avant et après lui. Mais lui aussi, dès le voyage de retour, sentit la fragilité des constructions hitlériennes en examinant d'un peu plus près les fondations sur lesquelles elles s'élevaient, et ces constructions s'écroulèrent complètement, comme en bien d'autres cas, lorsqu'il fut revenu chez lui et se retrouva dans la réalité simple et nue des faits.

Chez Hitler lui-même, je n'ai jamais constaté un effondrement de ces illusions. En décembre 1944 encore, date à laquelle je le vis personnellement pour la dernière fois, il eut à Berlin, avec Szálasi[4], chef du gouvernement fantoche hongrois nouvellement constitué, « un long entretien sur toutes les questions de la collaboration politique, militaire et économique entre l'Allemagne et la nation hongroise, désormais unies sous la direction du mouvement révolutionnaire », comme le déclara le communiqué officiel. « La ferme résolution des peuples allemand et hongrois de poursuivre la lutte défensive par tous les moyens, l'amitié et la camaraderie d'armes anciennes, traditionnelles et éprouvées entre les deux peuples » n'étaient encore que des expressions directement issues de ces illusions. La mentalité à la Coué du dictateur allemand ne s'était aucunement modifiée, bien que l'ennemi eût déjà pénétré profondément sur le territoire du Reich.

---

4. Chef du parti des Croix fléchées, Ferenc Szálasi (1897-1946) institua le 16 octobre 1944 un éphémère régime pronazi qui s'effondra avec la chute de Budapest en février 1945.

Au reste, selon ce que je pus observer au cours de ces derniers entretiens, quelques mois seulement avant l'écroulement final, rien n'indiquait que Hitler eût perdu quoi que ce fût de son habileté à argumenter.

J'ai appris après la guerre, par des amis qui restèrent dans son entourage jusqu'au dernier moment, que le dictateur ne quitta son monde imaginaire que très peu de temps avant la fin, quand il s'aperçut qu'il continuait de donner des ordres à une armée ayant cessé d'exister. Il resta alors pendant deux heures sans prononcer un seul mot, assis devant une carte, dans l'abri de la chancellerie, le regard perdu dans le vide. Puis, comme un mauvais capitaine, il déserta le navire sombrant, abandonnant à leur destin ceux qu'il avait conduits à cette extrémité.

Trois semaines après la visite du prince Cyrille, je me retrouvai dans un train spécial à la frontière hongroise. J'allais chercher le président du Conseil des ministres bulgare, Bojilov, et son ministre des Affaires étrangères, Schischmanoff, pour les conduire au quartier général où je fus témoin d'une nouvelle mise en application de la méthode Coué, le 11 novembre 1943.

Ce fut sur le même thème que se déroula la « saison de Salzbourg » de l'année suivante. Mais quelques-uns des « patients » commençaient à se rebeller ouvertement. Déjà au cours de ses précédentes visites en Prusse-Orientale, Antonescu avait parlé d'une manière de plus en plus acerbe et provocante. L'ancien breveté d'état-major français exposa sans fard les faiblesses et les fautes de la conduite de la guerre hitlérienne. Les belles paroles n'avaient plus de prise sur lui et, fait intéressant, Hitler renonça effectivement à lui faire application de la méthode Coué. Ce fut ainsi par exemple que j'entendis à ma grande stupéfaction l'arrogant dictateur allemand solliciter modestement les conseils du maréchal roumain. « Je ne sais pas si je dois évacuer ou défendre la Crimée, dit-il une fois à Antonescu. Que me conseillez-vous, monsieur le maréchal ? » Jamais encore, depuis que je servais d'interprète à Hitler, je n'avais eu pareille phrase à traduire.

« Pour que je puisse répondre à votre question, riposta Antonescu avec quelque hauteur, il me faudrait savoir de vous si vous avez définitivement renoncé à l'Ukraine. » « Quoi qu'il arrive, je reprendrai l'Ukraine l'année prochaine (c'est-à-dire en 1945), car il y a là des matières premières dont je ne peux me passer » dit Hitler. « Alors il faut conserver la Crimée » décida Antonescu. Et il se produisit encore un autre événement sans précédent. « Je vous propose un compromis, expliqua Hitler qui désirait évacuer la Crimée. Nous allons préparer deux plans, l'un prévoyant l'évacuation, l'autre la défense. » « Bien, je suis d'accord ! » répondit Antonescu sur un ton militaire, sans grande courtoisie. Hitler toléra tout. Il fut même beaucoup plus aimable envers le maréchal roumain au cours de cette rencontre et des suivantes qu'envers tous ses autres visiteurs. Antonescu avait peut-être découvert la bonne manière de traiter les dictateurs.

Mais sur les grandes questions politiques, Hitler se montra de moins en moins conciliant, même devant lui. Antonescu n'avait cessé de prôner la conclusion d'une paix séparée avec les puissances occidentales, particulièrement à Klessheim, au printemps de 1944, mais Hitler ne voulait pas en entendre parler. Il eût préféré s'entendre avec Staline sans doute, quoiqu'il ait toujours repoussé les suggestions qui lui furent faites à cet égard en ma présence. Mais il me parut qu'il ne formulait pas son refus avec la même véhémence sauvage, voire fanatique, que lorsqu'il s'agissait des « ploutocrates ».

J'observai également avec intérêt la réaction de Hitler aux sondages, en vue de la paix, qui furent faits à cette époque par la Russie soviétique et qu'annonça notre légation à Stockholm. Au cours d'un de mes séjours au quartier général, j'entendis par hasard une conversation entre Hitler et Ribbentrop, où le premier défendit de poursuivre ces tractations parce que l'homme de confiance de notre ambassade (ce qu'on appelait un V-Mann) était juif et parce que « Staline n'était certainement pas sincère et cherchait uniquement par cette manœuvre à obliger ses alliés occidentaux à ouvrir un second front ».

Vers la fin de 1944 et au début de 1945, on essaya au reste du côté allemand de prendre également des contacts avec les alliés occidentaux, par trois membres du service des Affaires étrangères, en Suède, en Suisse et en Espagne. Hitler y fut d'abord opposé, puis il autorisa finalement Ribbentrop à engager ces actions qui furent entreprises avec des moyens tout à fait insuffisants. « Il n'en sortira absolument rien, déclara-t-il alors à son ministre, mais si vous y tenez beaucoup, vous pouvez tenter un essai. »

« La condition préjudicielle à toute conversation au sujet de la paix est que le Führer se limite désormais à son rôle de chef d'Etat et abandonne le gouvernement à un M. X », ai-je lu dans un télégramme de Madrid relatif à cette action qui avait reçu le nom conventionnel de *Gold* (« or »). « Ils veulent absolument me faire quitter le ministère, dit Ribbentrop, quand le télégramme lui fut présenté. Il ne peut pas en être question. » Aucun écho ne vint de Berne ni de Stockholm.

Horthy, que je dus également aller chercher à la frontière hongroise pour le conduire à Klessheim, au « théâtre d'ombres » de Salzbourg, au cours du printemps de 1944, devint lui aussi de plus en plus récalcitrant. L'amiral refusa une fois de plus ma présence et j'ignorai donc le détail de ce qui se passa entre lui et Hitler, dans l'un des appartements du vieux château où se déroulaient toujours les entretiens politiques. Me trouvant « en chômage », je bavardais avec quelques collègues dans le grand vestibule lorsqu'une porte s'ouvrit ou plutôt claqua brutalement. A notre grande surprise, nous vîmes le vieil Horthy en sortir, le visage congestionné, et se précipiter vers le grand escalier conduisant à l'étage supérieur où il était logé. Immédiatement derrière lui, Hitler parut dans la porte, avec une expression à la fois embarrassée et coléreuse, essayant de rappeler son hôte. Ce fut un instant extrêmement dramatique.

Avec la présence d'esprit de ceux qui s'élancent à la tête des chevaux emballés, le baron von Dörnberg, chef du protocole, haut de plus de deux mètres, se « jeta » en travers du chemin du régent de Hongrie qui s'enfuyait « en galopant ». Il n'était pas armé d'un bâton, mais d'une objurgation diplomatique, par laquelle il arrêta suffisamment le vieux monsieur pour permettre au « second vainqueur » de cette course des hommes d'Etat, Hitler, de le rattraper et de monter l'escalier avec son hôte, comme le prescrit le protocole, pour le raccompagner dans son appartement. Le dictateur, furieux, redescendit ensuite l'escalier et disparut avec Ribbentrop dans la chambre du Conseil. Nous ne tardâmes pas à apprendre que Horthy, quand Hitler lui avait posé, à cause de l'attitude douteuse du gouvernement hongrois, des conditions équivalant à l'établissement d'une sorte de protectorat allemand sur la Hongrie, avait brusquement bondi de son siège et s'était écrié avec une émotion contrastant étrangement avec son attitude ordinairement si calme et si posée : « Si tout cela a déjà été décidé ici, il est absolument inutile que je demeure plus longtemps ! Je pars donc immédiatement ! » Et, sur ces mots, il s'était précipité hors de la pièce.

Le château ressembla alors à une ruche d'abeilles en émoi. Horthy réclama aussitôt son train spécial. (Klessheim possédait une gare pour recevoir les hôtes d'honneur, à proximité du château.) Ribbentrop parlementa avec le ministre hongrois à Berlin, Stojai. On simula une attaque aérienne, en ne ménageant aucun effet, même pas l'enveloppement du château par la fumée artificielle, afin de se procurer un prétexte pour ne pas faire venir le train de Horthy. Les lignes téléphoniques avec Budapest furent « gravement avariées », de sorte que le régent se trouva coupé du monde extérieur. Grâce à ces « arguments » militaires et diplomatiques, il fut possible d'organiser une nouvelle rencontre entre Horthy et Hitler.

« Si Horthy ne cède pas, me fit dire Ribbentrop, vous ne le raccompagnerez pas à la frontière. Il n'y aura plus de service d'honneur, c'est comme prisonnier, sous escorte, qu'il repartira ! »

Je reconduisis cependant le régent de Hongrie avec tout le service d'honneur, le soir même. Il s'était déclaré disposé à remplacer par un gouvernement Stojai celui qui était devenu « suspect » et que nous savions avoir pris des contacts avec les puissances occidentales. Je constatai en cette occasion toute la différence qu'il y avait entre son attitude et celle d'Antonescu. Hitler avait également montré à celui-ci des documents démontrant que son ministre des Affaires étrangères, Mihai Antonescu, était en rapport avec les puissances occidentales. Mais le maréchal roumain avait catégoriquement refusé de chasser ce ministre, qui, par ailleurs, ne lui était aucunement apparenté.

Pendant le voyage de retour, Horthy m'invita à dîner dans son wagon-salon avec tout le service d'honneur. En dépit de la lourde journée qu'il venait de vivre, il était redevenu tout à fait le grand seigneur de la vieille monarchie habsbourgeoise que j'avais toujours admiré en lui. Il ne prononça pas un seul mot sur les pénibles incidents de Klessheim. Avec bonne humeur, il nous raconta tout au long de la soirée de délicieuses histoires du temps de la vieille Autriche-Hongrie, de la Première Guerre mondiale, et de l'époque où il avait dirigé les opérations de la flotte austro-hongroise en Méditerranée. Ce fut une soirée bien agréable et qui contrastait fort avec la journée qu'elle terminait. Je n'en ressentis que plus vivement les procédés de gangster que Hitler, dans sa rage de prolétaire, employa ultérieurement contre le vieil aristocrate. Il le fit ramener captif en Allemagne en recourant à des moyens qu'on voit seulement dans les romans policiers, après avoir fait enlever son fils, enroulé dans un tapis, pour exercer un chantage sur le père.

De la frontière hongroise je revins à Salzbourg, où on attendait de nouvelles visites. Dans l'intervalle, je m'étais trouvé par hasard au Berghof en même temps qu'Eva Braun, la future femme de Hitler. J'avais entendu parler des liens qui l'attachaient à celui-ci, mais ne leur avais prêté aucune attention parce que j'estimais que Hitler ne s'intéressait nullement à l'autre sexe. Je changeai d'opinion lorsque je les aperçus tous les deux, un soir, la main dans la main, au coin de la cheminée, dans le grand hall du Berghof où j'avais eu tant de fois à servir d'interprète. Au dîner qui suivit, je pus examiner plus en détail la jeune femme qui était assise à côté de lui. Elle était grande, élancée, agréable, incarnant par ses vêtements et ses manières le style moderne de l'Ouest berlinois, ne répondant en rien au type de la « femme allemande » prôné par la propagande féminine du Parti. Elle était fardée avec très bon goût et portait des bijoux précieux, mais elle ne donnait pas l'impression de se trouver parfaitement à l'aise dans son rôle. Je ne l'ai jamais vue de plus près, car je n'appartenais pas au petit cercle très fermé de l'Obersalzberg où l'on dissimulait soigneusement son existence au monde extérieur. Hitler me fit réclamer tout particulièrement la même discrétion avant de m'inviter, en cette unique fois, à la rencontrer.

Le visiteur qu'il me fallut ensuite aller chercher en ma qualité d'« envoyé itinérant » fut Mussolini qui présidait alors de Milan aux destinées de la République fasciste de l'Italie du Nord. Sa fille, que nous avions « libérée », de même que la femme et les autres enfants de Mussolini, se trouvait encore en Allemagne.

J'avais eu à deux reprises l'occasion de servir d'interprète entre la comtesse Edda Ciano et Hitler. Les deux fois, la fille du dictateur italien, grande, svelte, très élégante, avait entrepris celui-ci sur des questions politiques et n'avait pas craint, avec beaucoup de vivacité et d'intelligence, de le contredire. « Vous ne pouvez tout de même pas punir quelqu'un parce que sa grand-mère était juive ! » lança-t-elle une fois avec un éclair dans ses grands yeux bruns qui ressemblaient tant à ceux de son père. Elle plaida avec beaucoup de chaleur pour que les Juifs fussent traités avec plus d'humanité et, au cours de sa deuxième visite qui eut lieu après la chute de son père, elle formula très énergiquement toute une série de plaintes au sujet des mauvais traitements infligés aux prisonniers italiens en Allemagne.

La façon un peu brutale dont Edda Ciano en usait à son égard imposait manifestement à Hitler. Il écoutait sans se fâcher des choses que, venant de la part d'un visiteur masculin, il eût vertement relevées comme constituant des critiques à sa politique. Sur un point seulement il demeura inflexible : la possibilité pour Ciano et sa femme de se rendre en Espagne. « Vous y seriez l'objet de toutes sortes de tracasseries, je le crains, lui dit-il. Chez nous, en Allemagne, vous êtes en lieu sûr. » Cette obstination de Hitler coûta la vie à Ciano.

Je devais, comme je l'ai dit, aller chercher à la fin d'avril 1944 le père de l'impétueuse Edda à la frontière italienne, car il était également invité au « théâtre d'ombres » de Salzbourg. Mais il en advint autrement.

Le chef de la République fasciste ne possédait naturellement plus de train spécial auquel j'eusse pu accrocher mes deux wagons. On me confia donc la plus grande partie du train de Hitler pour aller chercher Mussolini à Milan. « Soyez assez gentil pour ne pas rester dans le train jusqu'à Milan, me dit Dörnberg au départ, car le service d'honneur ne commence qu'à la frontière allemande et si les Italiens apprenaient que vous êtes allé jusqu'à cette ville, ils penseraient aussitôt, tant leur susceptibilité est devenue grande, que les Affaires étrangères allemandes ont déjà poussé les frontières du Reich jusqu'à Milan. »

J'arrivai à 3 heures de l'après-midi, avec le train du Führer, à Lienz sur la Drave. Le service d'honneur y descendit, en conséquence, pour y remonter à son retour prévu pour 3 heures du matin. Mais quand le train revint, le service d'honneur n'était pas à la gare. Tous ses membres se trouvaient à l'hôpital de Lienz avec des fractures du crâne, des commotions cérébrales, des jambes et des bras cassés ou démis. Un chef de région (Kreisleiter), qui s'entendait probablement mieux à diriger des populations qu'une voiture, avait voulu nous conduire à Heiligenblut. A la suite d'un éclatement de pneu la voiture avait franchi le fossé latéral à la route, dégringolé le long d'une pente et s'était finalement retournée en tombant dans la Drave. Nous nous retrouvâmes en piteux état sous l'automobile renversée.

Il fallut arrêter les voyages pendant un certain temps, de même que mon activité d'interprète. Quand je sortis de l'hôpital, les Affaires étrangères m'envoyèrent en convalescence à Baden-Baden. Je fus logé à l'hôtel Brenner, dans un fort joli appartement où avait vécu avant moi un diplomate américain interné. Cela me permit, quand je fus moi-même interné ultérieurement par les Américains, de faire des comparaisons instructives entre l'hospitalité allemande et l'hospitalité américaine à l'égard des diplomates prisonniers.

J'avais toujours, auprès de mon lit de convalescent, à Baden-Baden, mon petit poste radio de voyage qui m'avait accompagné au cours de toutes ces années, constituant un des rares éléments stables dans le tourbillon des événements. Grâce à lui, Churchill et Roosevelt me parlèrent pendant la guerre, le premier dans son style si purement classique que ce m'était toujours un régal de l'entendre, même si je n'étais pas d'accord avec ce qu'il disait ; l'autre avec sa voix éminemment « radiogénique » qui dans ses « conversations du coin du feu » traversait l'Atlantique pour venir jusqu'à ma chambre. J'écoutais soigneusement les nouvelles, tous les matins et tous les soirs, pour me tenir au courant des formules anglaises et françaises les plus récentes. Mon vocabulaire de la guerre, qui surprit souvent les auditeurs dans mes exposés, provenait en grande partie de cette source. En considérant les choses de ce point de vue, on pouvait en tirer souvent des conclusions très intéressantes sur l'ensemble des développements. « Plus la guerre se prolonge et plus il devient facile de traduire… » dis-je une fois à l'un de mes collègues, car j'avais pu déduire, de ces écoutes et de la comparaison des textes publiés de chaque côté de la ligne de front, que les belligérants s'exprimaient exactement de la même façon quand ils se trouvaient dans les mêmes situations. Ce parallélisme dans l'expression me frappa tout particulièrement quand il fallut, un peu plus tard, traduire les proclamations allemandes au sujet de la constitution du *Volkssturm*. « Prenez le texte publié par les Anglais, en 1940, lors de la formation de leur *Home Guard*, dis-je au service des traductions. Votre besogne en sera considérablement facilitée. » Ce ne fut pas la seule occasion où ce service trouva une aide précieuse et inattendue dans le camp adverse.

Pendant que je me remettais ainsi de ma commotion cérébrale à Baden-Baden, mon petit appareil radio m'apporta des nouvelles sensationnelles. Les Alliés débarquèrent en France le 6 juin 1944. Le mur de l'Atlantique, sur l'inviolabilité duquel j'avais eu tant d'affirmations de Hitler et de Ribbentrop à traduire aux visiteurs de Klessheim et de la Prusse-Orientale, partagea le sort de la ligne Maginot, comme le « *Westwall* » devait également le partager. « Mauvaise époque pour les lignes fortifiées ! » m'écrivit un collègue du ministère.

Après ma guérison, je reçus l'ordre de me rendre au quartier général de la Prusse-Orientale pour le 20 juillet 1944, une rencontre entre Hitler et Mussolini étant prévue à cette date. J'arrivai donc en voiture de bonne heure, ce matin-là, à la première enceinte qui isolait le camp du monde extérieur. Je devais me trouver à 3 heures de l'après-midi à la petite gare desservant le quartier général, pour accueillir Mussolini. Elle ne comprenait que deux voies, un petit quai, étroit et bas, qui n'était pas encore cimenté et une salle d'attente ouverte, en forme de véranda. Elle portait le nom conventionnel de « Görlitz », ce qui nous amenait, entre Berlinois, à parler de la « Görlitzer Bahnhof[5] ». A cette petite « halte », nom technique qu'elle portait dans la classification ferroviaire, étaient déjà descendus bien des visiteurs importants. Dörnberg y avait également organisé, pour les circonstances solennelles, une « gare » en miniature sans tapis rouge ni drapeaux, mais avec des uniformes et des dignitaires.

En cet après-midi, mon but était donc d'atteindre cette « Görlitzer Bahnhof », mais j'eus quelque peine à y parvenir. « Même si vous possédiez un laissez-passer signé de l'empereur de Chine, me déclara la sentinelle dès le premier barrage, je ne pourrais pas vous laisser entrer. » « Mais vous me connaissez bien, voyons ! Je suis l'interprète des Affaires étrangères. Il faut que je sois à la gare de Görlitz exactement à 15 heures pour accueillir un visiteur ! » répliquai-je. Comme la sentinelle s'obstinait,

---

5. Gare et station de métro de Berlin. *(N.d.T.)*

je m'informai des raisons de cette intransigeance. « C'est à cause de l'événement ! » me répondit le soldat laconiquement, obéissant manifestement à une consigne. J'insistai de nouveau et il finit par accepter de téléphoner à l'officier de service. Je pus alors passer. Tout cela était bien mystérieux.

Sur le petit quai de « Görlitz », le professeur Morell, médecin personnel de Hitler, m'apprit l'attentat qui s'était produit, quelques heures auparavant, au cours de la conférence sur la situation. Il était encore profondément ému et me raconta, par phrases entrecoupées, que Hitler en était sorti presque indemne. « Il paraît ne pas avoir été affecté, m'assura-t-il ; car, lorsque je l'ai examiné pour découvrir d'éventuelles lésions internes, son pouls était parfaitement normal, aussi régulier que les autres jours. » Comme le docteur allait me donner d'autres détails, Hitler arriva lui-même sur le quai. Extérieurement, il n'y avait rien en lui d'extraordinaire. Cependant, lorsque le train de Mussolini entra en gare quelques minutes plus tard, je remarquai qu'il lui tendait la main gauche pour l'accueillir. J'observai également qu'il se déplaçait très lentement et paraissait avoir de la peine à mouvoir le bras droit.

En parcourant les quelques centaines de mètres qui séparaient la gare des abris et des baraquements du camp, Hitler raconta brièvement à Mussolini ce qui s'était passé. Il le fit sur un ton très calme, presque monotone, qui me frappa, tandis que le visage de l'Italien exprimait l'effroi qu'il éprouvait à apprendre que le dictateur allemand avait pu être la victime d'un attentat au centre de son quartier général.

Mussolini ne s'était manifestement pas remis de la surprise et continuait à regarder Hitler avec des yeux écarquillés, lorsque nous entrâmes tous les trois dans le baraquement où l'explosion s'était produite. La porte conduisant à la chambre des cartes avait sauté et se trouvait, brisée, contre la muraille opposée. La pièce elle-même offrait un spectacle de dévastation que j'avais déjà souvent contemplé à Berlin lorsqu'une grosse mine anglaise éclatait près d'une maison et « soufflait » toutes les pièces.

Les tables et les chaises étaient en morceaux sur le sol. Les poutres du toit s'étaient effondrées et les fenêtres, avec leur cadre, avaient été emportées vers l'extérieur. La grande table à cartes, devant laquelle j'avais eu à traduire tant d'exposés fallacieux pour Antonescu, n'était plus qu'un monceau de planches éclatées et de montants brisés.

« Voilà où cela s'est produit… » dit tranquillement Hitler tandis que Mussolini écarquillait encore plus les paupières au point que les yeux parurent lui sortir de la tête. Il était devenu d'une pâleur cadavérique, car la nouvelle de l'attentat l'avait pris complètement à l'improviste, au moment où il descendait du train. « Je me trouvais là, à cette table, continua Hitler, d'un ton neutre, l'esprit absent. Je m'étais accoudé du bras droit pour regarder de plus près la carte, lorsque la table s'est brusquement soulevée, entraînant mon bras vers le haut. » Il marqua un temps d'arrêt. « C'est là, exactement devant mes pieds, que la bombe a fait explosion. »

Mussolini, rempli d'épouvante, presque incrédule, se contentait de hocher la tête. Hitler lui montra l'uniforme qu'il portait et qui avait été mis en lambeaux par le souffle de l'explosion ; il était là, accroché à une chaise démolie. Puis Hitler se retourna pour montrer sa nuque où les cheveux avaient été roussis.

Pendant un certain temps les deux hommes n'échangèrent pas un seul mot, écrasés sous l'impression causée par les destructions et par le danger auquel Hitler avait échappé. Puis ce dernier s'assit sur une caisse renversée, tandis que j'allais chercher pour Mussolini une des rares chaises encore utilisables. Tous les deux restèrent là, au milieu des ruines.

« Quand je repasse tout cela dans mon esprit, reprit Hitler, d'une voix étonnamment frêle, je conclus que mon sauvetage a été miraculeux, puisque ceux qui étaient dans la pièce avec moi ont été pour la plupart gravement blessés et que l'un d'eux a même été entraîné à travers la fenêtre par le souffle... Il ne peut donc rien m'arriver, car ce n'est pas la première fois que j'échappe aussi miraculeusement à la mort ! »

Cette phrase impressionna fort visiblement le Méridional superstitieux qu'était Mussolini. Puis Hitler prononça ces paroles remarquables : « Après avoir été ainsi préservé aujourd'hui, je me trouve plus que jamais convaincu d'être destiné à mener désormais à bonne fin notre grande affaire commune ! » Mussolini approuva vivement de la tête. « Après ce que j'ai vu ici, dit-il en indiquant le monceau de débris d'un geste de la main, je suis absolument de votre avis. C'est certainement un signe du Ciel ! »

Les deux dictateurs, assis l'un sur sa chaise branlante et l'autre sur sa caisse renversée, restèrent encore un certain temps dans la pièce dévastée, l'un en face de l'autre. Ce fut seulement au bout d'un assez long moment que Mussolini retrouva suffisamment ses esprits pour féliciter son collègue d'avoir si heureusement échappé à l'attentat. Puis ils se levèrent tous les deux et leur entretien se poursuivit dans une des pièces de l'abri. Mais cet après-midi-là, il n'y eut pas de déclamations de la part de Hitler, pas d'avertissements de la part de Mussolini. Leur conversation paisible et presque banale se déroula dans une atmosphère laissant pressentir un adieu et, de fait, Mussolini et Hitler ne se revirent plus jamais.

Hitler crut dès lors encore plus fortement à « sa » Providence. Sa confiance s'affermit. Son désir de vengeance prit des formes inhumaines. De sa politique naquirent les contrastes les plus ridicules entre ses imaginations et la réalité.

Cette méconnaissance complète des réalités par Hitler après le tour que lui avait joué la Providence, le 20 juillet, peut être illustrée par un exemple plus caractéristique sans doute que beaucoup d'autres, connus entre-temps. Il s'agit des tractations qui durèrent toute une semaine, en octobre 1944, au quartier général de *Wolfsschanze*.

Hitler voulut essayer de constituer un gouvernement français. Même en se donnant beaucoup de peine, on imaginerait difficilement conditions plus grotesques et plus contradictoires que celles dans lesquelles il fit cette tentative.

Le chef de ce gouvernement devait être un ancien communiste, Jacques Doriot, qui avait fondé en France un parti d'extrême droite. Le pays auquel était destiné ce gouvernement « français » était presque entièrement entre les mains des Alliés, en sorte qu'il fut envisagé de fixer son siège à Sigmaringen, dans l'Allemagne méridionale, où le *Gauleiter* local avait déjà protesté parce qu'on y avait hissé le pavillon tricolore ! Les pourparlers eux-mêmes se déroulèrent au quartier général, en présence des futurs « ministres », un peu dans le style d'opérette d'un film français d'avant la guerre intitulé *Les Nouveaux Messieurs*. On se battit âprement autour de chacun des portefeuilles. Les rivalités personnelles jouèrent un rôle considérable et l'aversion pour Doriot, le nouveau « chef du gouvernement », était si grande qu'il logeait avec nous au Sporthotel, sur le Schwent-zaitsee, à l'écart des autres, ce qui me donna l'occasion de m'entretenir fréquemment avec lui. C'était un homme extrêmement intelligent, qui paraissait savoir très exactement ce qu'il désirait. Il avait causé avec Staline quand il était communiste, connaissait parfaitement bien l'Orient, la Chine en particulier, et dominait souverainement les autres Français de la délégation « gouvernementale ». Comme négociateur, il possédait des talents très supérieurs à ceux de Ribbentrop.

Le caractère chimérique de toute cette affaire était souligné d'une manière impressionnante par le grondement de l'artillerie russe qui, en ces jours d'octobre, faisait entendre sa menace à 80 kilomètres seulement du quartier général de Hitler, sur le front d'Augustov. Le soir, tout l'horizon sud-est était illuminé par le départ des coups de canon.

Ce fut dans ces conditions que Hitler, quand l'union eut enfin été réalisée parmi les Français, non sans peine, reçut le nouveau « gouvernement » et, après l'avoir encore une fois dupé radicalement au sujet de Calais et de Dunkerque, lui donna sa bénédiction avec beaucoup d'éloquence. Même dans l'autosuggestion, c'était un comble !

J'ai déjà déclaré, à l'occasion de la visite des Hongrois au début de décembre 1944, que Hitler ne changea pas au cours des mois qui suivirent. Ce fut la dernière fois que je le rencontrai. Il avait dû abandonner le quartier général de *Wolfsschanze*. En décembre, celui-ci était depuis longtemps aux mains de l'Armée rouge.

Mes services d'interprète étaient devenus inutiles. Pendant l'hiver, je travaillai encore au ministère. Les bombardements, diurnes et nocturnes, se succédaient à un rythme sans cesse plus rapide et je vis tomber morceau par morceau, en ruine ou en cendres, les trois maisons des Affaires étrangères dans la Wilhelmstrasse. Sous la pression des événements, la plupart de nos services avaient été repliés en Thuringe ou en Bavière. Je m'étais également arrangé pour faire quitter Berlin au cabinet, à l'exception de trois « lanternes rouges ». Ce fut le 14 avril 1945 que me parvint le dernier ordre de Ribbentrop. Je devais rallier Garmisch, nouveau siège des autorités du Reich. Mais au bout d'un voyage aventureux qui dura plus de huit jours, perpétuellement compliqué par des détours, et qui fut effectué dans une voiture à gazogène, je ne parvins qu'à Salzbourg où me trouva la fin de la guerre.

Ainsi se termina ma carrière d'interprète aux Affaires étrangères qui avait commencé le 1er août 1923. Elle m'avait fait jouer un rôle modeste mais non sans importance, pendant près d'un quart de siècle, dans les événements politiques de l'Europe et permis de suivre de très près l'ascension puis l'effondrement de mon propre pays. Au cours de cette période, j'ai acquis la conviction que la vie des peuples est dominée par certaines lois qui dirigent l'histoire contre la volonté des puissants du jour.

Il s'agit avant tout de lois morales, telles qu'elles étaient enseignées à chaque homme de ma génération par ses parents et par ses maîtres : le respect de l'individu, de sa vie, de ses idées, de ses biens, et le respect corollaire du droit naturel des peuples à disposer librement d'eux-mêmes, à connaître un niveau de vie en rapport avec celui de leurs voisins et avec leurs propres capacités, enfin la justice sociale et politique. J'ai constaté, au cours de ma carrière, que les hommes d'Etat et les peuples qui s'écartent de ces principes sont finalement conduits à la catastrophe, quelque trompeurs que puissent être des succès initiaux, remportés pendant une période plus ou moins longue. Telle est la leçon que je tire, en tant qu'Allemand, de ce que j'ai vu se dérouler sous mes yeux, et qui constitue dans le même temps un espoir pour notre peuple dans sa prostration actuelle. La morale, essentiellement chrétienne, par laquelle se sont laissé conduire la plupart des hommes d'Etat européens, au cours des années 1920 et au début des années 1930, sans cesser pour cela de défendre énergiquement les intérêts de leurs pays respectifs, a conduit à cette suite de progrès continus que j'avais pu constater d'année en année, de conférence en conférence, et que j'ai rapportés dans la première partie de ce livre.

J'ai assisté ensuite à la lutte violente qui opposa les tenants de cette morale chrétienne de l'Occident, si ancienne et pourtant toujours jeune, aux champions d'une nouvelle conception sur les relations entre les peuples, s'écartant volontairement des principes et des méthodes traditionnels. Ce fut pour moi un dramatique spectacle que de constater ce qui parut être, au début, le triomphe de cette conception nouvelle sur l'ancienne. Mais à celui qui pouvait examiner les événements de plus près, il était cependant loisible de reconnaître, avec une netteté sans cesse croissante, de quel côté se trouvaient en vérité les forces les plus substantielles. L'explosion de la guerre, en 1939, constitua le commencement de la fin pour ces jeunes puissances, d'abord victorieuses, et je pus suivre leur acheminement vers la plus grande catastrophe de tous les temps, d'année en année, de conférence en conférence, à tous ses stades successifs.

En plus de l'action inexorable de ces lois morales sur la vie des peuples, il est une autre constatation que j'ai pu faire au cours de ce quart de siècle passé dans les salles de conférences : la puissance invincible des lois économiques. L'histoire des deux dernières décennies se fût déroulée tout autrement si les hommes d'État et les peuples avaient pris plus à cœur ces principes que les hommes raisonnables de l'économie politique avaient formulés à cette époque, et que j'avais salués avec tant d'espoir dans la salle de la Réformation à Genève et dans bien d'autres conférences européennes, à partir de 1927. C'est dans la mesure où les peuples et leurs dirigeants politiques se sont écartés, par un égoisme à courte vue, des recommandations faites par les spécialistes au cerveau froid de l'économie, et qu'ils se sont mis en contradiction avec les lois de la collaboration économique qui dominent de plus en plus notre âge de la technique et des relations commerciales, que les masses misérables se sont jetées dans les bras des fanatiques et ont déclenché cette effroyable avalanche qui s'est abattue sur les paisibles demeures des populations européennes pour les engloutir.

Ayant été pendant près de vingt-cinq ans un figurant sur la scène de la politique extérieure, il ne m'a pas été difficile de suivre, même comme simple spectateur, ce qui se passait dans les coulisses. C'est donc avec un très grand intérêt que je contemple, depuis 1945, de la salle cette fois, et avec tout le peuple allemand, le drame politique de la période d'après guerre. De mon humble place, je crois de nouveau reconnaître le jeu des mêmes lois morales et économiques, bien que les costumes et les acteurs aient été changés.

Ma carrière d'interprète aux Affaires étrangères se termina bien en ce 8 mai 1945, où j'appris la capitulation sans conditions, mais mon activité d'interprète et de traducteur n'en devait pas moins se poursuivre.

Epilogue
(1945-1949)

Le lendemain de la Pentecôte 1945, deux soldats américains, mitraillette au poing, me conduisirent à un camion où étaient déjà entassées de nombreuses personnes. Je passai pour la dernière fois devant le château de Klessheim où s'était joué le « théâtre d'ombres » de Salzbourg et sur lequel flottait maintenant la bannière étoilée. La dernière fois que j'avais vu des camions remplis de civils et surveillés par la police, c'était à Berlin, en 1934, après le putsch de Röhm, lorsque Hitler faisait arrêter tous ceux qui étaient opposés à son régime, pour les faire conduire à Lichterfelde ou à Oranienburg. Je ne pus m'empêcher de repenser aux scènes de cette époque déjà lointaine pendant que le camion nous emmenait le long de l'autostrade, par Munich, jusqu'à Augsbourg, vers le camp d'internement.

J'avais été arrêté peu de temps auparavant, avec d'autres de mes collègues, par le CIC (*Counter Intelligence Corps*), une sorte de police politique américaine. Pour la première fois de ma vie, j'avais entendu la serrure d'une lourde porte de cellule se refermer sur moi, à la prison de Salzbourg. A la vérité, je fus personnellement traité avec correction, même quelquefois amicalement et avec prévenance par les Américains. En cette occasion et par la suite, le bruit de cette porte de prison n'inaugurait pas moins un nouveau chapitre dans ma vie déjà si mouvementée.

« Nous nous sommes bien souvent creusé la tête, dans notre service, pour trouver la traduction exacte du mot *Sippenhaft,* dis-je à l'un de mes collègues, lors de notre première promenade dans la cour de la prison. Depuis hier, je sais qu'il faut employer *automatic arrest,* si l'on considère comme une famille tous les fonctionnaires allemands à partir du grade de *Regierungsrat.* » Ce ne fut pas la seule fois où la rude réalité du temps d'après guerre me fit comprendre, d'une manière assez surprenante, la version anglaise de certains mots que j'avais eu de la peine à traduire antérieurement.

Le hasard a voulu que, même au cours de ces dernières années, j'eusse occupé un poste d'observation très particulier d'où il me fut possible de suivre de très près la liquidation du passé et de connaître assez bien ceux qui l'effectuaient dans le camp allié.

En août 1945, je me trouvais en route vers Paris, dans l'ancienne voiture du maréchal von Rundstedt, sous l'escorte d'un officier français très obligeant. En traversant Verdun, nous apprîmes la condamnation à mort de Pétain, le « défenseur de Verdun » dans la Première Guerre mondiale, de sorte que je ne pus assister en qualité de témoin à son procès, comme cela avait d'abord été prévu. Mais les collaborateurs du général de Gaulle, alors encore chef du gouvernement en France, s'intéressaient à beaucoup d'autres événements auxquels j'avais participé, et avant tout aux conversations entre Molotov et Hitler. Après la vie que je venais de mener dans un camp, au milieu de l'Allemagne dévastée, je crus rêver en arrivant dans un Paris absolument intact, où je n'aperçus pas une seule vitre brisée, en me promenant, libre en apparence, avec la foule des boulevards, accompagné d'un inspecteur de police amical, en m'asseyant aux terrasses des cafés que je connaissais depuis longtemps, en prenant mes repas sur le boulevard Saint-Michel et même une fois au Fouquet's, sur les Champs-Élysées, au milieu d'une très élégante assistance française et alliée.

Ce rêve se prolongea pendant dix jours, puis je revins dans le camp de prisonniers situé près de Mannheim, riche d'une remarquable expérience de plus. Les trois années suivantes se déroulèrent ainsi sous une sorte de douche écossaise, entre la détention cellulaire et l'habitation de villas confortables, entre la prison des témoins de Nuremberg et les arrêts théoriques à domicile au bord du Tegernsee. Pour être complet, il me faut également signaler un séjour de trois mois dans le célèbre camp de concentration de Dachau, effectué dans des circonstances très particulières.

Je connus au cours de cette période toute une série d'événements qui, du point de vue humain et historique, ne le cédaient guère, en dramatique, à ceux des années précédentes. Non seulement je comparus comme témoin de l'accusation et de la défense devant le tribunal de Nuremberg, au cours du procès principal et dans bon nombre de ceux qui suivirent, mais je travaillai encore comme interprète et comme « bonne à tout faire » linguistique dans la « prison des témoins » de Nuremberg, si caractéristique de ces premières années qui suivirent la fin des hostilités. Je fus le seul Allemand à servir dans ce qu'on appelait le *Prison Operations Office* ; je fus employé brièvement par le service américain des traductions, la *Language Division*, et j'intervins occasionnellement à titre d'interprète officiel devant les conseils de guerre jugeant des militaires américains (pour l'interrogatoire des témoins allemands), où j'assistai à des scènes souvent tragiques mais aussi extrêmement comiques, sous le régime d'occupation.

La nuit où les condamnés du procès principal furent exécutés, je me trouvais au quartier des témoins, à moins de 50 mètres de la salle de culture physique où les potences avaient été dressées, avec de grands coups sourds, au cours des nuits précédentes. En servant d'interprète au psychiatre américain, que j'accompagnai occasionnellement lors de ses visites à la prison de Nuremberg, j'assistai à des drames humains profondément émouvants.

Par mon activité linguistique, je participai non seulement à la liquidation du passé, mais aussi à la naissance du présent politique et surtout économique. J'eus à traduire pas mal de mémoires allemands pour les Alliés. Les problèmes et les formules ressemblaient souvent d'une manière frappante à ceux que j'avais déjà connus tout au début de ma carrière, au cours des années 1920. Mon vieux vocabulaire du temps des conférences sur les réparations et les négociations économiques, dont j'ai parlé dans les premiers chapitres de ce livre, me fut de nouveau utile, et je recommençai en quelque sorte par le commencement, en traduisant de nouveau, en tant que « service de traduction à un seul homme », de même qu'en 1923, des bilans commerciaux et financiers, des niveaux économiques et industriels, des calculs d'impositions et des statistiques de chômage. Je pus me tenir au courant du nouveau vocabulaire des temps de l'après-guerre : personnes déplacées, rideau de fer, démontages et pont aérien, grâce à un successeur moins perfectionné de mon petit poste de radio de voyage.

Ces événements et ces expériences de l'après-guerre n'ont pas été moins passionnants, pour moi, que les développements de la politique étrangère de 1923 à 1945. Mais comme ils n'ont plus de rapport avec la scène diplomatique et que, en tant qu'interprète et traducteur, je me suis trouvé relégué de cette scène dans la salle de spectacles, ils débordent le cadre du présent ouvrage.

Chronologie

1933

Février	Le Japon quitte la Société des Nations.
Juin	Le roi George V ouvre la deuxième conférence mondiale économique.
Septembre	Goebbels à Genève.
14 octobre	L'Allemagne quitte la Société des Nations.

1934

30 juin	Hitler fait tuer Röhm et de nombreux responsables SA ainsi que plusieurs personnalités qui lui déplaisaient.
25 juillet	Assassinat du chancelier Dollfuss.
2 août	Mort de Hindenburg.
18 septembre	Entrée de l'Union soviétique à la Société des Nations.

1935

1er mars	Retour de la Sarre à l'Allemagne.
16 mars	Rétablissement du service militaire obligatoire.
26 mars	Visite du ministre britannique des Affaires étrangères sir John Simon et d'Anthony Eden à Berlin.

16 avril	Conférence de Stresa entre l'Angleterre, la France et l'Italie.
2 mai	La France et l'Union soviétique signent un pacte d'assistance mutuelle.
18 juin	Accord naval anglo-allemand.

1936

7 mars	Occupation par des troupes allemandes de la zone démilitarisée de Rhénanie.
19 mars	Condamnation de cette occupation par le Conseil de la Société des Nations, à Londres.
1er avril	Ribbentrop remet à Londres le plan de paix de Hitler.
Août	Les Jeux olympiques de Berlin.
Début sept.	Entretien entre Hitler et Lloyd George à l'Obersalzberg.

1937

Avril	Goering annonce à Mussolini l'annexion de l'Autriche.
12 mai	Couronnement du roi George VI.
24 mai	Le Dr Schacht inaugure le pavillon allemand à l'Exposition internationale de Paris.
Septembre	Visite officielle de Mussolini en Allemagne.
Octobre	Le duc de Windsor chez Hitler et chez Goering.
19-20 nov.	Lord Halifax chez Hitler et chez Goering.

1938

| 13 mars | L'Anschluss. |
| 3-10 mai | Visite officielle de Hitler en Italie. |

21 mai	Protestation anglaise à Berlin contre de prétendues concentrations de troupes à la frontière tchèque.
15 septembre	Arrivée de Chamberlain à Berchtesgaden.
22-24 sept.	Hitler et Chamberlain se rencontrent à Godesberg.
29-30 sept.	Conférence de Munich.
9 octobre	Discours de Hitler à Sarrebruck.
29 octobre	Arbitrage de Vienne sur les contestations de frontières tchéco-hongroises.
6 décembre	Signature à Paris d'un pacte de non-agression franco-allemand.

1939

26-27 janv.	Visite de Ribbentrop à Varsovie.
15 mars	Entrée des Allemands à Prague.
22 mai	Signature du pacte d'alliance germano-italien à Berlin.
12-13 août	Avertissement donné par Ciano à Hitler à Berchtesgaden.
23 août	Signature d'un pacte de non-agression entre l'Allemagne et la Russie soviétique à Moscou.
1er septembre	Les Allemands entrent en Pologne.
3 septembre	État de guerre entre l'Allemagne d'une part, la France et l'Angleterre d'autre part.
20 septembre	Discours de Hitler à Dantzig à la fin de la campagne de Pologne.

1940

Février	Voyage de Sumner Welles en Europe.
18 mars	Hitler et Mussolini se rencontrent au Brenner.
9 avril	Occupation du Danemark et de la Norvège.
10 mai	Début de la campagne de France.

22 juin	Signature d'un armistice franco-allemand à Rethondes.
19 juillet	Discours de Hitler au Reichstag. Offre de paix insuffisante à l'Angleterre.
30 août	Arbitrage de Vienne entre la Hongrie et la Roumanie.
25 septembre	Serrano Súñer chez Hitler.
27 septembre	Signature à Berlin du pacte tripartite par l'Allemagne, l'Italie et le Japon.
4 octobre	Hitler et Mussolini se rencontrent au Brenner.
22 octobre	Laval auprès de Hitler à Montoire.
23 octobre	Entrevue d'Hendaye entre Hitler et Franco.
24 octobre	Hitler reçoit Pétain et Laval à Montoire.
28 octobre	Hitler et Mussolini se rencontrent à Florence. Entrée en Grèce des troupes italiennes.
12 novembre	Visite de Molotov à Berlin.

1941

25 mars	La Yougoslavie signe le pacte tripartite.
27-29 mars	Visite de Matsuoka à Berlin.
27 mars	Coup d'État en Yougoslavie.
22 juin	Début de la guerre entre l'Allemagne et la Russie soviétique.
8 décembre	Début de la guerre entre l'Amérique et le Japon.
	L'Allemagne déclare la guerre aux États-Unis.

1942

Février	Visite d'Antonescu au quartier général de Prusse-Orientale.
Avril	Conversations entre Hitler et une série d'alliés au château de Klessheim, près de Salzbourg.

19 août	Échec du débarquement anglo-canadien de Dieppe.
8 novembre	Débarquement des Alliés en Afrique du Nord.
9 novembre	Conversations entre Hitler, Laval et Ciano à Munich.
Décembre	Hitler, Goering, Ciano et Laval au quartier général de Prusse-Orientale.

1943

23 janvier	Conférence de Casablanca entre Roosevelt et Churchill. Annonce que l'Allemagne et ses alliés devront capituler sans conditions.
3 février	Capitulation de la 6e armée allemande à Stalingrad.
Avril	Conversations de Hitler avec ses alliés au château de Klessheim : Mussolini, Antonescu, Horthy, Tiso et Pavelitch.
7 mai	Capitulation des troupes germano-italiennes en Tunisie.
10 juillet	Débarquement des Alliés en Sicile.
20 juillet	Hitler et Mussolini se rencontrent à Feltre, près de Belluno.
25 juillet	Chute et arrestation de Mussolini.
3 septembre	Débarquement des Alliés en Italie.
8 septembre	Capitulation de l'Italie.

1944

Avril	Nouvelles conversations à Klessheim.
4 juin	Prise de Rome par les Alliés.
6 juin	Les Alliés débarquent en France.
20 juillet	Attentat manqué contre Hitler. Dernière rencontre entre Hitler et Mussolini.
15 août	Les Alliés débarquent dans le midi de la France.

24 août	La Roumanie demande la paix et passe dans le camp allié.
25 août	La Bulgarie demande la paix. Paris est occupé par les Alliés.
3 septembre	La Finlande demande la paix.
16 octobre	Horthy essaye de demander la paix mais est arrêté.
Décembre	Szálasi, chef du nouveau gouvernement hongrois, vient à Berlin.

1945

11 février	Conférence de Yalta entre Roosevelt, Churchill et Staline
7 mars	Les Alliés franchissent le Rhin à Remagen.
30 avril	Hitler se suicide.
7-8 mai	Reddition inconditionnelle à Reims et à Berlin.

Index

Table

collection tempus
Perrin